# 大学生心理健康教育

## （第三版）

主　编　李艳清　齐　舒

副主编　茶国萍　崔建爱　徐田芳　邹顺乾　芦　球　李兴军　焦润丽

参　编　杨　阳　万媛媛　王熙婷　宣　萍　董晓蕾　修稳君　韩玉军
董殷江　郑　新　杨梦诺　杨红艳　杨　佳　李　焱　姜艳菊
李永梅　张晓云　马杏昌　黄　金　王一帆　刘婧鹏

江苏凤凰教育出版社　凤凰职教

**图书在版编目（CIP）数据**

大学生心理健康教育 / 李艳清，齐舒主编．—3 版．—南京：江苏凤凰教育出版社，2024.5（2024.12 重印）
ISBN 978-7-5743-0892-3

Ⅰ．①大… Ⅱ．①李… ②齐… Ⅲ．①大学生－心理健康－健康教育－高等学校－教材 Ⅳ．①G444

中国国家版本馆 CIP 数据核字（2024）第 071591 号

| | |
|---|---|
| **书　　名** | **大学生心理健康教育（第三版）** |
| **主　　编** | 李艳清　齐　舒 |
| **项目策划** | 汪立亮 |
| **责任编辑** | 汪立亮 |
| **出版发行** | 江苏凤凰教育出版社 |
| **地　　址** | 南京市湖南路1号A楼，邮编：210009 |
| **出　　品** | 江苏凤凰职业教育图书有限公司 |
| **网　　址** | http://www.fhmooc.com |
| **照　　排** | 南京普胜印刷技术有限公司 |
| **印　　刷** | 北京盛通印刷股份有限公司 |
| **厂　　址** | 北京市经济技术开发区经海三路18号，邮编：100176 |
| **电　　话** | 010-52249888 |
| **开　　本** | 787 毫米×1 092 毫米　1/16 |
| **印　　张** | 19.75 |
| **版次印次** | 2024年5月第3版　2024年12月第3次印刷 |
| **标准书号** | ISBN 978-7-5743-0892-3 |
| **定　　价** | 49.80元 |
| **批发电话** | 025-83677909 |
| **盗版举报** | 025-83658893 |

如发现质量问题，请联系我们。
【内容质量】电话：025-83658873　邮箱：sunyi@ppm.cn
【印装质量】电话：025-83677905

# 再版前言

# PREFACE

在这个思想文化激荡、价值观念多元、人才竞争激烈、社会瞬息万变的年代，培养道德品质优秀、专业技能精湛、心理素质过硬的适应社会需要的高等职业技术人才是高等职业院校的历史责任。我们清楚地看到，教育改革和社会发展给大学生带来机遇和挑战的同时，也给他们带来了巨大的心灵冲击，大学生面临的学习、生活和就业压力明显增大，由此导致学生心理问题明显增多。他们在对新环境的适应、自我概念的形成、人际交往的完善、专业的发展、性与爱情的选择、职业生涯的规划等方面产生了诸多心理困惑。不稳定的情绪状态对大学生的学习生活造成干扰和冲击，使他们不能以充沛的精力投入到知识技能的学习当中，影响他们的健康成长和成才。因此，加强大学生心理健康教育，使大学生心身健康发展，是高职院校的一个重要任务。

教育部在 2011 年 5 月颁布了《普通高等学校学生心理健康教育课程教学基本要求》，进一步阐明了在高校发展心理健康教育的重要性和紧迫性，明确了大学生心理健康教育的基本内容和教学模式、教学方法。2012 年 8 月，凤凰出版传媒集团职业教育出版中心组织全国高职高专心理健康教育专家精心编著了《大学生心理健康教育教程》一书，该教材根据教育部《普通高等学校学生心理健康教育课程教学基本要求》，同时针对高职院校大学生的身心特点和实际思想情况来编写，由于体例新颖、内容实用、可操作性强，受到各界的欢迎，并被立项为“十二五”职业教育国家规划教材，通过了全国职业教育教材审定委员会的审定。

《大学生心理健康教育》全书共分十二章，内容包括心理健康概述、心理适应、学习心理、自我意识的协调与发展、恋爱与性心理、健康人格的塑造、和谐人际心理、情绪控制、挫折与压力应对、网络活动与干预、职业心理适应与生涯规划、心理危机干预等。本次再版，对教材中不完善的内容作了修改，教材中的案例结合时代背景做了更新，加入了“校园贷”“低头族”“微信时代”“网络主播”“手游”“网游”“网约”等当下困扰大学生的热门话题。同时制作了数字化教学资源，在教材中相应位置扫描二维码可点播微课、心理情景剧、网络微视频等，适应了当前信息化的教学手段。

本书是集体智慧的结晶。第一版由中共沈阳市委教科工作委员会齐舒任主编，沈阳广播电视大学罗大中任副主编，黑龙江广播电视大学赵荔、沈阳广播电视大学崔丹、中国医科大学高职院刘琳琳、沈阳广播电视大学黄金梅、沈阳广播电视大学罗爱军、黑龙江广播电视大学张慧、沈阳药科大学于娜、沈阳广播电视大学李实、辽阳市教师进修学院王学奇参与编写，全书由罗大中统稿，齐舒审定。

再版工作中，教材的完善更新和立体化数字资源建设由云南保山中医药高等专科学校李艳清负责，西双版纳职业技术学院龙海燕、德宏师范高等专科学校吕静、昆明卫生职业学院周睿媛、云南水利水电职业学院的李爱冰、昆明医科大学刘倩倩和张媛、昆明冶金高等专科学校邹顺乾等参与了编写修订以及数字化教学资源的制作。

本书在编写过程中，参考和借鉴了国内外本领域的许多论著和教材，在特别是一些来自网络的心理情景剧，虽然我们努力联系，但仍无法找到原始作者，在此向被提名或未被提名的引文作者致以衷心的感谢！

在编写的过程中，尽管我们力图作一些积极的探索，但由于编者水平所限，本书不妥之处在所难免，欢迎读者批评指正。

编　者

（第三版）

# 前言

PREFACE

心理健康问题关系到大学生的学习生活、成长成才，关系到校园和谐稳定，还关系到社会长治久安、国家建设发展。因此，加强大学生心理健康教育是高等职业院校的历史责任，是建设健康中国、平安中国、法治中国的重要内容，是培养良好道德风尚、培育和践行社会主义核心价值观的内在要求，也是实现国家长治久安的一项源头性、基础性工作。

“青年兴则国家兴，青年强则国家强。青年一代有理想、有本领、有担当，国家就有前途，民族就有希望。”近年来党和国家高度重视青年工作，从青年学生的健康成长、成人、成才等方面都给予了高度重视，有明确指导思想、政策举措，有关工作开展从面向个体、群体层面到社会层面，再到国家建设的战略层面，不断推进、不断深化，不断突破。就青年心理健康方面来说，也遵循这一发展轨迹，从 2016 年 8 月 19 日习近平总书记在全国卫生与健康大会上讲话中指出：“要加大心理健康问题基础性研究，做好心理健康知识和心理疾病科普工作，规范发展心理治疗、心理咨询等心理健康服务。”到党的十九大报告中：“加强社会心理服务体系建设，培养自尊自信、理性平和、积极向上的社会心态。”再到党的二十大报告中：要推进健康中国建设。把保障人民健康放在优先发展的战略位置，完善人民健康促进政策，其中提到要重视心理健康和精神卫生。作为心理健康教育老师，我们欣喜处在这样伟大的时代，作为其中的一份子，能让自己的工作融入到这一时代浪潮当中，能切身体验心理健康教育工作的发展和变迁，同时也深感背负的压力——怎样才能真正做好踔厉奋发、勇毅前行。本书编委会成员均为在一线实践工作多年的心理健康教育工作者，将深入贯彻党的教育方针政策，充分发挥心理健康教育工作对大学生健康成长、成人、成才和思想政治引领的优势作用，为培养自尊自信、理性平和、积极向上的社会心态，培养德智体美劳全面发展的社会主义建设者和接班人而努力奋斗。

现阶段我们正处于经济、社会等发展转型的特殊时期，社会文化、家庭生活、生活环境、生活方式，特别是突如其来的新冠肺炎疫情等，各方面因素的综合影响，让在读的大学生或即将进入高校学习的学生身心健康、人际交往、学习成长、生活适应、行为习惯等方面都发生了深刻的变化。给大学生带来机遇的同时，也带来了巨大的挑战，面临的学习、生活、交往和就业压力明显增大，学生心理问题明显增多，在对新环境适应、自我调适和科学防疫、自我概念形成、人际交往、专业发展、性与爱情的选择、职业生涯规划等方面产生了诸多心理困惑。为尽力给出上述问题的解答，全书设计为十二章，内容包括心理健康概述、心理适应、学习心理、自我意识的协调与发展、恋爱与性心理、健康人格的塑造、和谐人际心理、情绪管理、挫折与压力应对、网络活动与干预、职业

心理适应与生涯规划、心理危机干预等。

本书第一版是2012年8月凤凰出版传媒集团职业教育出版中心组织全国高职高专心理健康教育专家精心编著的《大学生心理健康教育教程》。该教材根据教育部《普通高等学校学生心理健康教育课程教学基本要求》，同时针对高职院校大学生的身心特点和实际思想情况来编写，由于体例新颖、内容实用、可操作性强，受到各界的欢迎，并被立项为“十二五”“十三五”职业教育国家规划教材，通过了全国职业教育教材审定委员会的审定。

本次筹备更新再版并申报“十四五”职业教育国家规划教材，结合教育部专家提出的意见建议，和新时代大学生学习生活实际情况，结合时代背景，对全书做了知识内容和栏目结构的全面更新修改。和原版书相比较，更新后新版教材每章加入名人名言、课程思政元素“思政园地”、五节核心知识微课的视频、互动体验式活动、心理故事、内容相关插画或相关心理图片等几个板块。修改了原书中穿插的英文表述，统一用中文表述；全书引用名人相关内容均为政治态度端正的爱国人士；对全书中知识内容进一步完善使其表述更加精准。教材内容融入了“校园贷”“低头族”“微信时代”“网络主播”“手游”“网游”“网约”等当下困扰大学生的热门话题。制作了数字化教学资源，适应了当前信息化的教学手段。

本书是集体智慧的结晶。第一版由中共沈阳市委教科工作委员会齐舒任主编，李艳清参与组织相关教师编写完成。第二版教材的完善更新和立体化数字资源建设由云南保山中医药高等专科学校李艳清担任第二主编，负责组织开展修改编写和数字化资源建设相关工作。第三次再版，由云南保山中医药高等专科学校李艳清担任主编，全面负责组织实施正本教材更新编写和修改完善工作，开展数字化资源建设相关工作。第三版编写人员有保山中医药高等专科学校心理中心教师徐田芳、李焱、杨阳、王熙婷、万媛媛、姜艳菊、李永梅、张晓云，保山学院心理中心宣萍、董晓蕾、王一帆、刘婧鹏，德宏师范高等专科学校心理中心崔建爱、杨梦诺、郑新，昆明冶金高等专科学校邹顺乾，昆明市延安医院杨佳，滇西科技师范学院修稳君，德宏职业学院韩玉军、董殷江、杨红艳，大理护理职业学院茶国萍、黄金，保山市委党校马杏昌等人参与了编写修订以及数字化教学资源的制作。

本书在编写过程中，参考和借鉴了国内外本领域的许多文章、论著和教材，其中一些来自网络的图片及文字案例，我们努力联系但仍无法找到原始作者，在此向被提名或未被提名的引文作者致以衷心的感谢。本书在编写的过程中力图作一些内容表达上的积极探索，教学影响方式上的实践创新，但由于编者水平所限，本书不妥之处在所难免，欢迎读者批评指正。

编者

2024年3月12日

# 目录
CONTENTS

## 第一章 成长,从关爱心灵开始

## 第二章 站在人生的新起点



## 第三章 走向完善的自我

## 第四章 做学习的主人

## 05 第五章 塑造健全的人格



## 06 第六章 学会自我管理



## 07 第七章 学会用“心”交往

## 第八章 挫折与压力面前的坚强

## 第九章 恋爱也需要学习



## 10 第十章 虚幻的“世外桃源”



## 11 第十一章 生涯规划与美好人生



## 12 第十二章 让生命充满阳光

# 第一章 成长，从关爱心灵开始

## ——大学生心理健康教育导论

良好的健康状况和由之而来的愉快的情绪，是幸福的最好资金。

——斯宾塞

如果做好心理准备，一切准备都已经完成。

——莎士比亚

古希腊哲学家赫拉克利特曾说：如果没有健康，智慧就难以表现，文化无从施展，力量不能战斗，财富变成废物，知识也无法应用。由此可见，健康是承载财富的基石，是幸福的源泉，更是学业、事业成功的根本保障。如果人生用一个分数来衡量，我们拥有的一切是100分，那么健康就是“1”，其他的是后面的“0”，二者加起来才是100分，没有了健康，就没有了一切。而人的健康除了包括身体健康外，还包括心理健康，关注并保持心理健康，可以极大地提高生命的质量。对于高职院校同学们来说，心理健康是快乐生活、学业有成的基础！

让我们一起来看看，本章给我们带来了怎样的内容：本章介绍了什么是科学的健康观？心理健康的标准是什么？影响高职院校学生心理健康的因素有哪些？同时本章也解答了大学生的心理特点及常见心理问题，介绍了心理健康对我们人生发展的意义。本章以心理测试、有趣的心理视频与文字有机的结合带领我们畅游健康知识园，让我们了解拥有健康重要性，更让我们用科学辩证视角看待健康，指导我们树立身心健康的理念和态度，以积极的生活态度开启创造人生健康之旅，去拥抱生活和学习上的各种挑战。

## 活动任务书

| 活动名称 | 做一名心理健康的大学生 | | 姓名 | | 完成时间 | |
|---|---|---|---|---|---|---|
| 目标 | 1. 掌握心理健康标准<br>2. 掌握大学生心理特征<br>3. 明确心理健康的重要意义 | | | | | |
| 任务 | 1. 对照大学生心理健康标准，找出自身存在的问题<br>2. 对自身存在的问题进行分析，并进行总结 | | | | | |
| 实施过程 | 1. 掌握大学生心理健康的基本知识<br>2. 应用所学的知识对自己进行分析<br>3. 和同学或老师进行交流 | | | | | |
| 注意事项 | 要紧紧围绕自身的问题，对自己进行客观的分析，不能无中生有 | | | | | |
| 组员及分工情况 | 队号 | | 队长 | | | |
| | 队员 | | | | | |
| | 任务分工 | | | | | |

**导入：**

**活动名称**：相逢是缘。

**活动准备**：准备多种颜色的卡纸，裁剪成不同的形状，裁剪好的数量与总人数相等。

**活动过程**：

每位成员抽取一张彩色卡片；

寻找与自己卡片颜色相同的同学，并拼组成原来的形状；

选出队长、取队名、队徽、口号、选队歌；

小组成员相互认认识并讨论成员间是否有共同特点，分享活动感受；

向全体出成员分享队名、队歌、队徽、口号，介绍成员。

## 思政园地

### 挥斧如风

战国时，有一个叫惠施的人，他是当时一位有名的哲学家。惠施和庄子是好朋友，但在哲学上他们又是一对观点不同的对手。庄子与惠施经常在一起讨论切磋学问。他们在互相争论研讨中不断深化、提高各自的学识。特别是庄子，从惠施那里受到很多启发。后来惠施死了，庄子再也找不到像他那样才智过人、博古通今，能与自己交心、驳难、使自己受益匪浅的朋友了。庄子感到十分痛惜。一天，庄子十分伤感地看着惠施的坟墓，长叹了一口气，然后自言自语地说："自从惠施先生去世以后，我也失去了与我配合的人，直到现在，我再也没有能够找到一位与我进行辩论的人了！"

**启示**：和你驳难和辩论的人，不一定是和你敌对的人，也许是你成长的良师益友。

心理健康与大学生成长

## 第一节　心理健康与大学生成长

### 一　科学的健康观

科学的健康观

健康是人类生存和发展的最基本条件，是人生第一财富。因此人们最常说的祝词就是“祝您健康”。可是什么是健康呢？有人说无病就是健康，也有人说身体强壮就是健康。其实，健康的概念远非人们理解的这么简单。1948 年，世界卫生组织（WHO）成立时，在其宪章中就认为“健康乃是一种身体上、精神上和社会适应上的完好状态”。1989 年，该组织又为“健康”下了新的定义：“健康不仅是没有疾病，而且包括躯体健康、心理健康、社会适应良好的道德健康。”而后，它又提出了身心健康的八大标准，即“五快”“三良”。“五快”是指食得快、便得快、睡得快、说得快、走得快。“三良”指良好的个性、良好的处世能力、良好的人际关系。可见：健康不只是没有疾病和不虚弱；能够抵抗疾病只是健康的一个部分；健康包括生理、心理、社会适应以及道德等多个层面。一个人生理、心理和社会适应，都处于完满状态，才算是真正的健康。健康应是生理健康和心理健康的协调统一。

那么，心理健康的概念是什么呢？心理健康是指一种持续的积极发展的心理状况，在这种状况下主体能作出良好的适应，能充分发挥身心潜能，而不仅是没有心理疾病。从这一概念可以看出，心理健康有两层含义：其一是没有心理疾病，这是心理健康最起码的含义，如同身体没有疾病是身体健康的最基本条件一样；其二是具有一种积极发展的心理状态，这是心理健康最本质的含义，它意味着要消除一切不健康的心理倾向，使一个人的心理处于最佳状态。

**小贴士 Tips**

心理学家对心理健康的概念有以下几种说法：“心理健康是指人们对客观环境具有高效、快乐的适应状况。心理健康的人应保持稳定的情绪、敏锐的智能，适应社会环境的行为。”“心理健康是指在知、情、意、行方面的健康状态，主要包括发育正常的智力、稳定而快乐的情绪、高尚的情感、坚强的意志，良好的性格及和谐的人际关系等。”“心理健康是指人的一种持续的心理状态，主要是在各种情况下能做良好的适应，具有生命的活力，能充分发挥其身心的潜能。”

**扩展阅读**

#### 心理健康的新观点

当今，人们对心理健康的理解有以下 4 个新观点：（1）心理健康是人的一种相对的状态，而不是“十全十美”；（2）心理健康是人较长一段时间内的持续的心理状态，一个人偶尔出现的异常心理或行

为及轻微的情绪失调，如果能恢复正常，则不能认为这个人的心理是不健康的；(3) 人的心理健康可以用一系列具体标准来描述，但这种描述通常是对人的一种全面的理想要求，人不一定能全部做到；(4) 人们对心理健康的理解逐渐趋于多元模式，人们认为造成心理不健康的因素并不是单一的，而是生物、心理和社会共同作用的结果。

## 二 心理健康标准

心理健康有无具体的标准呢？这是一个比较复杂的问题。因为人类迄今还难以像检查躯体健康那样检查心理健康。躯体健康与否可以通过体温、脉搏、血压、心电图、肝功能等一系列科学客观的检查，有完整、清晰、科学的客观数据做标准，健康与否结果一目了然。而心理学是一门古老而年轻的发展中的学科，许多心理现象和规律尚处于未知或知之不多阶段，同时又受不同的社会文化背景、民族特点、经济水平、意识形态、学术思想导致的不同认知体系、价值观念的影响，致使迄今尚无被世界各国、各民族公认的科学的标准体系。但是半个多世纪以来，世界各国的心理学家从不同角度对此进行了积极的、有益的探索，提出了许多观点，心理健康的几个基本特征已被公认。美国著名的心理学家马斯洛和麦特曼提出了心理健康的10个标准：有充分的安全感；充分了解自己，并能对自己的能力作恰当的估计；生活目标、理想的确定要切合实际；与现实环境保持接触；能保持个性的完整和谐；具有从经验中学习的能力；能保持良好的人际关系；适度的情绪控制和表达；在不违背集体利益的前提下，有限度地发展个性；在不违背道德规范的情况下，适度满足个人的基本需要。

一般来讲，心理健康有如下几个基本特征：

### 1. 智力正常

智力是人的注意力、观察力、记忆力、想象力、思维力和实践活动能力的综合，是大脑活动整体功能的表现，而不是某种单一心理成分。智力正常是一个人生活、学习、工作的最基本的心理条件。虽然目前还没有发明出完善的智力测定和全面衡量大脑功能的科学方法，但已有不少国际公认的智力量表具有相对科学性和实用性，例如美国的韦克斯勒(1943年)发明的智力测验和法国的比内·西蒙(1908年)推出的智力量表。根据世界卫生组织规定，正常人包括青少年和儿童在内，其智商必须在85以上(韦氏儿童智力量表规定，智商在80以上)，这是智力正常的最低要求；70～79是智力缺陷的范围，已属心理缺陷；70以下则属于低能，在心理疾病范畴；智商超过130为智力超常，但亦属心理健康范畴。

### 2. 较好的社会适应性

这是指个体能够根据客观环境的需要和变化，通过不断调整自己的心理行为和身心功能，达到与客观环境保持协调的和睦状态。它主要表现在以下三个方面：

(1) 具备适应各种自然环境的能力任何一个心理健康者尤其是青年人，为了某种需要，应该具备在各种自然环境中生存的能力。

(2) 具备人际关系的适应能力正确对待、处理和协调好各种人际关系，是衡量和判断社会适应性的核心和关键因素，是心理健康的重要标准之一。

(3) 具备适应不同情境的能力情境一般是指个人行为所发生的现实环境与氛围，有广义和狭义两种。前者是指社会历史进程、国际形势等，后者是指个体心理行为活动时所处的场所、氛围，接触对象的态度、情绪及期待等，如考核、演讲、比武等场合。狭义的情境要受广义的情境所制约和影响。心理健康者能够在不同时空和各种情境中调整平衡自己的心理状态，并充分发挥个人心理潜能和优势，取得事业成功。

3. 具有健全人格

人格是指一个人在社会生活的适应过程中对自己、对他人、对事物在其身心行为上所显示出的独特个性，是一个人具有的稳定的心理特征的总和，又被称为个性（也叫个性心理）。健全的人格是指构成人格的诸要素，如气质、能力、性格、理想、信念、人生观等各方面能平衡、健全地发展。

小贴士 *Tips*

著名的发展心理学家阿尔波特，从人本主义自我实现的需求出发，提出健全和成熟的人格指标：

（1）有自我扩展的能力健康的成人能够积极广泛地参与社会活动，有许多兴趣爱好。

（2）有与他人热情交往的能力能与他人保持亲密关系，无占有欲和妒忌心；有同情心，能容忍与自己在价值观念和信息上有差别的人。

（3）在情绪上有安全感和认同感能忍受生活中无法避免的冲突和挫折，能经得起突然袭来的打击。

（4）具有现实性健康成人看待事物是根据事物实际情况而非自己所希望，是看清情境和顺应它的“明白人”。

（5）有清醒的自我意识对自己所有的或所缺的都知晓清楚、准确。理解真实的自我与理想的自我之间的差别，也知道自己与他人对于自己认识的差别。

（6）有一致的人生哲学有符合社会规范的、科学的人生观，为一定的目的而生活。在意识形态、信念和生活方面能够对他人产生创造性的推动力。

4. 情绪和情感稳定，能够保持良好的心境

过度的情绪反应，如狂喜、暴怒、悲痛欲绝、激动不已，以及持久的消极情绪，如悲、忧、恐、惊、怒等，都可使人的整个心理活动失去平衡，不仅左右人的认识和行为，而且也会造成生理机能的紊乱，导致各种躯体疾病。而愉快、喜悦、乐观、通达、恬静、满足、幽默等良性情绪，有益于身心健康和调动心理潜能，有利于进一步发挥人的社会功能。因此，保持情绪、情感稳定协调和良好的心境是心理健康的又一重要标准。

一位心理健康者能保持愉快、开朗、乐观的心境，对生活和未来充满希望。虽然也有悲、忧、哀、愁等消极情绪体验，但能主动调节；同时能适度表达和控制情绪，做到喜不狂、忧不绝、胜不骄、败不馁。

5. 有健全的意志和协调的行为

意志是人自觉地确定目标，并支配其行动，努力实现预定目的的心理过程。意志与行为难以分割，没有行为，看不出一个人意志活动的实质，受意志支配和控制的行为称“意志

行为"。衡量一个人意志品质的高低、强弱、健全与否,取决以下四种心理品质:

(1) 自觉性即对自己的行动的目的和意义有明确认识,并能主动地支配和调节自己的行动,使之符合于自己行动的目的。自觉性强的人既能独立自主地按照客观规律支配和调节自己的行为,又能不屈从周围的压力和影响,坚定地去完成任务。与自觉性相反的意志品质是懒惰、盲从和独断。

(2) 果断性是指善于迅速明辨是非,合理决断和执行的心理品质。

(3) 自制、自控性是指善于促使自己执行已采取的决定,制止和排斥与决定无关的行为,克制自己的负性情绪和冲动行为。

(4) 坚韧性是指坚持自己的决定,为达到目标百折不挠,克服困难。

正常行为指标是:

① 行为大多数是受理智控制而尽量不受情感和非意识支配。

② 行为的适应是采取了弹性方式处理问题,而非固执僵化。

### 6. 心理特点符合心理年龄

每个人都有三个年龄层次,即实际年龄、心理年龄、生理年龄。实际年龄是指人们的自然年龄。心理年龄是指人的整体心理特征所表露的年龄特征,与实际年龄并不完全一致。人的一生共经历八个心理时期,即胎儿期、乳儿期、幼儿期、学龄期、青少年期、青年期、中年期、老年期。每个心理年龄期都有不同的心理特点,如幼儿期天真活泼;青少年期自我意识增强,身心飞跃突变,心理活动进入剧烈动荡期;老年期心理活动趋向成熟稳定、老成持重,身心功能弹性降低,情感容易倾向忧郁、猜疑。

生理年龄是指生理发育成长的年龄特点,与实际年龄亦不一定完全一致,如营养不良的人生理发育延迟,也就是生理年龄小于实际年龄。

所谓心理特点符合心理年龄指两方面的标准:一是个体的实际年龄必须与心理年龄、生理年龄相符,二是个体的不同心理发育期应表现出与该时期身份、角色相符合的心理特征。

## 三　大学生心理健康

对于大学生心理健康的标准应从以下几个方面理解:

一是标准的相对性。事实上大学生心理健康与不健康并无明显界限,而是一个连续化的过程,如将正常比作白色,将不正常比作黑色,那么在白色与黑色之间存在着一个巨大的缓冲区域——灰色区(如图),世间大多数人都散落在这一区域内。这也说明,对多数学生群体而言,在人生的发展过程中面临心理问题是正常的,不必大惊小怪,应积极加以矫正。与此同时,个体灰色区域也是存在的。大学生应提高自我保健意识,及时进行自我调整。

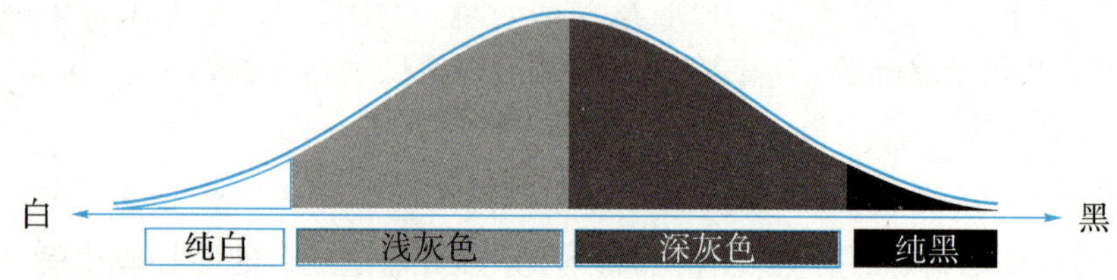

| 健康人格、自信心高、适应力强 | 由生活、人际等压力引起的心理冲突 | 各种变态人格、异常人格、人格障碍等 | 精神障碍患者 |
|---|---|---|---|

一个人产生了某种心理障碍，并不意味着永远保持或行将加重，这是一个发展的问题，反映到心理上会形成心理冲突是非常正常的。许多发展性问题是可以自行解决的。

**小贴士 Tips**

心理的“正常”和“异常”之间没有明确的严格的界限。

人的心理及行为是一个由“正常”逐渐向“异常”、由量变到质变，相互依存、转化的连续谱。心理问题普遍存在，只是每个人程度不同。如下图：

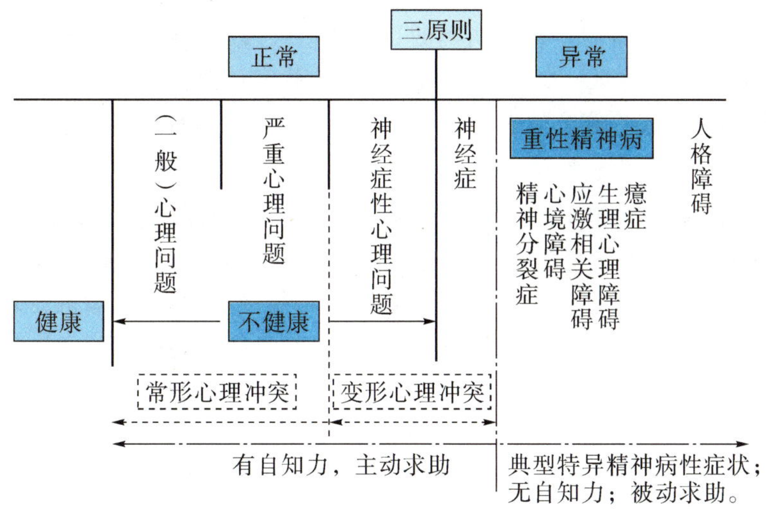


二是整体协调性。把握心理健康的标准，应以心理活动为本，考察其内外关系的整体协调性。从心理过程看，健康的人的心理活动是一个完整统一的协调体，这种整体协调保证了个体在反映客观世界的过程中的高度准确性和有效性。事实表明，认识是健康心理结构的起点，意志行为是人格面貌的归宿，情感是认识与意志之间的中介因素。从心理结构的几方面看，一旦不能符合规律地进行协调运作，可能会产生一系列的心理困扰或问题；从个性角度看，每个人都有自己长期形成的稳定的个性心理，一个人的个性在没有明显的剧烈的外部因素影响下是不会轻易发生变化的，否则说明其心理健康状况发生了变化；从个体与群体的关系看，每个人在其现实性上划归于不同的群体，不同群体间的心理健康标准是有差异的。

三是发展性。事实上，不健康的心理可能是人的发展中不可避免的发展性问题，其症状随着发展而自行消失。

根据大学生的心理特征、特定的社会角色要求以及心理健康学的基本理论，大学生心理健康的标准可以概括为以下八条：

1. 能保持对学习有浓厚的兴趣和求知欲望

学习是大学生活的主要内容，心理健康的学生都会珍惜学习机会，求知欲望强烈；能克服学习中的困难，学习成绩稳定；能够保持一定的学习效率，并从学习中体验到满足与快乐。

2. 能协调和控制情绪，保持良好的心境

积极乐观的情绪和良好的心境是心理健康的重要标志。心理健康的学生心胸开阔，从容乐观，热爱生活，乐于进取。虽然也有悲、忧、哀、愁等消极体验，但积极情绪总是多于消极情绪，具有理智感、责任感、幽默感，善于调节和控制自己的情绪，急而不躁，喜而不狂，忧而不绝，胜而不骄，败而不馁，持续稳定地保持愉快、满意、开朗的心境。无论是处于顺境还是逆境，都能随遇而安，积极寻找事业的乐趣，发掘生活的光明面。

3. 意志健全，能经受住各种挫折和磨炼

心理健康的大学生，学习生活有明确的目标和追求，敢想、敢说、敢干，勇于开拓进取，在意志行动中有主见，有恒心，专心致志，遇到外界干扰和诱惑不为所动。经常的盲目性和软、懒、散状态，都是意志不健全的表现。

4. 人际关系和谐，乐于交往

人际关系状况最能体现和反映人的心理健康状况。心理健康的大学生热爱生活，乐于交友，善于与人相处，既能容人之短，也能容人之长，能正确处理互助和竞争的关系，能与他人同心协力合作共事，乐于助人，有较强的同情心和道德责任感，因而能被他人和集体所容纳和认同。相反，疑心重重、妒贤嫉能、尖酸刻薄、自私自利、孤芳自赏、与集体格格不入的人，均属于心理不健康。

5. 正确的自我意识

正确的自我意识是心理健康的重要条件。心理健康的大学生都能以客观的态度去认识、评价自己和周围的世界，既不是自视清高、妄自尊大，也不是自轻自贱、妄自菲薄。行动上自律，评价上自省，心态上自控，情感上自悦。在理想自我与现实自我之间有良好的基本满意的态度，存在着一种健康有益的差距。他们善于从客观环境中吸取有价值的信息以充实自己、完善自己，并恰当地进行自我评价和自我调节，有效地控制自己的行为。

6. 适度的行为反应

适度的行为反应是指个体对外界环境和事物的反应既不过敏，亦不迟钝。在人的生命发展不同年龄阶段都有相应的心理行为表现，从而形成不同年龄阶段独特的心理行为模式。心理健康的大学生有正常的行为反应，在认知、情感、言行、举止等方面都符合他所处的年龄段的要求，他们充满青春活力，朝气蓬勃，勤学好问，能创造性地处理问题。过于老成、过于幼稚、过于依赖都是心理不健康的表现。

7. 完整统一的人格品质

人格指人的整体精神面貌。人格完整指人格构成要素的气质、能力、性格和理想、信念、人生观等各方面平衡发展，有一定的连贯性和稳定性。心理健康的学生所思、所说、所做是协同一致的，具有积极进取的人生观，把自己的需要、愿望、目标和行为统一起来，无双重人格，不因私欲背弃信念和良心，不阳奉阴违、口是心非。

8. 积极的社会适应力

心理健康的大学生，能和社会保持良好的接触，对社会现状有较清晰的认识，思想、信念、目标和行为能跟上时代发展的步伐，与社会要求相符合，为社会所接纳。一旦发现自己的愿望、需要与社会的希望和需要发生矛盾和冲突时，能迅速调整自己对现实的期望和态度，以谋求与社会的协调一致，而不是逃避现实，或与之背道而驰。

大学生
心理健康

## 热身小测试

### 心理健康水平自我测试

中国科学院心理研究所王极盛教授编制了心理健康测验，可用于心理健康的自我测评定。根据自己的实际情况，按无、轻、中、重、很重五个维度进行判断。

| 项目 | | | | | |
|---|---|---|---|---|---|
| 1. 身体衰弱感 | 1 | 2 | 3 | 4 | 5 |
| 2. 身体刺痛感 | 1 | 2 | 3 | 4 | 5 |
| 3. 怕痛 | 1 | 2 | 3 | 4 | 5 |
| 4. 皮肤破了不易好 | 1 | 2 | 3 | 4 | 5 |
| 5. 动作迟钝 | 1 | 2 | 3 | 4 | 5 |
| 6. 注意力难集中 | 1 | 2 | 3 | 4 | 5 |
| 7. 记忆不好 | 1 | 2 | 3 | 4 | 5 |
| 8. 丧失兴趣 | 1 | 2 | 3 | 4 | 5 |
| 9. 难摆脱苦恼 | 1 | 2 | 3 | 4 | 5 |
| 10. 为自己的病情苦恼 | 1 | 2 | 3 | 4 | 5 |
| 11. 常为一些小事着急 | 1 | 2 | 3 | 4 | 5 |
| 12. 平时情绪易紧张 | 1 | 2 | 3 | 4 | 5 |
| 13. 过度关心身体健康 | 1 | 2 | 3 | 4 | 5 |
| 14. 遇到紧急的事就出汗或心跳加速 | 1 | 2 | 3 | 4 | 5 |
| 15. 情绪易波动 | 1 | 2 | 3 | 4 | 5 |
| 16. 思维迟钝 | 1 | 2 | 3 | 4 | 5 |
| 17. 想象力贫乏 | 1 | 2 | 3 | 4 | 5 |
| 18. 容易发怒 | 1 | 2 | 3 | 4 | 5 |
| 19. 难以控制自己的情绪 | 1 | 2 | 3 | 4 | 5 |
| 20. 精神不能放松 | 1 | 2 | 3 | 4 | 5 |
| 21. 难以入睡 | 1 | 2 | 3 | 4 | 5 |
| 22. 为自己的病情焦虑 | 1 | 2 | 3 | 4 | 5 |

测验标准：

1. 基本无：心理健康水平高。
2. 2/3 无，其余轻：心理健康水平一般。
3. 半数无：心理健康水平较低。
4. 基本重或较重：心理不健康。

大学生的心理发展

# 第二节 大学生的心理发展特点及心理问题

## 一 大学生心理发展的一般特征

与青年初期的高中生相比，大学生的心理活动出现了许多重大的变化，这些变化是构成大学生心理发展年龄特征的基础。发展心理学家哈维格斯特曾对青年期的发展进行了系统的论述，他认为青年期主要有以下心理发展任务。

（1）青年期同龄人团体的建立。① 学习与同龄男女之间新的交往方式；② 学习作为男性或女性的社会任务及角色。

（2）独立性的发展。① 认识自己的身体构造，有效地使用自己的身体；② 从精神上独立于父母或其他人；③ 具有在经济上自立的自信；④ 选择职业并为其做准备；⑤ 做好结婚及家庭生活的准备；⑥ 发展作为社会一员所必须具备的知识、技能和观念。

（3）人生观的发展。① 发展并完成附有社会性责任的行动；② 学习作为行动指南的价值观和伦理体系。一般而言，大学生的心理发展有如下特征：

### 1. 成熟水平的发展不平衡

人的成熟应具备三个基本条件：① 身体的长成，以个体生理成熟为标志，尤其以性成熟为指标。大学生处于青年中期，在这个阶段个体的生理发育接近完成，已具备了成年人的体格及各种生理功能。② 心理发展完善，形成了稳定的个性。但是大学生的心理尚未完全成熟，还处于理想、人生观、价值观形成的关键期。③ 社会化程度提高，以人的社会成熟为标志，即个体对自己在社会中所处的角色、所担负的责任有正确的认识。上述三者中，身体成熟是心理成熟的物质基础，社会成熟是心理成熟的必要条件，而社会化程度的提高，取决于个体的社会实践活动。大学生由于在学校学习时间长，与社会生活有一定程度的隔离，对真正的社会生活没有直接的深刻的了解，社会实践活动也比较表面和肤浅，因而，大学生的社会成熟期也自然会延长，在整个大学期间都要为这种社会成熟的完成付出努力。

### 2. 自我意识的增强与认知能力的发展不协调

大学时代是真正自我认识的时期，大学生所处的年龄阶段和文化水平决定了他们注重内省，注重自我确立，注重自我承担的社会责任。但由于生活阅历、社会实践、社会距离等各种原因，他们对这些内容的认知往往带有幻想的色彩，表现出一定的片面和幼稚，这种不足与他们极强的自我意识不相协调，会一直困扰着他们。

### 3. 情感丰富而不稳定

由于观察力的提高，思维空间的延伸，大学生的情感越来越丰富、深刻、敏感。由于需要结构的变化，大学生的追求有其独特性，这种追求使他们时常处于波动、迷茫、抉择中，因此他们易受环境变化的影响，心境变化快，情绪冲突多。

### 4. 性意识发展

性意识是个体心理发展极为重要的方面，对于大学生来说，更是影响他们心理健康的重要方面。大学生的生理发育已经基本完成，性意识的明朗化与进一步发展是自然的事情，又由于大学校园是年轻人的世界，许多与异性接触的机会，使他们产生了强烈的按照性别特征塑造个性、与追求异性的愿望。这种青春的萌动与性观念、性问题处理技巧的不成熟相矛盾，从而带来许多烦恼和不安。这也是大学生成长过程中的一个十分敏感、突出的心理问题。

5. 智力发展达到高峰

青年时期，大脑完全发育成熟，因而智力发展到人一生的高峰期。大学生一般思维敏捷，接受能力强，通过专业训练，他们分析问题、解决问题的能力增强，而其智力含有较多的社会性和理论色彩，这会使他们的心理活动的内容极大丰富、扩展。

6. 社会需求迫切

大学生在校园的生活比同龄人长，踏入社会较晚，他们渴望进入社会的愿望更加迫切。在学校，他们关注、评判各种社会现象，希望按照自己的想法去改变社会中各种令人不满的现象，希望用自己的专业知识服务于社会，体现自己的力量，实现自己的价值，这种心理影响大学生的学习态度，并对大学时代的生活质量产生重要影响。

大学生基本需要的发展不平衡

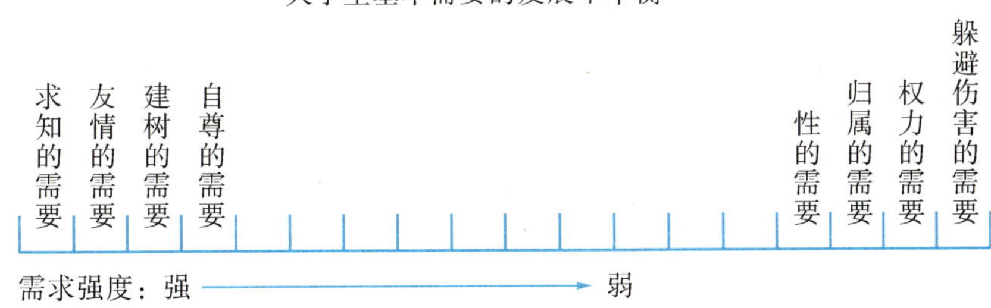


## 二 大学生主要的心理特点

大学新生与其他同龄的在校大学生一样，一般而言，同样是心理发育尚未成熟，人格特性的可塑性较强，心理冲突表现明显，有许多的心理问题亟待解决如世界观和理想的缺失、意志力和耐受挫折力缺乏、内心依赖感和孤独感强、嫉妒心和虚荣心严重、自负与自卑两极倾向严重、价值观和成才观偏离、性生理与性心理发展不协调等(如下图)。但由于大学生所处环境等因素，致使大学生形成了一些独有的特点，主要表现在以下几个方面：

大学新生心理问题的类型和内容

| 心理问题的类型 | 内容 | 人数 | 百分比(%) | 排列等级 |
|---|---|---|---|---|
| 环境改变与心理适应问题 | 理想与现实的问题 | 121 | 32.66 | 1 |
| | 学习特点的变化 | 97 | | |
| | 生活环境的变化 | 26 | | |
| 人际交往问题 | 交往技巧 | 158 | 21.15 | 2 |
| | 交往原则 | | | |
| | 交往心理品质 | | | |

续表

| 心理问题的类型 | 内容 | 人数 | 百分比(%) | 排列等级 |
|---|---|---|---|---|
| 自我意识问题 | 自卑问题 | 107 | 19.81 | 3 |
| | 自我认识 | 41 | | |
| 不良意志品质 | 自觉性差,坚持性差,果断性差,自制力差 | 78 | 10.44 | 4 |
| 情绪困扰问题 | 焦虑、抑郁、恐惧、易怒、孤独、嫉妒 | 73 | 9.77 | 5 |
| 人格方面问题 | 悲观、羞涩、敏感、拖拉猜疑 | 25 | 3.35 | 6 |
| 恋爱方面问题 | 对爱情的困惑 | 21 | 2.81 | 7 |

### 1. 自卑感强,情感极其脆弱

进入大学学习是令每一个学生感到高兴和自豪的事情,但高职院校的大学生在具有这种情感的同时,与周围的本科生相比,总会有一种无形的自卑感,且情感上敏感、脆弱。这是因为大多数的学生认为与本科生相比,自己没有文凭上的优势,他们是本科,而我们是专科,所以"低人一等"。同时社会对高职院校的认同程度不高,就业与继续升学深造的局限,更促进了他们对未来的迷茫和对自己人生价值的怀疑。这种不良心态往往会导致部分学生人际关系敏感,一些男同学急躁、易怒,严重时甚至会发生过激行为,对自己和他人造成伤害。

### 2. 就业压力大,心理焦虑程度高

目前,就业压力大成为大学生普遍存在的心理问题,而社会大部分用人单位所谓比较好的岗位都盲目地对学历要求偏高,致使大学生在就业大潮中更加处于劣势。很多用人单位在本科生、研究生实习期间即签订了就业协议书,使大学生无法与其他人公平竞争,丧失了许多就业机会。

面对这种窘境,有的学生将全部时间和身心用于学习,希望通过"升本"考试取得更高的学历。还有一部分同学不知所措,无法应对,于是选择了逃避,破罐破摔,沉迷于网络,成为老师和同学眼中的差生,但其内心的焦虑并未因此而减少,相反,时光的虚度和学业的荒废使他们的焦虑感更加强烈。不知如何调整心态的他们往往通过疯狂的吸烟、酗酒和网络游戏来麻醉自己,从而形成恶性循环。

### 3. 自身对就读高职认识不明确,悲观、厌学,心理压力大

部分大学生并不了解高职教育的培养目标,对自己所学专业也丝毫不感兴趣,没有学习动力。这些学生中有的是在高考成绩不理想时因没有信心复读而选择了高职院校,有的只是为了混个文凭,还有一部分同学只是为了应付父母而来高职读书。这种个人兴趣与所学专业不符的情况使他们不能调整心态面对现实,造成了他们较大的心理压力,并产生悲观、厌学、混日子的消极心理。

## 一个乖女孩的遭遇

某高职院校一名女大学生,家在农村,经济情况一般,有一弟弟读初中。从小父母对她的希望就是好好读书,长大能离开农村。应届高考考上了外省的一所大学。她几乎没参加

过其他劳动或活动，没有出过远门。她从小是个乖女孩，听老师的话，听父母的话，与同龄人相处较好。父母不愿她到很远的城市读书，同时出于经济原因考虑，她主动向父亲提出，填报相同专业中收费最少的一所高职学院。入学两个月以后，她3 000多元的存款在校园内被骗，事后出现失眠，无食欲，焦虑，反应力减慢，不能集中注意力思考、判断问题，情绪低落，愤怒，自责和羞耻感。她感到生活中处处都是危险，对任何人都不能信任，自己不幸，这样的事会给家庭带来羞辱。目前及今后的生活不可控，四处找工作影响学习，经济压力打乱了日常生活，对今后能否继续上大学不确定。一个人时，她眼前常会出现骗子的画面，梦中会有事件的一些场景出现，下晚自习时害怕一人单独走回宿舍。

**专家案例点评**

她的独立处理问题的能力差，有过分内省的人格倾向。认为给家庭造成很大经济损失、带来耻辱，应自己打工弥补，但打工受挫，感到无助。正常学习和生活受到影响。与宿舍部分同学相处得渐渐格格不入。主要原因是认知偏差导致行为异常。事件发生后没有采取正确的应对方式，利用全部课余时间，在自己陌生的城市单独徒步四处找工作，不愿将自己的真实情况告知家人。

**大学女生的心理特点**

大学女生的年龄一般在16～22岁之间，正处在由青春期到青年初期的过渡时期，也是心理上变化最为激烈的时期，大学女生的心理状况呈现出多样性和复杂性。主要有以下几个特点：自我意识发展不够完善。大学女生处于自我意识迅速发展时期，由于受主观因素的影响，她们的自我意识容易产生高估或低估自己的常见偏差。学习目标不够明确。学习带有极大的被动性和盲目性，感到前途渺茫。人际交往较困难。大部分大学女生多是独生女，容易产生任性、以自我为中心、脾气倔强、自私等性格特征，在认识与评价他人的过程中常带有主观、极端、简单化倾向。心理素质欠佳，主要表现在对挫折的承受能力较弱，抗干扰能力较差。

## 三　大学生常见的心理问题

**案例**

### 赫菲斯托斯附身的小D

赫菲斯托斯是宙斯与赫拉的儿子，但由于赫菲斯托斯长相丑陋，于是赫拉将他丢到奥林匹斯山下，赫菲斯托斯在空中翻腾了一天，落到利姆诺斯岛上，从此摔成了瘸子。赫淮斯托斯是一位技艺高超的神灵的工匠。家境贫寒、长相平平的小D是某高职院校的大一学生，心灵手巧，尤其擅长写作，但非常自卑，认为自己是赫菲斯托斯附身的不幸的人，父母不爱自己、家境贫穷、相貌丑陋，常常因这些问题而感到自卑，不敢主动与人交流，总是一个人低着头独来独往。很快，小D的“不合

群"被宿舍的另一个同学注意到了，他邀请D和其他两位室友一起到学校的心理咨询中心接受心理咨询。通过认知调节、玩沙盘游戏，三个月过去后，小D认识到了自己身上的优点，明白了尺有所短，寸有所长，天生我才必有用的道理，逐渐变得开朗起来，发挥自己所长，加入文学社团，以前的那些烦恼在老师和身边朋友温暖的关怀中成功疏解。

**案例分析：**

认识、接纳现实的自我与身边老师、同学的关爱是帮助小D走出心理困扰的"灵丹妙药"。大学校园是一个小社会，宿舍更是一个小家庭。关注自身的心理健康、关爱他人的心理健康，都是帮助提升大学生心理健康水平的有效途径。

### 1. 学习上挫折感与厌学情绪

大多数高职院校的大学生由于学习基础较差，学习方法不当，解决问题的能力不强，致使学习跟不上。或者因为所学专业非所爱，学习目的不明确，学习兴趣与动力不足，他们在学习上的挫折感越来越强烈，逐渐厌恶学习，甚至会产生考试焦虑症，学习上缺乏自信心和主动性。

### 2. 未来就业所引发的心理问题

进入大学后，大学生对自己未来的前途由憧憬转向务实。大学生择业是一个选择与被选择的过程。面对选择与被选择，面对人才市场的激烈竞争，大学生在择业过程中，常常会出现种种惶恐与不安，产生各种心理矛盾和冲突，从而导致心理失衡，轻则影响择业的成功，重则甚至会干扰正常的学习与生活，影响身心健康。

**身边的故事**

## 求职困扰着我们

某高职院校毕业生小甲，毕业在即，总是积极参加各类招聘会、投递简历，先后收到了不少单位的录用通知。他首先选择了一家，去了没几天觉得不好，又去另外一家，还觉得不好，再换，总觉得不适合自己，要么嫌工资低，要么嫌地点远，要么嫌职位低，要么人际关系处不好，各种各样的原因迫使他频繁地跳槽，很长时间都没有定下来。

毕业生小乙，周围同学都在忙于找工作，小乙却整天在宿舍无所事事、上网玩游戏。在经历了几次面试失败之后，多少受到了一些打击。现在他的想法是，工作之后起早摸黑、奔波劳碌，也就拿个两千块钱，随便用用就没了，还不如在家歇着，反正父母的工资养得起他，舒服一时是一时。

**专家案例点评**

随着我国高等教育进入大众化的新阶段，高校毕业生的就业形势越来越严峻，处于高等教育人才培养链末端的高等职业教育更面临着前所未有的挑战。就业竞争日益激烈，就业心理日益复杂，大学生在求职的过程中面临着各种心理问题。但是案例中的就业问题并非就业形势不好等外在原因造成的，而是学生自身的问题。如案例中小甲对自己的认识和定位非常不准确，他更换工作有很多千奇百怪的原因，唯独没有在自己身上找原因，同时也说明他比较自负。他没有经过科学合理的分析，主观地认为工作不适合自己，而没有想到是不是自己没有调整好就业心态、择业观念和职业定位。

小乙是怕吃苦的典型，指望着永远依赖父母，是标准的啃老族。他在找工作的过程中经历过失败，并没有激发起他的斗志，而是产生了自卑心理，再加上贪图享受心理的作祟，导致他消极逃避、不找工作。他对工作的理解也产生了误区，工作的意义不仅仅在于挣钱维持生计，工作为我们提供了一个合理的生活规律，为我们提供了一个交流平台，工作是一种体验，一种享受，一种快乐，是在实现自我价值。

### 3. 环境改变与心理适应障碍

由于环境的改变，自己出现了矛盾、困惑心理。有一部分学生会表现出对现实的失落感。中学教师总是把大学描绘成一个“人间天堂”，学生也将考大学作为唯一和最终的目标来激励自己。但跨入大学校园后，发现事实并非如此，一部分学生还发觉在高手如云的新集体内，昔日那种“鹤立鸡群”的优越感荡然无存，失落感油然而生；另有一部分学生表现出对专业学习的困惑。与中学相比，大学学习更具有自主性，灵活性和探索性。有些学生感觉突然从中学的严格管教中“松绑”，但又不知如何安排学习，以致心中忧郁、焦虑；还有一部分学生表现出对生活环境的不适应。进入大学后，由原来依赖父母的小家庭过渡到相对自立的大学集体生活，他们心理上产生一种孤独、空洞感。

### 4. 自信心不足，自卑感较严重

看大学阶段是自我意识发展最为强烈的阶段，随着知识的增多，生活经验的扩展，大多数学生对自我的分析和评价逐渐显得客观和全面。但是对于刚刚进入高职院校的新生来说，由于在高考中的失利，与高中其他上了重点综合性大学的同学相比，有些失落，有些学生是带着迫不得已的情绪才来高职院校上学的；还有些同学是由于与其他同学相比在文体活动、社交能力及组织能力等方面的差距，而产生了极大的心理落差和强烈的自卑感，导致自信心不足。

### 5. 人际关系所引发的心理问题

人际关系和谐是心理健康的一个重要标志，良好的人际关系是心理健康的润滑剂。大学生能否在学校里和老师、同学建立起和谐的人际关系，对他们心理的健康发展有着极为深远的影响。在大学阶段，个体独立地步入了准社会的交际圈，高职生尝试人际交往并试图发展这方面的能力，为将来进入社会做准备。在这一过程中，一些学生会遭受挫折，或表现为自我否定而陷入苦闷和焦虑，或企图对抗而陷入困境，从而导致人际关系紧张。大学生人际问题主要表现如下图：

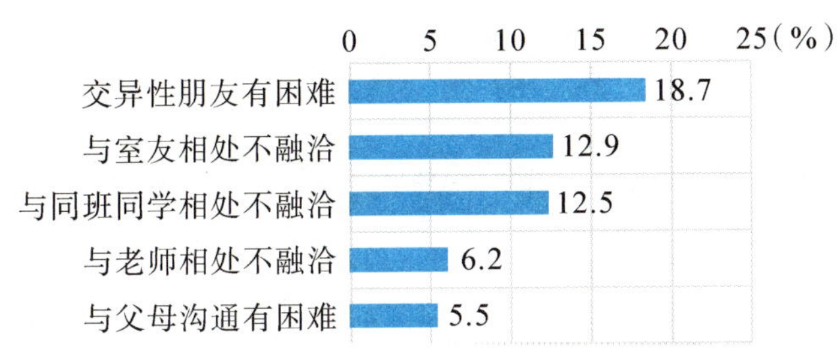

大学生常见的心理问题

小贴士 Tips

## 26个细节帮你赢得好人缘

1. 长相不令人讨厌;如果长得不好,就让自己有才气;如果才气也没有,那就总是微笑。

2. 气质是关键。如果时尚学不好,宁可选择纯朴。

3. 与人握手时,可多握一会儿。真诚是宝。

4. 不必什么都用"我"做主语。

5. 不要向朋友借钱。

6. 不要"逼"客人看你的家庭相册。

7. 与人打的时,请抢先坐在司机旁。

8. 坚持在背后说别人好话,别担心这好话传不到当事人的耳朵里。

9. 有人在你面前说某人坏话时,你只微笑。

10. 自己开小车时,不要特意停下来和一个骑自行车的同事打招呼,人家会以为你在炫耀。

11. 同事生病时,去探望他。很自然地坐在他病床上,回家再认真洗手。

12. 不要把过去的事全让人知道。

13. 尊敬不喜欢你的人。

14. 对事不对人;对事无情,对人要有情;做人第一,做事其次。

15. 自我批评总能让人相信,自我表扬则不然。

16. 没有什么东西比围观者更能使你提高保龄球的成绩了。所以,平常不要吝啬你的喝彩声。

17. 不要把别人的好视为理所当然。要知道感恩。

18. 榕树上的"八哥"在讲,只讲不听,结果乱成一团。要学会聆听。

19. 尊重传达室里的师傅及搞卫生的阿姨。

20. 说话的时候记得常用"我们"开头。

21. 为每一位上台唱歌的人鼓掌。

22. 有时要明知故问:你的钻戒很贵吧!有时,即使想问也不能问,比如:你多大了?

23. 话多必失,人多的场合少说话。

24. 把未出口的"不"改成:"这需要时间""我尽力""我不确定""当我决定后,会给你打电话"……

25. 不要期望所有人都喜欢你,那是不可能的,让大多数人喜欢你就是成功的表现。

26. 当然,自己要喜欢自己。

## 四 影响大学生的心理健康的因素

大学生心理健康问题是由主观和客观两方面的因素造成的,包括遗传因素、社会环境因素、家庭环境因素、学校环境因素、个体生理心理因素等。

### 1. 遗传因素

遗传和环境对一个人发展的影响，一直是心理学界争论的焦点，目前还没有定论。但有一点值得肯定，如果没有一定的生理条件或生理条件发展不充分，人的心理活动就会受到影响或阻碍。心理学家曾用家谱研究法研究了遗传因素对心理健康的影响，结果发现与正常的大学生相比，其家族有癔症、活动过度、注意力不集中等病史的比例明显偏大。一些对于双生子精神分裂症的研究表明，同卵双生子的平均相关系数是 0.48，异卵双生子的平均相关系数只有 0.17。另外，父母患有精神分裂症会增加子女患上精神分裂症的风险。这些研究强有力地证明了精神分裂症受遗传影响。

另外一些研究证明了遗传在酗酒、抑郁症、多动症及双向情感障碍和其他一些神经症上的影响，但影响不是绝对的。研究表明，在父母一方患有精神分裂症的人中，只有 9%的人曾经出现过精神分裂症的症状。

北京医科大学精神卫生研究所和伤害精神卫生中心近年的遗传流行病学研究表明：重性精神疾病患者，如精神分裂症、双向情感障碍等与遗传的关系十分密切，一些轻的精神疾病与遗传的关联度较小。

### 2. 社会因素

大学生心理问题的产生，与当今的社会环境有关。当前我国正处于社会转型时期，社会主义市场经济体制的建立，社会的变革，科技的进步，正在转变着人们的生产生活方式。思维方式和价值观念的多变，中西文化的冲突，各种思潮的涌入，各种矛盾冲突对学生带来的心理冲击比以往任何时代都要强烈和复杂。竞争的加剧、压力的增大、东西文化的碰撞、价值观念的多元、贫富差距的拉大、利益格局的调整等等，当这些展现在心理结构还相当稚嫩的大学生面前时，他们的理论知识和人生阅历还无法使他们找到正确的答案，因此他们出现心理失衡是很难避免的。

### 3. 学校教育因素

学校的环境和教育对大学生的心理状态有着更直接更深刻的影响。由于中小学教育过程中过分注重智育，忽视了对学生学习兴趣、学习能力、生活能力和人际交往能力等基本社会实践和基本生活能力的培养和锻炼，致使不少大学生缺乏独立生活的能力。进入高职院校以后，由于学习的压力和对大学集体生活的不适应，一些学生会产生孤独、压抑、空虚等不良情绪。

### 4. 家庭因素

家庭是孩子成长的环境，家长是孩子的第一任老师，因而家庭是每个孩子成长不可忽视的条件。家庭对于塑造学生个性、培养其生活习惯和行为方式都有重要的影响。不完整的家庭对于孩子的心理健康是十分不利的，往往使其产生孤僻、冷漠、粗暴的人格特点；父母关系不良、紧张或冲突，经常吵架甚至相互敌视，会导致孩子在人际交往中往往表现出自私、敌视等心理和道德方面的缺欠；家庭教育方式的“态度不一致”“溺爱”，又会造成孩子懦弱、虚荣和随心所欲的毛病；家长的严厉冷漠、经常打骂、缺乏人情温暖会使孩子迟钝、犹豫不决、具有凶犯暴力的倾向。这些问题解决不好，便会诱发心理疾病。

### 原生家庭的概念

近些年来，随着家庭教育的普及，原生家庭的概念逐渐进入大学生的视角，常常出现在日常的谈话中，那么什么是原生家庭呢？想一想，你的家庭里有哪些成员？有爸爸、妈妈，或者爷爷奶奶和姥姥姥爷，甚至还有姑姑和舅舅，表妹和堂兄，他们都是家庭成员，但并不是通常所指的原生家庭。原生家庭特指父母和未婚的子女住在一起组成的家庭，即每个人出生和成长的地方。我们和我们的父母组成我们的原生家庭，父母和他们各自的父母，组成他们各自的原生家庭。作为每个人出生和成长的地方，原生家庭不断刻画和塑造着每个人。

#### 5. 个体因素

大学生心理问题的产生，与其正处于心理发展阶段密切相关。大学生正处于青年中期，青年中期是心理发展开始走向成熟的重要阶段，是一个人心理变化最激烈的时期，但同时又是心理发展与成长的困惑期。一些大学生往往表现为个人定位偏颇，看不到自身的优势，用自身的短处对比本科生的长处，觉得一无是处，自卑而不敢与人交往，显得古怪、孤僻。在学习生活、择业中遭受挫折并感到无能为力时，他们往往表现为不思进取、情绪低落、情感淡漠、意志麻木等。另外，自卑的另一种表现形式为自负自傲，有些学生眼高手低，自命不凡，特立独行。

### 我为什么会这样？

某高职院校学生王某，在教室里看书时，总担心会有人坐在身后并干扰自己，有强烈的不安全感，以至于只能坐在角落或者靠墙而坐，否则就无法安心看书。他对同寝室一位同学不戴耳机收听收音机的行为非常反感，有时简直难以忍受，尤其是中午睡午觉时总担心会有收音机的声音干扰自己，从而睡不着觉，经常休息不好。但又不好意思跟其发生当面冲突，因为觉得为这样的小事发脾气，可能是自己的不对。王某很长时间不能摆脱这种心理困境，很苦恼，严重影响了自己的日常生活和学习。即将毕业，他心中一片茫然，担心找不到理想的工作，可有时候也懒得去想这个问题，怕增添烦恼。他学习一般，在班上成绩中游，但是又不能集中精力学习；自卑，缺乏自信，生活态度比较消极，认为所有的一切都糟透了；家在农村，经济状况一般，认为自己有责任挑起家庭的重担，但又觉得力不从心。

#### 专家案例点评

实际上，该生的心理困境主要是由各种压力源造成的。首先，该生即将毕业，择业困难构成其压力源的核心。其次，择业压力使其在心理上产生不安全感。行为发生学认为，当人受到刺激时就会做出某种特定的反应。这名学生采取的是消极应对策略——回避。虽然不去想它，但是问题和压力却仍然存在，尽管只是一种茫然状态。第三，择业压力使其心理变得异常敏感和脆弱，这一点在他的日常学习和生活过程中直接体现出来。在教室看书或者在宿舍睡午觉时，哪怕有一点动静就会受到干扰，也会怀疑、担心和害怕受到干扰。第四，择业压力和敏感的心态极易使其面临人际性冲突问题，这是该生采取回避和压抑等消极应对策略的必然结果。

:

1. 你有没有心理障碍，如果有，分析一下产生的原因是什么？
2. 当你出现心理障碍时，你用什么方法排除？

## 第三节　大学生心理健康教育的意义和功能

大学生心理健康教育的意义和功能

### 一　大学生心理健康教育的内容

大学生心理健康教育的内容

我们在分析了大学生常见的心理问题以及影响大学生心理健康的因素之后，必须要让大家知道如何去排除这些障碍，克服消极的心理问题。作为大学生，应从以下几方面来把握：

1. 正确的自我认识

目前，许多大学生不能对自己作出正确的评价。要么就是过高地评价自己，有了自负的心理；要么就是贬低了自己的才能，从而产生了自卑感。而很多大学生的问题就源于对自己的不正确认识。所以，大学生要排除心理健康的障碍，必须正确地认识自己。

2. 提高自我的控制能力

大学生都经历过紧张的、有人管教的高中年代，而大学里更多的是需要学生自己自觉地进行学习，老师已经不像高中时候严厉管教。因此，有的大学生，特别是新生，就像是脱缰的野马，根本不能自觉地做自己应该做的事情，而是一味地玩，从而出现了许多适应不良的症状。因此，提高自我控制力是非常必要的。

3. 对传统的错误观念进行澄清

大学生虽然受到了良好的教育，但许多学生对心理或一些常见心理问题的认识依然是一片空白，从而对一些心理问题的术语产生了误解，无知地把这些问题往自己的身上套，久而久之，就真的有问题了。另外，一些大学生还是一直认为"我又没有精神病，干吗要进行心理咨询啊？"或者"我去进行心理咨询了，会不会有人说我得了精神病啊？"等等。心理咨询没有那么简单和恐怖，所以有必要对大学生们进行一下"洗脑"。

小贴士 *Tips*

**心理咨询的五个不等式**

第一心理问题≠精神病

第二心理学≠窥见内心第三心理咨询≠无所不能

第四心理医生≠救世主

第五心理咨询≠思想工作

## 热身小测试

本问卷共20题，每题均给出5个备选答案，请从中选择一项最适合你的答案。

1. 假如把每次考试的试卷拿到一个安静、无人监考的房间去做，我的成绩会更好一些。（　）

A. 很对　B. 对　C. 无所谓　D. 不对　E. 很不对

2. 夜间走路，我能比别人看得更清楚。（　）

A. 是　B. 有些对　C. 不知道　D. 不太对　E. 不对

3. 每次离开家到一个新的地方，我总爱闹点毛病，如失眠、拉肚子、皮肤过敏等。（　）

A. 完全对　B. 似乎是　C. 吃不准　D. 似乎不是　E. 正相反

4. 我在正式运动会上取得的成绩常比体育课或平时练习的成绩好些。（　）

A. 是　B. 似乎是　C. 吃不准　D. 似乎不是　E. 正相反

5. 我每次明明已把课文背得滚瓜烂熟了，可是在课堂上背的时候，却总要出点差错。（　）

A. 经常如此　B. 有时如此　C. 吃不准　D. 很少这样　E. 没有这种情况

6. 开会轮到我发言时，我似乎比别人更镇定，发言也显得很自然。（　）

A. 对　B. 有些对　C. 不知道　D. 不太对　E. 正相反

7. 我冷天比别人更怕冷，而热天又比别人更怕热。（　）

A. 是　B. 好像是　C. 不知道　D. 好像不是　E. 不是

8. 在嘈杂混乱的环境里，我仍能集中精力学习，效率并不大幅度降低。（　）

A. 对　B. 略对　C. 吃不准　D. 有些不对　E. 正相反

9. 每次检查身体，医生都说我"心跳过速"，其实我平时脉搏很正常。（　）

A. 是　B. 有时是　C. 时有时无　D. 很少有　E. 根本没有

10. 如果需要的话，我可以熬一个通宵，精力充沛地学习和工作。（　）

A. 完全同意　B. 有些同意　C. 无所谓　D. 略不同意　E. 不同意

11. 当父母或兄弟姐妹的朋友来我家做客的时候，我尽量回避他们。（　）

A. 是　B. 有时是　C. 时有时无　D. 很少有　E. 完全不是

12. 出门在外，虽然吃饭、睡觉、环境等变化很大，可是我很快就能习惯。（　）

A. 是　B. 有时是　C. 是与否之间　D. 很少是　E. 不是

13. 参加各种比赛时，赛场上越热烈，观众越加油，我的成绩反而越上不去。（　）

A. 是　B. 不时是　C. 是与否之间　D. 很少是　E. 不是

14. 上课回答问题或开会发言时，我能镇定自若地把事先想好的一切都完整地说出来。（　）

A. 对　B. 略对　C. 对与不对之间　D. 略不对　E. 不对

15. 我觉得一个人做事比大家一起干效率高些，所以我愿意一个人做事。（　）

A. 是　B. 好像是　C. 是与否之间　D. 好像不是　E. 不是

16. 为求得和睦相处，我有时放弃自己的意见，附和大家。（　）

A. 是　B. 有时是　C. 是与否之间　D. 很少　E. 根本不是

17. 当着众人和生人的面，我感到窘迫。（ ）

A. 是 B. 有时是 C. 是与否之间 D. 很少 E. 根本不是

18. 无论情况多么紧迫，我都能注意到该注意的细节，不爱丢三落四。（ ）

A. 对 B. 略对 C. 对与不对之间 D. 略不对 E. 不对

19. 和别人争吵起来，我常常哑口无言，事后才想起该怎样反驳对方，可是已经晚了。（ ）

A. 是 B. 有时是 C. 是与否之间 D. 很少是 E. 不是

20. 我每次参加正式考试或考核的成绩，常常比平时的成绩更好些。（ ）

A. 是 B. 有时是 C. 是与否之间 D. 很少是 E. 不是

**计分规则：**

凡单号数 1、3、5……从 A 到 E 这 5 种回答依次计 1、2、3、4、5 分，即：很对（1 分），对（2 分），无所谓（3 分），不对（4 分），很不对（5 分）。

凡双号数 2、4、6……从 A 到 E 这 5 种回答依次记 5、4、3、2、1 分。

**结果分析：**

81～100 分：心理健康。

61～80 分：心理比较健康。

41～60 分：心理健康一般。

21～40 分：心理健康较差。

20 分：心理健康很差。

## 二 大学生心理健康对其成长和发展的意义

开展大学生心理健康教育是贯彻以人为本的科学发展观的客观要求，是为国家培养大批合格人才，全面实现小康社会与和谐社会的需要。心理素质是人才素质系统中的基础，是人的整体素质结构的核心构件。心理健康是良好心理素质的基本要求，为培养国家社会需要的优秀的人才，必须对大学生进行心理健康教育，普及心理健康知识，优化大学生心理素质，也是学校全面推进素质教育的基础。

### 1. 心理健康可以促进大学生全面发展

健康的心理品质是大学生全面发展的基本要求，也是将来走向社会，在工作岗位上发挥智力水平、积极从事社会活动和不断向更高层次发展的重要条件。充分认识德智体美劳等方面的和谐发展，是以健康的心理品质作为基础的，一个人的心理健康状态直接影响和制约着其全面发展的实现。

### 2. 心理健康可以使大学生克服依赖心理，增强独立性

大学生经过努力的拼搏和激烈的竞争，告别了中学时代，跨入了大学，进入了一个全新的生活天地。大学生必须从靠父母转向靠自己。上大学前，在他们想象中的大学犹如“天堂”一般，浪漫奇特，美妙无比。上大学后，紧张的学习、严格的纪律、生活的环境，使他们难以适应。因此，大学生必须注重心理健康，尽快克服依赖性，增强独立性，积极主动适应大学生活，度过充实而有意义的大学生活。

### 3. 心理健康有利于大学生培养健康的个性心理

大学生的个性心理特征，是指他们在心理上和行为上经常、稳定地表现出来的各种特征，通常表现为气质和性格两个主要方面。气质主要是指情绪反映的特征，性格除了气质所包含的特征外，还包括意志反映的特征。当代大学生的心理特征普遍表现为思想活跃、善于独立思考、参与意识较强、朝气蓬勃的精神状态等等，这些有利于学生的健康成长。

## 三 大学生增进心理健康的途径

如何消除大学生的心理差距，使其顺利成才呢？具体的途径和方法如下：

### 1. 培养良好的人格品质

良好的人格品质首先应该正确认识自我，培养悦纳自我的态度，扬长避短，不断完善自己；其次应该提高对挫折的承受能力，对挫折有正确的认识，在挫折面前不惊慌失措，采取理智的应对方法，化消极因素为积极因素。挫折承受能力的高低与个人的思想境界、对挫折的主观判断、挫折体验等有关。提高挫折承受能力应努力提高自身的思想境界，树立科学的人生观，积极参加各类实践活动，丰富人生经验。

### 2. 养成科学的生活方式

生活方式对心理健康的影响已为科学研究所证明。健康的生活方式指生活有规律、劳逸结合、科学用脑、坚持体育锻炼、少饮酒、不吸烟、讲究卫生等。大学生的学习负担较重，心理压力较大，为了长期保持学习的效率，必须科学地安排好每天的学习、锻炼、休息，使生活有规律。学会科学用脑就是要勤用脑、合理用脑、适时用脑，避免用脑过度引起神经衰弱，使思维、记忆能力减退。

### 3. 广泛阅读心理书籍

英国思想家培根说，读史使人明智，读诗使人灵秀，数学使人周密，科学使人深刻，伦理使人庄重，逻辑修辞使人善辩。凡有所学，皆成性格。看心理学书籍最大的好处就是诗人学会审视自己的内心，换个角度看事物，安慰和鼓励自己。图书馆是一座心智的药房，存储着调节人类各种情绪的“灵丹妙药”。大学生是一个文化层次相对较高、自制力强、善于独立思考、有较强的自我解决问题的能力的群体。通过阅读书籍，大学生常见的心理问题都能从书刊中找到解决问题的办法。调查表明，求助“人生哲理类书刊”解决心理问题前四位的是：就业压力、交际困难、人生目标不明确、遭受挫折；求助“小说类”解决心理问题前四位的是：孤独恋爱苦恼、厌学、焦虑；求助“休闲读物类”解决心理问题的前四位的是：焦虑、孤独、遭受挫折、当众讲话紧张。

### 4. 扩大人际圈，建立广泛的社会支持系统

大学生尤其是高职类的大学生应当积极主动地参加各种实践活动，包括参加社团活动、兴趣小组及社会考察、生产实习、毕业实践、勤工俭学、参观学习等活动，在活动中全面提高自身素质。同时通过群体交往活动，理解人与人之间的关系，体验友谊与沟通的快乐，开阔视野，并寻找广泛的社会支持。当面临挫折与压力时，广泛宽厚的社会支持会帮助大学生走出沼泽地，走向开满鲜花的岁月。

### 5. 加强自我心理调节

提高大学生心理素质水平，增强大学生心理健康，除了培养良好的人格品质、养成科学的生活方式以外，也需要自我调节和训练，这是心理素质教育的核心内容。大学生的自我调适，包括调整认知结构、完善自我意识、学会情绪调节、锻炼意志品质、提高适应能力、塑造健康人格等方面的心理疏导。在学习心理卫生知识、强化心理健康意识、树立正确的世界观、人生观、价值观的基础上，必须掌握一定的自我调适技巧。

小贴士 Tips

#### 自我调适技巧

（1）宣泄法。心中有了烦恼和苦闷，不要把它闷在心里，而是应该向人倾吐出来。培根说："当你遇到挫折而感到苦闷、抑郁的时候，向知心挚友的一席倾诉，可以使你得到疏导，那沉重地压在心头的一切，通过友谊的肩头而被分担了。"大学生要善于人际交往，要勇敢地走向群体，自我开放，勇于敞开心扉，积极、主动与老师、同学、朋友沟通思想、交流感情，才能换来别人的坦诚相待，直言相告，获得情感支持，从而产生良好的情感效应，减少心理负担，摆脱恶劣心境。

（2）控制法。要学会用理智来调节和支配自己的情绪，忍不住要发怒时，要冷静地审时度势，反省三思，权衡利弊，减轻和消除心理紧张，稳定情绪。

（3）自慰法。面对生活中、学习中的种种不如意，要积极自我安慰，用"精神胜利法"，尽可能朝好的方面去想，或找一些有利的理由来缓解内心的压力。要认识生活的复杂性，挫折和失败在所难免，聪明的办法是承认它、接受它，然后想办法对付它、解决它。要正确地认识自己，要意识到：别人行我也能行，多鼓励自己，不自卑消极。

（4）转移法。在遭到挫折产生压力时，及时把自己的情感和精力转移到自己感兴趣的也最能体现自己才能的活动中去，转移到崇高的、对社会有益的工作中去，分散注意力以使情绪得到化解。当不良情绪困扰时，可以看看电视、电影、杂志，听听音乐或下棋、打球、练书法、去户外散步等，使其升华到比较崇高的方面，产生积极的意义。对已经发生的、过去了的事情，不被它所困扰，而要不断让更新鲜、更有意义的事情占据心灵，用新的生活驱散心里的阴云。

（5）锻炼法。大学生应积极参加体育锻炼，提高身体素质，这有益于身心健康，有利于磨炼人的毅力，也有助于开阔胸襟，增强自我心理防卫机制，提高应激能力。

### 6. 积极参加业余活动，发展社会交往

丰富多彩的业余活动不仅丰富了大学生的生活，而且为大学生的健康发展提供了课堂以外的活动机会。大学生应培养多种兴趣，发展业余爱好，通过参加各种课余活动，发挥潜能，振奋精神，缓解紧张，维护身心健康。通过社会交往才能实现思想交流和信息资料共享。发展社会交往可以不断地丰富和激活人们的内心世界，有利于心理保健。

### 7. 求助专业心理咨询机构，专业帮助

大学生心理咨询是指心理咨询师运用心理学的原理和方法，帮助大学生发现自身的问题和根源，解决心理困惑，提高对生活的适应能力。大学生在学习、生活过程中遇到自身无

法调适的问题时应求助于专业心理咨询机构，通过咨询师与求询者的交谈、指导，针对求询者的各种心理适应和提出的问题，帮助求询者正确地认识到自身心理问题的根本原因；引导求询者更为有效地而对现实，为求询者提供建立新型人际关系的机会；增加求询者的心理自由度，帮助求询者改变过去的心理异常，最终恢复健康的心理。

心理故事

## 揭开斯芬克司之谜

在传说中，古希腊的奥林匹斯山是西方诸神所居住的地方，那里有西方的主神宙斯，以及由他所统帅的众神祠。凡人是难以涉足神的地界的，而神的箴言"人，认识你自己"又应该让人来知晓，于是，就有了斯芬克司的故事。

斯芬克司是传说中的一个奇特的生物"狮身人面"。现在埃及还有她的一座雕像，与雄伟的金字塔一样著名。在古希腊的神话传说中，她作为神的使者，带着神对人类的忠告"人，认识你自己"，从奥林匹斯山来到了人间古希腊的忒拜城堡。经过细心的筹划，她把那句神的箴言化作了一段谜语，来盘问她所遇到的所有的人。

"什么东西早晨用四条腿走路，中午用两条腿走路，晚上用三条腿走路？"

这就是斯芬克司谜语，每个路过的人都必须面对她来猜一猜她的谜语；而且，富有挑战和特殊意义的是，凡是猜不中的，都会为此而丧生，被斯芬克司毫不留情地吃掉。

不无遗憾的是，当时忒拜城堡中没有一个人能够猜得出斯芬克司的谜语，因而该城堡也就从此陷入了空前的灾难。国王拉伊俄斯不得不亲自外出，想要去寻找一位能够解答出斯芬克司之谜的人。而就在国王带着随从外出访贤的途中，发生了一件意外的事情：国王一行遇到了一位异乡的青年，为了争路先行，双方发生了争斗，在争斗中，国王及其随从都丧生于该青年之手。这位异乡的青年名叫俄狄浦斯，实际上，他这时已经在自己不知情的情况下，杀死了自己的亲生父亲。

事情是这样的，故事要回溯到18年前。拉伊俄斯国王在王后伊俄卡斯忒临产的前夜，做了一个奇异的梦：梦中有神来告诉他，说王后要生的是一个儿子，这个儿子命中注定要在将来杀死自己的父亲，并且还会与自己的母亲结婚。迷信于神的托梦的拉伊俄斯国王为了避免梦中所说的厄运，便在婴儿生下之后，刺穿其双腿，命手下的武士将婴儿带出城外处死。受命于国王的那个武士出城后动了恻隐之心，将婴儿送给了一个牧羊人。牧羊人带着婴儿流浪到了另一个叫作科林斯的城堡，该婴儿后来被科林斯的国王所收养，取名为俄狄浦斯。俄狄浦斯在自己18岁生日的时候，也做了一个奇异的梦：梦中说他命中注定要杀死自己的亲生父亲，而与自己的母亲结婚。同样为了避免这梦中的厄运，俄狄浦斯离家出走，想远离自己的父母（实际上的养父母），流浪之中来到了忒拜城堡附近，遇到了外出访贤的拉伊俄斯国王，争斗之中他就杀死了自己的亲生父亲。

国王死后，忒拜城堡的大臣们发出通告说，凡是能够解答出斯芬克司之谜的人，就可以继任国王，并且与王后结婚。就这样，在命运的安排下，俄狄浦斯来到了斯芬克司面前，并且解答出了斯芬克司的谜语，那就是人，那就是人本身！"人在'早晨'，即人在很小很小的时候，是用'四条腿'走路的，即在地上爬；长大了就能够站起来，于是'中午'就用'两条腿'走路；到了'晚上'——老年，人会用一条拐杖来帮助自己走路，也就变成了'三条腿'。"

俄狄浦斯答出了斯芬克司的谜语，斯芬克司也就完成了自己的使命，因为作为神的使者，她是要通过这样一个谜语来告诫人类要对自己或自身进行认识，作为人，你必须认识你自己！

曾经有一位著名的画家，根据这段故事和自己的想象，绘出了一幅深沉而动人的油画“斯芬克司之吻”：狮身人面的斯芬克司撩起了自己的面纱，露出了世人难得一见的面容，吻了跪在她面前的俄狄浦斯。这一吻，吻出了一个真正的人，一个具有自我意识、对自身有所认识、有所反思的人；这一吻，也吻出了一种关于人的学问，也即《新大英百科全书》上所注解的“心理学”。

“人，认识你自己”，简单而朴素的语言，蕴含着深刻的内涵：这既是心理学的根源，也是心理学的目标。

## 活动综合评价

| 活动名称 | 做一名健康的大学生 | 评价 | | |
|---|---|---|---|---|
| 学习目标 | 评价项目 | 自我评价 | 小组评价 | 教师评价 |
| 心理健康知识 | 1. 了解心理适应的意义<br>2. 掌握心理适应的有效途径 | | | |
| 心理适应及角色转变 | 1. 对个人心理问题及障碍因素能够有较明确的分析<br>2. 明确增进心理健康的途径 | | | |
| 心理适应程度 | 1. 能主动分析自身存在的问题<br>2. 能保持良好的心态 | | | |
| 教师建议 | | 个人努力方向 | | |
| 评价总汇 | | | | |

# 第二章 站在人生的新起点

## ——学会适应　学会生存

学校的目标始终应当是：青年人离开学校时，是作为一个和谐的人，而不是作为一个专家。

——爱因斯坦

夫知人之性最难察焉。美恶既殊，情貌不一，有温良而为诈者，有外恭而内欺者，有外勇而内怯者，有尽力而不尽忠者。

——诸葛亮

人生中的重要转折对个体心理发展会产生重大影响。大学阶段是人生中的几个关键转折之一。作为大学生，这一时期面临着从青少年到成人的转变，也必然会经历学习、生活、恋爱、交友、择业等众多适应与发展的课题。从某种意义上说，这一时期的适应是在为个体一生的良好发展奠定基础。

<table>
<tr><td>活动名称</td><td colspan="2">提升我的适应力</td><td>姓名</td><td></td><td>完成时间</td><td></td></tr>
<tr><td>目标</td><td colspan="6">通过适应性训练，尽快适应新的环境</td></tr>
<tr><td>任务</td><td colspan="6">(1) 给自己确定一个目标　(2) 按照这个目标明确自己应做哪些事</td></tr>
<tr><td>实施过程</td><td colspan="6">(1) 制订计划、明确任务　(2) 按照计划分步实施　(3) 总结、评价</td></tr>
<tr><td>注意事项</td><td colspan="6">制定目标应与学习和校园生活有关</td></tr>
<tr><td rowspan="3">组员及<br>分工情况</td><td>队号</td><td colspan="2"></td><td>队长</td><td colspan="2"></td></tr>
<tr><td>队员</td><td colspan="5"></td></tr>
<tr><td>任务分工</td><td colspan="5"></td></tr>
</table>

## 思政园地

### “半截皮带”的故事

1936年7月，红四方面军31军93师274团8连和兄弟部队开始第3次穿越草地。刚进入草地没多久，战士们就陷入了断粮的困境，只好挖野菜、嚼草根、啃树皮，后来野菜这些也没了，便开始吃牛皮腰带。年仅14岁的战士周广才所在的这个班原来14个人，牺牲了7个，另外7名战士都靠吃皮带维持生命。当班里其他6名战友的皮带都吃完后，周广才不得不把自己的皮带拿出来。看着心爱的皮带被割掉一段，切成一根根皮带丝漂在稀溜溜的汤水里，周广才热泪都掉下来了。当吃完皮带第一个眼的时候，周广才含着泪说：“同志们，我们把它留下作个纪念吧，带着它到陕北，去找党中央，去见毛主席！”

战友们都知道，周广才的这条皮带是1934年红军在任合场战斗中缴获的战利品。大家见状，没有把这根皮带吃掉，而是怀着对革命胜利的憧憬，忍饥挨饿，将这剩下的半截皮带保留下来。

在随后的长征途中，周广才的6位战友又相继牺牲，只有他随红四方面军胜利到达了延安。为了缅怀牺牲的战友，他用铁筷子在皮带背面烙上了“长征记”3个字，并用红绸子包裹起来。1975年，周广才将这珍藏了几十年的半截皮带捐赠给中国革命博物馆。

**在艰难的长征途中，红军战士每天面临的死亡威胁不仅有敌人的飞机大炮和围追堵截，还有恶劣的自然条件和缺衣少食的重重困难。克服重重困难取得胜利除了心中的信仰和脚下的力量，还需要具备怎样的身心素质呢？**

庄子"虚舟"思想与适应

# 第一节 适应的含义

## 一 适应及心理适应

19 世纪 50 年代，达尔文在他的著作《物种起源》一书中提出了"物竞天择，适者生存"的观点，来概括生物是通过生存斗争和自然选择而进化的。作为生物科学的基本概念，适应是指所有活着的有机体都会随着它的生存环境中某些条件的改变而改变其活动来适应新环境，从而继续生存。《晏子春秋·内篇杂下》中有一名句："橘生淮南则为橘，生于淮北则为枳，叶徒相似，其实为不同，所以然者何，水土异也。"适应是自然界物种生存的法则。

"适应"这个词在生活中经常会出现，人一生需要适应很多东西，比如：天气、饮食、生活方式、人际关系、生活环境、生活变故等，都存在一个适应过程。

良好的适应能力是心理健康的一项基本标志，是大学生必备的心理素质。一个人从中学升入大学，从大学步入社会，表面上看是从一种生活环境进入另一种生活环境，实质上是一种适应过程。由于我们的生活环境在不断地变化，因此，人们的适应就是一个连续不断的过程，人在社会环境中生存、发展，就需要具备良好的适应能力。本教材所提到的适应也叫心理适应。狭义的心理适应指在刺激物的持续作用下，引起各感觉器官感受性的变化。也就是说，个体的感觉器官，如眼、耳、鼻、舌、肤在和周围环境接触的时候，如果环境中的客观事物——心理学中称之为"刺激物"，连续地、长时间地作用于人，那么，人的感觉能力就会下降或提高，从而熟悉和接纳这个事物，也就是发生了感觉的适应。例如，人在夜晚从灯火通明的屋子里走到漆黑的院子里，刚开始看不清院子里的花草树木，但如果站立不动等候几分钟，就会逐渐看清花草树木的轮廓，也能看清路面而平稳地走路了，这是视觉的适应；再如，如果居住的楼房靠近马路，汽车轰鸣的噪音最初会让人很难安然入睡，但居住时间长了以后，就感觉噪音小了、听不到了，夜晚入睡很容易，这是听觉的适应。

广义的心理适应指个体在环境发生改变时，能改变原有的心理及行为反应方式，建立新的心理及行为反应方式，从而接受新环境。也就是说，一个人随着生活环境的变化，对新环境中的人、物、事由于陌生和不习惯，会引发认知上的混乱、情绪上的焦虑、行为上的异常等反应，但是，如果持续地接触新环境，人会主动地调动自己身心的全部潜力，寻求并建立一整套应对新环境的心理及行为反应方式，从而达到认知准确、情绪平稳、行为适度的结果，也就是熟悉、习惯、接受了新环境中的人、物、事。例如，一个中学语文教师调动工作到了税务局，工作的内容和性质发生了很大的变化，由于对税收的业务内容不熟悉，工作总出错，再加上和新同事不熟悉，所以在最初的半年时间里，她的思想压力很大，情绪烦躁不安，做家务活时也是丢三落四、神情恍惚。又经过半年的努力后，她不仅熟练掌握了税收工作的要求，而且和周围的同事也相处得越来越融洽，这时的她又恢复了以前爱说爱笑、做事干脆利索的精神面貌。这就是一个人适应新环境的表现。

## 二 心理适应过程

日常生活中对心理适应的理解可以概括为：是一个人通过不断调整自身，使其个人需要能够在环境中得到满足的过程，适应也是自我与环境和谐统一的一种良好的生存状态。

从心理学的角度看，心理适应包括以下几个要素：第一是个体需要（或动机），这种需要可能是有意识的，也可能是无意识的。第二是客观事物，第三是个体面对客观事物表现出的各种各样的心理或行为反应方式；最后一种是心理或行为反应的结果，如缓解或消除紧张，问题得以解决等。

### 1. 需要——人皆有之

著名心理学家马斯洛对人的动机进行了研究，他认为人的需要可以分为五个层次。一是生理的需要，即对食物、饮料、居住及性等的需要。这是人生存的基本需要。二是安全的需要。每个人都有安全感的需要。如人们希望有人关心自己，爱护自己，从而使自己获得安全感。再如人们都希望自己具有某种技能和比较稳定的职业，使自己在社会生活中有安全感，从而在心理上保持一定的平衡，否则就会产生恐惧与不安。三是归属与爱的需要。马斯洛说："爱是一种人与人之间健康的、亲热的关系，它包括了互相信赖。""爱的需要涉及给予和接受爱。"每个人都希望得到别人的爱和友谊，希望被一个团体所接纳，否则就会感到紧张或不安。四是尊重的需要。马斯洛发现，人们对尊重的需要可分成两类——自尊和来自他人的尊重。自尊包括获得信心、能力、本领、成就、独立和自由等的愿望。来自他人的尊重包括有威望、被承认、被接受、被关心、有地位、有名誉和得到赏识等。一个人不能自尊或得到他人的尊重就会自卑、紧张、失望，出现各类情绪问题。五是自我实现的需要。这是人的最高层次的需要。他认为人在基本需要得到满足之后就会产生一种自我实现的需要。这种需要使人更有自发性，更完整、更完善、更丰富、更和谐、更自由，使人能够最大限度地追求自我价值的实现。

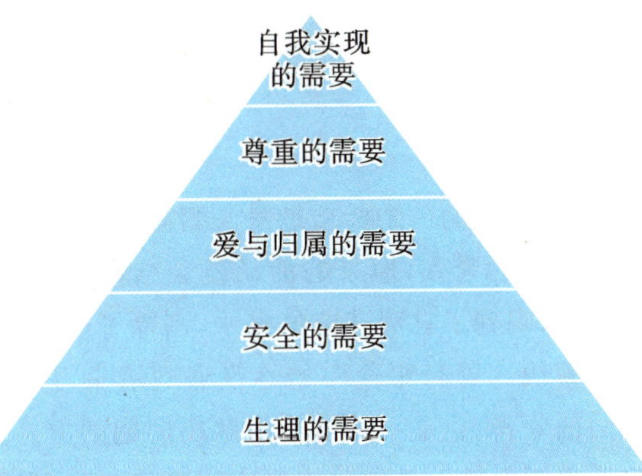


### 2. 现实——适应的对象

客观事物是指个体为实现自身的需要必须去适应的对象。当个体不能利用其现有的

行为来满足它已产生的需要(动机)时会感到目的受阻带来的紧张,为了满足需要以恢复身心的平衡,个体必须采取新的行为以适应新的客观状况。比如,一只猫饿了的时候,它只需吃掉面前的食物就可以了,这是它的已有行为反应。但当把它关在迷笼里,它不能直接吃到食物时,已有的行为不能直接解决问题,这就要求它必须建立新的行为反应来吃到食物,从而减轻由饥饿引起的内在紧张,恢复身心的平衡。对于人类来说,如果对某种环境已经建立了某种适应性反应,会逐渐形成习惯性机制。但是,当环境发生变化,已有的习惯机制不能解决问题时,就会感到不顺心,体验到不同程度的紧张与焦虑。

阻挠人们满足需要的事物大体有三类:一是环境条件。例如,想正常骑车上学,可天下起了大雪,路非常滑,于是使正常上学活动受到了阻挠。又如,到了一个新的学习生活环境,学习内容、生活方式和人员特点都与先前有了很大的不同,如果还用以前的生活方式就很难适应了。二是个人自身的客观条件,如个人生理上、智力上、能力上的某些缺陷。例如,一个个子矮小的学生想要当兵,身高不足的生理缺陷使他想当兵的动机受到了阻挠。又如,一位学生很想竞选学生会主席,但表达能力欠佳,使他的动机实现受到了阻挠。三是个体内在需要之间的冲突。例如一个新入学的学生,一方面需要马上静下心来集中精力学习,另一方面又非常思念父母,这两种需要相互冲突,使他产生紧张不安的情绪,他需要寻找一种新的适应机制来适应大学的新生活。

#### 3. 反应——寻求成功的适应

美国心理学家桑代克曾用猫做过一个经典实验,他认为,猫在迷笼里为吃到笼外的食物而乱跳、乱咬、乱抓的反应是一种尝试与错误的反应。猫是在用过去已经建立的习惯机制来尝试解决问题,当种种尝试不能解决问题时,就成了错误的反应方式。当猫持续这种反应方式,直到偶然碰到了笼门的开关,冲出笼门,吃到食物,问题才得以解决。它撞开笼门开关的反应方式是新的适应方式,但这是动物的盲目的反应。而人在面临一种新的情境,用以往习惯的反应方式尝试解决问题失败时,就会主动寻找一种新的能够解决问题的反应方式。人适应环境的效果很大程度上取决于他不断调整自己的反应,直到取得成功。当人们还未能找到一种成功地解决问题的反应方式时,常常体验到紧张、焦虑、沮丧等情绪。这些情绪迫使人们在面对不适应时积极尝试,寻找成功解决问题的反应方式。

#### 4. 适应——消除紧张

从心理学的视角看,问题解决的一个标准是身心紧张得到缓解或消除。只要一个反应能够减轻个体的内驱力所引起的紧张,原来的活动就会结束,这就算是一种适应或问题解决。如行军途中干渴的战士,喝到了甘甜清凉的泉水,消除了由干渴引起的内部紧张状态,从而使问题得到了适当的解决。若行军途中始终没遇到清泉,讲一段小酸枣的故事,也能缓解由干渴引起的内驱力的紧张,也是一种适当的解决问题的方式。正如心理咨询虽然不能帮助人们改变他们实际生活中某一具体困扰的实际处境,但可以提供给他们一种新的适应心理,减轻他们的冲突与紧张,也是一种解决问题的方式。

## 三　心理适应评价

就某种程度而言，心理适应水平的高低反映了个体的心理健康状况。每一名大学生都应该关注自己的心理适应水平。心理适应是一个动态发展的过程，或者说，人的心理适应是无止境的，并不是一成不变的。我们可以通过一个简单的自我评价来大致地了解自己的心理适应水平，从而加深对自己的了解，提高自我调节能力。

### 热身小测试

请按照1～5分的评定标准对以下问题进行评定，在每道题的后边写出符合你感受的分数。非常符合(5分)，符合(4分)，无所谓(3分)，不符合(2分)，非常不符合(1分)。不用过多思考，真实填写即可。填写完成后把每个题目得分相加，得分越高，说明你的适应水平越高。

(1) 我和异性同学相处得不好。　分数：________

(2) 我在学校参与了很多社会活动。　分数：________

(3) 我不关心学习以外的东西。　分数：________

(4) 我只在乎自己的学习成绩。　分数：________

(5) 除了学习，我很少参加别的活动。　分数：________

(6) 若有机会，我能胜任某种学生干部的工作。　分数：________

(7) 我很重视发展自己的业余爱好。　分数：________

(8) 我认为在大学里应该多参加一些学习以外的活动。　分数：________

(9) 我害怕与异性同学交往。　分数：________

“虚舟”思想与心理学

# 第二节　大学生的角色转换与心理调适

## 一　大学生社会角色新变化

大学生的社会角色是作为大学生个体在一定社会环境和人际关系中被期望的各种身份。“大学生”是每一位刚刚跨入高职院校的学生的新角色，要适应新的学习生活，每一位新生就必须从过去的角色中走出来，接受新的角色，尽快实现新旧角色的转换。一般来说，大学新生实现角色转换要经历四个阶段。

### 1. 角色认知阶段

社会对每一角色都存在着期望，即希望某一特定角色能做出与其身份、地位相适应的行为，以实现该角色的特定功能，保证整个社会的有序运行。高职院校是以培养实用型、操

作型人才为主要任务，对学生的要求是实验和实训要加强，动手能力要强。因此，大学生的社会角色期望与要求就是在具有必备的基础理论知识和专门知识的基础上，重点掌握从事本专业领域实际工作的基本能力和基本技能，具有良好的职业道德和敬业精神，成为拥护党的基本路线，适应生产、建设、管理、服务第一线需要，德、智、体、美等全面发展的高等技术应用型专门人才。在这一阶段，新生个体的主要任务是正确认识和理解社会对大学生的角色期望与要求，解决好对高等职业教育的地位、作用、培养目标和大学生的权利与义务的认识。

### 2. 角色认同阶段

人的一生在不同的阶段总是要扮演不同的角色，成为大学生是人生一次角色的重大变化。对这种角色转换，大学生一般能够自觉认同，在个人情感、意志等方面能顺应变化，以求和谐发展。然而有的大学生也常常由于心理准备不充分，对新角色的认识不充分，导致思想上产生诸多矛盾，对新社会角色不认同。如许多大学生不习惯由高中阶段的以传授知识为主的纯理论型学习，转为以实际操作技能为主的理论加实践型学习，许多学生会因此认为职业教育层次低、水平低、社会地位低、将来没有好的工作和发展前途，于是对学习缺乏兴趣，丧失了前进的动力和目标。

在这一阶段，新生要努力克服角色认同障碍，不断提高对新的社会角色的认同程度。只有当个体与未来角色已经有了相同或相近的价值取向，渴望成为高等技术应用型人才，即认同新的社会角色，才会在其行为上表现出较强的学习自觉性和坚韧性，才可能主动地进行角色实践。

### 3. 角色实践阶段

角色实践指个体在角色认同的基础上以实际行动来实践社会角色。这是角色扮演的实质性阶段，扮演是否成功取决于角色与社会期望的一致性程度。一般说来，角色实践与角色认同是一致的，即认同达到何种程度，就能做到何种程度，呈现出“知行合一”的状态。但在某些情况下，由于受到外界因素的干扰，常常会使学生感到“心有余而力不足”，导致角色认同与角色实践不一致。在这种情形下就要求大学生将角色认同与外界因素结合起来，调整行为以适应客观环境。在这个阶段，新生从不自觉的角色实践变为自觉的角色实践，并能以未来角色为目标，认真学习知识、技能和相应的行为规范，自觉实践“当代大学生”这一社会角色的各项规范和要求。

### 4. 角色形成阶段

角色形成阶段指个体把社会角色的各项规范和要求转化为个人内心的要求、思想、情感、意志和信念，并通过行为稳定地表现出来，是角色转换中知识、情感、意志、信念综合作用的结果。这个阶段的大学生已经经历了相当的磨砺，并努力打造自己成为社会需要和尊崇的高等技术应用型人才，他们的目标明确，方法得当，意志坚定，关心国家大事。通过积极参与社会活动，他们在社会角色和个人志向方面找到了很好的融合点，逐步具备了未来角色的知识、能力和职业素养，基本能完成未来角色所承担的社会任务，并能在相应的环境中自然而然地按未来角色的行为规范从事活动。

小贴士 Tips

从中学到大学的主要变化

| 变化的内容 | 中学时期 | 大学时期 |
|---|---|---|
| 发展目标 | 美好的大学梦 | 为适应社会，发展事业做准备 |
| 角色地位 | 出类拔萃，鲜花掌声 | 普通一员，不被关注 |
| 学习 | 目标单一，他人监控，被动学习，内容简单而明确 | 目标多元，自主学习，学习内容丰富、复杂 |
| 人际关系 | 熟悉、密切，成长背景相近，朝夕相处，简单 | 陌生、相对独立，成长背景差异大、复杂 |
| 生活 | 父母代替，熟悉、简单 | 自我管理，陌生、复杂 |

想一想：

1. 你进入大学后，和中学相比较有哪些变化？你是否适应新的环境？
2. 还有哪些不适应的方面，你如何进行调整？

身边的故事

### 大学生活难道这么无聊？

小D属于“被管大的一代”，从小到大，爸爸妈妈什么都不让他干。早上到了起床时间，爸爸会准时叫他；穿什么衣服带什么东西，妈妈会早早地放在他床前；到了晚上，爸爸又会督促他在该睡觉的时间睡觉。一到大学，小D慌神了，每天不知道该干什么，白天有课还好，到了晚上，又没人管着上自习，他不知道时间该怎么打发。就这样，整日浑浑噩噩，到了学期末，学习成绩下降，成了班上的“第三梯队”。第二学期，他对什么都不感兴趣，上课的时候注意力不集中，老是觉得烦躁不安，还一天到晚把“郁闷”“无聊”挂在嘴上。他的变化引起了老师的注意，和家长交流后送他看了心理医生。

专家案例点评

经心理医生诊疗，小D得了抑郁症，幸亏发现比较早，治疗效果比较好，没有中断学业，同学们也都不知道他患病的事情。经过一个学期的治疗，小D又恢复了往日的笑容。刚入学的大学生要顺利度过生活环境的转变期，应从小事做起、从眼前做起，利用每一件小事和每一个机会锻炼自己独立生活、独立工作的能力。

## 二　大学生常见角色转换障碍

### 1. 角色固恋

角色固恋指个体在成长，其所身处的环境也在变化，社会对个体的角色期待已改变，但个体仍采用过去的、不适应的思想观念和行为模式应对当前环境，而不能根据环境变化调整自己的行为，刻板地沿用过去的角色模式。大学生产生角色固恋的原因是他们没有认同

自己在新环境中的角色，没有形成适应新环境的心理机制，因此，可以说大学生的角色固恋主要是一种角色认同障碍。例如，有的大学生到大学后，其思想观念、行为模式仍停留在中学生阶段，仍然用中学时期的学习方法来对待大学的学习生活，吃饭穿衣仍依赖父母的安排，无意识地把自己的角色定位于中学生。有的大学生在中学生时比较优秀，因此不能接受自己在大学里变得普通或某些方面已经落后于其他同学，这是他们中学时优秀学生角色固恋的表现。

2. 角色混乱

大学生的角色混乱是指大学生个体在日常生活、学习和人际交往中的行为表现与人们所认同的、所期望的大学生角色行为不协调，这些大学生角色定位不清楚，对未来发展感到迷茫，没有明确的目标、价值判断标准和发展计划。个体虽感受到自己角色的改变，但不能确定自己的角色行为，处于自我迷失的状态中。角色混乱的个体在思想上处于迷茫和困惑之中，强烈地感到自我的不安全和不确定，甚至“找不着自我了”。大学生的角色混乱兼属角色认同障碍和角色行为障碍。有的大学生在与异性交往中，感到对方对自己有特别的表示，便产生了角色混乱，既想把对方当成自己的恋人来对待，又担心对方并不是这种意思而使自己尴尬，于是，行为举止显得很不自然，内心烦躁不安。某些来自农村的大学生面对自己不熟悉、不习惯的城市环境，也可能会产生角色混乱。

3. 角色冲突

角色冲突是指角色内部或角色之间发生了矛盾从而使角色实践遇到障碍。角色内的冲突是指由于一个人承担了多种社会角色，他无法很好地扮演每一角色，或不同角色的行为规范互不相容使他左右为难。角色间的冲突就是指个体所扮演的不同角色之间的冲突。它往往缘于人们处于不同社会地位而产生的角色认知的不同、角色期待的差别、角色利益的对立及角色行为的失调。和谐角色冲突要根据不同原因采取不同措施。大学生对多种角色集于一身造成的冲突应采取“有所为，有所不为”的策略，确定主要角色，适当减少乃至舍弃次要角色。若是角色行为规范互相冲突，则应做到在一种情境下只扮演一种角色，不要用此情境中的准则去规范此情境中的事，使自己勉为其难。对不同角色间的冲突就需要相互沟通，互相谦让，大事讲原则，小事讲风格，尽量避免冲突升级。

4. 角色失败

角色失败是指角色扮演者无法进行角色扮演，不得不中途退出或尽管没有退出角色，但已被事实证明角色扮演失败。角色失败是角色失调中最严重的情形，往往会给个人造成重大打击，给社会带来不良影响。高职院校的办学层次和条件和普通高校比较，确实有一定的差距，但他们又同属于高等教育的范围，学生的身份也都是大学生，于是就出现了学生拿自己的高职院校与一二类本科大学做比较，比较的结果是认为高职院校不像真正的大学，自己心目中理想的大学和现实中的高职院校有很大的差距，因此，许多学生认为自己的大学梦破灭了，不喜欢现在的学校环境，不愿意上学，甚至退学。

角色失败也不是一无是处，有时角色失败可以证明某一个人不适合某一角色。但这并不意味着这个人不能扮演其他角色。爱因斯坦作为一名学生是失败的，但这并不妨碍他做一名伟大的科学家。所以，家庭和社会要关心角色失败者，帮助其找到适合自己的位置。大学生也不能被暂时的失败击倒，要深刻反省，挖掘潜力，走出一条适合自己的道路。

## 比天空更宽阔的是胸怀

小L来自农村，家庭经济比较困难。高中阶段，她住在亲戚的家里，因为成绩优异，比较听家长的话，亲戚们也就特别宠爱她。她平时很少与班上同学交流，独来独往，性格内向。进入大学后，刚开始感觉还可以，但时间长了，由于寝室同学之间存在着很大的性格差异，相处中出现了不和谐。面对如此复杂的人际关系，她感到十分困惑，怎样才能处理好这些关系呢？她去问老师。老师认真地开导说："同学之间存在一定的个性差异，特别是表现在爱好、兴趣、生活习惯等方面，在某些问题上不能达成共识，这是很正常的。""有人说，比大地宽阔的是海洋，比海洋宽阔的是天空，比天空宽阔的是人的胸怀。你觉得你有很宽阔的胸怀吗？"老师的话让小L陷入了沉思。

**专家案例点评**

这是典型的大学生人际困扰，即在人际交往中出现心理困惑的案例。常见的表现有恐惧、自卑、孤僻、害羞、封闭、自傲、敌意等不利身心健康的心理状态。

从高中到大学，人际交往的范围不断扩大，生理和心理方面的急剧变化，使青年时期的心理发展具有迅速、不稳定、不平衡的特点，容易从一个极端走向另一个极端，遇到诱发因素容易出现困惑、矛盾、冲突，从而引发情绪和行为问题。

## 三 大学生角色转换障碍产生的原因

### 1. 心理丧失大

考入大学，是个体在心理达到成熟之前所经历的一次至关重要的人生转折，个体将面对环境、学习、人际、生活等各方面的巨大变化，体验着较大的心理丧失感。大学新生的心理丧失主要包括丧失了对家庭的完整的依赖，丧失了对教师督促指导学习的依赖，从事事由大人做主到常常要自己拿主意，从由教师制定学习目标、学习计划到自己独立去适应新的教学风格和学习方式，从中学时代的好友如云到初入大学的孤独失落，这些都是他们所面临的众多"心理丧失"。同时一部分大学新生对高等职业教育的地位、作用、培养目标缺乏正确的认识，认为接受高等职业教育是上不了所谓"正规"大学的一种无奈的选择，认为高职院校不像真正的大学，自己心目中理想的大学和现实中的高职院校有很大的差距，因此，许多学生认为自己的大学梦破灭了，心理丧失感很大。这些心理丧失所带来的挫折感又往往困扰着他们，难免出现承受不起的情况。心理丧失感较大是大学新生出现角色转换困难的重要原因。

### 2. 社会阅历不足

大学新生普遍存在社会阅历不足的问题。他们可能缺乏一定的社交技巧和生活能力，没有形成适应特殊环境的行为模式，并且应变能力有限，不知道在大学里认同哪些角色，采用什么样的角色行为，因而体验到更多的负面情绪，有可能造成角色混乱或角色固恋。例如，不少大学新生都将大学里的辅导员看成是中学里的班主任，首先就在思想上把自己定

位成了中学生，如果不能及时转变观念，就很容易产生角色固恋。同时，中学生社会实践活动较少，接触生产、管理、服务第一线的高级技术应用型人才机会很少，社会和媒体对这类人才的重视和宣传不够，使得学生在入学前对这类人才缺乏认知；对未来角色的能力、地位、作用、身份及行为规范缺乏了解，难免产生对未来角色的认知不足或出现认知偏差。

### 3. 怀旧心理倾向

个体在不满现实的时候，倾向于怀念过去，甚至达到迷恋的程度，这就是人们的怀旧心理倾向。高职院校的一切对新生来讲都是新鲜的，特别是对大学生角色的新体验，会令新生产生一种新的责任感与使命感。但当真正开始进入新生活之后，就会发现自己对新环境、新角色还有诸多不适应的地方，此时就会产生怀旧情绪，怀旧感在新生入学的一段时间里表现相当突出。在适应环境的过程中，如果遇到某些麻烦，如自尊和价值受到威胁时，就更容易怀旧，因为回忆过去成功的经历可以缓解当下受挫带来的内部紧张。那些成功经历是大学生建立自尊、自信的基础，也是他们产生自豪感的源泉。几乎每个人都乐于在一定时间充满幸福地回味自己的过去，这并不是异常表现，只有当个体沉迷于过去，极力逃避现实，怀旧倾向严重影响其有效地应对现实生活的时候，才是不正常的。怀旧倾向是某些大学新生避免面对现实引起精神压力的心理防御机制。

## 宠儿的失落

学生小Z家庭经济状况一般，父亲经营小本生意，母亲为传统的农村妇女。小Z是家中的独生子，全家对他寄予很大希望。父亲给他灌输的思想就是考上重点大学才是这辈子唯一的出路。因此，从小到大父亲管教严格，小Z从小学到高中成绩一直较为优秀。但父亲望子成龙，对他的要求极高。取得好成绩时父亲从不给予表扬，总是严厉地指出他的不足。当成绩稍有下滑，父亲就会对他拳脚相加。父母几乎从来不和他进行沟通、交流。母亲在家全面负责小Z的饮食起居，为他考重点大学做好后勤保障，家务活从不让他沾手。在强大的压力之下小Z高考发挥失常，最终只考入了一所高职院校。入校后小Z厌学，孤僻，人际关系出现障碍，呈现明显的适应不良状态。

：

1. 当你没有如愿以偿地考入理想的大学，你的思想出现了哪些波动？
2. 你是否很快地做出了调整？现在感觉怎样？

### 专家案例点评

这是理想和现实矛盾引起的适应问题。从心理学上讲，人有两个“自我”，即理想自我和现实自我。“理想自我”是个体从自己的愿望出发对于将来的“我”要成为怎样的人的期待。“现实自我”是个体从自己的实际出发对现实中的“我”是怎样的人的认识。小Z作为同辈人中的佼佼者，在步入大学殿堂前一直是校园里的宠儿、学生中的尖子，因此脑海中设计的“理想自我”是完美的。对于他来说考入重点大学，再次成为宠儿就是他的理想和目标。这种理想和现实的落差让他产生强烈的失落、沮丧、消沉等情绪，从而一蹶不振。

## 四　大学生角色转换过程中的心理调适

### 1. 确定新的奋斗目标

重新确立奋斗目标是大学生进行角色转换的关键。高职院校和普通高校都是为国家培养社会需要的人才，只是人才的类型不同，培养的要求不同，面向的工作岗位不同。大学生要对职业教育的社会地位和作用有信心，对自己的前途和发展有信心，树立“职业教育为我，我爱职业教育”的理念，热爱学校、热爱学习，确立成为“高技能人才”的理想，为实现理想而奋斗。大学生要结合自身特点、所学专业和院校条件，确立明确的奋斗目标。在确立新的奋斗目标的过程中，要注意把个人的奋斗目标与社会需要相结合，与自身特点相结合，与现实可能相结合。要认识到个人的奋斗目标只有与社会的现实需要相结合才有意义，与国家的奋斗目标相一致，才会获得人生最大的成功，充分实现自我的社会价值；只有与自己的专业、兴趣、爱好、特长相结合，才会产生强大的动力，增加实现目标的可能；只有与现实条件相结合，努力创造实现目标所应具备的基本的环境条件和途径条件，才能逐步使目标得以实现。

### 2. 正确地认识和评价自我

正确地认识自我和评价自我是大学生重新塑造自我，顺利实现角色转换的前提。要充分认识自我，全方位认识自己，认识自己的素质类型、能力类型、气质类型、性格类型以及兴趣类型、意志类型、情感类型等等。离开高中进入高职院校，很多学生认为自己已经是大学生了，应该和所有的大学生一样，拥有最先进的教学设施和条件，享有最优质的师资和图书资源，具有丰富多彩的校园文化生活。但这种理想中的大学生活与自己现实中所在的高职院校肯定会有一定的差距，差距带来的失落感和自我否定感会影响大学生接受和适应新环境。所以，学生应清醒地认识到，高职院校的办学条件虽然不是最好的，但一定是最适合每一个学生发展的，虽然高考分数把学生的“一般能力”(指人的认识能力，即智力，主要包括观察力、记忆力、思维力、想象力等)分成了高与低，但职业教育会使每一个学生的“特殊能力”(指人在专业活动领域中的能力，如音乐能力、绘画能力、操作能力等)得到最充分的发展。因此，大学生应重新认识和评价自我，不能认为是因为自己高考失败才会上高职院校，而是发现自己的能力发展方向不在理论研究而在实际操作。大学生只有认清自己的实际能力优势，才可能给自己一个合适的身份定位，才能坚定信心做高技能的实用型人才。只有充分认识自己，才能确定自己的角色目标，进行自我培养，充分发挥个人的优势，有意识地锻炼自己，在生活中找到自己身上的闪光点，增强自信心。要正确地评价自我，大学生要能摆正自己的位置，尤其要认清自己进入大学后的新位置：既不要过高估计自己的实力，也不要将自己贬得一文不值，全面否定自己；要以平等的态度对待自己和他人；要接受现实，正视现实，以

平静的心态分析环境，分析自己，从新环境中找到自己的成长点，创造一个更丰富的新生活。

### 3. 有明晰适当的角色意识

角色意识是个体观念上的问题，角色意识解决不好，就难以实现角色转换。大学生有没有合适的角色意识，会在很大程度上影响自己的角色转换。如个别大学生没有独立生活的角色意识，认为读高职还是上学，自己的身份还是学生，一切还要依靠家庭的支持，至于适应社会生活、学会独立，那是高职毕业以后的事情。以此为思想基础，显然是不能适应高职生活的。因此，如果个体在思想上预先为自己设定了不适当的角色，如孤独者、自卑者、失落者、不能适应高职生活者，那么，他就会有意无意地为这种角色提供证据，而不管这样的角色是多么地让自己讨厌。这种行为从深层上讲，是个体的一种心理防御。它可以使个体作为"弱者"的形象得以持续，从而博得别人的同情和关注。大学生作为特殊的学生群体，有其特定的社会地位，必须承担一定的社会责任。

### 4. 正确运用心理防御机制

正确运用心理防御机制，可以调适由角色转换引起的心理困扰。比如，运用"合理宣泄法"，把个人的忧虑、烦恼和不平向自己信任的老师、同学、朋友倾诉，可以减轻角色转换过程中的不良情绪带来的心理压力。恰当的"自我安慰法"，可以缓解角色转换带来的心理冲突。运用"注意转移法"——避开引起自己不良情绪的人、事和环境，把注意力转移到自己喜爱的事物上，从而能改善心境加快自己接受新角色的进程。运用"升华"与"补偿"策略，可以使个体原有的不被社会所认可的冲动和欲望得到适宜的释放，或导向更加崇高的方面，使自己快速适应新的角色要求，从而奋发图强，创造新的人生价值。给自己积极的"心理暗示"，可以帮助个体建立起积极的自我形象，树立信心，增加勇气，让本来感觉不容易的事变得容易起来。当然，自我暗示也要从实际出发，如果不从自身条件和客观现实出发，只会适得其反。只要你相信，你是自己心理的主人，你就会成为自己的心理医生，角色转换问题就可以得到解决。

### 5. 提高应对挫折的适应能力

生活中难免有挫折和矛盾，人生遭遇挫折是正常的、必然的、普遍的、回避不了的。作为大学生，进入高职院校，必然会面对各种挫折。无论遇到什么挫折，我们都应主动地迎接挑战、经受考验，掌握应对各种困境的有效方法，提高适应各种环境的能力。我们可以从两个方面提升应对挫折的能力：一是要树立正确的人生观、世界观和价值观。一个人如果有了正确的人生观、世界观和价值观，就能对社会、对人生、对世界上的事物有正确的认识和判断，并能采取适当的态度和反应，做到冷静而稳妥地处理问题，消除角色转换带来的困扰，实现角色转换。二是要培养健康的心理品质。如塑造自信乐观、自强不息、开拓进取的健康心理品格，使自己心胸开阔、能保持乐观主义精神，从而增强抵抗挫折的能力，加快角色转换的进程。

大学生角色转换过程中的心理调适

小贴士 Tips

**大学新生心理要注意十多十少**

1. 多一点自信，少一点自卑
2. 多一点自主，少一点依赖
3. 多一点主动，少一点被动
4. 多一点和气，少一点脾气
5. 多一点好行为，少一点坏习惯
6. 多一点自制，少一点放纵
7. 多一点理解父母挣钱不易，少一点花钱大手大脚
8. 多一点清醒，少一点糊涂
9. 多一点坚强，少一点软弱
10. 多一点时间意识，少一点浪费生命

## 第三节　大学生有效的心理适应途径

对于刚进入大学的新生来说，大学是一个完全不同于高中的新环境，要面对的新变化和新问题有很多：生活环境的变化带来衣食住行方面的问题；学习环境的变化带来学习目的、学习内容、学习方式方面的问题；人际交往环境的变化带来交往需求、交往范围、交往方式方面的问题。大学生在面对这些新的变化和新问题时，常常因为生活经验不足、心理准备不足而出现各种心理适应的问题，常见的不适应问题有理想与现实的冲突、角色错位的困扰、学习适应不良的焦虑、人际交往的心理孤独、生活应对的烦恼等。大家所要面临的是一段艰难的心理适应期。对于那些缺乏心理准备的大学新生来说，可能会产生不同程度的适应困难。对每一个大学生而言，这些问题能否顺利地解决决定了大学生心理转型与重塑的过程中能否成功进行大学生角色的转换，直接影响着大学学习活动的顺利开展和进行，影响到大学期间的学习、生活的质量，并且影响着个体大学阶段的全面发展。因此，我们必须寻求一个有效的心理适应途径。

### 身边的故事

一名即将毕业的大学生回忆说，3年前，我进入了这所高职校园，虽然不是十分理想，但总算冲出了高中那梦一样的苦海。当时，以为上了大学就可以松一口气了，可以轻松了，满足感油然而生，放松了高中时期紧张的神经。上课看小说，下课去闲聊；早晨睡懒觉，晚上去网游。整天不学习，无所作为。这种慵懒颓废的生活伴我混过一年的时光。一年下来，我这才发现，我的学习成绩是全班倒数，还有挂科，这给了我当头一棒。到了大二，我想要振作起来，但不知从何下手。既要学习新的功课，还要顾及被挂的课程，感觉疲于应付。有

一名已经毕业的大学生这样反思自己：大一时，不知道自己不知道什么；上大二，开始知道自己不知道什么；大三过后，终于知道自己应该知道什么，然而一切都晚了。

## 一　思考目标定位

“考大学”是每位新生在入学前的目标，但是到了大学后做什么，很多同学并不明确，大学是“象牙塔”的认知误区又导致大学新生在入学前没有做好大学学习规划和生活准备，入学后出现了生涯目标的空白，这个阶段被称为“理想间歇期”。因为目标缺失，大学新生普遍出现迷茫、无所适从的感受。比如我们常常看到这样的场景：大学新生入学了，校园里一片热闹，同学们朝气蓬勃。但时隔不久便会发现，一些同学出现了情绪困扰，有的懒散起来了，他们逛街、打牌、睡大觉。有的整天想心事，郁郁寡欢，落落寡合。一眨眼，一个学期、一个学年过去，他们的功课都在60分左右，甚至不及格，要补考。可以说这些现象是年复一年出现。心理学告诉我们，人们的生活环境改变后，会出现这样那样的不适应，产生这样那样的情绪问题，因此，新生的懒散、迷茫、无目标不足为奇。但每个人在意识到这点后，就应及时调整自己的心理，避免不适应状态持续恶化最后产生不可逆的破坏性后果。心理学的研究表明，个体可以通过树立符合实际的奋斗目标来对自我进行积极的调整。因此，有一个问题摆在新同学面前：必须学会及时调适自己的心理，设定目标，并努力实现所设定的目标。

### 1. 设定目标，及时实现角色转换

新同学的大部分情绪问题起源于不及时转换角色，因此，调适自己的心理，首先要从这方面入手。社会是个“舞台”，每个人都是个“角色”。人的社会角色会不断转换，如由中学生变成大学生，这便是一种角色转换。社会角色转换了，可是有的人的角色意识仍是旧的，例如当了解放军了，仍像个老百姓；当了售货员了，在柜台上仍像个顾客。有的同学已是大学生了仍像个中学生。许多情绪问题便由此产生了。有的同学不认真学习，好逸恶劳，这是一种过分放纵的不良行为方式。有的新同学才开始上课就哀叹读错专业入错了门，他们常用懒懒散散来表达自己的不满意，可以说，他们仍站在大学生这个角色之外。再者，高中阶段的学习方式和大学的学习方式有明显的不同。高中是教师手把手地领着学，是依赖型的学习；大学包括高职院校是教师指导学生学习，是自主型的学习。刚刚进入高职院校的大学生因为没有及时地了解这种变化，所以很多人感觉学习很吃力，不会自己独立地学习，而且除了按课程表上课也不知道该怎么安排自己的自学和实践活动的时间。如有同学不了解大学里强调自学，学习方式与中学大不相同，因此上课不做笔记，课后不复习，悠闲得很，晚上打扑克最多的是这类同学。他们是“走了样”的角色。可见，角色意识如果滞后，人的生活状态和精神状态便会被扭曲。学会自主学习要做到三点：第一，学会在课堂上记笔记，记下教师讲课的重点和难点，以方便课下复习；第二，善于查阅图书资料，补充课堂学习内容的不足和扩大知识面；第三，多向教师和学长提问，通过答疑解惑和交流讨论提高思维水平和学习能力。

出名的演员有句共同的箴言：进入角色才能演好戏。角色转换需有个过程，但转换过程不能太长。实现角色转换的好办法是首先为自己设定一个发展目标。大学生活是人生

道路定向的阶段，将来向哪个领域发展，在这个阶段就基本定下来了，一定要记住自己扮演的角色，积极主动地演好它。

高职阶段的发展目标并非一入学就确定了，而是经历一个从缺失到重建，再到坚定的过程。刚一入学的学生普遍存在目标缺失的问题。这种缺失主要是具体的阶段目标和长远目标不清楚，最为突出的是第一学期的学习目标不清楚、不明确。主要表现为：不清楚高职学习的 3 年究竟该干什么，每个学期、每个月、每一天该干什么。

目标缺失阶段，大学生们普遍感到焦虑不安。这一阶段过后，多数学生开始回顾自己走过的路，分析自己的得失与经验教训，开始思考自己的专业发展。这一阶段是目标重建阶段，主要表现为：专业发展方向的明确和学习目标的确立。

大学生经历目标缺失到目标重建的过程显示出很大的个体差异。有的学生这一过程时间较短，这些学生主要是进入高职院校后就有较明显的学习目的，主导目标明确，有助于其他目标的确立。也有少数学生始终没有明确的目标，或用非学习目标代替学习目标，因此始终进入不了角色。

制定明确合理的目标应满足以下条件：

(1) 符合社会与时代的要求。目标应是理想而不是幻想，它来源于现实而又高于现实。对大学生而言，首先要了解什么样的学生受社会和用人单位欢迎，什么样的学生不受社会和用人单位欢迎，并积极将自己塑造为社会欢迎的人才。

(2) 适合个体特点，扬长补短。最好的不一定是最适合的，最适合的则一定最好。戴尔·卡耐基认为："每一个人都应该根据自己的特长来设计自己，量力而行。根据自己的环境、条件、才能、素质、兴趣等，确定发展方向。"大学生可以在心理老师的指导下，通过正规的心理测试，了解自己的性格类型、能力类型、职业倾向等，从而认识自己，并制定相应的发展目标。

在了解了自身特点、兴趣和外界的要求，有所准备之后，经过全面客观的分析，便能汇总设立一个清晰而合理的长远目标，继而以此为标杆，向下延伸细分出阶段性的目标和指导思想。具体来讲，高职学习 3 年时间，在学习、休闲人际关系、情感、健康、自我成长、社会工作和兼职等方面的经历应有一个具体而又科学的分配。这样才能将有限的时间和精力更高效地用在有利于实现长远目标的事情上，从而以一个更加良好的心态和精神面貌度过大学的生活。

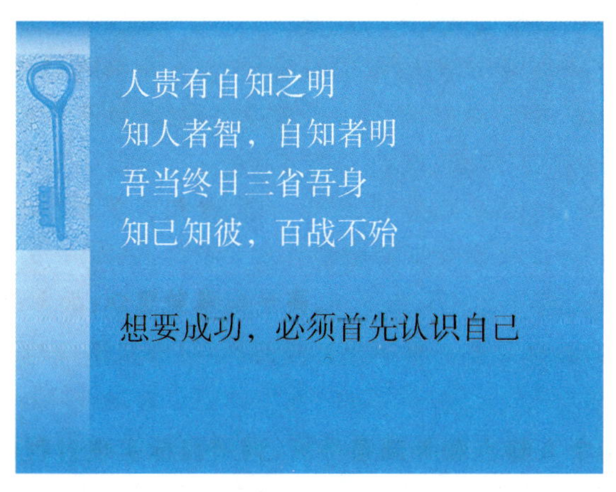

思考目标定位

## 演练场

1. 请在下表中写下你在高职院校学习期间想要发展的10个目标，然后思考实现目标的理由，再按照重要程度从1～10排列出这些目标的重要性。

| 序号 | 在高职学习期间的10个目标 | 确定该目标的理由 | 此目标的重要性(用1～10排序) |
| --- | --- | --- | --- |
| 1 | | | |
| 2 | | | |
| 3 | | | |
| 4 | | | |
| 5 | | | |
| 6 | | | |
| 7 | | | |
| 8 | | | |
| 9 | | | |
| 10 | | | |

2. 请看看最重要的5个目标，然后按照如下要求做：如果现在有特殊情况发生，你必须在5个目标中划掉2个，体验一下你现在的心情如何？现在又有特殊情况发生了，请你再划掉1个，你的心情如何？如果再划掉1个后你的心情如何？现在只剩1个目标，这就是你在高职学习期间最想干的事情。

3. 再看已经划掉的4个目标，是否仍然是你排在第2～5位的目标。若觉得不是，再从其他目标中选出排在前5位的目标。之后再重新按照重要程度将排在前5位的目标写在下边。这些目标对你来说也是最重要的发展目标，也是你当前为之奋斗的目标。

高职学习期间我最看重的5个发展目标：

| | |
| --- | --- |
| 1 | |
| 2 | |
| 3 | |
| 4 | |
| 5 | |

2. 实施目标，及时完成认同过程

根据你确定的发展目标，在权衡个人特点和外部条件后，列出目标实现过程已有的各种重要的有利条件和不利条件，然后思考你的对策或措施，之后用你的行动来达成目标，将行动的结果记录下来。

| 目标： | | | |
|---|---|---|---|
| 有利条件 | 不利条件 | 对策 | 实施结果 |
| 1.<br>2.<br>3.<br>4.<br>5. | 1.<br>2.<br>3.<br>4.<br>5. | 1.<br>2.<br>3.<br>4.<br>5. | 事件一：<br>事件二：<br>事件三： |

3. 调整目标，及时扩大自己的视角

当你的目标实施结果摆在你的面前时，我们应进一步检验目标是已经达成了，还是失利了。这期间，如果失利了，要回顾失利的原因；如果成功了，要总结成功的经验，在总结过程中及时扩大自己的视角，以便于及时调整我们的目标。

## 演练场

| 原定目标 | 成败的原因 | 经验和启示 | 调整的目标 |
|---|---|---|---|
| | | | |
| | | | |
| | | | |
| | | | |
| | | | |
| | | | |

## 身边的故事

### 一个乖女孩的遭遇

忙完了一个学期，学生小 H 终于静下心来回顾一下这一学期的收获，结果一想之下小 H 非常沮丧。无论是学习还是社会实践，她的成绩都不尽如人意。想想自己的表现，她真的不知道为什么会是这种结果。整整一个学期，她始终感到时间很紧，每天早起晚睡，尽管忙得脚不沾地，却还是常常完不成既定的任务。她很苦恼：为什么同样是那么多时间，我为什么总觉得时间不够用呢？

：

你是怎么利用在大学里的时间的？

小贴士 Tips

### 大学生的时间管理四象限法

时间管理"四象限"法是美国的管理学家科维提出的一个时间管理的理论，即把工作按照重要和紧急两个不同的程度进行了划分，基本上可以分为四个"象限"：既紧急又重要(如生病就医、考试、面试、上课等)、重要但不紧急(如社交、恋爱、旅行、制定学年计划等)、紧急但不重要(如参加没有意义的活动、不速之客、社团会议等)、既不紧急也不重要(如上网、闲谈、游戏等)。按处理顺序划分：先是既紧急又重要的，接着是重要但不紧急的，再到紧急但不重要的，最后才是既不紧急也不重要的。"四象限"法的关键在于第二和第三类的顺序问题，必须非常小心区分。另外，也要注意划分好第一和第三类事，都是紧急的，分别就在于前者能带来价值，实现某种重要目标，而后者不能。

## 二 管好自己的时间

### 1. 时间管理的意义

数学家华罗庚有句名言："凡在事业上有所成就的人，无一不是利用时间的好手。"时间是一种特殊的资源。时间是不能制造的，也不能租用和借用；时间是买不到的，一天中每个人的时间都是相同的，你无法从别人那里买来；时间的供给是固定的，没有任何弹性，谁也没有办法增加时间的供给；时间消耗也是固定的，谁也没有办法阻止时间的流逝。总之，时间是一种最特殊的、无可替代的、不可缺少的稀有资源。

时间的管理对于大学生来说十分重要。有研究表明，对时间管理的能力越强，则成就动机就越强，自尊水平就越高，健康状况也越好，主观价值感和幸福感也更强。时间管理行为可以有效地缓解大学生的时间压力，提高学习成绩，从而提高学生的学习满意度。另外，有效的时间管理还能起到调节作用，降低焦虑和抑郁程度。

### 2. 制定一个合理的时间表

怎样充分利用时间呢？首先要做好协调、分流。切忌平均分配时间，要把自己有限的时间集中在处理最重要的事情上，切忌每样事情都抓，要有勇气并机智地拒绝不必要的事情和次要的事情。

演练场

制作一张时间管理表

| 目标 | 现状分析 | 任务安排 | 时间分配 |
|---|---|---|---|
| | | | |

在上表的基础上，制定出自己的进程目标，把这些任务填入日历中。然后将目标完成时间表写在方便携带的卡片上，闲暇时拿出来温习，逐渐地这些目标将融入你的潜意识中。

### 3. 充分利用自由的时间

大学生需要处理好两类时间：第一是属于自己可以控制的时间，称作“自由时间”。没有“自由时间”的人，将完全处于被动、应付外在环境状态；第二是用于应对身边的人、事、物的反应时间，称作“应对时间”，不由自己支配。个体不可能脱离身边的人、事、物而单独存在，因此，总有一部分时间要用来待人接物。

## 演练场

算一算：我们有多少能够自己支配的时间。

下面是一份课程表，请将自己每一天所上的课程写在表中，空着的地方就是自己可以自由支配的时间。然后，将你自己想做的事情分解成一些小的行动，填写在课程以外的空白处。

| 时间 | 周一 | 周二 | 周三 | 周四 | 周五 | 周六 | 周日 |
|---|---|---|---|---|---|---|---|
| 上午 | | | | | | | |
| 下午 | | | | | | | |
| 晚上 | | | | | | | |

## 小贴士 Tips

### 谁是“时间的窃贼”

时间管理学研究发现，人们的时间往往是被以下十大“时间窃贼”给偷走的。

(1) 找东西。如果不把自己的物品管理好，每年需要浪费 6 周多的时间找东西。(2) 懒惰，没有任何时间概念。(3) 时断时续，做事不连续。(4) 一人包打天下，什么事情都自己做。(5) 偶发延误。事前准备不周密，解决事中突发情况必然浪费时间。(6) 惋惜过去或空想未来。(7) 拖拖拉拉。(8) 对问题缺乏理解就匆忙行动。(9) 消极情绪。(10) 分不清轻重缓急。

## 演练场

找一找：进入高职院校后，我们的社会支持系统发生了哪些变化。请在下表中填写当你遇到事情时，你会求助的对象。求助的对象可以是人，也可以是物，(如图书馆、书籍、网络等)，然后评估他们给予你的具体帮助。

| 当你遇到×××事情时 | 求助对象 | 求助对象的积极作用 | 求助对象的消极影响 |
|---|---|---|---|
| | | | |
| | | | |
| | | | |
| | | | |
| | | | |
| 看到自己写下的目前的社会支持情况，你觉得对自己的社会支持系统满意吗？ | | | |

## 三 善于寻求支持

### 1. 大学生的社会支持

当你进入高职院校之后，离开了熟悉的人群，离开了熟悉的环境，来到一个陌生的人际互动群体中。在社会关系环境上的重要变化要求大学生在大学的新环境中重新建立人际关系，获得在适应新环境的过程中具有关键意义的社会支持。对于大学生来说，不同的社会支持来源所提供的支持在不同的阶段具有不同的特点，并且在转折期具有不同的变化趋势。在进入大学之前，父母与兄弟姐妹提供的支持相对较多，老师也是重要的支持源，而同学提供的支持程度较低；进入高职院校后，各支持源提供的支持均发生变化。入学初期，父母的支持相对较高；而进入一个学期以后，同学的支持程度明显上升。这表明，尽管进入大学的转折意味着个体脱离父母的庇护走向独立，但是父母仍然是转折期相对稳定的、重要的支持源；同时，同学所提供的支持在个体生活中的重要性逐渐上升。高中阶段由于学习繁忙，中学生的交往范围小而且比较被动，交往仅限于本班同学而且只有通过集体活动才能互相 交流，但大学的交往范围不仅局限于本班而是可以扩大到一个系和全校，因为高职院校中大量的社团活动和社会实践活动，会让不同年级、不同班级的学生有机会交往和交流，从而使个体得以建立来自更多同学的新社会支持系统。

### 2. 有效利用外部资源建立社会支持系统

对于大学生而言，可以利用的外部资源大体分为两类：一类是家长、同学、老师以及各类专业人士（如心理咨询师）；另一类是图书、报刊以及网络媒体等。大学生要充分利用好这些资源，抓住任何学习的机会去汲取知识和他人的经验，从而更好地完善新的社会支持系统。

### 3. 开发内在资源，保持良好心态

当你遇到学习、生活、交友等方面的压力时，除了想到可以依赖外部资源的支持外，你还想到了什么？其实，还有一个最关键、最重要的支持资源——自己。通过调整自己的认知、磨炼自己的意志、实践积极的行为，我们的心灵会得以成长并保持健康。

**小贴士 Tips**

专家建议，可以根据自己的需要采取以下方法开发内在支持资源：

（1）自我调适法：自我激励、自我暗示、自我催眠、自我宣泄、自我训练、自我放松、正念冥想、顺其自然、生物反馈。

（2）积极的应对法：解决问题法、积极求助法。

（3）平衡心态法：超越困难、超越问题、顺其自然、为所当为、虚静无为、树立信念。

在大学生活中，我们的每一次适应实际上就是一次新的成长。大学生涯是人生的一个重要阶段，不同的年级也有各自不同的适应课题。智慧的本质就是适应，一个在大学里主动适应和积极寻求发展的人必定能够在将来的工作和生活中充满创造力。

他山之石

## 一名大学生的感受——有效的心理适应策略

想要适应大学的生活，首先得适应新的生活环境。大学生活是集体生活，又是独立生活，要树立正确的生活观念。不能把自己孤立起来，要学会和身边的老师、同学、室友友好相处。思想上要学会独立。不要再妄想父母或他人的帮助，清楚明白地告诉自己要学会独立，自己的事自己做。不要嫌学校的条件不好或不够好，不要嫌日常打扫太麻烦，这些都是一个人生存在世的基本能力要求，而且这些事你是为自己做的，没什么可抱怨的。大学的社团名目繁多，但社团活动会对你的个人时间、身体素质和经济状况有一定要求，选择参加时一定不要盲目。我根据我自己的兴趣及能力，选择加入了校公寓纪检部，虽然没什么权力，但是从中我很好地锻炼了自己，培养了自己对工作上心、负责的态度。社团活动会丰富你的校园生活，还会学到许多书本上没有的东西。

其次，还得学会适应新的学习环境。大学与中学学习大不同。大学的课程是按照课表来进行的，虽然同专业同学的必修课是一样，但因为大家的选修课不一样，所以每个同学都有专属于自己的课表。大学学习并没有高中那么枯燥那么累，就是上课地点不同，自己到处跑，不过这样自己身体顺便得到了锻炼，也是好处。中学时期，一切听从老师指挥，老师教学生是“手拉手”领着教；而在大学提倡自主学习，上课的老师来自学校不同的院系，师生之间接触时间很少，只在上课时见见面，且有的课程就只上几周课，大量的课外时间要自己安排。大学教师讲课一是介绍思路多，详细讲解少。主要讲授重点、难点内容，而且许多教师都使用多媒体授课，授课进度比较快，一节课可能要讲一章或几章的内容，听课的同学连翻书的时间都没有。二是抽象理论多，直观内容少。三是课堂讨论多，课外答疑少。四是参考书目多，课外习题少。大学老师课堂上讲授的内容很宽，老师要讲的东西很难能找到一本能全面覆盖的书，所以有的老师会在开课时列出好几本书目。上课时这本书讲这几章，那本书讲那几章。同学们看书时也不能死扣教材，要学会筛选着看。中学时，教室、座位、同学都是固定的，但在大学，每个班没有固定的属于自己独享的教室，有时1、2节课可能在这一栋楼的某个教室，但3、4节课又可能会到另一栋楼去，上自习也要自己找教室。和你一起上课的同学也是不一样的，基本情况是：公共基础课跟着学校里别的专业的同级学生一起上，专业课跟着本专业的同级学生一起上，公共选修课则会和不同专业、不同年级的学生一起上。

然后，适应新的人际关系环境。很多大学生带着良好的人际关系期望与同学交往，但大学生来自全国各地，语言、个性、生活环境有较大差异，所以在交往过程中很多学生逐渐失去了耐心和宽容。“太自私了”“太难相处了”……几乎大家都在感慨大学的人际关系复杂。一味地抱怨别人和慨叹世态并不能帮你找到建立良好人际关系的捷径，要把时间花在如何解决上。在宿舍，大学室友是最有可能成为挚友的人，因此我们需要善待室友，学会尊重、宽容、忍让、关心。自我中心主义是宿舍集体生活的大忌，必须坚决摒弃。宿舍集体生活不可能像一个人生活这么自由。特别是“夜猫子”要注意，你需要调整一下自己的生活规律。多为别人考虑一下，千万不要影响室友休息。同时，要善于辨别哪些朋友你可以深交，哪些只是点头之交。尽量找些优秀的人做你的朋友，你会受益匪浅的。

再者，适应新的心态。步入大学校园，面对全新的环境，对于有些由于心理准备不足，

或高中时期的心理问题没有得到及时调整，而导致不能适应新环境、人际交往能力差、不够自信和过分自卑的大学新生来说，在学习、生活方式上要有一个适应过程。能否在这个过程中做好充分的心理准备，能否在心理转型与重塑的过程中成功进行大学生角色的转换，将直接影响到大学期间的学习、生活的质量。每个人都或多或少地遇到意外或挫折，新时期的大学新生更是如此，因此，有意识地掌握一些常用的自我心理调适方法非常必要。

最后，一味地抱怨别人和慨叹世态并不能帮你找到建立人际关系的捷径，要把时间花在如何解决上，不是花在抱怨上面。要想建立良好的人际关系，就应在与人交往的过程中，保持诚实、宽容和谅解。往往新的交往中双方都会有本能的戒备心理，因为警惕心有时会表现出过度的敏感，这就要求在初识时具备被人误解、嘲笑、鞭策的承受能力，有时候别人的指责的确是不公平，但是对方这么做往往是无心的，耿耿于怀只能加剧双方的误解。反过来，对待别人的错误和生涩，你也不要冷嘲热讽，学会做人，学会爱周围的人，主动关爱他人。一定不要瞧不起别人，每个人都有自己的长处的。还有就是形成集体中融洽的关系，并积极向外拓展自己的交际面。学习发展成熟的人际关系，培养人际交往能力，主要包括沟通能力、合作能力和主动关心别人的意识。要学会表达自己的观点、意见和见解，也要学会倾听、理解和尊重对同一问题的不同观点和态度。要学会与他人合作，共同完成学习和成长的任务，培养合作精神和合作能力。

大学生活是丰富的，不能让环境适应你，必须得自己去适应环境，认清自己，丰富自己的大学生活，为自己今后的美好生活打下坚实的基础。

心理故事

## 跛脚的王子

1828年5月26日，德国纽隆贝尔克城的街头，市民发现一位穿着古怪的农民服装，神情疲倦而摇摇晃晃向前移动的青年。这位青年是谁呢？后来才知道他是在1812年德国出生的当时巴登大公国的王子——卡斯巴·豪瑟。他出生时被争夺王位的宫廷阴谋家同普通婴儿进行调换，然后被当作人质扣押了起来。三四岁以后他就被关入了地牢，每天由一个他看不见的人给他送面包和凉水，不能与任何人接触，不准做任何活动，直到17岁，他继承王位已经不可能时，才放了出来。此时，他身高只有144 cm，智齿还未长出来，目光呆滞，表情如同幼儿，膝盖变形，双腿似乎支撑不住身体的重量，因而走起路来摇摇晃晃如同刚学步的孩子，智力如同幼儿。例如，他看到镜子里自己的影像却以为镜子后面还有一个人；不能区别生物和非生物、自然的东西和人造的东西；语言能力很有限，只能讲6个词和几句简单的拉丁语，并只能使用第三人称。他放出来后过正常人的生活并经过学习，才逐渐恢复普通人的智力水平。然而卡斯巴·豪瑟最后还是没有逃脱阴谋家的魔掌。1833年12月14日，他遭暗杀，死时21岁。死后对他进行尸检，发现他的整个脑袋比一般人的要小，脑的沟回呈萎缩状态，然而大脑皮层的视觉区发展得比较充分。卡斯巴·豪瑟的脑的这种状况同他13年的地牢生活是有直接关系的。而他的这种特殊脑又限制了他的心理的正常发展。

## 活动综合评价

<table>
<tr><th colspan="2">内容</th><th colspan="3">评价</th></tr>
<tr><th>学习目标</th><th>评价项目</th><th>自我评价</th><th>小组评价</th><th>教师评价</th></tr>
<tr><td>心理健康知识</td><td>1. 了解心理适应的意义<br>2. 掌握心理适应的有效途径</td><td></td><td></td><td></td></tr>
<tr><td>心理适应及角色转变</td><td>1. 明确自己产生不适应的主要心理障碍<br>2. 初步学会角色转变的方式</td><td></td><td></td><td></td></tr>
<tr><td>心理适应程度</td><td>1. 能主动地适应环境<br>2. 有良好的心态</td><td></td><td></td><td></td></tr>
<tr><td>教师建议</td><td></td><td>个人努力方向</td><td colspan="2"></td></tr>
<tr><td>评价总汇</td><td colspan="4"></td></tr>
</table>

# 第三章 走向完善的自我

## ——悦纳自己　完善自我

自卑虽是与骄傲反对，但实际却与骄傲最为接近。

——斯宾诺莎

了解自己并做自己最真诚的朋友是成为万人迷之前的必修课。

——心七

每一个人生活在世界上，都要与周围的各种事物发生种种联系。为了与周围世界更加和谐地发展，我们必须对周围世界进行探究和了解，这是对外部世界的认识。同时，为了使自己能够更好地适应社会的发展要求，我们又要对自己进行反思，这样就形成了人对自己的认识，即自我意识。

| 活动名称 | 表扬与自我表扬 | 姓名 | | 完成时间 | |
|---|---|---|---|---|---|
| 自我表扬 | 1. 我是一个__________________的人。<br>2. 我有__________________等优点。<br>3. | | | | |
| 表扬身边的人 | 1.<br>2.<br>3. | | | | |
| 听到你的表扬后,TA的反应是: | | | | | |
| 小结 | | | | | |
| 写出20个褒义词来夸夸自己: | | | | | |

## 思政园地

### 个人成长同祖国发展休戚与共,紧密相连

在我们充分认识和了解自我的同时,我们还应明白个人的成长与祖国的发展紧密相连,“天下兴亡,匹夫有责”这是我们的祖先对国家兴衰与个人职责关系认知的写照,即一个国家的兴盛和衰亡不是某个人、某些人的责任,而是每一个人的责任。在我们中华民族越发接近实现伟大复兴的今天,在我们国家国际环境、国内情况越发复杂的当下,我们更是要清楚“天下兴亡,匹夫有责”的道理,勇于挑起民族复兴的重担,勇于克服国内外环境带来的困难。习近平总书记告诉我们:“把个人的理想追求融入党和国家事业中,为党、为祖国、为人民多作贡献。”这也就是告诉我们,要将个人成长同祖国发展紧密结合,它不仅是国家向前发展的必要动力,同时也是个人成长成功的必由之路。

# 第一节 自我意识概述

## 一 自我意识的含义

### 1. 自我意识的概念

自我意识也称自我，是个体意识发展的高级阶段。早在古希腊时期，哲人苏格拉底就提出了“认识你自己”的口号，这标志着人类自我意识的觉醒，人类开始关注现实人生，开始将目光从神的光彩投向人类自身。人类对自我意识的真正研究始于文艺复兴运动，人文主义者针对中世纪神学对人性的扼杀、对个性自我的否定进行了尖锐的批判，并喊出了“我是凡人，我有凡人的要求”的人性解放之声。此后，法国哲学家笛卡尔最先使用了“自我意识”这一概念，提出了“用心灵的眼睛去注意自身”的精辟论断，揭示了对自我意识的发现的途径。笛卡尔之后，有关自我的研究得到空前的发展。

自我是心理学的重要内容。精神分析学派创始人弗洛伊德提出了“自我的三结构说”即本我(id)、自我(ego)和超我(superego)，从人格的三个维度上研究自我的发展。意识是人脑对客观事物的主观反映，意识既是心理学研究的重点，也是难点。与意识相对应的是“潜意识”，弗洛伊德曾用“冰山”比喻。意识只是冰山浮出水面的尖峰，而潜意识则是潜藏于海底的冰体，蕴藏深厚，但不被看到，在他的理论中强调了潜意识对人发展的重要性。

美国心理学家詹姆斯提出：凡属于我或与我有关的事物都是自我的内容，如身体、品质、能力、愿望、家庭等，自我从物质自我、精神自我和社会自我三个层次起作用。

社会心理学家库利指出：自我是一面镜子，它从别人那里反映自己的行为，自我是经历无数次他人评价而形成的社会产物。而米德则认为：自我分为主体我和客体我，主体我代表每个人的自然特性，而客体我代表自我社会的一面；主体我先于客体我形成，客体我形成需要很长时间，自我意识的发展包含主体我与客体我不断对话。

自我意识是意识的核心部分，就是对“自我的认知”，或者说自己对自己的认知。它包含自我认知、自我评价和自我控制。如果再进一步简化，自我意识是对自己及自己与周围环境关系的认识，包括对自己存在的认识，以及对个体身体、心理、社会特征等方面的认识。这种认识是个体通过观察、分析外部活动及情境、社会比较等途径获得的，是一个多维度、多层次的心理系统。

自我意识是人对自身以及同客观世界关系的认识，具体包括以下三个方面的内容：

(1) 个体对自身生理状态的认识与体验，如对自己身高、体重、身材、容貌等的认识以及对生理病痛、温饱饥饿、劳累疲乏等的感受。

(2) 个体对自身心理状态的认识与体验，如对自己的知识、能力、兴趣、爱好、性格、气质、情绪等的认识和体验。

(3) 个体对自己与周围关系的认识与体验，如对自己在群体中的地位、作用、权利以及自己和他人的相互关系的认识、评价和体验。

### 2. 自我意识的发展过程

自我意识不是与生俱来的，它是个人在成长和社会交往中逐渐形成和发展起来的。自我意识从发生、发展到相对稳定，大约经过二十多年的时间，这一过程可分为三个阶段，即从生理的自我到社会的自我，最后发展到心理的自我。

(1)生理自我。生理自我阶段是自我意识的萌芽期。刚出生的婴儿没有自我意识，分不清自己和外界的区别，常常把自己的手、脚当成玩具。七八个月的婴儿开始出现自我意识的萌芽，能意识到自己的身体，听到自己的名字会明确做出反应。两岁左右的幼儿能用自己的名字来表达要求，逐渐认识到自己的整个身体与外界事物的区别，逐渐学会用代词“我”来代表自己，掌握“我”字是自我意识萌芽的标志，这是自我意识发展的第一次飞跃。三岁左右的幼儿，自我意识有了新的发展，开始出现羞耻感、嫉妒心、疑虑感和占有欲，但是这一时期的行为是一种以自我为中心的行为，以自己的身体为中心，以自己的想法来解释外部世界，因此也有人把这一时期称为自我中心期。

(2)社会自我。社会自我阶段是自我意识形成时期。从三岁到青春期这段时间，个体深受社会文化的影响和熏陶，开始学习社会角色并逐渐形成自己的角色。此时，儿童在家庭、幼儿园、学校接受教育，通过在游戏、学习和劳动等活动中不断地练习、模仿和认同，逐渐习惯社会规范，形成各种角色观念，如性别角色、家庭角色、同伴角色、学校角色等，并能有意识地调节、控制自己的行为，使之成为一个符合社会要求的自我。到了学前期，三到四岁的幼儿自我评价开始发生，四岁左右有了自我体验，四岁到五岁幼儿自我控制已经出现，其独立性、目的性、自觉性得以发展。到了学龄初期，儿童出现道德评价能力，能从道德原则等方面评价自己行为的好坏。到了十岁左右，他们的自我评价的独立性、批判性获得发展。进入少年期，自我意识产生质变，他们不仅能认识到自己的外部特征，目光投向外部世界，还能反映和体察自己的内心世界，开始思索自己是个什么样的人，了解自己的人格愿望。此时，虽然他们对外部的世界感兴趣并积极关注，也意识到自己是一个主体，可以充分意识自己的行为，但他们主要通过别人的观点去评价事物、认识他人，对自己的认识也服从于权威或同伴的评价。因此，这一时期也成为客观化时期。

(3)心理自我。心理自我阶段是自我意识发展完善时期，从青春发育期到青年后期大约有十年时间，这一阶段自我意识已趋于成熟。这一时期的个体能够从自己的观点出发，认识和评价自己的心理活动，开始清晰地意识到自己的内心世界，关注自己的内在体验，极为看重自己将成为什么样的人以及如何成为理想中的人，此时，他们能进行自我调控、自我反省，有意识地培养优良的人格品质，他们能够透过自我去认识客观世界，喜欢用自己的眼光和观点去认识和评价外部世界，开始有明确的价值探索和追求，能较为全面、客观地认识和评价自我，能有目的、有计划地改造自我、健全自我，能有意识地协调自己的心理与行为。随着自我意识的发展完善，个体的人格也趋于成熟和稳定。这一时期被称为自我意识主观化时期。

### 3. 自我意识的分类

心理学家对自我意识进行了多角度的研究和分析，一般将自我意识从以下几个方面进行分类：

(1) 认知自我、情绪自我和意志自我。根据自我意识的结构要素可分为认知自我、情绪自我和意志自我。认知自我包括自我感觉、自我观察、自我分析与评价等。比如说“我的个

子很高”“我很老实”“我的脾气温和”等。

情绪自我包括自尊、自爱、自信、责任感、义务感、优越感等。比如说一个人感到很有自信,因为自己较有能力;很喜欢自己,因为自己长得漂亮。

意志自我包括自主、自立、自制和自律等,主要表现为个体对自己的行为表现的调节以及个体对待他人和自我态度的调节。比如“我怎样才能成为一个更有自信的人”“我怎样才能克服自己的惰性”。

(2) 物质自我、精神自我和社会自我。根据自我意识内容可分为物质自我、精神自我和社会自我。物质自我是个体对自己衣着、金钱等所有物质方面的一种意识。

精神自我是指个体对自己的心理活动包括心理过程和个性心理特征的意识,主要是对自己的个性特征的意识,包括对自己的性格、能力、态度、道德、理想和信念以及行为、习惯等的意识。

社会自我是指个体对自己在社会关系、人际关系中的角色。比如我是学生,要认真学习。

(3) 现实自我、投射自我和理想自我。根据自我观念可分为现实自我、投射自我和理想自我。现实自我,是指个体从自己的立场和观点出发,对自己目前的实际状况的评价和看法。比如说:认为自己目前是个大学生,需要付出更多的努力,创造美好的未来。

投射自我又称镜中自我,是指个体想象他人对自己的评价和看法,想象他人心目中自己的形象,想象他人对自己的评价。比如“觉得别人看不起自己”“他人眼中我应该是个帅小伙”。

理想自我,是指个体要实现的比较完善的一种自我境界或形象,是个人追求的目标,是个人行为的动力。

(4) 积极的自我意识和消极的自我意识。根据自我意识的作用可分为积极的自我意识和消极的自我意识。积极的自我意识包括自信心、适度的自尊心、一定的责任感和义务感等等;消极的自我意识包括自卑、自我否定、缺乏自制力等。

### 4. 自我意识的结构

自我意识的结构是指自我意识包含哪些成分。由于自我意识既是心理活动的主体,又是心理活动的客体,它是涉及认知、情感、意志过程的多层次、多维度的心理现象,所以,自我意识的结构表现在以下三个方面:

(1) 自我认识。自我认识是自我意识中的认知成分,包括自我观察、自我分析、自我评价等内容。如,有人观察自己的形体,分析自己的为人处世,用批评的眼光审视自己,等等。如果一个人在社会生活中把自己看得没有价值,那么他就会产生自卑感,做事缺乏胜任的信心,其结果是无论做什么事情都难以保证质量。相反,如果一个人只看到自己的长处,就会产生盲目乐观的情绪,自我欣赏,自以为是,结果往往不能处理好人际关系。因此,进行客观、正确的自我评价是一个复杂、毕生的过程,人的自我发展也是一个连续且伴随终生的过程。对自我的认识将会对一个人的健康发展有着不可忽视的影响。

(2) 自我体验。自我体验是自我意识中的情感成分,在自我认识基础上产生,是通过认识和评价而表现出来的情绪上的感受,包括满意或不满意、优越感、羞怯、自卑等。在人的生活体验中,不仅有肯定的情绪体验,也有否定的情绪体验。行为的成功与失败,总是引起一定的积极或消极的情绪反应。而自我体验的产生是环境与个人内部的心理因素相互作用的结果。如果学生把成绩优异归因于自己的努力和能力,就能提高自我价值并增强自尊心;如果把考试失败归因于自己的努力和能力这些内部因素时,则会降低自我价值并挫伤自尊心。

(3) 自我控制。自我控制也叫自我调控,是自我意识的意志成分,是对自己行为和活动的调节,从而了解自己在达到目的的过程中,如何克服外部障碍和内部困难,采取什么手段实现自己的决定,达到自我期望的目标,包括自我激励、自我暗示、自我监督、自强自立等方面。

### 成长的烦恼:到底是谁打碎了我的梦想?

小 H 是一个来自教师家庭的孩子,重点小学、初中、高中就读的经历使她坚信自己是属于全国一流大学的。然而,由于高考的发挥失常,在接到某高职院校的“录取通知书”的那一刻,她哭得天昏地暗,第一次遭此重创的她几乎站不起来,害怕听到同学收到名牌大学通知书的消息,担心自己的失败成为同学的笑料。后来虽坚持来到学校,但心中的结并没有解开。由于盲目的自信,确信高考成绩超出其他同学 80 分,完全有能力胜任大学的学习,学习没有了动力,生活没有了目标,正如大海上漂浮的小舟,完全失去了原来的方向,在茫然徘徊中迎来了期末考试。小 H 意外地收获了不及格的结果,然而,她并没有认真反思自己,而是将这一切归咎于自己没有考取理想的大学,归咎于命运的不公平。疫情期间,学校封闭管理,不能随意外出,百无聊赖的她又在网上找到了久违的自信与上进心,那颗曾经不服输的心复苏了,但这次不是为学习而是为网络,她彻夜上网聊天、打游戏,在游戏中体验虚拟世界的成功。可想而知,第二学期五门功课同时亮起了红灯,别说梦想中的名牌大学,连大学生的资格也将丢失,她很难过,思考谁把我的青春弄丢了? 正在此时,学校发出了回家的指令。小 H 真的感到非常懊悔,第一次深深自责,作为家庭的第一位大学生,她辜负了家长厚重的期望,作为重点高中的学生,对不起培养她的老师,更重要的是有负于自己的年华。此刻,小 H 才发现大学的灯光是那么明亮,校园是那么美丽,而大学生活是如此让人难以割舍……

想一想:

1. 到底是谁打碎了小 H 的梦想?

2. 如果你是小 H,你会怎么办?

这是一位即将告别学校生活的大学生的故事,个体的人生不可复制,而自我发展的不

可逆转要求每一位大学生都要认真审视自我，并为自我发展留下空间，因为青春属于人只有一次，而大学对年轻学子往往也只有一次，珍视自我，开掘心灵的宝库尤为重要。

## 二 大学生的自我意识及发展特点

### 1. 大学生的自我意识

大学生自我意识得到越来越多人的重视与关注，正确认识自我是个体发展的最重要的前提。

进入校园的大学生，都会思考一个问题："我是谁?""我有什么目标?""我为什么上大学?"等形而上的问题。当我们再问一个简单的问题：请你向别人描述你自己时，你首先想到的特征是什么？是你的性格特征如外向、内向还是外表特征如高、矮、胖、瘦？还是社会类别如男、女等？事实上，你可能更倾向于用概括性的语言对自己做一个总体评价。如"我是一个追求优秀的大学生"，"我是一个有理想、有抱负但有些懒惰、自制力弱的人"等。所有这一切，都是大学生自我意识的真实体现。

### 2. 大学生自我意识的发展特点

从青春期到成年的大约10年时间里，个体的自我意识开始迅速发展，并逐渐趋向成熟。他们逐步获得心理自我，开始关心自己的形象，关注自己的心理活动，不再简单地认同别人的观点，而是有自己独特的见解，具有浓厚的主观性。大学生正处于这一阶段，处于自我意识的迅速发展时期，一般具有以下特点：

(1) 自我意识的分化。青年期自我意识的发展是从明显的自我意识分化开始的。原来完整笼统的"我"被打破了，在儿童、少年时期统一不可分割的自我意识一分为二：一是理想自我，它是根据主观自我和主观感受的社会现实所希望自己未来成为什么样的人而达成的自我状态。理想自我是处于观察者的地位，也就是"主体我"。二是现实自我，它是指当前实际所达到的自我状态，即我现在是什么样的人。现实自我处于被观察者地位，是理想自我所要观察的对象，也就是"客体我"。

自我意识的明显分化，使大学生主动、迅速地对自己的内心世界和行为具有了新的意识，开始意识到自己那些从来没有被注意到"我"的许多方面和细节。自我沉思、自我分析、自我反省的时候明显增多，区别于中学生的随心所欲。此时，如果个体的理想自我(主体我)和现实自我(客体我)能保持大致的平衡，有利于促进个体健康发展。但也常常会出现理想自我和现实自我的失衡感。现实自我占优势的大学生，往往表现出较强的虚荣心和自我陶醉感，特别在乎别人对自己的评价，期望得到他人的赞赏。他们担心暴露自己的缺点，常常炫耀自己的知识，以换取他人的赞赏。理想自我占优势的大学生，总认为自己处处不如别人，往往自卑感较强，因为自己某方面的欠缺(身材不高、家境贫寒、能力不强等)而苦恼，甚至放弃应有的努力，形成自我怜悯或伤感的心理状态。

总之，自我意识的分化促进了大学生思维和行为的主体性的形成，从而为客观地评价自己和他人，合理地调节自身的言行奠定了基础。这是自我意识开始走向成熟的标志。

(2) 自我意识的冲突。自我意识分化的出现使大学生开始意识到自己以前不曾注意的许多有关“我”的问题，理想我和现实我的距离加剧了自我冲突，使得自我不能统一、自我形象不能确立，因此表现出明显的内心冲突，甚至有很大的内心痛苦和激烈的不安感。具体冲突表现在：

① “理想我”和“现实我”的冲突：大学生一方面对未来充满信心，成就欲望较强；另一方面由于生活范围相对狭窄，缺乏社会阅历，不能很好地将理想和现实结合起来，从而使“理想我”和“现实我”之间产生较大差距。这种差距在给学生带来苦恼的同时，也会激发学生进取的积极性，但如果这种矛盾与冲突过于强烈，不能及时进行调适，则会导致自我意识的分裂，从而带来一系列的心理问题。

② 独立意向与依附心理的冲突：大学生入学后，希望能在经济、生活等方面独立，希望摆脱成人的束缚，自主处理一些事情，但在心理上又依赖成人，无法真正做到人格上的独立。

③ 交往需要与自我闭锁的冲突：大学生有强烈的交往需要，希望得到朋友的理解，分享欢乐、痛苦，但交往时又常常存在戒备心理，总是有意无意保持一定距离。

④ 自信心与自卑感的冲突：刚刚升入大学的大学生，受到老师、家长、朋友的肯定，自尊心都很强，对自己的能力等都充满自信，但入学后，发现“山外有山”，尤其当在文体、社交等方面发现不足时，便容易产生自卑心理。

⑤ 追求上进与自我消沉的冲突：很多大学生有较强的上进心，希望通过努力实现自身价值，但是在追求上进时，往往会遇到困难、挫折，不少学生会出现情绪波动，甚至在困难面前消极退缩，但内心依然不甘放弃，极为矛盾。

(3) 自我意识的矛盾与混乱。大学生自我意识的混乱通常表现为两种类型：一种是过高的自我评价，另一种则是过低的自我评价。过高或过低的自我评价往往导致个体自我意识确立过程中的过分自负或过分自卑这两大心理缺陷。它们是妨碍良好自我意识形成的心理障碍。

① 过低的自我评价：处于这种意识状态的大学生，在把理想我与现实我进行比较时，对理想我期望较高，又无法达到，对现实我不满意，又无法改进。他们在心理上的一个特征就是自我排斥。由于在成长过程中理想我与现实我的距离过大所导致的自我矛盾冲突，他们往往会产生否定自己、拒绝接纳自我的心理倾向。这类大学生往往降低人的社会需求水平，对自我过分怀疑，压抑自我的积极性，并可能引发严重的情感损伤和内心冲突。他们的心理体验常伴随较多的自卑感、盲目性、自信心丧失和情绪消沉、意志薄弱、孤僻、抑郁等现象，尤其是面对新的环境、挫折和重大生活事件时，常常会产生过激行为，酿成悲剧。近几年来发生的大学生自杀事件中相当一部分就是由此心理问题所导致。

② 过高的自我评价：这是一种与过低自我评价相对立的自我意识状态。在这种自我概念的支配下，个体往往扩大现实的自我，形成错误的不切实际的理想自我，并认为理想我可以轻易实现。这种类型的学生往往盲目乐观，以我为中心、自以为是。不易被周围环境和他人所接受与认可，容易引起别人的反感和不满。因此极易遭受失败和内心冲突，产生严重的情感挫伤，导致苦闷、自卑、自我放弃。有时会引发过激行为和反社会行为。

(4) 自我意识的统一。自我意识分化、冲突带来的痛苦不断促使大学生寻求方法以求得自我意识的统一，即达到自我同一性。自我同一性是指主体我和客体我的统一，理想我

和现实我的统一，也表现为自我认识、自我体验和自我监督的和谐统一。在自我意识的矛盾冲突中，大学生在不断地调整、发展，寻找自我意识的统一点，整合自我意识，重新审视自我、调整自我，向理想自我靠近。这就是自我同一性的建立。自我同一性越高，大学生自我意识发展越好，人格越完善。

自我效能感

## 演练场

### 我是谁

要求：认真详细(定义自己的描述，写上你最重要的，最体现你自己的描述)

我是谁?

操作：

① 写出20句“我是怎样的人”，要求尽量选择一些能反映个人风格的语句，避免出现类似“我是一个男生”这样的句子：

我是一个________________________的人。

② 将陈述的20项内容作下列归类：

A. 身体状况(你的体貌特征，如年龄、身高、体形、是否健康等)。编号：________

B. 情绪状况(你常持有的情绪情感，如：乐观开朗、振奋人心、烦恼沮丧等)。编号：________

C. 才智状况(你的智力、能力情况：聪明、灵活、迟钝、能干等)。编号：________

D. 社会关系状况(与他人的关系、如何和别人应对进退、对他人常持有的态度、原则，如：乐于助人的、爱交朋友的、坦诚的、孤独的等等)。编号：________

E. 其他　编号：________

分类是为了了解自己对自己各方面的关注和了解程度，某一类项目多，说明你对这方面关注和了解多；某一类项目少或没有，说明你对这方面关注和了解少或根本就没关注、不了解。健全的自我意识应能较为全面地关注和了解自己。

③ 评估：你对自己的陈述是积极的还是消极的。

在你列出的每句话的后面加上正号(+)或负号(—)。正号表示“这句话表达了你对自己肯定满意的态度”，负号的意义则相反，表示“这句话表达了你对自己不满意、否定的态度”。看看你的正号与负号的数量各是多少。

如果你正号的数量大于负号的，说明你的自我接纳状况良好。相反，你的负号将近一半甚至超过一半，这显示你不能很好地接纳自己，你的自尊程度较低，这时你需要内省一番，寻找问题的根源，比如是否过低地评价了自己？是什么原因使你成为这样？有没有改善的可能？在组内进行交流。交流对自己的认识，以及对活动的感受。

# 第二节 大学生自我意识中自卑心理调适

## 一 自卑的概念

自卑是个体由于自我认知偏差等原因所形成的自我轻视和自我否定的情绪体验。一些大学生身上存在着不同程度的自卑心理，如：认为自己其貌不扬、认为自己天资愚钝、认为自己出身贫寒、担心被人看不起等等，都是自卑心理的体现。

## 二 大学生产生自卑心理的原因

个体自卑感形成的原因比较复杂，了解原因对我们改善自卑心理有很大的帮助作用，自卑感形成的原因主要体现在以下几方面：

### 1. 自我认知的偏差

(1) 消极的自我暗示。凡事好从消极悲观的方面考虑，喜欢拿自己的短处与别人的长处相比，总觉得自己不行，使自己的自信心逐渐丧失。

(2) 过低的自我期望。不相信自己的能力，对自己缺乏激励，造成失败的结果反过来又验证了自我的认识和期望，进一步强化了自卑。

(3) 对自尊的认知偏差。高自尊的人是自重自爱高看自己的人。这样的人更适合做朋友，他们会称赞别人，但更喜爱自己。低自尊的人看低自己，但更爱贬低别人。多数青年大学生既不是高自尊的人，也不是低自尊的人，而是自尊不稳定，即自尊忽高忽低的人。比如意中人的一个垂青立刻让你意气风发；偶然听到别人一句挖苦，你就会突然泄了气。怎么办？第一，向高自尊的人学习，建立好习惯，用一组好习惯来守护你的高自尊。第二，扮演高自尊的人。第三，真诚地面对自己，不要自欺欺人。

自尊可分为依赖型自尊、独立型自尊和自然型自尊。依赖型自尊的特点是依赖别人的肯定和认可来建立自尊；独立型自尊是根据自己的纵向对比，即根据从前的自己、现在的自己和未来的自己的对比，并综合自己在家庭、班级、社团组织、社会中的位置而确立的自尊。自然型自尊又称为无条件自尊。大学生自尊不稳定的原因是：在 20 岁左右这个年纪，人们往往还是以依赖型自尊为主导的。不用着急，随着自己的成长，我们可以逐渐改变依赖型自尊的主导地位，有意识地建立和提高自己的独立型自尊。

### 2. 个性的差异

瑞士心理学家荣格把人的性格类型分成两类：外倾型和内倾型。外倾型的人活跃而开朗，对周围的一切事情都很感兴趣，不拘泥于小事；内倾型的人优柔寡断，常有某种提防戒备心理，不愿抛头露面。心理学研究表明，自卑者性格内向，他们情感脆弱，体验深刻，比较敏感，常常自惭形秽，总感到别人瞧不起自己，所以事事退缩、处处回避。结果，其增长经验才干的机会无形中大大减少，增强自信的机会也随之减少。

3. 生理的缺陷

主要表现在一些身材矮小、身患残疾的学生身上。他们常常体验着常人不能与之相比的失落和痛苦，易产生自卑情绪。解除这种痛苦最好的办法就是面对现实，调整自己的心态，努力使自己成为一个思想和事业上的强者。张海迪是事业上卓有成绩的作家和翻译家，她从小双腿截瘫，但从不向命运低头，她之所以成功，非常重要的一点就是她身体上虽然是个残疾者，但思想上却是一个健全者。

4. 幼年的生活信息影响

心理学家研究证实，很多心理问题都可以在早期的幼年生活中找到症结，自卑感也是同样，起源于人的幼年时期，受幼年时期经历的影响。幼年期的生活经历，我们无法改变，但是我们可以从现在开始改变自己的生活状态，重新建立自信，完善自己。

5. 爱情问题的因素

爱情在大学生活中是十分重要的一个方面。爱情降临，会使大学生欣喜无比，可一旦爱情失败，会使其陷入难言的痛苦之中，甚至心灰意冷，丧失生活的热情和信心。消除爱情失败带给我们的自卑感，最重要的是摆正爱情在我们生活中的位置。更何况，作为一个现代人，必须时刻准备着迎接失败。成功和失败同时存在，不经历失败，就不会获得成功。意识到这一点，我们就能够变消极为积极，变自卑为自信，就能够做时代的强者。

6. 高考不理想的因素

有些大学生因为高考不理想而产生自卑情绪。我们应该知道，一个人的能力是多方面的，有所短也有所长。高考成绩不理想仅说明我们在某些科目知识基础上暂时落后于别人，或是考试时发挥不理想，绝不能说明我们其他方面也不行。我们应该正确认识自己的长处和短处，确定好自己今后的奋斗目标。只要我们能够冷静、客观地认识自己，强化自信心、磨炼意志力，努力学好大学中各方面的本领，同样可以做出了不起的成就。

## 三 如何跟“自卑”说再见

1. 给自己积极的心理暗示

自卑，就是因为自己不能正确认识自己，看不起自己，不相信自己的力量，总有一种无力感，做什么事情总是自暴自弃，什么都要依赖别人，结果是什么事情都做不好，都做不成。那些终日不思学习、沉迷网络、抽烟，以打牌娱乐来打发自己时光的人，其中有很多都是由于不相信自己能做成大事，对自己已经失去了信心。如果你不幸属于其中之一，那么你可以从小的改变开始逐渐走出自卑。在努力的过程中，积极的心理暗示被证明是很有用的。比如对自己说“我要试一试！”“我要相信自己！”“只要够努力，我也能行！”等。另外，想象自己努力并取得成功的过程，也是很重要的心理技能。比如你要参加一个演讲比赛，除了反复练习之外，偶尔在脑子里想象正式比赛的场景，下面坐着评委和同学，你稳步走上讲台，鞠躬，掌声响起，于是你从容不迫地开始你的演讲，想象你要讲的每一句话以及眼神和动作，细节越清楚越好……直到演讲结束，退下讲台。这也是很管用的积极的心理暗示。还有，把自己的成长目标（想改变的事，比如想戒烟、想跑步等）公布出去，这样，在“承诺与一致性”原理的驱动下，我们就更能完成预定的成长目标。

2. 学会从“小目标”做起

在你多次碰壁、屡遭挫折之后，你可能觉得自己是个无能的人，因此你感到自卑，做任何事情都会怀疑自己。不要太好高骛远，要确立合适的目标，从小事做起，一步一步地去干那些自己能干的事，即采用“小步子”的方式来调适自己的心理。有一位长跑高手，他在很多比赛中都获得过胜利，于是有人就请教他是如何保持充沛体力到达终点的。他笑了笑，告诉请教者其实他的做法很简单，就是把通向终点的道路分成很多个小段，开始跑的时候他先向最近的一个小段终点前进，当到达时他便鼓励一下自己，这样更有信心跑向下一个小段的终点。这样做的好处是他能很容易达到一个个小的终点，持久保持信心，最终到达整个长跑比赛的终点。作为大学生不能没有“大目标”，必须有长远的打算，但是，当这些长远的目标制定出来以后，更重要的是多设一些中间目标，一步一步完成，经常用能完成的“中间成就值”来鼓励自己。总之，通过不断的成功会改变“瞧不起自己”的自卑心态，最终你会发现自己找回了久违的自信。

3. 学会与自卑和平相处

通过一段时间的努力和练习，当自卑出现时，我们能迅速判断出这是自卑，这时，不要焦虑，不要逃避，我们可以把自卑想象成一个老朋友，轻轻问候它，“嗨，你来啦！”然后努力做好眼前的事，而不去过度纠缠，纠缠必有阻抗。当我们学会与自卑和平相处，自卑就会慢慢丧失它的威力，渐渐地自卑就会出现得越来越少。

自卑与自傲看起来距离很大，实际上却是孪生姐妹。很多时候骄傲是掩饰内在的自卑和脆弱。在另外一些时候，对荣誉的渴望促使你努力奋斗，可是一旦失败，你会比平常还要失望，你的内心所受打击也较之平常要大很多。你必须明白，这个心理包袱是你自己背上的，是你“自寻烦恼”的结果。正因为如此，我们可以把失败看成成功路上的阶梯，放眼长远，给失败一个正常的、合理的位置。

4. 走出过去的心理创伤

要努力从过去的心理创伤中摆脱出来，不要总是责备自己。往往有一些大学生总是沉浸在过去不能自拔，做事之前总会联想到与这件事相似的经历，如果这个经历是痛苦的，你做事的信心会受到严重打击。当你想到过去不愉快的事情时，要迅速转移“目标”，要学会主动调节自己的情绪。假如某个过去的事件对你发生持续的严重的困扰，可以考虑寻求专业的心理咨询，比如去找你们学校心理中心的老师聊一聊，建议选择正式的咨询方式。

5. 扔掉身心缺陷的包袱

不要用“有色眼镜”看待自己，也不要用“有色眼镜”看待他人。也许你会说：“我的命运这么凄惨，又能有什么办法呢？”我们可以看看艾德·罗伯茨的例子，他十四岁时感染小儿麻痹症，颈部以下瘫痪，坐在轮椅上，只能依靠一个呼吸设备维持自己的生命，按照所谓正常的逻辑，艾德肯定会在自卑的痛苦中生活一辈子。可是，你知道他是怎么做的吗？在他二十岁的时候，他终于认识到自怨自艾于事无补，他开始不间断地教育和影响大众，十五年坚持不懈，社会终于注意到了残疾人的权利，如今很多公共设施都设有轮椅走的上下斜道和残疾人专用停车位，商场、超市也设立许多残疾人行动的扶手，这都是艾德的功劳。你必须知道，社会中绝大部分人都是怀有同情、关心、爱护之心的。当你用顽强的毅力获得成果

时，社会对你将会更加尊敬，不必要为一些身体的缺陷而背上瞧不起自己的包袱。

## 四 做一个自信的我

自信是相对于自卑而言，就是对自己能够达到某种目标的乐观、充分估计，是一个人相信自己"一定行"的信念和态度。爱默生说过："自信是成功的第一秘诀。"拥有自信的人才会有更多的机会。

### 1. 自信对人的影响

自信每时每刻都在影响着我们，特别是在面临困难的时候，它的影响更加明显。

(1) 自信会影响一个人对结果的期望。班杜拉曾经把期望分为两种：效能期待和结果期待。效能期待是指人对自己能够进行某一行为的实施能力的推测或判断，即自我效能感(自信)。结果期待在很大程度上取决于效能期待(自信)，因此一个人的自我效能感(自信)是对一个人的行为最重要的影响因素。自信的人更容易相信会有光明的结果，因此也会表现出许多积极的情绪和行为。

(2) 自信会影响一个人的行动。自信会影响人们对任务的选择、付出的努力的多少、遇到困难时的坚持性等。拥有高自我效能感，即高自信的人，一般会选择更有挑战性的任务，在困难面前会付出较多的努力，并能坚持更长的时间；而较低自信的人，可能会回避新的、有挑战性的任务，也常常自我怀疑，遇到困难容易放弃。通常人们倾向于回避一些他们认为超过其能力所及的任务，而选择那些他们认为能够做到的事情。所以一个人的自我效能感的高低会直接影响到他的选择。而选择也会影响到成长。高自信的人选择有一定难度的任务，并努力获得成功，在体验多次成功之后便会更加自信，形成良性循环。

(3) 自信会影响一个人的韧性。一个人的自信程度可以决定他在遇到障碍时会付出多大的努力以及会坚持多久。心理学研究发现，自信的人非常坚韧。

(4) 自信会影响一个人的情绪。缺乏自信的人，更容易体验到忧愁、愤怒、疲惫、绝望等负面情绪。相反，健康、自信的人善于集中精力，积极应对环境的各种变化要求，他们更容易体会到坚定、希望和快乐。

### 2. 怎样成为有自信的人

世上没有绝对的事，没有谁有资格说自己不行的，只是逃避现实的借口而已，人之间能有多大差距？天才和白痴都是少数，大部分都是普通人，既然同样是普通人，人家能做到的你为什么做不到呢？

建立自信最快、最有效的方法，就是去做你害怕的事情，直到你获得成功。

(1) 挑前面的座位。坐我们身边好多同学都不愿意坐在教室的前面，不希望自己"太显眼"。他们怕受人注目的原因就是缺乏信心。坐在前面能建立信心。把它当作一个规则试试看，从现在开始尽量往前坐。当然，坐前面会比较显眼，但要记住，有关成功的一切都是显眼的。

(2) 练习正视别人。好多人，害怕正视别人，其实这是心理不敢面对自己。正视别人等于告诉他：我很尊重你，我很诚实，而且光明正大，毫不心虚。让眼睛为我们工作，就是要让眼神专注别人，这不但能增加信心，也能为我们赢得别人的信任。

(3) 练习当众发言。好多人不愿意当众发言，不是不想参与而是缺乏信心。从积极的角度来看，如果主动发言，就会增加信心，下次也更容易发言。所以要多发言，这是信心的“维他命”，不论参加什么样的活动，主动发言，哪怕是一句、两句话，也会让你增加信心。

(4) 学会笑对人生。笑能给自己很实际的推动力，它是信心不足的良药。很多人不相信，因为在他们紧张时，从不试着笑一下。真正的笑不但能治愈自己的不良情绪，还能马上化解别人的敌对情绪。如果你真诚地向一个人微笑，他实在无法再对你生气。咧嘴大笑，你会觉得美好的日子即将来临，要记住大笑能见奇效。

(5) 把你走路的速度加快 25%。心理学家告诉我们，改变姿势与速度，可以改变心理状态。坚持把你的步伐加快，抬头挺胸，你会感到自己的自信心在逐步增强。身体动作是心灵活动的结果。社会心理学家库迪说：一个人的姿势反映了他的体内激素水平，反过来，一个人的姿势也可以改变他体内的激素水平。比如睾酮——它是“力量激素”，力量激素高的人，就希望自己看起来尽可能大一点，所以他的姿势就比较开放，走路恨不得横着走。比如皮质醇，这是一种压力激素，压力激素高的人，就希望自己尽可能变得小一点，所以他们就喜欢缩着脖子抱着手，走路也贴边儿。有意识地改变身体姿势，也能调节体内的激素水平，这一点就很神奇了。实验数据表明，如果你保持某个比较强有力的、开放的姿势两分钟，你的力量激素就会明显上升，你会变得更加自信。如果你保持一个收缩防守的姿势两分钟，你的压力激素就会快速上升，你会觉得更加没有安全感，容易退缩。

做一个自信的我

(6) 给自己多一些欣赏。从生活中的点滴积累，寻找自己的优点，给自己多一些欣赏，你会发现自己的自信心正在逐步增强。

## 身边的故事

### 他为什么这样不自信？

有一位就读于知名大学的学生，他来自偏远的山区，家庭贫困，自幼多病。他凭着自己的刻苦努力考上了大学。本来他应该充满信心地开始新的学习和生活。可是，入校一段时间之后，他开始逐渐悲观失望起来。原来，他把自己与周围的同学加以比较，发现自己在许多方面与他们差距悬殊。例如，班里大多数同学英语基础较好，而他在家乡没有条件接受英语的听说训练，口语和听力很差，学得十分吃力；其他同学知识丰富、见多识广，常常谈论一些新鲜名词和热门话题，而他对此一无所知，无法与他们对话；很多同学善于交际，对不同的人讲不同的话，与许多人都能交朋友，而他的交际方式单一，与别人很少交往，感到孤独；有的同学多才多艺，打球、唱歌、跳舞、使用电脑等学起来都很快，而他从身体到头脑接受这些比别人要慢得多；在经济上和生活消费上差距非常明显。于是，这位同学认为自己永远无法与别人相比，没有能力在各方面令自己满意，无论怎样努力也难以获得成功。这与他以往对自己的信心和期望相去甚远。因此，大学的学习和生活对他来说成了沉重的负担和令人窒息的压力。他在极度消沉中开始怀疑读大学的必要性和奋斗的价值，想要放弃这一切，寻求一种超脱。

1. 该大学生产生自卑心理的原因是什么？

2. 如果我们遇到类似的情况应该怎么办？

## 专家案例点评

这位同学在进入大学以后，自我感觉与其他同学有较大的差距，产生自卑心理是很正常的，也是很多大学生曾经经历过的。关键是，问题的症结在哪里？我们难免会把自己和他人进行比较，在这样的比较中，我们能否找到更积极的角度？

上例中，问题的症结是悲观的思维模式。如果换一个乐观的同学，他会发现，同学们都很优秀，说明自己上了对的大学；自己能考上这个大学说明自己远比一般农村同学更努力，这是自己的成就；看到差距是一件好事，这可以给自己努力的方向和巨大的动力；自己出生于农村、成长于农村恰恰是自己的一笔财富，是其他孩子没有的人生经验；许多用人单位更愿意录用来自农村的大学生，因为他们更质朴、更谦逊、更能吃苦。总之，看到自己现有的成就，继续努力，向着美好的明天。

## 小贴士 Tips

### 如果换个角度

人生就是一个人生下来直到生命终止所经历的一个过程。对人生的看法，人人各不相同。如对人生用减法去看待，那么处处充满悲观，处处充满危机，充满压力：20岁的人，失去了童年；30岁的人，失去了浪漫；40岁的人，失去了青春；50岁的人，失去了理想；60岁的人，失去了健康；70岁的人，失去了盼头。

要是换个角度，用加法思考人生，那么，处处都充满着希望，充满着生机，充满着快乐：20岁的人，拥有青春；30岁的人，拥有才干；40岁的人，拥有成熟；50岁的人，拥有经验；60岁的人，拥有轻松；70岁的人，拥有彻悟。

换个角度看风景，风景便会有不一样的风采。换一个角度看人生，你就会有不一样的人生。

## 演练场

题目：我庆幸……

过程：1. 请每个同学先在纸上写出10个“我庆幸我不是……”；

2. 然后再写出10个“我庆幸我是……”

3. 最后写出10个“我希望我是……”

# 第三节 大学生要学会完善自我

## 一 学会悦纳自己

悦纳自己就是对自我的本来面目持肯定、认可的态度，悦纳自己是自我体验的关键和核心。每个人都是独特的，各有长处和短处。大学生既要学会欣赏自己的长处，也要接纳自己的不足。具体来说，积极悦纳自己要做到以下几点：

### 1. 接纳自己

“人无完人，金无足赤”，每个人身上都会存在一些不完美的地方。大学生要正确认识自己，对自己充满信心，实事求是地承认自己的价值，要相信每个人身上都有闪光点，都潜藏着大量待挖掘的能量，每个人都有他存在的价值，不必苛求完美。不忘“尺有所短、寸有所长”，正视自己的短处，既努力扬长，又注意补短，恰当地认同自己，而不是苛求自己。

### 2. 积极心态

心态可以改变人的命运。大学生不论处于什么样的境地，都不要迷失自己，要保持清醒的头脑，拥有良好的心态，正确对待成功与失败。大学生经常面临着各种生活、学习压力，经常遇到各种挫折和冲突，而经常保持在一种充实、愉悦的心境中，对于抵消那些不愉快的情绪体验，保持心理平衡，具有不可低估的作用。

### 3. 有远大的追求和理想

大学生要树立远大的理想，并以此激励自己不断克服消极情绪。只有敢于树立远大理想，有大志向、大抱负的人，才会关注大事，把全部的精力集中于自己的目标上，才有可能获得大的成就。要确立一个值得自己去奋斗、去竞争的目标，培养“你行，我也行”的心理。人有了生活的动力和目标，就容易接受自己、肯定自己。

### 4. 扩大人际交往的范围

积极的人际交往有助于大学生建立健康的自我。大学生应该扩大人际交往的范围，广结人缘，多接触一些人和事，使自己的生活更加充实。在交往中，由于自己的热情与爱心，使得自己容易被他人所接纳，而一个被别人接纳的人也就更容易接纳自己。广交朋友可以使自己有一种归属感，同时可以拥有一个庞大的社会支持系统。当自己面临挫折和失败的时候，可以获得更多的社会支持，这样会比较容易渡过难关，重塑自我。

学会悦纳自己

## 二 学会自我控制

自我控制是人为了实现目标主动改变自己的心理行为过程。有效地控制自我是健全自我意识的根本途径。许多大学生对自己抱有很高期望，但因为没有足够的自制能力，经

受不住挫折和打击，无法实现自我理想。大学生的意志品质处在发展过程中，因此，要特别注意增强自我控制的自觉性、主动性，发展坚持性和自制力，增强挫折耐受力，使自己能自觉主动地认清目标，为实现目标而努力排除干扰，克服困难。大学生要建立合乎实际的抱负，确立合适的理想自我，在充分了解自己的基础上，使自己的要求符合自己的目标，符合自己的实际能力，不苛求自己，不被他人的要求左右。在制定目标时，要结合现实自我的状态，既不要太低，也不要太高。这样通过自我控制，既可以对理想自我进行联系实际的调整，又能不断地对现实自我进行提高、完善，使现实自我逐渐向理想自我靠近。

## 三　学会自我完善

完善自我、超越自我是健全自我意识的最终目标。大学生成就自己的过程，是其自我统一的过程，是其自我不断走向完善的过程。然而，完善自我不是一帆风顺的，是要付出一定代价的。要学会从小事做起，从眼前做起，从实际行动做起，协调个人期望与个人能力。但不能把自己局限在个人价值的实现上，而应该将个人价值与社会价值统一起来，和谐地统一自我，既注重自我又不固守自我，而是根据社会要求不断改造自我；既注重自我价值的实现又不仅仅局限于追求个人自我价值的实现，而是把自我价值实现的过程与为祖国现代化建设作贡献的过程统一起来，在为他人和社会服务的过程中，实现真正的自我价值，从而使自我价值得到升华。另外，完善自我还可以通过参与社会生活，融入集体，在实践中积极完善自我，不懈追求与努力，主动发展自我。

学会自我完善

## 四　自我意识评价

对每个人来说，能够对自我做出恰如其分的评价是正确认识自我的前提，是培养健全自我意识的途径。如果一个人能对自己有一个全面正确的认识和评价，就能够扬长避短，取长补短，控制自己，改变自己，完善自己，就能根据自己的实际情况选择相应的目标而为之奋斗。要做到正确认识自我，可以采取以下几种自我意识评价的方法：

### 1. 正确的自我评价

大学生要通过自省来认识自己。具体通过三条途径来进行自我评价：一是自己眼中的“我”。包括身体、容貌、性别、能力等。二是别人眼中的“我”。在与别人交往时，由别人对你的态度、情感反应而觉知的我。三是自己心中的“我”。也指自己对自己的期许，即理想的“我”。我们应该经常检查自己的行为和动机是否正确，检查自己行为的实施过程中有什么不足，检查自己行为的结果有哪些收获和缺憾，从中发现自己的优点与不足，以便有的放矢地进行自我调节。

### 2. 正确认识他人的评价

心理学家认为，当一个人的自我评价与别人对他的客观评价有较大程度的一致性时，表明他的自我意识较为成熟。了解他人对自己的看法，常有助于发现自己忽视的问题。值得注意的是，对别人的评价应有一个正确的态度，不能因过高的评价而飘飘然，也不能因为过低的评价而失去信心。

### 3. 与他人比较认识自我

有比较才有鉴别。当人们在缺乏客观评价标准的情况下，可以通过与他人的比较来评价自己。与自己相类似的人比较，能找出自己的实际水平及在群体中的地位；与杰出的人比较，能找出自己的差距和努力的方向。在与他人比较过程中，最重要的是要选定恰当的对照参数，既不要以自己的长处比别人的短处，也不能以自己的短处比别人的长处。既要注意看到自己和别人的差距，又要学会用发展、辩证的眼光去看待自己。这样，比较的视野越广阔，方法越科学，自我的位置就定得越恰当。恰当地与他人比较并正确地评估自己的人，就能合乎实际地确定自己的奋斗目标，制订切实可行的行动计划。

### 4. 用活动成果来评价自我

活动成果的价值有时直接标志着自身的价值，社会衡量一个人的价值时主要是通过活动成果论定的。理想的活动成果可以使个体进一步认识自我的能力，发现自我的价值，从而进一步开发潜能，激发自信。其实，任何一种活动都是一种学习，不经一事，不长一智。成败得失，其经验也因人而异。对聪明又善用智慧的人来说，成功、失败的经验都可以促使他再成功，因为他们了解自己，有坚强的人格特征，善于学习，因而可以避免重蹈覆辙；而对于某些自我比较脆弱的人来说，失败的经验可能使他丧失自信心。对于有些狂妄自大的人来说，他们可能因有幸成功而骄傲自大，以后做事便会自不量力，在遭受更多的失败后出现一蹶不振，从此不能支撑起独立的自我。

## 正确地评价与成功

小F是家乡中学里的优等生，考入了一所重点大学。进校后，她发现自己的成绩在全班甚至全年级列在倒数的几名内，一下子灰心丧气，好一阵子不开心。后来冷静下来，观察同学的学习方法、态度，回顾自己的学习体会，总结经验，并时常将自己的学习情况与同学作客观的比较，发现了自己认真、记忆力好、肯吃苦、爱钻研等特点，同时，学到了同学的抓重点、讲方法、高效率等长处，取长补短，第一学年，学习成绩便进入本班前20名，获得了年级的“学习进步奖”。之后，继续保持良好的学习状态，通过了英语四级考试，并获得了奖学金。她心里明白，这份成绩对她来说来之不易，这是自己不断努力的结果。

想一想：

1. 这位同学是如何赶上其他同学的？
2. 她是如何对自己进行评价的？

小贴士 Tips

### 欣赏自己

也许你想成为太阳，可你却只是一颗星星；

也许你想成为大树，可你却只是一株小草；

也许你想成为大河，可你却只是一泓山泉；

于是，你很自卑。

很自卑的你总是感叹命运；其实，你不必这样，欣赏别人的时候，总是都好；审视自己的时候，总是很糟。和别人一样，你也有一片风景，也有空气，也有阳光，也有寒来暑往，甚至有别人未曾拥有的一朵小花，一阵虫鸣……

做不了太阳，就做星辰，在自己的星座发热发光。

做不了大树，就做小草，让绿色装点希望。

做不了伟人，就做实在的自我，做最好的自己。

不必总是欣赏别人，也欣赏一下自己吧！你会发现，天空一样高远，大地一样宽广，平凡的你也有着自己美丽的风景！

超越自我，只有靠你自己。

## 心理故事

### 水仙花的故事

自恋(narcissism)这个词源于有关水仙花(narcissus)的希腊神话，美少年纳西索斯(Narcissus)是希腊最俊美的男子，无数的少女对他一见倾心，可他却自负地拒绝了所有的人。这当中包括美丽的山中仙女伊可(Echo)。伊可十分伤心，很快地消瘦下去。最后，她的身体终于完全消失，只剩下忧郁的声音在山谷中回荡。此后，希腊人便用伊可的名字(Echo)来表示“回声”。

众神愤怒了，决定让纳西索斯去承受痛苦：爱上别人，却不能以被爱作为回报。

有一天纳西索斯在水中发现了自己的影子，然而却不知那就是他本人，爱慕不已、难以自拔，终于有一天他赴水求欢溺水死亡。众神出于同情，将他死后化为水仙花。

弗洛伊德把自恋比作睡觉或生病的人，这时候，人把全部情感投注从外界撤回，投注在自己身上。

阿德勒的个体心理学提出的自卑与补偿作用，即属于这种自恋人格模式。在与人比较后发现不如别人，从而产生补偿行为。

一些理论家们认为自恋者是由于早年父母关爱不足，或是从父母那儿继承了自恋倾向，他们的父母过度补偿了他们不如别人或微不足道的感觉。

# 第四章

# 做学习的主人

## ——学会学习　优化能力

君子不隐其短，不知则问；不能则学。

——《春秋繁露》

未来的文盲不再是目不识丁的人，而是那些没有学会怎样学习的人。

——阿尔温·托夫勒

学习是指基于经验而导致行为或行为潜能发生相对持久变化的过程。作为人类社会永恒的主题，学习贯穿着每个人的一生。在高职院校期间，要想成为一名成功的大学生，必须学会学习。尽早参悟大学学习的独特性，成功地转变为“快乐的学习者”和“高效的学习者”，做学习的主人。

## 活动任务书

| 活动名称 | 《西游记》里主要讨论分析人物的取经动机分析 | 姓名 | | 完成时间 | |
|---|---|---|---|---|---|
| 活动目标 | 1. 复习马斯洛需要层次理论<br>2. 尝试分析学习动机与需要之间的关系 | | | | |
| 任务 | 结合第二章第一节学到的马斯洛的需要层次理论，进行小组讨论：<br>1. 唐僧取经团队里，每个人取经的动机是什么？跟什么需要有关？属于哪个层次？（可参考下表）<br>2. 想一想自己的学习动机和哪些需要相关？ | | | | |
| 实施过程 | 每个人现将自己的思考和分析记录下来，再进行小组分享和讨论 | | | | |
| 注意事项 | 每个人物的需要可能不只有一个，请尽量多地找出他的多种需要进行分析 | | | | |
| 组员及分工情况 | 队号 | | 队长 | | |
| | 队员 | | | | |
| | 任务分工 | | | | |

**西游记取经动机图表**

| 五层次 | 西游记 | 对应社会经济 | 物质 or 精神 |
|---|---|---|---|
| 自我实现的需要 | 孙悟空追求自我、自由 | 富裕阶段 | 精神 |
| 尊重的需要 | 唐僧取经为了荣誉 | 小康阶段 | |
| 归属与爱的需要 | 小白龙—为了认可由龙变马 | | |
| 安全的需要 | 沙僧—师傅被妖怪抓走啦赶紧救 | 温饱阶段 | 物质 |
| 生理的需要 | 猪八戒吃、喝、美色 | | |

## 思政园地

大学阶段，“恰同学少年，风华正茂”，有老师指点，有同学切磋，有浩瀚的书籍引路，可以心无旁骛求知问学。此时不努力，更待何时？要勤于学习、敏于求知，注重把所学知识内化于心，形成自己的见解，既要专攻博览，又要关心国家、关心人民、关心世界，学会担当社会责任。

——2014 年 5 月，习近平在北京大学师生座谈会上的讲话

（资料来源：学习强国“你们要像海绵吸水一样学习知识”——习近平总书记为青年“定制”的成长手册之学习篇）

学习是大学生活的主旋律，大学生要学会做学习的主人，努力成为“快乐的学习者”和“高效的学习者”，不负青春、不负韶华。

# 第一节 学习与心理健康

一项研究结果表明："学习"是大学新生入学后最难以适应的方面之一，学习活动不仅影响着专业知识和技能的获得，影响科学世界观和道德品质的形成，而且也影响着大学生的心理健康和人格发展。

## 一 学习概述

### 1. 学习的内涵

广义的学习是有机体经由练习或经验，在知识、态度、行为或行为潜能上发生相对持久的变化。狭义的学习即学生的学习。

(1) 学习既是一种结果又是一种过程；

(2) 学习结果既可以是外显的，也可以是内隐的；

(3) 学习所发生的变化是能相对持久保持的；

(4) 主体的变化是后天习得的，即由他或她与环境的相互作用而产生的，即学习是因经验而产生，而由先天因素如成熟等以及酒精饮料或药物引起的变化不是学习。

### 2. 人类的学习

人类的学习是在社会生活实践和交往的过程中，以语言为中介，自觉地、主动地掌握人类社会历史经验和积累个体经验的过程。人的学习具有以下突出的特征：

(1) 人的学习是掌握人类社会历史经验和积累个体经验的过程。

(2) 人的学习以语言为中介，人的学习以人所特有的语言为中介，借助语言这一工具，个人可以把自己在社会实践中获得的新知识、新的经验记录下来并加以概括，传给别人、留给后代，丰富人类的知识宝库。

(3) 学习是自觉的、有目的的、有计划的学习。学习是在人的意识下进行的，具有自觉性、目的性和计划性。

(4) 人的学习是一个积极主动的过程。学习功能不在于消极地适应周围环境，而在于能动地改造世界。人在学习中不是被动地接受周围世界，而是在积极地同他人交往的过程中，主动地接受知识、探索新知识。

### 3. 学生的学习

(1) 学生的学习是一种特殊的认识活动，这种认识活动主要是掌握前人所积累的文化、科学知识，即间接的知识，它和科学家探索尚未发现的客观真理的认识活动是不同的。学生在学习中有时也可能有新的发现，但主要还是学习前人已经积累起来的知识经验。

(2) 学生的学习是在教师指导下，有目的、有计划、有组织地进行的，是以掌握一定的系

统的科学知识为任务的。

(3) 学生的学习是在比较短的时间内接受前人的知识经验,用前人的知识经验武装自己,因此,不可能事事从头实践,重复原有的研究路线去掌握前人积累的间接经验。在学习过程中,虽然也要通过一定的实践活动或进行科学实验,以便获得直接经验,那只是为了更好地理解、巩固和运用所学的知识。学生的实践活动是服从于学习目的的。

(4) 学生的学习不但要掌握知识经验和技能,而且还要发展智能,培养品德以及促进健康个性的发展,形成科学的世界观,这种双重任务是不可偏废的。可见,学生的学习不仅同人类发展中历史经验的形成过程和科学家探索客观真理过程有区别,而且和一般条件下人们进行的学习也是不同的。

### 演练场

下列发生了学习的情形是 ( )

A. 小明喝醉酒后脾气变得暴躁

B. 小刚进到黑屋子后视力水平提高了

C. 大猩猩模仿人吃饼干

D. 运动员服用兴奋剂后成绩提高

## 二 大学生学习活动的独特性

大学生学习是人类学习的一种特殊形式,具有与人类的一般学习、与中小学生学习有很大的不同特点。大学的课程结构、培养目标、学习方法等都发生了质的变化。从大学生本身来看,大学生正处于智力发展的高峰期,记忆力、观察力、思维能力和创造性都有很大的发展,这都决定了大学生的学习活动具有一定的专业性、目的性和创新性。

### 1. 学习内容上的独特性

(1) 具有很强的专业性和职业性。大学生学习的主要目的是要成为社会各系统、各行业第一线急需的应用型、创造型的高级专业人才,学习的基本内容必须服从本专业的培养目标。

(2) 具有丰富性和结构性。大学生学习的内容十分丰富,既要学习人文科学的知识,也要学习自然科学的知识;既要学习理论,也要学习技术、技能,还要学习法律、法规、道德规范和时事政策等。为了全面培养大学生的综合素质和专业素质,大学的课程设计往往是全方位、多侧面的,包括公共的必修课、基础理论课、专业主干课和选修课等,其知识的构成具有很强的科学性、结构性和层次性,并且每一个专业、每一个学科都是一个无限发展的特定领域。

(3) 具有很强的应用性和实践性。大学生学习的直接目的就在于通过未来的职业活动去面对现实,改变现实,创造未来,进而奉献于社会,造福于人们。因此,大学生的学习,尤其重视专业的操作技能和综合能力的培养,所学知识技能和理论都是为了指导实践,服务于实践,并在实践中丰富和发展相关学科的理论体系,从而充分展示自我的价值和人生的价值,赢取未来。

### 2. 大学生学习方法上的独特性

（1）自学是最主要的学习方法。相对于中小学学习而言，大学是高度专业化的教育，所学知识的深度和广度大为扩展，教学的要求、方法和教学目的、教师的指导都不同，提纲式的课堂教学、教师的直接指导减少，在课堂上不是面面俱到，只讲难点、疑点、重点，提供参考书目，需要学生自己下功夫，花时间去学习、消化、巩固、理解、掌握及运用。

大学生在学习时间的安排上有较大的支配权。学生为了弄清某种观点的正确性，为了完成作业、毕业论文和毕业设计，也需要查阅大量的数据资料，所有这一切都需要通过自学来完成。自学已成为大学生具有主导意义的学习方法。

（2）学习的自主性和选择性。高中阶段学习是被动地、无条件地接受老师灌输的知识，而大学生在大学期间，可以根据自己的实际需要、兴趣爱好、个人专长、个性特点等，自主地、有选择性地进行学习，学习的内容和形式是丰富多彩的。在完成教学计划规定的课程学习的同时，大学生可以根据专业和发展特长的需要，独立自主地选择某些课程，也可以跨学科、专业选修某些课程，还可以在完成本专业规定的课程之外，根据自己实际情况有计划地自修某些课程或从事某些探索性的研究活动。

（3）学习方式的多样性和广泛性。大学生的学习方式灵活多样，不仅仅局限于课堂，更多地在课外，包括自学实训、考察、调查、实习、报告讲座、参加理论研讨以及各种形式的社团活动与校园文化活动。借助社会的不断发展，还可以利用网上查询、交流等各种形式学习。

**小贴士 Tips**

**你是“低头族”吗？**

1. 一坐上公车、地铁，马上拿起手机查看所有来电、讯息或玩游戏。

2. 只要忘了带手机或手机没电断讯，马上觉得心烦意乱、定不下心。

3. 当一段时间手机铃声不响，你会感到不适应，并下意识地看一下手机。

4. 总有“我的手机铃声响了”的幻觉，甚至经常把别人的手机铃响当作自己的。

5. 接听电话时，常觉得耳旁有手机的辐射波环绕。

6. 经常下意识地找手机，不时拿出手机看看。

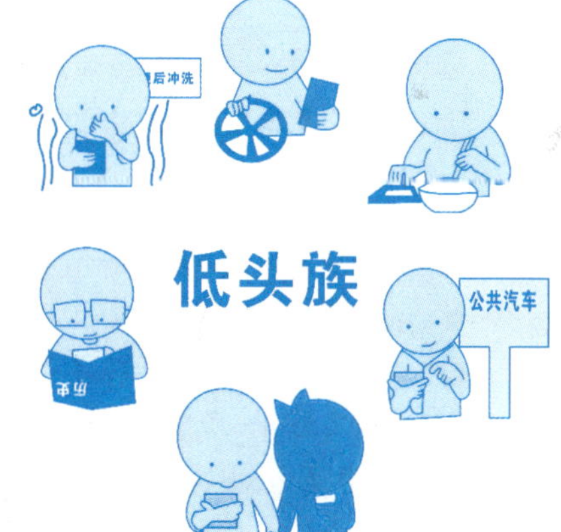


7. 经常害怕手机自动关机。

8. 晚上睡觉也开着手机。

9. 当手机经常收不到信号时，会产生焦虑和无力感，而且脾气也变得暴躁起来。

10. 最近经常有手脚发麻、心悸、头晕、冒汗、肠胃功能失调等症状。

如果上述问题有一半以上的回答是肯定的，那么建议你要关注并觉察一下使用手机的时间和状态。若已给你的身心健康状况带来了一些困扰和影响，请及时进行适当的调整，需要时可以向心理咨询专业人士寻求帮助。

## 三 学习与心理健康的关系

学习与心理健康是相互影响的关系。学习是人得以生存和发展的必要条件，学习能促进身心的全面发展，是心理健康的保证。与此同时，大学生的心理健康状况和心理发展水平也会对自身的学习产生直接的影响。

### 1. 大学生学习对心理健康的积极影响

（1）培养和提高各种能力。能力是人顺利完成某种活动必备的心理特征，通过一定的活动表现出来。大学生的自学能力、操作能力、管理能力、创造能力、表达能力等都是通过学习活动锻炼而提高的。大学生要具备成才和社会需要的各种能力，就必须加强学习，在学习中提高各种能力。

（2）健全和发展自我意识。古人曰："学然后知不足，知不足然后能反也。"通过学习，可以提高个人认识问题、分析问题和解决问题的能力，掌握认知方法，正确认识和评价自我，科学看待和评价他人，不断进行自我调节，适应社会。

（3）培养和促进正向情绪。一个善于学习的人，可以在学习中体会到乐趣，通过学习体验成功，体会自我的价值和自尊。

扩展阅读

#### 心流

心流在心理学中是指一种人们在专注进行某行为时所表现的心理状态。如艺术家在创作时所表现的心理状态。通常在此状态时，不愿被打扰，也称抗拒中断。是一种将个人精神力完全投注在某种活动上的感觉。心流产生的同时会有高度的兴奋及充实感。

米哈里・契克森米哈赖提出使心流发生的活动有以下 8 个特征：

我们倾向去从事的活动；我们会专注一致的活动；有清楚目标的活动；有立即回馈的活动；我们对这项活动有主控感；在从事活动时我们的忧虑感消失；主观的时间感改变——例如可以从事很长的时间而不感觉时间的消逝；我们对于所从事的活动是力所能及的，且具有一定挑战的，我们可以通过不断地练习来提升能力超越更高的难关。

心流体验作为人类的巅峰体验，如果在学习中体验到心流，就会发自内心的爱上学习。

如何在学习中促进心流的产生呢？

第一，集中注意力，消除分心。尽可能地关闭打扰你的社交软件、电话，有必要的话，把你的手机拿的远一点。可以尝试将你心烦的事情写在纸上，告诉自己，即便 1 小时也不想这个事情，也不会怎么样。

第二，给自己充足的时间。《无限可能》的作者吉姆・奎克认为，一定要给你进入心流状态留出大块时间。当条件合适的时候，进入心流需要 15 分钟，而达到巅峰状态需要 45 分钟。建议规划时间，留给自己一个半小时，到 2 个小时。这样有助于进入心流。

第三，从你喜欢或擅长的科目或者项目开始。运动员、作家、音乐家这些大家，在达到极高的水平的时候，无不都经历过心流状态，而这些也都是他们挚爱的、甚至为之疯狂的事业。离开喜欢，谈爱的感受，肯定体验不好，道理都是相近的。

第四，要明确个人学习目标。有明确的目标是产生心流体验的重要因素。只有当你有了明确的目标，才会围绕目标投注有限的注意力资源。

第五，任务难度要适当。任务挑战的难度与个体技能水平的平衡是产生心流的重要条件。因此，安排学习计划时，将学习任务的难度设定在恰当的范围内，既不能太容易，难以激起自己的学习热情，也不能太难，让自己望而却步。

### 2. 大学的学习对心理健康的消极影响

大学学习是一项艰苦的脑力劳动，消耗大，必然带来一些消极的影响，其表现如下：

（1）学习负担过重、学习强度过大会带来不同程度的心理压力，造成精神高度紧张，严重的出现学习焦虑、考试焦虑等心理问题。若不能好好调节、劳逸结合，过度疲劳会对身心造成伤害，影响心理健康。

（2）如果学习方法不适当，沿用中学的死记硬背或车轮战、疲劳战，会使自己的付出和成绩不成正比，久而久之就会失去信心，产生内疚、自卑心理等，严重的会自暴自弃。

（3）大学生的学习也是具有自主性和选择性的，如果不加以鉴别，很容易受到影响。此外，学习的内容难度过大，也容易让大学生产生畏难心理。

### 3. 心理健康因素对大学生学习的影响

影响个体学习的心理因素包含智力因素和非智力因素。智力因素主要包括一个人的观察力、记忆力、思维能力、想象力和注意力等基本因素。非智力因素是指智力因素以外的所有心理因素，包括情感、意志、需要、动机、理想、信念、世界观、人生观、价值观以及兴趣、气质和性格等。智力水平是学习的必要条件，要使各专业、多学科的知识体系转化为学生个体的认知结构和智能结构，成为理想的专业人才，没有智力因素，相应的发展是不可能的。而非智力因素则决定学习的价值取向、学习的动力、学习过程的调控和学习的效能。

## 他山之石

### 羿射不中

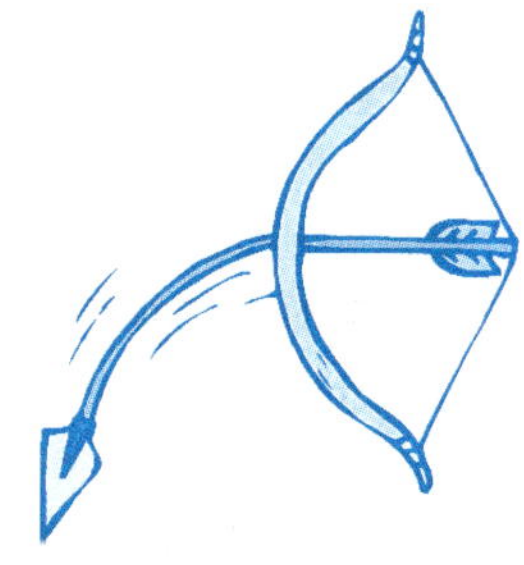

有一天，夏王指着一块一尺见方、靶心一寸的兽皮箭靶对羿说："请射吧！如果射中了，赏你万金，如果射不中就削掉你千户的封邑。"羿听后十分紧张，结果呼吸急促不能自控，屡射不中。夏王问之何故？

有人答道："羿之所以这样，那是因为情绪波动影响了他的射技，万金厚赏造成了他的失误。"

## 如何对待和消除考试焦虑呢?

考试焦虑是指在一定的应试情境激发下，受个体认知评价能力、人格倾向与其他身心因素所制约，以担忧为基本特征，以防御或逃避为行为方式，通过不同程度的情绪性反应所表现出来的一种心理状态，与以下几个因素有关：

(1) 生理因素。个体的遗传素质存在着个别差异。有些人的神经系统极易对刺激环境产生紧张反应，这种类型的人较易产生高的考试焦虑水平。另外，个体的身体健康状况也是影响考试焦虑水平的因素之一。身体健康状况良好的人，精力充沛，情绪稳定，能够对考试做出积极反应，因而考试的焦虑水平较低。而身体状况不佳的人，极易受考试的烦扰，特别是面临重大考试时，情绪很容易波动，考试焦虑水平较高。

(2) 认知评价能力。认知评价能力取决于对刺激性质的认识程度，对该刺激利害关系的预测程度以及对自身应付能力的估价程度。认知评价能力对个体的考试焦虑水平影响非常大。假如一个人对某一次考试很重视，把它看作对自己的一生有重大影响的事件，那么他就会十分在意自己能否考好，考试焦虑水平相应地也就较高。反之，焦虑水平就比较低。另外，当考生对自己的水平不太有把握的时候焦虑水平也会提高。

(3) 知识经验。大学生自身所具备的知识的多寡也决定着其考试焦虑水平的高低。如果考生在考前准备较为充分，对将要测验的内容已做到心中有数，便会泰然等待考试的来临，在考试中也会镇定自如地答题，而不会产生焦虑情绪。相反，若考前准备不足，便会产生焦虑感。

(4) 应试技能。具备一定的应试技能会使你在考场上得心应手，自如地答题，焦虑水平自然较低。而没有很好地掌握基本应试技能的人，在考场上极易陷入慌乱之中，要么时间不够，要么答卷涂改过多等等，如此便会引起考生的焦虑。

### 消除考试焦虑的主要方法

(1) 认真复习，充分备考。前面已提到，知识经验准备得是否充分，是影响考试焦虑的重要因素之一。所以，想要降低考试焦虑，首先就要认真复习功课，真正灵活掌握要测验的内容，只有这样，在考场上才不至于因为不会做题而惊慌，引起焦虑。从这个意义上讲，考试没有捷径可走，唯一可行的方法是认真复习功课，为考试做尽可能充分的知识上的准备。

(2) 增强考试的自信心。许多大学生产生焦虑的原因不是知识经验不足而是自信心不足，对自己的估价低于自己的实际水平。所以，要消除考试焦虑，就必须学会对自己树立起信心，相信以自己的知识水平能够自如地应付将要到来的考试，并能在考试中取得令人满意的成绩。当然，这种自信心应当建立在一定的知识基础之上，没有知识准备的盲目自信，不仅不会有利于焦虑的消除，反而会在失败后陷入更大的失望与焦虑之中。

(3) 形成考试的正确认知评价。一个人对考试的认知评价正确与否也影响其考试焦虑的程度。要想消除不必要的考试焦虑，一个很重要的方面就在于要力求形成对考试的正确认知。正确认识考试的重要性，既不夸大也不缩小其重要性，特别是不要夸大考试的重要性。许多大学生之所以产生过度的焦虑，主要在于过分夸大了考试的重要性。另外，还要学会正确评价自身的能力水平。只有充分了解自身，才会做到心中有数，镇定地迎接考试。否则，便会在惶惑不安中产生过多有害的焦虑。

(4) 学习必要的应试技能。考试主要考查考生对知识的掌握情况，因此，考试成绩的好坏在很大程度上取决于考生的知识水平，这是人所共有的。但是还有一个很重要的因素却为许多人所忽视，那就是应试技能的影响。知识准备不充分，只懂应试技能的应用，无疑不会提高考试成绩，但若在较为充分地做了复习准备之后，学会运用应试技巧，则会消除对考试的焦虑，顺利完成考试。

具体的应试技能因科目的不同而不同，这里只介绍应试技能的一般方法，希望对同学们有所启发。首先，要做到对考试心中有数。考前要对考试题型、解题思路、答题要点以及评分标准进行较为全面的了解，这样在考试中才能泰然答题。其次，在考试过程中要保持平静。为了做到这一点，不妨在发试卷的前几分钟，闭目做几次深呼吸，排除一切杂念，只把心思放在考试上。发下试卷之后，不要提笔就答，而应将试卷大体看一遍，了解清楚题量以及各题的难度等情况，以便分清轻重缓急，掌握好答题时间。最后，也是很重要的一点，就是在考试后不要过分关心考过科目题目的对错与否，特别是当后面还有考试时，就应将已考过的课程暂时搬开，全心全意地准备后面的考试。只有这样，才能保持平静的心情，而不至于出现过多的考试焦虑。

影响考试焦虑的因素很多，相应地消除考试焦虑的方法也就很多，同时由于每个人各自不同的特点，不能一概而论。大家可以根据上面的建议，结合自身的特点，找出合适的方法消除自己的焦虑，以便在考试中取得好成绩。

考试焦虑及调适

想一想：

你出现过考试焦虑吗？是怎么克服的？

# 第二节 激发学习动机

## 一 什么是学习动机

和普通高校的大学生一样，多数大学生学习精神振奋，态度积极，也有着明确的学习目标和远大理想。但是，在高等职业院校也有着相当一部分的学生没有明确的学习动机。如何激发学习动机呢？让我们先来了解一下什么是动机吧。

### 1. 学习动机的定义与功能

学习动机是激发个体进行学习活动、维持已引起的学习活动，并使学习行为朝向一定目标的一种内在过程或内部心理状态。它具有三个功能：一是激活功能，即学习动机会激发个体产生某种学习行为，如激发学生将热情和兴趣贯注于寻觅知识、探求真理的活动中；二是指向功能，即在学习动力的作用下，使个体的学习行为指向某一目标，如在学习动力的支配下，学生上课会认真听讲，下课会到图书馆看书，使学习活动沿着一定的方向持续下去等；三是强化功能，即当学习活动产生以后，动机可以维持和调整学习活动，使学习行为维持一段时间，并调节其强度、时间和方向，当个体活动指向指定目标时，个体相应的学习动机便得到强化，因而学习活动就会维持下去。

## 身边的故事

### 丢失的学习动力

小田是一位来自山区、家庭经济困难的大学生，学业成绩一直优异。上大学后，忽然感到心中茫然，学习没有动力，生活没有目标。每当想到辍学在家的妹妹和日益衰老的父母，小田心中极度愧疚，觉得自己不争气，但又找不到奋斗的方向和学习的动力。在学习上变得马马虎虎，漫无目的，上课打不起精神。后来渐渐迷上了上网聊天和网络游戏，以打发无聊空虚的时间。

**专家案例点评**

小田的学习困惑来源于学习动力不足。大学生学习动力不足一般表现为：无明确的学习目的，为学习而学习甚至厌倦学习和逃避学习。生活得过且过，空虚无聊，甚至常常通过上网和网络游戏来打发时光。

## 热身小测试

### 测一下你的学习动机

这是一份关于大学生学习动力的自我诊断量表，根据自己的实际情况，对每个问题做“是”或“否”的回答。

(1) 如果别人不督促你，你极少主动学习。 是□ 否□

(2) 你一读书就觉得疲劳与厌烦，只想睡觉。 是□ 否□

(3) 当你读书时，需要很长的时间才能提起精神。 是□ 否□

(4) 除了老师指定的作业以外，你不想再多看书。 是□ 否□

(5) 在学习中遇到不懂的知识，你根本不想设法弄懂它。 是□ 否□

(6) 你常想：自己不用花太多的时间，成绩也会超过别人。 是□ 否□

(7) 你迫切希望自己在短时间内就能大幅度提高自己的学习成绩。 是□ 否□

(8) 你常为短时间内成绩没能提高而烦恼不已。 是□ 否□

(9) 为了及时完成各项作业，你宁愿废寝忘食、通宵达旦。 是□ 否□

(10) 为了把功课学好，你放弃了许多你感兴趣的活动，如体育锻炼、看电影与郊游等。 是□ 否□

(11) 你觉得读书没意思，想去找个工作做。 是□ 否□

(12) 你常认为课本上的基础知识没啥好学的，只有看高深的理论和名家作品才带劲。 是□ 否□

(13) 你平时只在喜欢的科目上狠下功夫，对不喜欢的科目则放任自流。 是□ 否□

(14) 你花在课外读物上的时间比花在教科书上的时间要多得多。 是□ 否□

(15) 你把自己的时间平均分布在各科上。 是□ 否□

(16) 你给自己定下的学习目标，多数因做不到而不得不放弃。 是□ 否□

(17) 你几乎毫不费力就实现了你的学习目标。 是☐ 否☐

(18) 你总是同时为实现好几个学习目标而忙得焦头烂额。 是☐ 否☐

(19) 为了应付每天的学习任务,你已经感到力不从心。 是☐ 否☐

(20) 为了实现一个大目标,你不再给自己制定循序渐进的小目标。 是☐ 否☐

**评分方法:**

从总体上看,计算出总分。

**分析与评价:**

1~5 题测查你的学习动机是不是太弱;

6~10 题测查你的学习动机是不是太强;

11~15 题测查你的学习兴趣是否存在困扰;

16~20 题测查你在学习目标上是否存在困扰。

总分在 0~5 分,说明学习动机上有少许问题,必要时可调整。

总分在 6~10 分,说明学习动机上有一定的问题和困扰,需适当调整。

总分在 14~20 分,说明学习动机上有严重的问题和困扰,需调整。

### 2. 学习动机缺乏的表现

(1) 无明确的学习目标。这类学生在学习上既无长期目标,也无近期目标。没有前进的动力,认为在大学里只要每门功课拿到 60 分,最后混张文凭就可以了。表现在平时不愿意看书、不愿意动脑筋,贪玩;学习得过且过、拖拉、散漫、怕苦怕累、并常为自己在学习上的懒惰行为找借口。

(2) 无成就感。这类学生在学习上缺乏自尊心、自信心,没有求知的需要和激情。总认为自己学不好,认为自己天生就不行,对学习提不起兴趣,成绩不及格也不在乎。在学习上不求进取,从不与别人比学习,也不羡慕学习好的同学,没有远大的抱负和期望。

(3) 学习上注意力分散。这类学生注意力差,上课时不专心,不能集中思考问题,思路不能跟着教师走,人在课堂心在外;学习肤浅,常常满足于一知半解;行为忽冷忽热,情绪忽高忽低。

(4) 缺乏适宜的学习方法。这类学生由于学习方法不当,学习上一直处于被动消极的状态。他们常把学习看成是奉命的、被迫的苦差事,不愿积极寻求适合自己的学习方法,只满足于死记硬背,应付考试。由于缺乏正确而灵活的学习方法,往往学习上不能适应。

(5) 有厌学的情绪。这类学生学习态度不端正,对学习生活感到无聊,在学习中无精打采,很少能享受到学习成功带来的快乐。表现在平时不愿看书,不愿意上课,上课时也提不起精神,不愿意动脑筋,课后不做作业,不复习,对学习敷衍了事。

## 二 与学习动机相关的心理现象

### 1. 学习动机与学习效率的关系

在一般情况下,动机愈强烈,工作积极性愈高,潜能发挥的愈好,取得的效率也愈大;与此相反,动机的强度愈低,效率也愈差。因此,工作效率是随着动机的增强而提高的。然

而，心理学家耶克斯和多德森的研究证实，动机强度与工作效率之间并不是线性关系，而是倒U形的曲线关系。具体体现在：动机处于适宜强度时，工作效率最佳；动机强度过低时，缺乏参与活动的积极性，工作效率不可能提高；动机强度超过顶峰时，工作效率会随强度增加而不断下降，因为过强的动机使个体处于过度焦虑和紧张的心理状态，干扰记忆、思维等心理过程的正常活动。

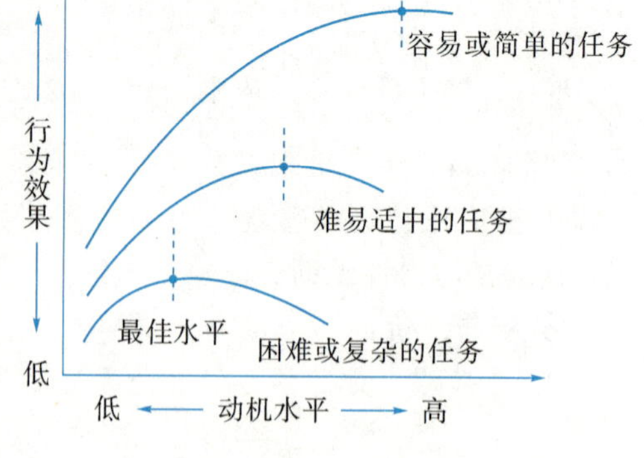


"耶克斯·多德森定律"表明，动机不足或过分强烈都会影响学习效率。

（1）动机的最佳水平随任务性质的不同而不同。

在比较容易的任务中，学习效率随动机的提高而上升；随着任务难度的增加，动机的最佳水平有逐渐下降的趋势。

（2）一般来讲，最佳水平为中等强度的动机。

（3）动机水平与行为效率的关系呈倒U型曲线。

## 身边的故事

### 小白的苦恼

小白平时学习刻苦努力，成绩一直很好，但心理压力十分沉重，正如他自己说的：进入初三，情况发生了变化，学校的要求高了，家庭的希望大了，心理不知不觉就变得沉甸甸的，总怕自己考不上重点高中。最近几次考试，从考试前一天他就开始紧张，怕考不好，总是复习到很晚，睡觉时也睡不着。进入教室手发抖、出汗、心慌、总想上厕所。一拿到试卷，一旦有不会的题就大脑一片空白，明明会的东西也全都忘光了。这些也给他自己带来了超负荷的心理压力，他怕看到老师和家长期待的目光，唯恐出现失误，对不起学校和老师，对不起父母，对不起自己的努力。可是他越紧张越考不好，可就是不知道怎么办，他有时也知道这样不好，但是不能自拔。

想一想：

动机是不是越强越好呢？

## 小贴士 Tips

### "大考大玩，小考小玩"。

根据上述定律，期末考、毕业设计等大考是难度相对较大的任务，自己的动机水平不要调得太高；平时的作业、小测验等相对简单的任务，可以把自己的动机水平调高一点。

### 2. 破解"习得性无助"

"习得性无助"是美国心理学家马丁·塞利格曼1967年在研究动物时提出的，他用狗做了一项经典实验，起初把狗关在笼子里，中间有一个隔板，狗被拴在有电击装置的一侧。只

要蜂音器一响，就给以难受的电击，狗被拴住逃避不了电击（本实验也有另外一种设置：不加隔板的笼子，狗逃不出关着的门）。多次实验后，蜂音器一响，在给电击前，先把拴狗的链子打开，此时狗不但不逃而且不等电击出现就先倒在地开始呻吟和颤抖，本来可以主动地逃避却绝望地等待痛苦的来临，这就是习得性无助。

“习得性无助”实验的启示。

**小组讨论分析以下问题：**

1. 狗为什么不会跳过中间的挡板来躲避电击？

2. 人也会有习得性无助吗？如何避免或改变习得性无助？

心理学家在后来的实验中也证明了习得性无助这种现象在人类身上也会发生。如果一个人觉察到自己的行为不可能达到特定的目标，或没有成功的可能性时，就会产生一种无能为力或自暴自弃的心理状态，具体表现为以下几个方面。

低成就动机：成就动机指个体希望从事有意义的活动并在活动中获得满意结果的内在心理动力。成就动机高的个体在活动中能够完全地投入并精益求精；在逆境中具有战胜困难的勇气和决心。“习得性无助”学生成就动机低，他们往往不能给自己确立恰当的目标，学习时漫不经心，遇到困难时往往自暴自弃。他们对于失败的恐惧远远大于成功的希望，因而不再指望自己成功。

低自我概念：自我概念指个体对于自己的生理、心理及社会适应性等方面的特征的自我知觉和自我评价。它能够为个体提供自我认同感和连续感，帮助调节和维持自己的行为，对于个体的存在和发展具有重要意义。“习得性无助”学生在生理特征、心理特征等各个维度上的自我概念均低于一般学生。他们态度消极，对学习毫无兴趣；与同伴相处大多自卑多疑，认为自己不受欢迎，因而与同伴的关系日渐疏远。

低自我效能感：自我效能感，指个体在执行某一行为之前，对自己能够在什么水平上完成该行为所具有的信念、判断或自我感受。“习得性无助”学生的自我效能感低，对自己完成学习任务的能力持怀疑和不确定的态度，因而倾向于制定较低的学习目标以避免获得失败的体验。他们想得更多的是活动的失败。因而，将心理资源主要投注于活动中可能出现的失误。遇到挫折时，他们往往没有自信心，不加努力便会放弃。由于怀疑自己的能力，他们经常体验到强烈的焦虑，身心健康也受到损害。

消极的定势：定势指个体心理上的一种准备状态和行为倾向，它受个体先前的生活经验、思维方式、需要和态度等因素的影响，体现出心理活动的选择性。心理学家乌兹纳泽证实，定势是完整的个体状态或个性模式，是其主观需要和客观环境相互作用的产物，它构成了个体心理活动的内部条件，决定着个体的活动倾向。“习得性无助”学生的学习生活经验往往是失败的，又受到老师和同学的消极评价，从而逐渐形成了刻板的思维模式和认知态度。他们认定自己永远是一个失败者，无论怎样努力也无济于事。他们还往往固执己见，

不能吸收别人的意见和建议，并以消极的方式重复不变地对待学习问题。

**小贴士 Tips**

避免或改变习得性无助可以从以下几方面着手：

(1) 积极的自我评价。

(2) 对成败进行合理的归因。

(3) 掌握一定的学习策略。

(4) 记录并经常回顾自己成功的事情。

(5) 保持再试一次的勇气。

**演练场**

准备一本成功日记本。从今天开始，每天写下至少 3 条“我今天成功地做到了……”一周后可在小组内分享。如果你坚持写成功日记，那么它将成为你人生宝贵的精神财富。

3. 学习动机与需要

需要是人积极性的基础和根源，动机是推动人们活动的直接原因。人类的各种行为都是在动机的作用下，向着某一目标进行的。而人的动机又是由于某种欲求或需要引起的。但不是所有的需要都能转化为动机，需要转化为动机必须满足两个条件。第一，需要必须有一定的强度。就是说，某种需要必须成为个体的强烈愿望，迫切要求得到满足。如果需要不迫切，则不足以促使人去行动以满足这个需要。第二，需要转化为动机还要有适当的客观条件，即诱因的刺激，它既包括物质的刺激也包括社会性的刺激。有了客观的诱因才能促使人去追求它、得到它，以满足某种需要；相反，就无法转化为动机。例如，人处荒岛，很想与人交往，但荒岛缺乏交往的对象(诱因)，这种需要就无法转化为动机。可见，人的行为动力是由主观需要和客观事物共同制约决定的。按心理学所揭示的规律，欲求或需要引起动机，动机支配着人们的行为。当人们产生某种需要时，心理上就会产生不安与紧张的情绪，成为一种内在的驱动力，即动机，它驱使人选择目标，并进行实现目标的活动，以满足需要。需要满足后，人的心理紧张消除，然后又有新的需要产生，再引起新的行为，这样周而复始，循环往复。

想一想：

1. “还记得本章开头的活动任务吗？
2. 你的学习动机和需要有什么样的关系呢？”

4. 学习动机与归因

在学校情境中，学生常提出诸如此类的归因问题，如：“我为什么成功(或失败)”“为什么我生物测试总是考不过人家”等等。学会正确归因对学生的成就动机的提高有着重要的影响。特别是那些成就需要低，且常常进行错误归因的学生，一旦形成正确归因，充分认识自己的能力与努力的作用，就会树立自信心，激发起自己的学习动力，从而提高自己的学习成绩。

美国心理学家伯纳德·韦纳认为，人们对行为成败原因的分析可归纳为以下六个原因：

能力，自己评估个人对该项工作是否胜任；

努力，个人反省检讨在工作过程中曾否尽力而为；

工作难度，凭个人经验判定该项工作的困难程度；

运气，个人自认为此次成败是否与运气有关；

身心状况，工作过程中个人当时身体及心情状况是否影响工作成效；

外界环境，个人自觉此次成败因素中，除上述五项外，尚有何其他事关人与事的影响因素（如别人帮助或评分不公等）。

| 维度关系 / 因素 | 稳定性 | | 原因来源 | | 可控制性 | |
|---|---|---|---|---|---|---|
| | 稳定 | 不稳定 | 内部 | 外部 | 可控 | 不可控 |
| 能力高低 | √ | | √ | | | √ |
| 努力程度 | | √ | √ | | √ | |
| 任务难度 | √ | | | √ | | √ |
| 运气好坏 | | √ | | √ | | √ |
| 身心状态 | | √ | √ | | | √ |
| 外界环境 | | √ | | √ | | √ |

以上六项因素作为一般人对成败归因的解释或类别，韦纳按各因素的性质，分别纳入以下三个向度之内：

(1) 因素来源：指当事人自认影响其成败因素的来源，是以个人条件（内控），抑或来自外在环境（外控）。在此一向度上，能力、努力及身心状况三项属于内控，其他各项则属于外控。

(2) 稳定性：指当事人自认影响其成败的因素，在性质上是否稳定，是否在类似情境下具有一致性。在此一向度上，六因素中能力与工作难度两项是不随情境改变的是比较稳定的。其他各项则均为不稳定者。

(3) 能控制性：指当事人自认影响其成败的因素，在性质上是否能否由个人意愿所决定。在此一向度上，六因素中只有努力一项是可以凭个人意愿控制的，其他各项均非个人所能为力。韦纳等人认为，我们对成功和失败的解释会对以后的行为产生重大的影响。如果把考试失败归因为缺乏能力，那么以后的考试还会期望失败；如果把考试失败归因为运气不佳，那么以后的考试就不大可能期望失败。

大学生归因训练模式常采用如下两种方法：

第一，团队发展法。大学生可以自己组织 3～5 人在一起分析讨论学习成败的原因，每个人填写归因量表，即从一些常见的原因（能力努力程度、任务难易、同伴帮助等）中选出与自己的学习成绩关系最大的因素，并且评价这些因素所起到的作用。同学间可互相指出自我评定中存在的归因误差，并且相互鼓励比较符合实际的积极归因。

第二，观察学习法。教师可适时地组织大学生观看归因训练的录像，引导大学生把成

功和失败的原因归之于自身努力。让学生树立“只有努力才有可能成功，不努力注定失败”的信念。另外，要避免大学生产生“成功只取决于努力”这种不现实的认识，引导他们正确评价自身能力，同时又要认识到努力对成功的巨大作用。

## 三 学习动机的激发与调适

学习动机是推动学生进行学习活动的内在力量，激发和调试学习动机可从以下几方面入手：

### 1. 明确学习的目的和意义，确立合适的学习目标

很多情况下，大学生缺乏学习积极性和主动性，是因为他们不知道学什么、为什么学和怎样学，即没有明确的学习目标。有研究表明，一个不知道学习的具体目的和意义的学生，是很难充分发挥其学习的积极主动性的。而当他明确了学习的具体目的和意义之后，就会产生一种强烈的学习愿望，推动他去积极主动地进行学习。对于没有明确学习目的和意义、没有学习目标的大学生，可考虑先确立一个切实可行的近期学习目标，目标的难度不应过高也不宜过低，以经过适当的努力即可达到为宜，以后再逐步地提高目标的难度。这样做可以避免目标难度过大，不能实现而产生的挫败情绪，有利于学习动机的激发。

### 2. 激发求知欲

孔子早在两千多年前就说过：“知之者不如好之者。”爱因斯坦也说：“热爱是最好的老师。”如果大学生喜欢自己的专业，就会产生一种内在的学习驱动力，因此培养对于本专业稳定的学习兴趣，对学习动机的激发和心理健康都将十分有利。大学生对专业兴趣的培养可以通过听讲座、看相关专业书籍、参加本专业的讨论等形式，去了解自己的专业在科技发展中的重要作用及其在当今世界上的发展水平，我国目前还需要做哪些努力才能达到世界水平等。另外，还可以通过参观专业对口的工厂、企业、研究所等，真切体会专业学习的重要性，产生学习动力，提高学习兴趣。

### 3. 进行正确归因

归因是对他人或者自己的学习结果的原因做出解释或推测的过程。有相当一部分学习动机缺乏的大学生是由于学习上遇到失败和挫折后，进行了不正确的归因所造成的。因此，只有建立一种正确的成败归因模式，才能促进学习动机的端正和学习成绩的提高。

### 4. 体验学习的成功感

在动机形成过程中，重要的是要对自己的学习能力有信心。因此，体验学习成功感对于学习动机的激发有重要意义。从学生自身来说，可以在学习过程中创设成功的机会，在自身的进步中体验成功的喜悦，并从自身的变化中认识自己的能力。另外，还可以通过观察与自身能力相近者获得成功的行为，来激发自信心，增强成功感。

### 5. 掌握良好的学习方法

学习方法不当会使学习效果不佳，长期学习效果不佳，会使学习动机减弱以至动机消退。要始终维持良好的学习动机水平，就必须掌握一套良好的，适应于他们自己的学习方法。

### 6. 积极创设有利于学习的氛围

良好的学习氛围和学习环境是激发学习动机、促进学习的外部条件。外部环境主要包括家庭环境、学校环境和社会环境。一个尊重知识、尊重人才的社会，一个具有良好学风的学校环境和一个好学上进、温暖融洽的班集体，都能对发展学生的学习动机起直接或间接的影响作用。

学习动机在大学生学习过程中具有重要的作用，它一方面唤起了学生对学习的准备状态，促使一些非智力因素如集中注意力、坚持不懈和挫折的忍受等意志、情感方面的形成和提高，间接地促进了学习；另一方面，学习动机又可以作为一种学习结果，强化学习行为本身，形成“学习—动机—学习”的良性循环。

## 你知道“拖延症”吗？ 你有“拖延症”吗？

拖延症是指自我调节失败，在能够预料后果有害的情况下，仍然把计划要做的事情往后推迟的一种行为。拖延是一种普遍存在的现象，一项调查显示大约 75% 的大学生认为自己有时拖延，50% 认为自己一直拖延。严重的拖延症会对个体的身心健康带来消极影响，如出现强烈的自责情绪、负罪感，不断的自我否定、贬低，并伴有焦虑症、抑郁症等心理疾病，一旦出现这种状态，需要引起重视。

拖延症形成的具体原因尚不清楚，一种观点认为，拖延是由一种或数种相对稳定的人格特征造成的，个体在各种不同的环境和条件下都可能拖延；另一种观点认为，拖延多是由环境决定的不稳定因素造成。

### 1. 环境因素

拖延者的拖延行为与完成任务所受的时间压力和来自外界的娱乐方面的诱惑有关。拖延者往往难以抵制外界的诱惑尤其是娱乐方面的诱惑，从而导致了拖延行为。

(1) 任务难度。任务的难易程度会影响个体拖延行为的发生，任务越复杂，人们越容易拖延，当个体认为某项任务超出自己的能力时，由于缺乏对成功的控制感，通常会采用拖延的方式推迟或逃避执行该项任务。

### 2. 任务特征

(2) 奖惩时限。任务的奖惩时限也影响任务的完成。如果奖赏及时，会减少任务完成时间的拖延。

(3) 任务的厌恶程度。对于可能带来令人乏味、产生挫败感和怨恨的任务，人们会首先选择回避，如果不能回避，就会尽可能地推迟面对。

### 3. 个体差异

(1) 非理性的观念。如果个体认为回避失败动机高于追求成功动机时，个体将倾向于以拖延的方式逃避可能的失败。

(2) 低自我效能感和自尊。从心理层面分析，部分人对工作能力不自信是导致拖延行为的一个重要原因。工作上曾遭遇过重大挫败，对自己不够自信的人，容易产生逃避心理，不断地推迟完成任务。

(3) 自我设阻。拖延者从事某任务时，经常会因为某些外界刺激因素推迟开始任务的时间；在执行任务的过程中，也更容易出现中断该任务去进行其他活动的情况，并且不断地推迟任务的继续。

(4) 焦虑。在远离期限时，拖延可以让个体焦虑减少，但随着任务期限的临近，拖延者会体验到更多的焦虑。

(5) 冲动。冲动有时可以激励人们追求一些东西，但是过分活跃可能导致做决定太快、注意范围缩小的情况，这些将导致个体拖延行为。由于冲动让人更多关注即时激励，而忽略长期责任，因而冲动的人们更可能拖延。

(6) 完美主义。完美主义倾向与拖延之间存在正相关。完美主义可分为积极完美主义和消极完美主义，积极完美主义者会积极寻找方法完成学习任务以达到理想的成绩，而消极完美主义者则更多采用拖延来逃避失败。

## 如何战胜“拖延”？

### 1. 改变认识

拖延与一些认知心理呈负相关，可以通过一些方法来改变这些不正确的认知，如运用积极暗示、增加成功体验和放大优点等方法获取自信；改变完美主义，帮助拖延者分析完成任务带来的益处。

### 2. 积极情绪和调节动机

可以通过适当休息，转移注意力，适当地放松娱乐等来转换心情，获得暂时的积极情绪，不能逃避现实，忽视长远利益和问题的根本解决。在动机方面，任务性质中的任务厌恶影响拖延，所以需要将厌恶的任务转换为喜欢的任务或附加一些奖励。

### 3. 增强自我效能感

增强自我效能感，可以在很大程度上预防拖延的发生。鼓励个体在任务完成过程中对自己进行自我管理，积极监控自己的行为并评估干预期。

### 4. 发挥群体的作用

群体氛围可以为成员提供一种特殊的情境，充满理解、关爱、信任，这种环境的变化必将引起个体行为的改变。

# 第三节 掌握学习方法

科学的学习方法，不仅能够大大提高学习效率，而且能起到推动与促进学习质量提高的作用。根据大学学习内容的特点，仅靠学习上的勤奋是不够的，为实现学习目标，还要掌握科学的学习方法。

## 一 学习方法

方法是人们达到预期目标的一种有效手段或途径，而学习方法就是人们在学习过程中为达到一定的学习目的而采取的步骤、程序、途径、手段等等。古今中外，许多学有所成、贡献卓越的学者在实践中不断发现和认识了学习和生活的许许多多客观规律，而逐渐形成和发展成科学的学习方法。庄子曾说过："吾生也有涯，而知也无涯。"这向我们提出了一个值得深思的问题，即在有限的一生中向无限的知识海洋进军，并取得创造性的结果。可见，掌握一套良好的学习方法，对大学生来说是尤其重要的。在学习方面，前人给我们留下了一笔很珍贵的财富，总结出很多值得借鉴的方法，如"三到""四边"法（心到、眼到、手到，边看、边批、边划、边写）、结构学习法、比较学习法等。学习方法之多，可谓不胜枚举，但是我们在学习中并非所有的方法都能用到，要找到一些适合自己的学习方法，开辟出一条适合自己的途径。下面将介绍一种风靡全世界的经典学习方法——思维导图。

学习方法及其意义

思维导图又称心智导图、脑图、心智地图、脑力激荡图、灵感触发图、概念地图、树状图、树枝图或思维地图，是一种图像式思维的工具以及一种利用图像式思考的辅助工具。它简单高效又很实用。

创始人是东尼·博赞，他因创建了"思维导图"而以大脑先生闻名国际，成了英国头脑基金会的总裁，身兼国际奥运教练与运动员的顾问、也担任英国奥运划船队及西洋棋队的顾问；又被遴选为国际心理学家委员会的会员，是"心智文化概念"的创作人，也是"世界记忆冠军协会"的创办人，发起心智奥运组织，致力于帮助有学习障碍者，同时也拥有全世界最高创造力 IQ 的头衔。"思维导图"现如今已经成为一个耳熟能详的名字，事实上，它已经成为一个全球现象。

思维导图是一种将思维形象化的方法。我们知道放射性思考是人类大脑的自然思考方式，每一种进入大脑的资料，不论是感觉、记忆或是想法——包括文字、数字、符号、香气、食物、线条、颜色、意象、节奏、音符等，都可以成为一个思考中心，并由此中心向外发散出成千上万的关节点。每一个关节点代表与中心主题的一个联结，而每一个联结又可以成为另一个中心主题，再向外发散出成千上万的关节点，呈现出放射性立体结构，而这些关节的联结可以视为您的记忆，就如同大脑中的神经元一样互相连接，也就是您的个人数据库。

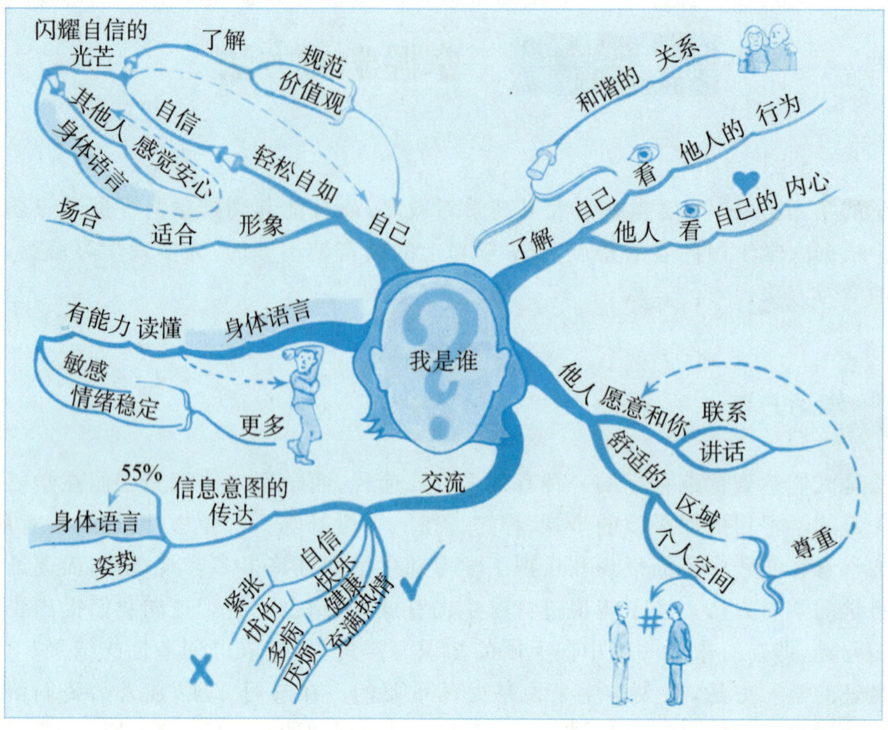


思维导图运用图文并重的技巧，把各级主题的关系用相互隶属与相关的层级图表现出来，把主题关键词与图像、颜色等建立记忆链接。思维导图充分运用左右脑的机能，利用记忆、阅读、思维的规律，协助人们在科学与艺术、逻辑与想象之间平衡发展，从而开启人类大脑的无限潜能。思维导图因此具有人类思维的强大功能。

思维导图的应用：

### 1. 制定计划

思维导图可以应用于计划的制定，包括工作计划、学习计划、旅游计划，计划可以按照时间或项目划分，将繁杂的日程整理清晰。

### 2. 记录笔记

传统的笔记记录大篇的文字，内含众多无用的修饰词，不易找出重要知识点，思维导图记录笔记将大篇幅内容进行拆分，找到从属关系，缩减文字数量，便于理解与记忆。

### 3. 展示

思维导图简洁的表述方式可以更快速清晰地将演讲者的思路进行传达，使接收者更容易理解演讲者要传递的内容。

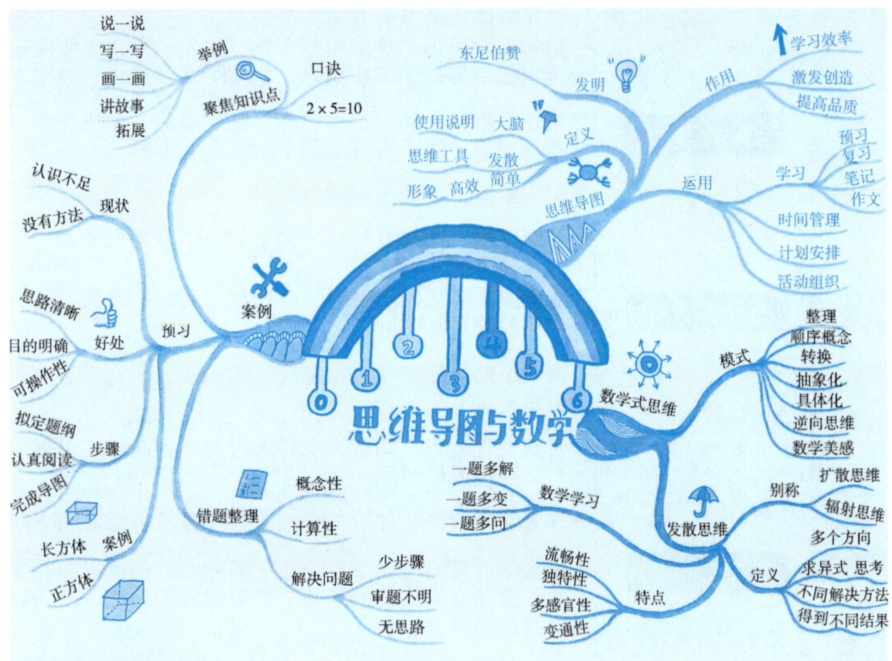


## 活动任务书

**活动名称**：绘制思维导图。

**活动目标**：从第一章到第三章学过的内容里，选择一个你感兴趣的知识点，一起来画你专属的思维导图吧。

**活动准备**：

1. 白纸：单人完成可选择 A4 纸，小组完成可选择大海报纸。
2. 彩色笔：水彩、马克笔、彩铅等均可。
3. 选择至少一种思维导图的样式。

## 二 学习策略

学习策略：学习者为了提高学习的效果和效率，有目的、有计划地制定的有关学习过程的复杂的方案。学习策略是一个人运用已有的知识经验，通过联系而形成的智力动作方式和肢体动作方式的复杂系统；是学生用于获得、保持、提取知识与作业的各种操作与程序；是学生在学习的过程中，根据学习内容的特点和自己的实际情况为实现学习目标而使用的策略。学习策略不是学习方法和学习信息监控与反馈的简单堆砌，而是其相互联系、相互作用而形成的系统。不同的学生、不同的学科、不同的学习阶段，会有不同的学习策略，学生可以根据自己的情况，有目的地选择一种或几种适合自己的需要和特长的方法，加以应用和发展。这是会取得良好效果的。

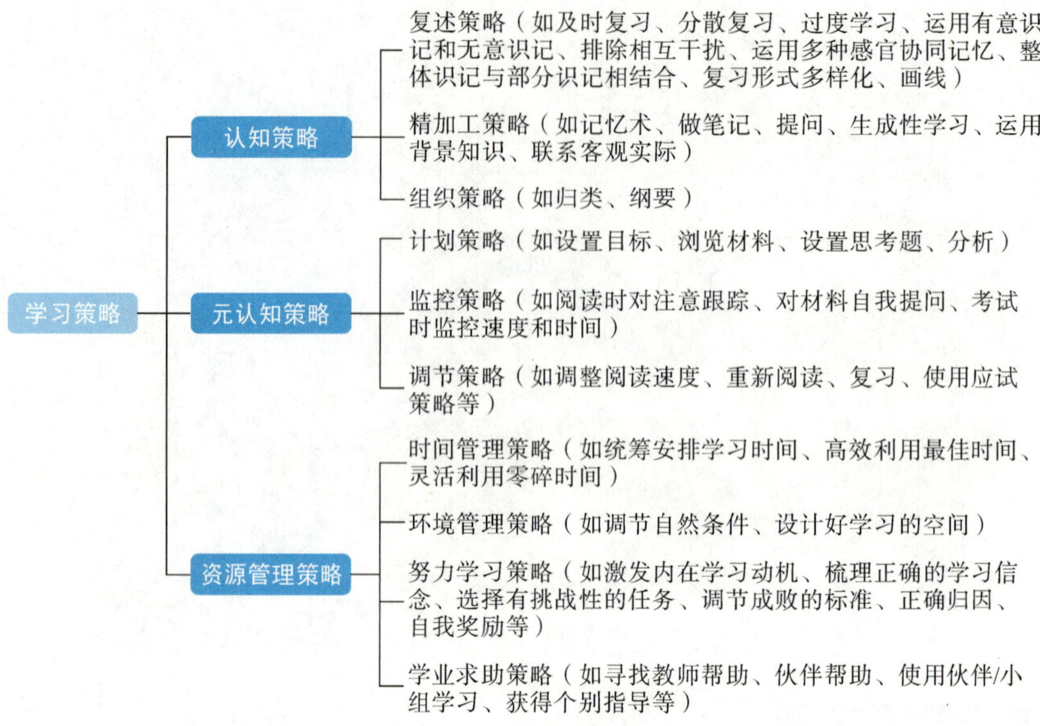


学习策略可以分为认知策略、元认知策略、资源管理策略三大类型。

认知策略是获取信息、加工信息、提取信息的一些方法和技术。

认知策略可以分为以下三种：

(1) 复述策略：画线、反复抄写是阅读过程中常用的一种复述策略。

(2) 精细加工策略：记忆术、记笔记。

(3) 组织策略：列提纲、利用图形、利用表格、概括和归纳等。

元认知策略是指学习者对自己整个学习过程的有效检查、监视及控制的策略。

元认知策略大致可以分为以下三种：

(1) 计划策略：包括设置学习目标、浏览阅读材料、设置思考题以及分析如何完成学习任务等等。

(2) 监控策略：包括领会监控、策略监控、注意监控。

(3) 调节策略：根据对认知活动结果的检查，如发现问题，则采用相应的补救措施，根据对认知策略的效果的检查，及时修正、调整认知策略。

资源管理策略是辅助学生管理可用环境和资源的策略。

资源管理策略大致可以分为以下四种：

(1) 时间管理策略。

(2) 学习环境管理策略。

(3) 努力学习策略。

(4) 学业求助(或资源利用)策略。

## 记忆术

### 1. 位置记忆法

是指把要记的材料想象为放在自己熟悉地方的不同位置上，回忆时在头脑里对每一个位置逐个进行检索。

西塞罗在其作品《演说家》中描述关于希腊诗人西莫尼德斯在2500年前的故事时谈到他已经掌握了高超的记忆术。据故事说，在许多人齐集的一个宴会上，西莫尼德斯受命朗诵一首赞扬两位神灵(卡斯托尔和波吕克斯)的抒情诗，就在这时，两位神灵差遣使者把他从宴会上叫了出去。在他离开之后，宴会的屋顶塌了下来，留在里面的人全部遇难，无一幸免。死者血肉模糊无法辨认尸首。可是，西莫尼底斯却能根据每个死者在宴会厅的位置辨认出全部尸体来。

### 2. 歌谣口诀法

将缩写的材料融入韵律化的文字材料当中。

《二十四节气歌》：春雨惊春清谷天，夏满芒夏暑相连，秋处露秋寒霜降，冬雪雪冬小大寒。

### 3. 谐音联想法

用相同或相似的读音将无意义的材料变成有意义的材料以帮助记忆的方法。

例如，$\pi=3.14159265358979323846 26$，可以记忆成：

山巅一寺一壶酒，尔乐苦煞吾，把酒吃，酒杀尔，杀不死，乐尔乐。

3.14159，26535，897，932，384，626

### 4. 关键词法

找到每个识记材料的关键词，然后将这些关键词联系起来记忆的方法，叫关键词法。

例如，拉丁美洲的国家有6个：洪都拉斯、巴拿马、哥斯达黎加、尼加拉瓜、萨尔瓦多、危地马拉。可以记忆成：洪巴哥尼萨危(谐音“红八哥你耍威”)。

### 5. 视觉想象法

把要记的材料同视觉表象联系起来记忆的方法，叫作视觉想象法。

例如，记忆单词：桌子、电灯、烟灰盒、青蛙……可以记忆成：厨房里有张桌子，桌子上放着电灯和烟灰缸，青蛙在电灯和烟灰缸之间跳来跳去……

## 三　制定学习计划

大学学习单凭勤奋和刻苦精神是远远不够的，只有掌握了学习规律，相应地制定出学习计划，才能有效达到预定的学习目标。马克思曾说过：“没有计划过的学习简直是荒唐的。”严密的学习计划是完成学习任务的保证。

大学生要从实际情况出发设立学习目标。学习目标要明确，设置合理。首先要根据学校的教学大纲，从个人的实际出发，分析本专业的总体培养要求、各专业课的基本要求和特点、自己现有的知识基础，根据总目标的要求，从战略高度制定出总体计划，如设想在大学自己要达到的目标，达到什么样的知识结构，学完哪些科目，培养哪几种能力等。下面介绍关于学习目标和学习计划制定的方法。

明确目标和计划是大学生学习获得成功的基础。1953 年，耶鲁大学对毕业生进行了一次有关人生目标的调查。当被问及是否有清楚明确的目标以及达成的书面计划时，结果共有 3%的学生作了肯定的回答。20 年后，有关人员又对这些毕业多年的学生进行跟踪调查，结果发现，那些有达成目标书和计划的学生，在个人成就及收入水平上远高于其他的学生。学习目标和计划缺乏科学性极易造成大学生学习的心理问题，影响学习的最终效果。大学生要提高学习的质量和效果，就必须制订切合实际的、符合自身条件的、有实现可能性的目标和计划。具体来说，科学的目标与计划的制订可以从以下几方面考虑：

### 1. 制订学习目标的原则

（1）学习目标要符合自身条件和发展方向。在制定学习目标之前，个人应对自己各方面的能力有个正确的评估。如兴趣所在，能力所长，决定自己将向哪个方向发展，然后再制定具体的学习目标。

（2）学习目标要难易适度。学习目标的制定要难易适度，过于简单的学习目标等于没有制定，达不到促进学习的效果；难以实现的目标，好似镜中花、水中月，可望而不可及，会挫伤学习的积极性。难易适度的学习目标应该是大学生在经过刻苦努力以后能够达到的，这样的学习目标才具有一定的激励和指引作用。

（3）学习目标要集中。目标的制定要集中，不能过于分散。原则上一次只能制定一个目标。尽管许多大学生兴趣很多，爱好广泛，但由于一个人的精力是有限的，要成为一个专业人才，就只能选择一个主攻方向。只有目标集中，才能集中精力，确保目标得以实现，学习获得成功。

（4）学习目标要长短结合。学习目标的制定既有远期的目标，又有近期的目标。近期目标是在远期目标的基础上制定出来的，通过一个个近期目标的实现，可以让大学生体验到目标实现的喜悦，鼓足干劲去追求更高层次的学习目标，进而可以循序渐进地接近远期目标。

（5）学习目标的确立应符合社会需要，具有长远性。学习的最终目的是服务于社会，使自己的学识得到社会的认可。因此，大学生学习的知识和技能应该是实在、实用、新颖的，要适应时代的发展和社会的需要。基于这一点的考虑，大学生在制定学习目标时，要立足于当前，着眼于未来，精心计划和构建属于自己的知识大厦，而不应过分热衷于追求眼前的时髦、热门专业，否则最后吃亏的还是自己。

### 2. 制订学习计划的原则

（1）学习计划要根据自己学习的情况、生活习惯来制订。它包括具体措施、时间安排、进展速度、内容要求等。每个人的学习情况与生活习惯都是不一样的，因此，计划对每个人来说都不是固定统一的，别人告诉你的方法是很难完全套用，最多只能起一个指路标的作用，不能盲目，要切合实际。

(2) 学习计划要定时定量。定时学习是完成学习计划的前提。定时学习一方面要做到每天必须保证必要的学习时间，另一方面要做到该学习的时间就要马上学习，也不能长时间地使用大脑，会导致大脑的疲劳，因此学习时间不能安排得太满，要留出一部分机动的时间去参加体育锻炼、美术、音乐、旅游等活动。这样不仅可以使大脑得到休息，还可以丰富自己各方面的知识并提高自己各方面的能力。定量学习是完成学习计划的保证。学习计划是通向学习目标的道路，定量地完成学习计划，就等于在这条道路上不断前进。

(3) 学习计划的实施要落到实处。学习计划制定得再好，如不落到实处，就等于没有计划，起不到任何效果。因此在执行计划的过程中，要坚持、有毅力和耐心。不要轻易为自己找借口，一遇挫折就放弃。可以试着把计划列成表格、画成图形，贴在自己常能看到的地方，时时提醒和约束自己。在计划制定之后，可有小小变动，但不要打乱已有的学习计划。要相信只要自己一步一个脚印去做了，预定目标就会实现。

大学新生制定总体计划是困难的，最好请教本专业的老师和求教高年级的同学，分层设立目标，将目标分为远期、中期和短期三个层次，如学年目标、学期目标、每月目标等。先制定好一年级的阶段性计划，经过一年多的实践，待熟悉了大学的特点之后，再完善几年的总体计划。在此基础上，按学期、月或周制定具体计划，认真执行，这种计划主要是根据入学后自己的学习情况、适应程度，要抓住学习的重点、学习时间的分配、学习方法如何调整、选择和使用什么教科书和参考书等。这种计划要遵循符合实际、切实可行、不断总结、适当调整的原则。

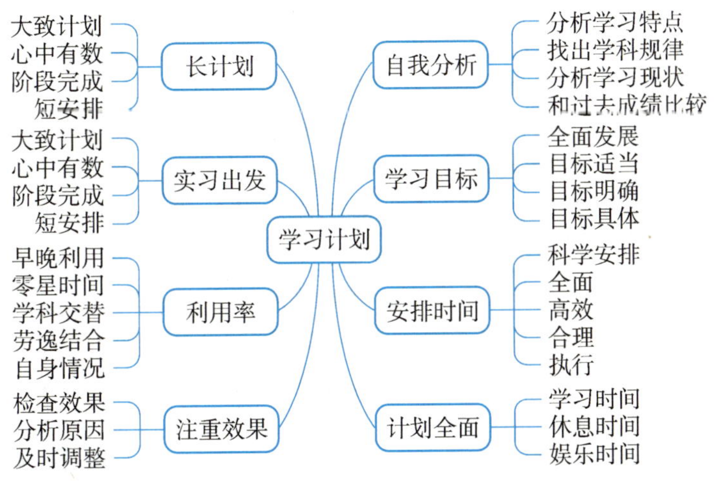


## 演练场

好的方法要在实践中检验，现在请结合本章所学的内容，绘制一份专属于你的学习计划思维导图吧。

# 第四节　培养学习能力

## 一　创新思维的自我培养

创新与创造性思维是近年来教育学研究的热点。美国(《创新》杂志)给创新下的定义是:运用已有知识想出新办法、建立新工艺、创造新产品。创新的特点包括:一是创新必须经过人的努力才能产生;二是创新需要战胜社会成见的挑战;三是创新需要付出艰辛的劳动并承担一定的风险;四是创新来自原动力、责任感和坚强的毅力;五是人们可以对创新加以识别、学习和应用。创新人才是指能够孕育出新观念,并能将其付诸实施,取得新成果的人,创新人才通常表现为灵活、开放、好奇、精力充沛、坚持不懈、注意力集中、想象力丰富以及富有冒险精神等特点。大学生创造性思维的培养是创新人才培养的前提条件。创新思维能力是创新能力的核心。

大学生如何培养创新思维呢?

首先,要冲破习惯或常规的束缚。在日常生活中,那些曾经在实践中被证明是有效的方法和对策可能成为一种习惯,或称常规,而我们对许多事情的处理都是由这种习惯或常规来决定的,因而许多日常工作都有一定的惯例程序,但这种按惯例行事的做法不一定都能取得最好的效果。这种单凭习惯或先例来决定思考和行动的方式,往往忽略了隐藏的创新契机,它对创新思维的开发是不利的。我们应该凡事多问问:“为什么要这么做?”“如果没有一部分,全局将会怎样?”只有寻根追究,突破思维定式才能找出改进的途径。

其次,要积极开发创新思维。人的思维有形象思维、逻辑思维和知觉(灵感)思维三种基本形式。思维作为人类认识的最高形式,是对客观事物的见解和概括的反映。对大学生来说,培养求异的思维方式意义十分重大。现实中的绝大多数人,在没有什么利害攸关的事情相逼时,很容易陷入一种惰性思维模式中。常识和前人的经验是这种惰性思维方式遵循的金科玉律,是它得以维持的原因。但是我们应当明白,信赖于前人的绿荫底下,不敢、不愿越雷池半步的思维方式是不会推动社会进步和个人发展的。

再次,要主动培养创新意识和好奇心。增强创新动机,不甘于满足现状,执意进行改革,这就是增强创新意识、坚定了执着的信念。比如松下电器公司的创始人松下幸之助和本田技术研究所的本田宗一郎,以及提出喷气发动机设想的怀特等人,他们就是在这种信念下取得了成功。

最后,要培养良好的个性品质。个人性格品质的好坏,在很大程度上影响着创新能力的强弱,如自信、勤奋、进取心强、浓厚的爱好兴趣、对模糊的容忍度、富有幽默感、顽强和毅力、甘冒风险和不屈不挠的精神等。它往往通过为创新思维的发挥提供良好的非智力因素,在这种心理状态和背景情境下,引发、促进、调节和监控创新能力以及创新思维协调发挥作用。

## 二　记忆能力的培养

记忆是人脑对经历过的事物的反映。记忆不是一瞬间的活动，而是一个从“记”到保持和回忆三个基本环节。来理解一下记忆的三个过程：

识记：把所需信息输入头脑的过程，也就是反复认识某种事物并在头脑中留下印象的过程。

保持：是对识记过的事物在头脑中保存和巩固的过程，是实现再认和回忆的保证，是记忆力强弱的重要标本之一。

回忆：是对过去经验的提取过程，它是识记、保持的结果的表现，是记忆的最终目的。根据水平不同分为再认和再现。

日常生活中，我们会忘掉好多信息。德国著名的心理学家艾宾浩斯发表了他的记忆实验报告，艾宾浩斯认为“保持和遗忘是时间的函数”。而且他根据实验结果绘制了描述遗忘进程的曲线，就是著名的艾宾浩斯遗忘曲线。这条曲线告诉人们在学习中的遗忘是有规律的，遗忘的进程不是均衡的，不是固定的一天丢掉几个，过几天又丢几个的，而是在记忆的最初阶段遗忘的速度很快，后来就逐渐减慢，过了相当长的时间后，几乎就不再遗忘了，这就是遗忘的发展规律，即“先快后慢”的原则。根据这一原则，学得的知识在一天后，如不抓紧复习，就只剩下原来的25%。随着时间的推移，遗忘的速度减慢，遗忘的数量也就减少。为此，如何提高人的记忆能力，在学习中如何培养记忆能力，我们就有了理论依据。

### 1. 科学地把握复习的时间——及时进行复习

复习时应该注意及时复习和系统复习。及时复习可以较大限度地控制遗忘，但它也不是一劳永逸的，要想长时间保持所学的内容，还必须进行系统的不断的复习。

第一次复习：学习结束后的5到10分钟，比如阅读后尽快用自己的语言来表述所学的内容。第二次复习：学习当天的晚些时候或学习结束后的第二天，重读有关内容，将要点用自己的语言表述出来。第三次复习：一个星期后。第四次复习：一个月后。第五次复习：半年后。

### 2. 复习的次数——分散复习

根据首因和近因效应，人们对事件的开始和结尾具有较强的记忆，而对中间的记忆较差。为解决这一问题，我们可以将连续的集中复习时间加以分散，分为几个小的单元时间，中间穿插短暂的休息。这样，就能够增加开始和结尾的数量，进而提高记忆效果。

复习的次数并不是越多越好，这涉及过度学习的问题。所谓过度学习，就是在恰好能背诵某一材料后再进行适当次数复习的学习。这种重复学习绝不是无谓的重复，相反，它可以加深记忆痕迹以增强记忆效果。

### 3. 复习方法——复习方式多样化

复习时要注意选择有效的方法。心理学研究发现，许多人经常反复地、一遍遍地阅读某种材料，以期达到记忆的目的。这种方法虽然也能最终记住有关内容，但事实上，它并不是一个非常有效的复习方法。较好的方法是尝试背诵法，即阅读与背诵相结合：一边读，一边试着背诵。这样，可以使注意力集中于学习中的薄弱环节，避免平均分配学习时间和精

力，进而达到提高学习效率的目的。复习的主要目的在于使信息在头脑中牢固保持。

## 三 激发浓厚的学习兴趣

兴趣是指人对事物特殊的认识倾向，这种认识倾向能在动态过程中具有稳定、主动、指导、指向的作用。兴趣是成才的起点。在人的认识创建过程中，兴趣是向导、是力量、是智慧。总之，兴趣对智力活动的作用是多方面的。

### 1. 兴趣的引导作用

一生中有两千多种创造发明的爱迪生，虽然只上学三个月，但他从小就迷上了科学实验。八九岁时，他在一个地窖里开辟了“实验室”。他成天守在地窖实验室里捧着书本，跟那些瓶瓶罐罐和简单的电气设备打交道。正是这种对科学实验的极大兴趣，培养和开发了爱迪生天才的智慧，并把他引进了创造发明的雄伟殿堂。事实很清楚，一个人如果对某种活动产生了浓厚的兴趣，那么，这种兴趣就会牢牢地吸引着他，调动他的认识积极性、主动性，推动这一认识活动深入发展。

### 2. 兴趣的指向作用

“兴趣直通心智，直达创造”。这些话讲的是兴趣的智能意义，心理学的研究表明，人们在感知自己感兴趣的事物时，其感知器官的感受性会大大提高，这时，人的心理会进入最佳感受状态，注意力高度集中，注意的广度、注意的分配和转移会得到最佳调度，注意力高度集中性、持久性、稳定性会得到充分发挥。

### 3. 兴趣与智能的关系

兴趣在认识和创造活动中虽然具有重大作用，但兴趣并不等于智能，它只是智能发展的一种催化剂。而且有关研究表明，兴趣对于学习的功能，远远胜过智能。

(1)兴趣促进智力。心理学的研究指出，智能的发展与兴趣、爱好有着密切的联系。人们对于某种活动具有强烈而稳定的兴趣，常常标志着与该种活动有关的能力的发展水平。人们对于某种活动的兴趣，也往往是与从事该种活动的能力同步发展起来的。

(2)兴趣对学习的功能胜于智能。一般人认为，兴趣浓不如智能高，这只是一般地推测。学生对于所学习的功课，虽然有较高的智能，而无自发的兴趣，其学习结果仍然是不佳的。与此相反，学生的智能虽属平凡(智力正常)，但对于所学习的功课有强烈的兴趣，经常地、不间断地努力学习，其学习结果也必然是卓越的。

### 4. 兴趣是最好的老师

首先，强烈的兴趣可以调动人们认识事物和参与活动的积极性，是人们活动的强有力的动机之一。一个人对某事物感兴趣，他就会积极地从事这方面的活动，优先集中注意，增强注意的稳定性，并产生积极的情绪体验，从而提高学习或活动效率。孔子说：“知之者不如好之者，好之者不如乐之者。”爱因斯坦说：“热爱是最好的老师。”一个人做自己感兴趣的事，会表现得孜孜不倦，往往会有所发现、有所创造。相反，做不感兴趣的事会勉强应付，无精打采，有时甚至连完成任务都有困难，更不用说发明和创造了。

大学阶段是人生观逐步形成的时期，只要学习与理想、目标结合起来，就会产生浓厚、持久的学习兴趣，对学习产生推动力量。一个没有崇高理想和奋斗目标的人，只会凭一时的兴趣学习，久而久之，学习兴趣也就逐渐淡薄。只有把学习兴趣与远大理想和奋斗目标联系起来，才能保持旺盛的学习精力。大学课程门类多，各种教学形式广泛，要不断把新的知识纳入已有学科的知识体系中，在学习方法上要有所创新，以激发和培养学习兴趣，增强学习的紧迫感、责任感。

## 四　培养良好的学习习惯

习惯是经过反复练习而形成的较为稳定的行为特征。习惯的作用是双向的，“好习惯结好果，坏习惯酿恶果”，它既可以给人以行动的动力，也可能阻碍人的成长。学生在学习活动中形成的学习自动倾向，即学习习惯，也会对学习效果产生影响。行为养成习惯，习惯形成品质，品质决定命运。为此，应加强良好的学习习惯的培养。

**身边的故事**

### 同时起跑结果相异

小B与小C是某高职学院的同班同学。刚入学时，由于两个人的高考分数在班里排在第一名，不免有一种“英雄相惜”的感觉。然而，大学生活开始后，两个人的成长轨迹却有了不同。小B凭借以前的知识基础，只限于上课听讲，课余时间主要去逛街、约会、上网。小C则不然，她不仅在课堂上认真听讲，而且利用课余时间阅读了大量书籍和期刊。对于小C来说，给予自己广阔的知识面，老师上课时的一个提示或某一个知识点都能引发她的灵感。于是，不论课上课下，总能看到小C与老师、同学讨论问题的情景。一年以后，班里学习成绩的第一名不再是他们两个人，而是只有小C了。同时，小C在自己专业上的造诣也得到诸多老师的肯定。

**专家案例点评**

小C由于学习主动，因此取得了好的成绩。学习主动性是与被动性相对应的一种自觉的学习态度。正如一名教育家指出的：“一个人要不主动学会什么，他就一无所获，”“人们可以提供一个物体或其他什么东西，但却不能提供智力，人必须主动掌握、占有和加工智力。”在大学里，学习是自己的事情。怎样成功地进行角色转换，调整自己的心态，认识大学学习的特殊性，找到有效的学习方法，这是目前解决学习困难的有效途径。我们应该充分提倡和鼓励以学生为中心的学习形式，采取多样的方法培养自主学习的能力。所谓自主学习，就是要养成自主、自觉、自律、自强的学习习惯，做学习的主人。

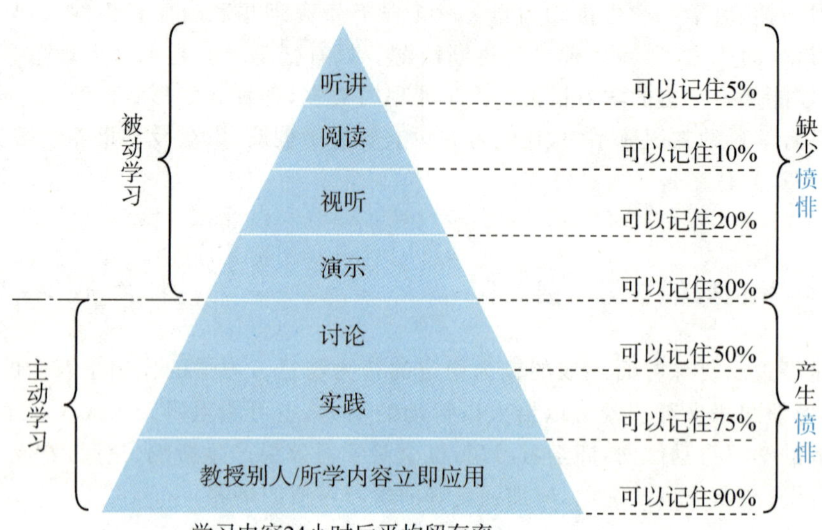

学习内容24小时后平均留存率

### 1. 自学的习惯

自学是大学生获取知识的主要途径。教师只是引路人，学生才是学习的真正主体，学习中的大量问题，主要靠学生自己去解决。而阅读是自学的最主要的形式。通过阅读书籍，学生可以独立领会知识，把握概念的本质和内涵，分析知识前后联系，反复推敲、理解教材，深化知识学习，并逐步将其转化为能力。研究发现，学习层次越高，自学的意义越重要。因此，当代大学生应注意有意识地培养自己的自学习惯。

### 2. 总结归纳的习惯

许多知识的呈现是分散的、孤立的，要想形成知识体系，必须进行总结。总结的方法包括对所学知识进行概括，抓住每部分知识的重点和关键，利用对比等方式理解易混淆的概念等。每学习一个专题，应把分散在各章中的知识点连成线、辅以面、组成网，使学到的知识在大脑中系统化、规律化、结构化，这样运用起来才能左右逢源、游刃有余。

### 3. 反思的习惯

在复习的过程中，要通过联系检验和强化知识。做完当日练习并非大功告成，重要的在于将练习反映出的问题进行分析，反思解题的重要环节，尤其是发生错误解决时，更应进行反思。

### 4. 切磋琢磨的习惯

同学之间的学习交流和思想交流是非常重要的。《学记》里讲“独学而无友，则孤陋而寡闻”就是这个道理。遇到问题要互帮互学，展开讨论，这样每一个人都可以吸取别人的优点，最终大家都能得到提高。

### 5. 勤于观察的习惯

观察是获取知识最基本的途径，也是认识客观事物的基本环节，因此，观察被称为学习的“门户”和打开智慧的“窗户”。鉴于观察对学习的重要性，每一位同学都应当学会观察，逐步形成观察意识，掌握恰当的观察方法，养成良好的观察习惯，培养敏锐的观察能力。

培养良好的学习习惯

## 马拉松世界冠军的获胜秘诀

山田本一是日本著名的马拉松运动员。他曾在1984年和1987年的国际马拉松比赛中，两次夺得世界冠军。记者问他凭什么取得如此惊人的成绩，山田本一总是回答：凭智慧战胜对手！大家都知道，马拉松比赛主要是运动员体力和耐力的较量，爆发力、速度和技巧都还在其次。因此对山田本一的回答，许多人觉得他是在故弄玄虚。

10年之后，这个谜底被揭开了。山田本一在自传中这样写道：每次比赛之前，我都要乘车把比赛的路线仔细地看一遍，并把沿途比较醒目的标志画下来，比如第一标志是银行；第二标志是一个古怪的大树；第三标志是一座高楼……这样一直画到赛程的结束。比赛开始后，我就以百米的速度奋力地向第一个目标冲去，到达第一个目标后，我又以同样的速度向第二个目标冲去。40多公里的赛程，被我分解成几个小目标，跑起来就轻松多了。开始我把我的目标定在终点线的旗帜上，结果当我跑到十几公里的时候就疲惫不堪了，因为我被前面那段遥远的路吓到了。

在向目标迈进的过程中，我们也常常会半途而废，这其中的原因往往不是因为难度较大，而是觉得目标离我们较远。确切地说，我们不是因为失败而放弃，而是因为倦怠而失败。我们应该学会山田本一那样把大目标分解成一个一个小目标，然后分阶段地来实现它。

## 活动综合评价

| 内容 | | 评价 | | |
|---|---|---|---|---|
| 学习目标 | 评价项目 | 自我评价 | 小组评价 | 教师评价 |
| 心理健康知识 | 1. 理解影响学习心理的要素，即智力因素和非智力因素<br>2. 如何发挥非智力因素在学习中的作用<br>3. 掌握学习心理障碍的类型及表现，及时矫正 | | | |
| 学习的方法 | 1. 学习的计划<br>2. 落实的情况 | | | |
| 学习的能力 | 1. 自学的能力自评（水平高、较高、一般、较差、差） | | | |
| | 2. 阅读的能力自评（同上） | | | |
| | 3. 创新的能力自评（同上） | | | |
| 教师建议 | | 个人努力方向 | | |
| 评价总汇 | | | | |

# 第五章 塑造健全的人格

## ——外树形象　内塑品格

只有伟大的人格，才有伟大的风格

——歌德

健全自己的身体，合理规律的生活，这是自我修养的物质基础。——周恩来

一位老教授昔日培养的三名得意门生均事业有成，一个在官场上春风得意，一个在商场上捷报频传，一个埋头做学问如今也苦尽甘来，成了学术明星。于是有人问老教授：你以为三人中哪个会更有出息？老教授说：现在还看不出来。人生的较量有三个层次，最低层次是技巧的较量，其次是智慧的较量，他们现在正处于这一层次，而最高层次的较量则是人格的较量。这个故事生动地向我们说明，在人的素质构成中，人格起着最关键的决定性作用。

## 活动任务书

| 活动名称 | 塑造自我健全人格 | 姓名 | | 完成时间 | |
|---|---|---|---|---|---|
| 目标 | 1. 通过资料的搜集和日常的生活学习经验，总结健全人格的重要性<br>2. 了解影响人格形成的因素及健全人格的模式<br>3. 了解大学生常见的人格缺陷，并灵活掌握改进的方式方法<br>4. 了解什么是性格和气质以及他们对健全人格的作用 | | | | |
| 任务 | 1. 尝试总结自己的优缺点<br>2. 尝试更全面、更深刻地了解自己<br>3. 尝试发扬自己的优点、改进自己的不足<br>4. 尝试对自己的性格、气质多一个客观的评价，并懂得如何扬长补短<br>5. 将自我的以上尝试与组员分享，与组员进行交流 | | | | |
| 实施过程 | 1. 根据具体活动内容，以小组形式制订计划，明确任务<br>2. 按计划分工实施任务<br>3. 各组员交流学习成果，整合知识 | | | | |
| 注意事项 | 认真地剖析自己，了解自己，感受自己的人格魅力 | | | | |
| 组员及分工情况 | 队号 | | | 队长 | |
| | 队员 | | | | |
| | 任务分工 | | | | |

## 思政园地

### 他是一个什么样的人？

请看看以下几个关于钟南山的事迹，并讨论一下这些事迹都体现了钟院士什么样的品质？

**事迹一：**

钟院士说："1971 年我下乡搞科研，在竹料镇，过年也不能回家。我就买了点花生、糖，大家在油灯下坐着。我当时就跟大家讲，我们现在是这样，以后会好的，要懂得憧憬美好的未来。"

**事迹二：**

2003 年，钟南山坚持己见，发表不同于其他专家的观点，最后被采纳。会后，有朋友悄悄问他："你就不怕判断失误吗？有一点点不妥，都会影响院士的声誉。"钟南山平静地说："科学只能实事求是，不能明哲保身，否则受害者将是患者"。

**事迹三：**

2015 年，有记者采访钟院士，钟院士和记者一起爬步梯上十多层楼，结果到第七层时记者就跟不上了，之后记者采访得知，钟院士一直都有锻炼的习惯。

**事迹四：**

2020 年新冠疫情暴发，他建议公众没什么特殊情况，不要去武汉，自己却做了"逆行者"，义无反顾赶往武汉防疫第一线，满满的行程安排，风尘仆仆。

钟院士有"不怕牺牲，坚持真理，乐观积极，有毅力"等特质。那么人格到底是什么呢？

人格框架包含的内容非常丰富，是构成一个人的思想、情感及行为的特有统合模式，这个独特模式包含了一个人区别于其他人的稳定而统一的心理品质。

# 第一节 人格的内涵

大学生作为社会中的一个相对特殊和优秀的群体，同样不应当偏离人格规范的轨道。讲求人格是做人的一种起码要求，更应成为大学生的一种自觉约束。这一自觉约束，来源于大学生对人格属性和价值的理性认知、评价和取向。而这种理性认知、评价和取向并不是自发产生的，必须经过一定的人格教育才能确立。

## 一 人格的定义

人格的含义

人格框架包含的内容非常丰富，是构成一个人的思想、情感及行为的特有统合模式，这个独特模式包含了一个人区别于其他人的稳定而统一的心理品质。

## 二 人格的形成

人格是如何形成的？一个人的人格形成必定具有两个基础：一是遗传生物基础。巴甫洛夫揭示了大脑神经系统的类型特点是人格的生物基础，这些特点影响个体的气质、性格和能力的特点。比如，刚出生的婴儿就有着迥异的个性，有的安静而容易满足；有的则很没有耐心，经常哭闹不止；有的吃饱喝足就能睡着；有的则动个不停。这些都说明遗传因素是人格形成的自然前提。二是环境基础。人格的形成和发展离不开人们生存的环境。社会环境因素主要涉及儿童生长和生活的环境，如民族、文化、家庭、学校、同伴、社会变迁和生活事件等因素。其中，家庭教育、学校教育和社会文化环境都对个体人格的形成和发展起到关键作用。

也就是说，人格是遗传和环境交互作用的结果。其中，遗传因素是人格的自然前提，在此基础上，环境因素对人格的形成和发展起决定作用。

人格的特征

## 三 人格的特性

### 1. 人格的整体性

一个现实的人具有多种心理成分和特质，如才智、情绪、愿望、价值观和习惯等，但它们并不是孤立存在的，而是密切联系并整合成为一个有机组织。一个现实的人的行为不仅是某个特定部分运作的结果，而且是与其他部分紧密联系、协调一致进行活动的结果。一个正常人的心理是多样性的统一，是有机的整体。

### 2. 人格的稳定性

人格的稳定性表现为两个方面：一是人格的跨时间的持续性。在人生的不同时期，人格持续性首先表现为自我的持久性。每个人的自我，在世界上不会存在于其他地方，也不会变成其他东西。昨天的我是今天的我，也是明天的我。过去的我透过现在的我，影响着我的现在和将来。虽然未来不能决定现在，但自我对未来的洞察力能决定现在的我。这就是自我的持续性。二是人格的跨情境一致性。所谓人格特征是指一个人经常表现出来的稳定的心理与行为特征，那些暂时的、偶尔表现出来的行为则不属于人格特征。例如，一个外向的学生不仅在学校里善于交往，喜欢结识朋友，在校外也喜欢交际，喜欢聚会，虽然他偶尔也会表现出安静，与他人保持一定距离。

人格的稳定性并不排除其发展和变化。人格的稳定性并不意味着人格是一成不变的，而是指较为持久的、一再出现的定型的东西。人格变化有两种情况。第一，人格特征随着年龄增长，其表现方式也有所不同。如同是特质焦虑，在少年时代表现为对即将参加的考试或即将考入的新学校心神不定，忧心忡忡；在成年时表现为对即将从事的一项新工作忧虑烦恼，缺乏信心；在老年时则表现为对死亡的极度恐惧。也就是说，人格特性以不同行为方式表现出来的内在秉性的持续性是有其年龄特点的。第二，对个人有重大影响的环境因素和机体因素，如移民、严重疾病等，都有可能造成人格的某些特征，如自我观念、价值观、信仰等的改变。不过要注意，人格改变与行为改变是有区别的。行为改变往往是表面的变化，是由不同情境引起的，不一定都是人格改变的表现。人格的改变则是比行为更深层的内在特质的改变。

### 3. 人格的独特性

人格的独特性是指人与人之间的心理与行为是各不相同的。由于人格结构组合的多样性，使每个人的人格都有其自己的特点。在日常生活中，我们随时随地都可以观察到每个人的行动都异于他人，每个人都各有其需要、爱好、认知方式、情绪、意志和价值观。

我们强调人格的独特性，并不排除人们在心理与行为上的共同性。人类文化造就了人性。同一民族、同一阶层、同一群体的人们具有相似的人格特征。文化人类学家把同一种文化陶冶出的共同的人格特征称为群体人格或众数人格。例如，许多研究表明，由于受传统儒家文化的影响，世界各地的华人都有不少相同的人格特征。但是，人格心理学家更重视的是人的独特性，虽然他们也研究人的共同性。

### 4. 人格的社会性

人格的社会性是指社会化把人这样的动物变成社会的成员。人格是社会的人所特有的。人格是在个体的遗传和生物基础上形成的，受个体生物特性的制约。从这个意义上也可以说，人格是个体的自然性和社会性的综合。但是人的本质并不是所有属性相加的混合物，或者是几种属性相加的混合物。构成人的本质的东西，是那种为人所特有的、失去了它人就不能称其为人的因素，而这种因素就是人的社会性。其实，即使是人的生物性需要和本能，也是受人的社会性制约的。例如，人满足食物需要的内容和方式是受具体的社会历史条件制约的。

因此，可以这样概括：人格是个人各种稳定特征的综合体，显示出个人的思想、情绪和行为的独特模式。这种独特模式是个体社会化的产物，同时又影响着个体与环境的交互作用。

## 四 人格形成的影响因素

人格的形成与发展离不开先天遗传与后天环境的关系与作用。心理学家们认为，人格是在遗传与环境的交互作用下逐渐形成并发展的。

### 1. 生物遗传因素

由于人格具有较强的稳定性特征，因此人格研究者更注重遗传因素的作用。综合现有的研究结果，作出遗传对人格作用的简要归纳如下：

(1) 遗传是人格不可缺少的影响因素。

(2) 遗传因素对人格的作用程度随人格特质的不同而异。通常在智力、气质这些与生物因素相关较大的特质上，遗传因素的作用较重要；而在价值观、信念、性格等与社会因素关系密切的特质上，后天环境的作用可能更重要。

(3) 人格的发展是遗传与环境两种因素交互作用的结果。人既具有生物属性，又具有社会属性。人在胚胎状态时，环境因素的影响就开始了，这种影响会在人的一生中持续下去。后天环境的因素是多种多样的，小到家庭因素，大到社会文化因素。这些因素对人格的形成与发展都有重要的影响。

### 2. 社会文化因素

每个人都处在特定的社会文化环境中，文化对人格的影响极为重要。社会文化塑造了社会成员的人格特征，使其成员的人格结构朝着相似性的方向发展，这种相似性具有维系社会稳定的功能，又使得每个人能稳固地"嵌入"在整个文化形态里。

社会文化对人格具有塑造功能，还表现在不同文化的民族有其固有的民族性格。例如，中华民族是一个勤劳勇敢的民族，这里的"勤劳勇敢"的品质便是中华民族的共有的人格特征。

### 3. 家庭环境因素

研究人格的家庭成因，重点在于探讨家庭的差异(包括家庭结构、经济条件、居住环境、家庭氛围等)和不同的教养方式对人格发展和人格差异具有不同的影响。研究发现，权威型教养方式的父母在子女的教育中表现得过于支配，孩子的一切都由父母来控制。在这种环境下成长的孩子容易形成消极、被动、依赖、服从、懦弱，做事缺乏主动性，甚至会形成不诚实的人格特征。放纵型教养方式的父母对孩子过于溺爱，让孩子随心所欲，父母对孩子的教育有时出现失控的状态。在这种家庭环境中成长的孩子多表现为任性、幼稚、自私、野蛮、无礼、独立性差、唯我独尊、蛮横胡闹等。民主型教养方式的父母与孩子在家庭中处于一种平等和谐的氛围当中，父母尊重孩子，给孩子一定的自主权和积极正确的指导。父母的这种教育方式能使孩子形成一些积极的人格品质，如活泼、快乐、直爽、自立、彬彬有礼、善于交往、富于合作、思想活跃等。由此可见，家庭确实是"人类性格的工厂"，它塑造人们不同的人格特质。

### 4. 早期童年经验

"早期的亲子关系定出了行为模式，塑造出一切日后的行为。"这是麦肯侬(Mackinnon，1950)有关早期童年经验对人格影响力的一个总结。中国也有句俗话："三岁看大，七岁看老。”人生早期所发生的事情对人格的影响，历来为人格心理学家所重视。需要强调的是，人格发展尽管受到童年经验的影响，幸福的童年有利于儿童发展健康的人格，不幸的童年也会使儿童形成不良的人格，但二者不存在一一对应的关系，比如溺爱也可能使孩子形成不良的人格特点，逆境也可能磨炼出孩子坚强的性格。另外，早期经验不是单独对人格起作用，它与其他因素共同决定着人格的形成与发展。

### 5. 自然物理因素

生态环境、气候条件、空间拥挤程度等这些物理因素都会影响到人格的形成与发展。有很多研究说明了生态环境对人格的影响。另外气温会提高某些人格特征的出现频率，例如，热天会使人烦躁不安，对他人采取负面反应，发生反社会行为。总之，自然环境对人格不起决定性的作用。在不同物理环境中，人可以表现出不同的行为特点。

### 6. 学校教育因素

学校是一种有目的、有计划地向学生施加影响的教育场所，是成长过程中重要的环境因素。教师对学生的人格常具有指导定向作用，有研究表明，在不同的教师的气氛中，学生常有不同的行为表现，教师的公正性对学生也有非常重要的影响。教师的期望引起的效应称“皮格马利翁效应”。另外，学校是同龄群体聚集的场所，同伴群体常对人格的形成起到巨大的影响。

### 7. 网络影响因素

在经济全球化，信息现代化的时代，网络已经成为人们生活，学习和工作中不可缺少的一部分。鉴于大学生自身发展特点，网络已经影响了他们的心理与行为的发展。一些大学生沦陷于网络，不但影响了正常的生活，学习和工作，还损害了身心健康，主要表现为人际交往萎缩，自我分裂，社会理想淡化等。

**小贴士 Tips**

心理学家汤姆森·约翰做过这样一个实验：他把在地震中丧失双亲的一对孪生兄弟分别送给愿意收养他们的内华达州的一个议员和佛罗里达州的一个穷人，并对二人进行了长达 30 多年的跟踪调查。结果议员家中的那个孩子由于受到较好的家庭教育和文化教养，性格既活泼外向，又温文尔雅，最后成为内华达州一位很有名气的律师。而那个在穷人家中长大的孩子，由于家境贫穷，没有上过学，从小就跟着养父一起干活，形成了木讷寡言、软弱怯懦的性格。

## 演练场

（一）活动材料

画笔，白纸。

（二）活动时间：20 分钟。

（三）活动程序

1. 将四个学生分为一组，按照次序排列（排序先后无影响，可通过小游戏进行排序）。

2. 排序第一的学生画一张自己的画像，无须过分修饰，只需表现出自己真实的形象，其余三人根据自己对这位同学的了解，共同为他画一张像。按照之前的排序依次画像，每次只画五官中的一种或者是装饰品，共画五轮。画像完成后，三个人分别在画像的背后为排序第一的同学写一句话。

3. 按照上述规则，在排序第二，第三，第四的同学为自己画像的时候，其余三位同学也为自己画像。

4. 待八张画像均完成后，每人拿到属于自己的两张画像并进行比较。

活动结束后，请思考并分享下面几个问题。

A. 自己对自己的认识同他人对自己的认识是否相同？

B. 有哪些是自己认为不好，别人却没有这种感觉的？

C. 有哪些优点是自己没有发现，别人却知道的？

D. 自己是否对自我形象过于自卑或自信？

## 第二节 大学生的健全人格模式

### 一 健全人格的含义

健全人格是指一种各方面都处于优化状态下的理想化的人格，是各种良好人格特征在个体身上的集中体现。人格的发展以遗传为基础，后天的环境因素却是影响人格健康发展的关键，学校教育作为影响人格的发展的四大因素之一，在促进学生在自我价值观、自我控制、自信心、时间管理倾向及创造性人格特点等方面的形成与发展起非常重要的作用。健全人格是各种人格特征的完备结合。根据国内外的研究，可以从三个方面概括健全人格的特点：

#### 1. 人格健全者内部心理和谐发展

他们的需要和动机、兴趣和爱好、智慧和才能、人生观和价值观、理想和信念、性格和气质都向健康的方向发展。他们的内心协调一致，言行统一，能正确认识和评价自己的所作所为是否符合客观需求，是否符合社会道德准则，能及时调整个体与外部世界的关系。一个人如果失去他的人格内在统一性，就会出现认识扭曲、情绪变态、行为失控等问题。

#### 2. 人格健全者能够正确处理人际关系，发展友谊

这样的人在人际交往中显示出自尊和他尊、理解和信任、同情和人道等优良品质。友谊使人开朗、热情和坦诚。而缺乏友谊的人，在情绪上往往有很大困扰，轻则产生恐惧、焦虑、孤独，重则产生怀疑、嫉妒、敌对、攻击的心态和行为。对那些嫉妒心强的人，很难想象他们能在互惠的基础上与人合作；傲慢自大的人也绝不会虚心地倾听别人的意见。人格健全者，在日常交往中既不随波逐流，也不孤芳自赏，能够使自己的行为与朋友、同事、同学协调一致。

3. 人格健全者能把自己的智慧和能力有效地运用到能获得成功的工作和事业上

他们在学习、工作中被强烈的创造动机和热情所推动，并能和他们的能力有效地结合起来，从而使他们勇于创造、善于创造，经常有所发现、有所发明、有所革新、有所建树。他们的成功，往往又为他们带来满足和愉悦，并形成新的兴趣和动机，使他们的生活内容更加充实。我国著名人格心理学家黄希庭先生认为，自立、自信、自尊、自强这“四自”不仅是颇具我国文化传统的人格特征，也是健全人格的基础。

## 二 大学生的健全人格

一般来说，大学生作为一个特殊的群体，与其他青年学生一样，有其自身独特而鲜明的特点，主要表现在：其一，产生了“独立感”和“成人感”。渴望摆脱成年人的控制，迫切要求独立自主，喜欢自我表现和发表自己的看法；随着这种成人感的产生，一方面更加自觉地希望参加成人的活动，另一方面也希望别人把自己当成年人对待，让自己享有与成年人同样的权利。其二，有强烈的自尊心，要求别人尊重自己、认可自己。希望得到同伴的认同和悦纳，获得长辈的赏识和表扬。到了青年初期，对自己的人格品质有了新的认识，自我评价能力有了较大发展。其三，关注“自我”，关心自己与他人的内心世界，逐步从行动的动机、道德品质和人格特征等方面来评价自己和他人的行为。

这些特点决定了大学生健全人格应包括以下几个方面的内容：

(1) 自我悦纳，接纳他人。人格健全的学生能够积极地开放自我，正确地认识自己，坦率地接受自己的囿限并对生活持乐观向上的态度。

(2) 人际关系和谐。人格健全者心胸开阔，善解人意，宽容他人，尊重自己也尊重他人，对不同的人际交往对象表现出合适的态度，既不狂妄自大，也不妄自菲薄，在人际关系中具有吸引力，深受大家的喜欢。

(3) 独立自尊。人格健全的学生人生态度乐观向上，生活态度积极热情，有正确的人生观与价值观，能够用理性分析生活事件，头脑中非理性观念较少。人格独立，自信自尊。

大学生的健全人格

(4) 能够发挥自己的潜能。人格健全的学生具有自我发展、自我塑造与自我完善的能力。能够充分开发自身的创造力，创造性地生活，发现生命的意义并选择有意义的生活。

## 三 大学生的人格测试与分析

1. 人格测试面面观

“巴纳姆现象”：人很容易受到来自外界信息的暗示，从而出现自我认知的偏差，认为一种笼统的、一般性的人格描述十分准确地揭示了自己的特点。

2. 测试技术

(1) 人格测试量表。明尼苏达多相人格测验、五大人格测验、16PF 测试。

(2) 投射测验。间接方法揭示人们无意识或内隐的想法、愿望和需要。罗夏墨迹测验、主题统觉测验。

(3) 情境测验法。将受测者置于某种情境，如挫折、压力、诱惑等，观察他们在这种情境下的行为反应，进而了解其人格特点。

(4) 访谈法。通过谈话的方式来快速判断一个人的人格特点。

### 3. 五大人格因素模型

(1) 尽责性。我们控制、管理和调节自身冲动的方式，高的人在目标导向的行为上更有条理、认真也更愿意坚持。

(2) 宜人性。考察一个人对其他人的态度，高的人亲近人、有同情心、信任他人、宽容。

(3) 神经质。反映了一个人的情感调节过程。

(4) 开放性。描述了一个人开放的认知风格：愿意接受新观点、新的人际关系和新的环境。

(5) 外倾性。表示人际互动的数量和密度、对刺激的需要以及获得愉悦的能力。

## 热身小测试

课堂互动：测一测

下面有一些人格特质，可能适合你，也可能不适合。请根据你的赞同和反对程度，为每个陈述打分。

| 非常反对 | 比较反对 | 有一点反对 | 既不赞同也不反对 | 有一点赞同 | 比较赞同 | 非常赞同 |
|---|---|---|---|---|---|---|
| 1 | 2 | 3 | 4 | 5 | 6 | 7 |

1. 外向，热情 分数：______
2. 爱挑剔，好争论 分数：______
3. 可信赖，自律 分数：______
4. 焦虑，容易心烦意乱 分数：______
5. 对新体验持开放的态度，多元 分数：______
6. 保守、文静 分数：______
7. 具有同情心，热心 分数：______
8. 散漫，粗心 分数：______
9. 平静、情绪稳定 分数：______
10. 传统，缺乏创造力 分数：______

计分：

尽责性得分=【第 3 项得分+(8－第 8 项分数)】÷2

宜人性得分=【第 7 项得分+(8－第 2 项分数)】÷2

神经质得分=【第 9 项得分+(8－第 4 项分数)】÷2

开放性得分=【第 5 项得分+(8－第 10 项得分)】÷2

外倾性得分=【第 1 项得分+(8－第 6 名得分)】÷2

**演练场**

课堂讨论：

通过小组案例讨论的形式，总结中国外交官的性格特点。

**身边的故事**

### 有一种骄傲，叫中国外交官！

2017年12月19日，是出生在日本东京上野动物园的熊猫“香香”，首次与日本公众见面的日子。随后，在中国外交部的例行记者会上，有位日本记者就此事向华春莹询问她的看法。可能是由于日式英文的发音问题，华春莹误将“香香”听成了日本外务省事务次官“杉山”的名字。正当华春莹一本正经的严肃回应，中日一向贯彻的四点原则共识和联合文件时，幸好在场的中国记者及时提醒：“日本记者所提出的问题是关于大熊猫香香的。”华春莹才恍然大悟：“啊！那个香香，我以为你说……”随后便开怀大笑起来。这一笑，不仅化解了当场的尴尬，也为她圈粉无数。众多日媒都在夸赞她开朗的态度，国内很多网友也纷纷惊呼：这才是我们真正的国民女神！

**专家案例点评**

华春莹的外交性格优势在回答从容应对，她的发言时而犀利，时而幽默，始终有理有据、不卑不亢，开放坦诚，以清晰的逻辑、冷静的语言尽显大国风范。从他的发言中能够深刻感受到爱国，要忠于自己的祖国。要非常爱国，才能有力捍卫自己的祖国，“弱国无外交”永远是颠扑不破的真理，唯有国家强大，外交才有话语权；唯有国家硬气，外交部发言人才能霸气，人民才有底气。

## 第三节　大学生人格发展中的问题

### 一　人格发展不足

1. 无聊

无聊心理的主要特点是空虚、幻想、被动，感觉不到自我的存在的意义与人生的价值，其核心在于没有确立合适的人生目标。空虚是因为没有目标或目标太低，人一旦失去目标的牵引，生活就没有动力；缺乏对生命意义的深刻认识，就会出现茫茫然混日子的现象，对生命意义的否定发展到极端是对生命的否定；幻想是由于目标定位不准确或者目标太多而导致的心理负担，实质是对责任的恐惧；被动是由于目标不是自己内心的渴望，未获得内心的自觉与认同，只是为学习而学习，为考试而考试，疲于应付，学习生活中缺乏主动性和创造性。

### 2. 不良意志品质

不良意志品质是指意志发展的不良倾向，主要表现为：生活缺乏目标，随波逐流，无所事事，懒散倦怠，浑浑噩噩，醉生梦死；还有的意志发展不成熟曲解意志品质，把刚愎自用、轻率当作果断，把犹豫、彷徨当作沉着冷静，把固执己见、执着一念当作顽强等等，不良意志品质一经形成，会带来很多性格缺陷，最后发展为人格缺陷。

### 3. 懒散

懒散是指一种慵懒、闲散、拖拉、疲沓、松垮的生存状态。主要表现在：活力不足，什么也不想做，没有计划，随波逐流；无法将精力集中在学业中，无法从事自己喜欢的事，百无聊赖，心情不爽，情绪不佳，犹豫不决，顾此失彼，做事磨蹭。在大学生活中常常是踏着铃声进教室，做事一误再误，无休止地拖下去，虽下决心改正，但不能自拔，不接受教训，对任何事没有信心，没有欲望。

### 4. 退缩

退缩是指在困难面前表现出怯懦与畏难的心理恐惧，选择逃避与后退。主要表现是：在困难面前缺乏勇气和信心，不表明自己的态度，不敢承担责任，不敢冒险，不敢与坏人坏事做斗争，回避困难，逃避责任等等，这样的人常常抱怨自身的不幸，却宁愿忍受痛苦而不主动追求。

### 5. 褊狭

褊狭是人们常常说的“小心眼”，主要表现为心胸狭窄，耿耿于怀，挑剔，嫉妒。褊狭是一种有百害而无一利的人格特征。褊狭人格多出现于性格内向者，尤其是女性。褊狭不是与生俱来的，而是后天习得的。

### 6. 虚荣

虚荣是指过分看重荣誉、他人的赞美，自以为是。虚荣心往往与自尊心、自卑感紧紧相连。没有自尊心，就没有虚荣心，也就没有自卑感。虚荣心是自尊心与自卑感的混合产物。虚荣心强的人一般性格内向，情感脆弱，自尊敏感，既有些自卑，又担心别人伤害自己的尊严，过分介意别人的评论与批评，与人交往时防御性强，喜欢抬高自己的形象，他们捍卫的是虚假的、脆弱的自我。

### 7. 自我中心

自我中心是指考虑问题、处理事情都以自我为中心，将自我作为思考问题的出发点与归宿。表现为一切以自己为出发点，目中无人，甚至自私自利，遇到冲突时，认为对的是自己而错的是他人。特别是那些自尊心强、优越感强、自信心高、独立的大学生，比较容易陷入自我中心之中，当这种倾向与一些不健康的思想意识如个人主义、自私自利和心理特征如过强的自尊心、唯我独尊相结合，自我中心与自我膨胀便呈现出来。

### 8. 环境适应不良

环境适应不良主要是指大学生对大学学习、人际关系、异性交往等方面表现出的不适应。表现为强烈的失落感、孤独感，不能适应环境的改变。

## 二　人格发展缺陷

### 1. 自卑

自卑感是对自己不满、鄙视、否定的情感。进入大学后，有些大学生发现“山外有山”，尤其是当学习、社交、文体方面显露出某些不足时就会陷入怀疑自己、否定自己之中，产生自卑心理。

### 2. 害羞

害羞在大学生中并不少见。比如不敢在大众场合发表意见，害怕与陌生人打交道，路上见到异性同学会手足无措，见到老师会难为情，说话感到紧张等等。害羞是一个人自我防御心理过强的结果，他们常常过于胆小被动，过于谨小慎微，过于关注自己，自信心不足。他们特别注意自己在别人心目中的形象，总觉得自己时时处在众目睽睽之下，于是敏感拘束，一句话要在喉咙口反复多次，一件事总要左思右想，为此搞得神经紧张，坐立不安。

### 3. 怯懦

怯懦主要表现为缺乏勇气和信心，害怕可能面临的困难和挫折，在挫折、困难面前常常知难而退，甚至不战而败。有些大学生过去经历一帆风顺，因而特别害怕失败。“只能成功，不能失败”的非理性意念是造成一些学生怯懦的认知因素。

### 4. 狭隘

受功利主义影响，大学生中经常出现“狭隘”现象。凡事斤斤计较、耿耿于怀、好嫉妒、好挑剔、容不得人等等，都是心胸狭隘的表现，即日常说的“气量小”。心胸狭隘往往影响人际关系，伤害他人感情，也常给自己带来烦闷、苦恼，影响自己的情绪和在他人心目中的形象，因此，于人于己有百害而无一利。

### 5. 拖拉

拖拉是不少大学生的通病。拖拉是指可以完成的事而不及时完成，今天推明天，明天推后天，正是：“春天不是读书天，夏日炎炎正好眠，秋多蚊虫冬又冷，一心收拾待明年。”拖拉一方面耽误学习、工作，另一方面并没有使人因此而轻松些，相反往往会导致心理压力，引起焦虑，总觉得有事情没完成，干别的事也难以安心，还会贻误时机。

### 6. 抑郁

抑郁是大学生常见的情绪困扰，是一种感到无力应付外界压力而产生的消极情绪，常伴有厌恶、痛苦、羞愧、自卑等情绪体验。抑郁人皆有之，对于大多数人来说，抑郁只是偶尔出现，时过境迁，很快会消失；但那些性格内向，多疑多虑，不爱交际，生活中遭遇意外挫折的人更容易长期处于抑郁状态，甚至导致抑郁症。

### 7. 焦虑

焦虑是个体主观上预料将会有某种不良后果产生或模糊的威胁出现时的一种不安感，并伴有忧虑、烦恼、害怕、紧张等情绪体验。在这个紧张刺激不断增多、竞争不断增强的社会里，每个人都可能处于一定的焦虑状态。适度的焦虑对于保持生命活力是必要的，这里所说的焦虑主要是指不适当的高度焦虑。被焦虑困扰的大学生常表现出烦躁不安，思维受

阻，行动不灵活，身体不舒服等症状。

### 专家意见

如何克服害羞心理？害羞之心人皆有之，但过分的害羞，不该害羞时害羞，尤其害羞成了一种习惯，则是有害的，它会导致压抑、孤独、焦虑等不良心理状态，还会阻碍人际交往，影响一个人才能的正常发挥。因此可通过有意识的调节来改变：

(1) 要增强自信心。许多害羞者在知识才能和仪表方面并不比别人差。心理学家的一项研究表明，害羞的女大学生自以为长得不美，但不相识的男生凭照片都认为她们与那些社交活跃的女生一样动人。因此要正确评价自己，多看到自己的长处。

(2) 要放下思想包袱，不要过于计较别人的议论。每个人都会说错话、做错事，这并没什么大不了的，没有完美的人和事。即使有人议论也是正常的，俗话说："哪个人后无人说"，没必要太看重。"走自己的路，让别人去说吧！"这会使自己变得更洒脱。

(3) 要有意识地锻炼自己。胆量和能力都是锻炼的结果，要敢于说第一句话，敢于迈第一步。上课、开会时尽管坐到前排去；走路时抬头挺胸，把速度提高四分之一；主动大胆地和别人尤其是陌生人、异性、老师讲话；与人说话时，正视对方的眼睛；在高兴时，开怀大笑等等。

小贴士 Tips

### 如何改变懒散的习惯

1. 必需树立正确的人生观和世界观，对人生充满激情；2. 有明确的生活目标和高尚的精神追求；3. 乐于学习，勇于克服一切困难；4. 正确处理好社会及人与人之间的关系；5. 有自信；6. 有对社会和人生探究的浓厚兴趣；7. 能坚持体育锻炼。

小贴士 Tips

### 如何克服焦虑

不适当的高度焦虑对身心健康是不利的。为此，应增强自信，相信车到山前必有路，总会有办法的；应不怕困难，磨炼意志，无所谓的担忧正是焦虑之本质，应当机立断，积极行动。总之，凡事尽最大的努力，把注意力从担心失败转移到积极行动、争取成功上来。

## 三　人格障碍

人格障碍，是指人格发展的内在不协调，指在没有认知障碍或智力障碍的情况下，个体出现的情绪反应、动机和行为活动的异常。多数心理学家认同病态人格区别于精神病，它是正常人格的一种变异，介于精神病与正常人之间。人格障碍者行为问题的程度不同，有的人在社会生活中与正常人一样生活，只有他的家人才能感觉到他的怪癖与难以相处；严重者表现为明显的社会适应障碍，不能正常地学习和生活。值得重视的是：人格障碍与精神病是相互转化的，严重的人格障碍如果得不到及时有效的矫正，会成为精神病的高发人群。由于人格障碍在大学生中属于少数，因而常常不能引起高度重视，但人格障碍的学生一经滋事，绝非小事。

### 1. 人格障碍的特点

(1) 主要表现为情感和意志障碍，但思维和智能并无异常，一般始于青春期。

(2) 有紊乱不定的心理特点和难以相处的人际关系，这是各类人格障碍患者最主要的行为特征。

(3) 遇到困难时，不是积极地解决，而是想方法设法推卸责任归咎为命运的捉弄或他人的过错，从而使自己摆脱尴尬处境或自己假象中的两难处境。

(4) 他们没有责任心和责任感，对别人造成了伤害，也能做出自以为是的辩护。

(5) 他们的认知、行为等具有绝对的恒定和一致性。

(6) 缺乏自知，且不能从生活经验中吸取教训。

(7) 他们不会先自我感知到人格上存有障碍，这与精神病不同，只有通过别人的埋怨或先发使他们的不良行为得以暴露，他们才会情绪不安。

### 2. 人格障碍的原因

(1) 生物遗传因素。血缘关系越近，发生率越高。亲生父母有人格障碍的，被收养子女有病态人格的比率高。同卵孪生子比异卵孪生子在人格障碍、过失和犯罪等方面的一致率更高。

(2) 病理生理因素。人格障碍患者对静态和紧张刺激的自主反应程度比正常人低，他们倾向于缺乏焦虑，因而不能从经验中吸取教训。

(3) 后天生活环境和社会因素。这是形成异常人格的外因，而且是很重要的因素。人格障碍患者的异常情绪反应和行为方式，都是儿童成长过程中习得的，儿童期间单纯通过观察、模仿，即可习得许多情绪反应和行为方式，包括一些社会适应不良的行为，并可通过条件反射机理而巩固下来。追溯人格障碍患者的童年，常可发现不良环境对人格偏离所产生的影响。童年接受家庭成员特别是父母的行为影响最大。另外成年人在长期严重的精神打击下(如冤狱、单独隔离禁闭)，也会发生显著性的人格改变。

### 3. 大学生的人格障碍类型

人格障碍的类型有很多，目前尚无统一公认的分类。参照美国《心理障碍的诊断和统计手册》(DSM－Ⅲ)中的分类，人格障碍分三大类群。第一类以行为怪僻、奇异为特点，包括偏执型、分裂型人格障碍；第二类以情感强烈、不稳定为特点，包括癔症型、自恋型、反社会型、攻击型人格障碍；第三类以紧张、退缩为特点，包括回避型和依赖型人格特征。我们选取大学生中出现频度相对较高的几种类型作一简要介绍：

(1) 自恋型人格障碍。根据《心理障碍的诊断和统计手册》(DSM－Ⅲ)的描述，主要特征如下：对批评的反应是愤怒、羞愧或者耻辱，有时未必直接表露出来；喜欢指使别人，要他人为自己服务；过分自高自大，对自己的才能夸大其词，希望受到特别关注；坚信他关注的问题是世界上独有的，不能被某些特殊人物了解；对无限的成功、权力、荣誉、美丽或理想的爱情有非分的幻想；认为自己应享有他人没有的特权；渴望持久的关注与赞美；缺乏同情

心；有很强的嫉妒心。

自恋型人格障碍的核心特征是以自我为中心。自恋型人格的大学生，自我评价过高，主观自我高于客观自我，因而在生活中爱听表扬忌听批评，且具有高度幻想性，特别是过高的自我评价带来成功的虚幻体验，过度自信，希望引起别人的重视。一般而言，这类学生天赋较好，一直处于被关注的中心，自信心与自尊心都较强，缺乏失败的生活经历与亲身体验，因而生活在理想世界中，当面临挫折甚至失败时，无法面对现实世界而导致心理崩溃。

(2) 回避型人格障碍。根据《心理障碍的诊断和统计手册》(DSM－Ⅲ)，主要特征有以下几点：在没有从他人处得到大量的建议与保证之前，对日常事务不能做出决策；明显的无助感，希望别人为自己做出人生的重要决定；依赖性强，很少独立地开展计划或行动；过度容忍，为讨好别人甘心做自己内心不愿意做的事，不轻易拒绝别人；容易因未得到赞许或遭到批评而受到伤害；当亲密关系中止时感到失落无助甚至崩溃；经常有被人遗弃的念头折磨，且在交往中，担心被朋友遗弃，不坚持自己的观点。

回避型人格的核心是退缩。当面临内心的冲突时，他不是选择解决问题而是选择逃避，一味地迁就忍让。这与个体的不良成长环境和早期生活经验有关。

(3) 冲动型人格障碍。又称爆发型或攻击型人格障碍，是一种以行为与情绪有明显冲动性为主要特征的人格障碍。发作前没有先兆，不考虑后果，不能自控，易与他人发生冲突。发作之后能认识不对，间歇期一般表现正常。

(4) 不成熟型人格障碍。这类人情绪幼稚，依赖性极强；以自我为中心，缺乏道德感、义务感，对别人缺乏同情心；不遵守社会道德，甚至胡作非为，不讲道理；不善于与人相处、不珍惜友谊；自我欣赏，自以为是，听不得一点批评意见；适应能力差，习惯于让别人照顾自己，如处境不良或遭受挫折，则容易自暴自弃，轻率自杀，或暴怒发狂，残忍伤害别人。

### 身边的故事

2020 级学生小陈(化名)，女，该生脾气古怪，性格较孤僻，遇事容易冲动、情绪化，爱钻牛角尖，与寝室同学关系紧张，很难与他人和谐相处。在校期间多次因为琐事与宿舍同学发生冲突，曾经故意将奶茶泼到室友的床上。大一时因为无故夜不归宿，受到学校的警告处分。该生与其父母关系生疏，有时甚至对父母恶言相向，学习成绩班级垫底。

#### 专家案例点评

这是典型的偏执型人格。偏执型人格受遗传因素，家庭环境因素，学习因素三方面的影响。

如何让该生意识到自己的情绪化和偏执性格的危害，改善多疑敏感、固执、不安全感和以自我为中心的人格缺陷，改善情绪化的性格，让其感受到关心和信任，树立信心，学习与人的沟通交流，建立良好的人际关系并学会控制自己的情绪是当务之急。可以通过入的深入学生，调查了解事件实情，成立班级帮扶小组，循序渐进解决问题。

以小组为单位结合实际情况谈谈目前大学生中存在哪些人格发展缺陷，它们对大学生的生活、学习有什么影响。

# 第四节 大学生如何塑造健全人格

## 一 大学生健全人格的内涵

### 1. 自强自尊的人格意志

马克思认为："人的本质并不是单个人所固有的抽象物，实际上，它是一切社会关系的总和。"人格作为人的价值生命的承担者，是以人的主体资格为其内容，关注的是人的有自由价值的自我，强调的是人的活动主体的自我。因而，健全人格首先要有自强、自尊的人格意志。自强自尊的人格意志，就是具有正确的人生观与价值观，能够理性地分析问题，生活态度积极热情，经常保持愉快、满意、开朗的心境，并以一种开放的态度，主动关心社会、了解社会，在认识社会的同时，使自己的思想、行为跟上时代发展的步伐。因此，自强自尊的人格意志是大学生健全人格的基本内涵。

### 2. 求真务实的人格品质

求真务实就是敢于追求真理，尊重科学规律，立足现实，踏踏实实地做好实际工作。求真务实的人格品质对大学生而言，就是不轻信、不弄虚作假、不贪图虚名，"知之为知之，不知为不知"，言行一致，思想和行为相协调，不为私欲背弃信念和良心，对自己做出恰如其分的评价，既承认自己的能力和才干，又承认自己的不利因素。

### 3. 开拓创新的人格取向

开拓就是要探索未知领域，走前人与别人没有走过的路，就是要对现实存在的问题提出新的见解，拿出新的解决问题的办法。创新性是人类社会进步与繁荣的本源，也是大学生健全人格的重要特征。正是人类永不停息的创造活动，推动着历史的不断进步。具有创新的人格取向要求大学生具有充满信心的开拓意识，把热情、创造动机用在学习和生活中，在不断追求与成功中使自己的生活充实而不虚度，把奋斗和变化看作人生的内在组成部分，愉快地负起自己的责任，并根据人类社会的进步和发展、生存系统中要素的改变进行观念更新、知识更新、态度更新，更好地为社会的进步、科学的发展、民族的昌盛而奋斗。

### 4. 健康开朗的心理素质

现代意义上的健康概念具有两层含义，它包括生理健康和心理健康。健康开朗的心理素质是健全人格的特征之一，是大学生顺利成长的必要条件，是事业成功的内在保障。人格健全的大学生，善于自我调节，达到情绪、心态平衡；善于平衡自身与环境的关系，能对社会环境采取现实的态度，正视人生，适应社会的变化；善于选择积极主动的生活方式，较好地调整个人期望与社会期望的矛盾冲突，若发现个人利益与社会利益发生冲突，常能修正或放弃自己不切实际的计划，有效地调节自己的行为使之与环境保持平衡，以求与社会的协调一致。

## 二　塑造良好的性格特征

性格是一种与社会相关最密切的人格特征，它是一个人对现实稳定的态度和与之相适应的习惯化了的行为方式的总和。性格表现了人们对现实与周围世界的态度，对自己、对别人、对事物的态度。

### 1. 性格的分类

从不同角度和侧面可以对性格类型进行不同的划分，如按照知、情、意在性格中的表现程度，可分为理智型、情绪型和意志型三种。理智型的人以理智支配自己的行动；情绪型的人，情绪体验深刻，举止容易受情绪左右；意志型的人具有较明确的目标，行为主动。

按照个体的心理倾向，可分为外倾型和内倾型。外倾型的人心理活动倾向于外部，活泼开朗，善于交际，感情易于外露，处事不拘小节，独立性较强，但有时粗心、轻率；内倾型的人心理活动倾向于内部，一般表现为感情含蓄，处事谨慎，自制力强，交往面窄，适应环境比较困难。

按照个体独立性程度，可分为独立型和顺从型。独立型的人不易受外来事物的干扰，他们具有坚定的信念，能独立地判断事物，发现问题解决问题，在紧急和困难的情况下不慌张，易于发挥自己的力量，但有时会把自己的意志强加于人，固执己见，不易合群；顺从型的人，随和、谦虚，易与人合作，但独立性较差，易受暗示，容易接受别人的意见，在紧急情况下易惊惶失措。

性格与气质都是构成人格的重要因素，二者相互渗透，相互影响，彼此制约。二者所不同的是，性格是人格中涉及社会评价的内容，更多受到环境的影响，具有较大的可塑性。性格具有社会评价的意义，反映了社会文化的内涵，有好坏之分；而气质更多的受生理上和心理上的特点制约，虽然在后天的环境影响下也有所改变，但与性格相比，它更具有稳定性，变化比较缓慢。

### 2. 大学生如何塑造良好的性格特征

有的人锋芒毕露，挫折不断；有的人孤僻高傲，怀才不遇；有的人大智若愚，青云直上；有的人热情大度，生活快乐；有的人刻意求全，郁郁寡欢，甚至家庭破裂，等等。这一切都与一个人的性格有直接关系，所以良好的性格是成功和成才的基础。塑造良好的性格有许多途径：

（1）确立积极向上的人生观。人的性格归根到底还要受到世界观、人生观的制约与调节。青年人有了坚定的人生目标与生活信念，性格就会自然受到熏陶，表现出乐观、坦荡、自信等良好的性格特征。反之，如果失去了人生目标和生活的勇气，性格也会变得孤僻和古怪。

（2）正确分析自己的性格特征。人贵有自知之明，对自己的性格特征进行科学的分析与评价，才能使自己不断地进行性格的学习与磨炼，不断形成良好的性格。分析的过程，是一个深化自我认识的过程，是性格不断完善与发展的重要环节。

塑造良好的性格特征

（3）重视在实践中磨炼性格。性格体现在行动中，也要通过实践、通过实际行动来塑造。实践应具有广泛性。学习实践、生产实践都可以磨炼自己的性格。特别要注重在艰苦生活中，培养一种乐观向上的精神，培养不怕困难、勇于斗争的生活品格，从而适应社会的需要。

(4)重视环境对性格的影响。群体生活具有一种类化的作用，对人的性格会有深刻的影响，因此在正确的指导思想下，形成良好的群体风格，有助于人的良好性格的形成与发展，加速性格的强化与改造。所以说，群体是环境中的最重要的载体，需要刻意加强群体建设。

## 三 发扬气质的积极因素

### 1. 气质的内涵

气质是指个体表现在心理活动的强度、速度、灵活性与指向性的一种稳定的心理特征。这种特征既决定了个体心理活动的动力特征，又给每个人的心理活动蒙上了一层独特的色彩。

(1) 胆汁质。夏天里的一团火；这类人精力旺盛，直率、热情，行动敏捷，情绪易于激动，心境变换剧烈。这类大学生有理想、有抱负，有独立见解，反应迅速，行为果断，表里如一；不愿受人指挥，而喜欢指挥别人；一旦认准目标，就希望尽快实现，遇到困难也不折不挠，但往往比较粗心，学习和工作带有明显的周期性特点，能以极大的热情和旺盛的精力投入学习和工作，一旦精力消耗殆尽时，便会失去信心，情绪顿时转为沮丧而心灰意冷。

(2) 多血质。喜形于色，喜怒都在展现中，可塑性强；多血质的人具有活泼好动，反应迅速，情绪发生快而多变，兴趣容易转移等特征。这类大学生易于适应环境的变化，性情活泼、热情，善于交际，在群体中精神愉快，相处自然，常能机智地摆脱困境；他们在学习和工作上肯动脑、主意多，不安于机械、刻板、循规蹈矩，常表现出较强的工作能力和办事效率；对外界事物兴趣广泛，但容易失于浮躁，见异思迁。

(3) 黏液质。冰冷耐寒；黏液质的人安静、稳重，反应缓慢，沉默寡言，情绪不易外露，注意稳定难于转移，善于忍耐。这类大学生反应较为迟缓，但无论环境如何变化，都能基本保持心理平衡；凡事深思熟虑，力求稳妥，一般不做无把握的事情，在各种情况都表现出较强的自我克制能力；他们外柔内刚，沉静多思，不愿流露内心的真情实感；与人交往时，态度适度，不卑不亢，不爱抛头露面和作空泛的清谈；学习、工作有板有眼，踏实肯干，严格恪守既定的生活秩序和制度。但他们过于拘谨，不善于随机应变，固定性有余而灵活性不足，有墨守成规、因循守旧的表现。

(4) 抑郁质。秋风落叶；抑郁质的人孤僻，行动迟缓，情感体验深刻，善于觉察别人不易觉察到的细小事物。这类大学生在生理上难以忍受或大或小的神经紧张，厌恶那些强烈的刺激；他们的感情细腻而脆弱，常为区区小事引起情绪波动；自己心里有话，宁愿自己品味，不愿向别人倾诉；喜欢独处，与人交往时显得腼腆、忸怩，善于领会别人的意图，在团结友爱的集体中，很可能是一个容易相处的人；遇事三思而行，求稳不求快，对力所能及的工作能认真负责地完成。在学习、工作一段时间后，常比别人更感疲倦；在困难面前常怯懦、自卑和优柔寡断。

气质本身无优劣之分，任何一种气质都有其积极和消极的方面，气质也不能决定一个人活动的社会价值和成就的高低。因此，大学生要正确对待自己的气质类型，经常有意识

地控制自己气质的消极品质，发扬积极品质，以有利于形成良好的个性。而且值得重视的是与生俱来的气质特征，更多的人是多种气质的混合体，看哪种气质占主导性地位。

### 2. 大学生如何发扬气质的积极因素

大学生应正确对待自己的气质特点。气质无好坏之分，每一种气质都有积极方面和消极方面，它们虽然参与各项活动，但是一般不决定智商高低、成就大小。每一种气质类型的人都可以成才。

以人格健康为基础，大学生应努力寻找塑造健全人格之路，不断提升自己的人格素质。没有健全的人格，"有理想、有道德、有文化、有纪律"也难以做到。鉴于大学生在自我认识、自我控制方面的能力不断增强，在这里着重介绍塑造健全人格的几个基本途径，供大家在进行人格自我塑造时参考：

（1）认识自我，优化人格整合。生活中的许多事例告诉我们，人格系统中存在着一种基本的动机，它是个体的一个中心能源。为了有效地进行人格塑造，就应该充分了解自己的人格状况，深刻理解这种要求实现的动机，明确人格塑造的目标、内容、途径、方法。认识自我是改变自我的开始。

人格塑造也就是为了实现优化人格整合，以达到人格的健全。人格整合的基本含义是：随着个体心理的成熟，人格的各个方面逐渐由最初的互不相关，发展到和谐一致状态的过程。优化人格整合，一要择优，二要汰劣。

择优即选择某些优良的人格特征作为自己努力的目标，如自信、勇敢、勤奋、坚毅、善良、正直等可作为人格塑造的依据。汰劣即针对自己人格上的缺点、弱点予以纠正，比如自卑、胆怯、抑郁、冷漠、懒惰、任性、自我中心等。当然，择优与汰劣往往是同步进行的。

（2）努力学习科学文化知识。荣格有句名言："文化的最后成果是人格。"培根也有名言："知识就是力量。"学习科学文化知识、增长智慧的过程也是优化人格整合的过程。事实上，有不少人格发展缺陷源于无知，如无知容易使人自卑、粗鲁，而丰富的知识则使人自信、坚强、理智等。

各学科的全面发展是人格健全发展的智力基础，因为各学科的知识同处于一个庞大的系统中，其间既相互联系，又能在各自的发展中相互迁移、相互促进，可以说，有了智力基础，人格发展的速度与质量才有保证。对此，培根的论述很深刻："读史使人明智，读诗使人灵秀，数学使人周密，科学使人深刻，伦理学使人庄重，逻辑修辞之学使人善辩，凡有所学，皆成性格。"受应试教育影响，许多理工科大学生缺乏人文知识，文科大学生缺乏科学精神，这对于人格的健全发展是不利的，当代大学生应做到科学与人文并重。

（3）积极参加实践活动，从小事做起。实践是人格发展的必由之路。无论是知识的获取、能力的形成，还是意志的磨炼都离不开实践。诸如一个人的勤奋、坚韧、乐观、细致等人格特征都是长期实践锻炼的结果。大学生应积极参加各种有益身心健康的实践活动，如近年来校园内兴起的青年志愿者活动对于大学生人格的发展与塑造就很有意义。

一个人的一言一行往往是其人格的外化，反过来一个人日常言行的积淀成为习惯就是人格，例如个人有刷牙、梳头、洗手、勤换衣服、常剪指甲等习惯，就反映了他具有"清洁"这一人格特质。因此，优化人格整合要从眼前的小事做起，无数良好的小事可"聚沙成塔"，最终构建成优良的人格大厦。

（4）发展良好的人际关系，融入集体。人格发展、塑造的过程是个体实现社会化的过程，是个体与他人、集体、社会相互作用的过程。人格是在行为中表现的，健全的人格也只有在与人交往中才能体现出来。塑造健全人格，必须发展良好的人际关系：尊重社会习俗、关心他人的需要、真诚地赞美、不做无建设性的批评、多与他人沟通意见、保持自尊和独立等。

集体是人格塑造的土壤，通过与集体交往，自己的某些人格品质或受到赞扬、鼓励，或受到压制、排斥、从而有助于做出有针对性的调整，而且集体能够伸出手来帮助集体中的个体择优汰劣。

(5) 锻炼身体，强健体魄。人格发展的过程是体质、心理因素与智力因素协同作用、相互促进的过程，健康的体质是人格健全发展的物质基础。一个体弱多病的人是难以发展健全人格的，拖拉、懒惰、急躁、怯懦等人格发展缺陷与不坚持体育锻炼明显有关。

(6) 防止“过犹不及”。凡事都有“度”，人格发展和表现的“度”是十分重要的，人格塑造过程中应把握辩证法，掌握好度，否则就会“过犹不及”，适得其反。具体说来，应该是：自信而不自负，自谦而不自卑，勇敢而不鲁莽，果断而不冒失，稳重而不犹豫，谨慎而不怯懦，豪放而不粗俗，好强而不逞强，活泼而不轻浮，机敏而不多疑，忠厚而不愚昧，干练而不世故等等。

人格“度”的把握还表现在不同的人格特质要协调发展，做到“刚柔兼济”，对于“刚”者应多发展些“柔”，对于“柔”者应多发展些“刚”，这样才能形成合理、和谐的人格结构。此外，还要因人因时因地地表现人格特征，有时表现“刚”比表现“柔”好，有时表现“柔”比表现“刚”好：有时应多表现自信，有时应多谦恭，即所塑造出的人格应有韧性，有较强的应变、适应能力。

## 想一想

根据漫画中的示例，请思考文学作品或历史人物中四种气质类型的典型代表人物？

## 热身小测试

### 你属于哪种气质类型？

指导语：下面60道题，可以帮助你大致确定自己的气质类型，请根据自己的情况在5个答案中选择1个适合自己的。

1. 做事力求稳妥，一般不做无把握的事。

□很符合　□比较符合　□介于符合与不符合之间
□比较不符合　□完全不符合

2. 遇到可气的事就怒不可遏，把心里话全说出来才痛快。

□很符合　□比较符合　□介于符合与不符合之间
□比较不符合　□完全不符合

3. 宁可一个人干事，不愿很多人在一起。

□很符合　□比较符合　□介于符合与不符合之间
□比较不符合　□完全不符合

4. 到一个新环境很快就能适应。

□很符合　□比较符合　□介于符合与不符合之间
□比较不符合　□完全不符合

5. 厌恶那些强烈的刺激，如尖叫、噪音、危险镜头。

□很符合　□比较符合　□介于符合与不符合之间
□比较不符合　□完全不符合

6. 和人争吵时总是先发制人，喜欢挑衅。

□很符合　□比较符合　□介于符合与不符合之间
□比较不符合　□完全不符合

7. 喜欢安静的环境。

□很符合　□比较符合　□介于符合与不符合之间
□比较不符合　□完全不符合

8. 善于和人交往。

□很符合　□比较符合　□介于符合与不符合之间
□比较不符合　□完全不符合

9. 羡慕那种善于克制自己感情的人。

□很符合　□比较符合　□介于符合与不符合之间
□比较不符合　□完全不符合

10. 生活有规律，很少违反作息制度。

□很符合　□比较符合　□介于符合与不符合之间
□比较不符合　□完全不符合

11. 在多数情况下情绪是乐观的。

□很符合　□比较符合　□介于符合与不符合之间
□比较不符合　□完全不符合

12. 碰到陌生人觉得很拘束。

□很符合　□比较符合　□介于符合与不符合之间
□比较不符合　□完全不符合

13. 遇到令人气愤的事，能很好地克制自我。

□很符合　□比较符合　□介于符合与不符合之间
□比较不符合　□完全不符合

14. 做事总是有旺盛的精力。

□很符合 □比较符合 □介于符合与不符合之间

□比较不符合 □完全不符合

15. 遇到问题总是举棋不定，优柔寡断。

□很符合 □比较符合 □介于符合与不符合之间

□比较不符合 □完全不符合

16. 在人群中从不觉得过分拘束。

□很符合 □比较符合 □介于符合与不符合之间

□比较不符合 □完全不符合

17. 情绪高昂时，觉得干什么都有趣；情绪低落时，又觉得什么都没意思。

□很符合 □比较符合 □介于符合与不符合之间

□比较不符合 □完全不符合

18. 当注意力集中于一事物时，别的事很难使我分心。

□很符合 □比较符合 □介于符合与不符合之间

□比较不符合 □完全不符合

19. 理解问题总比别人快。

□很符合 □比较符合 □介于符合与不符合之间

□比较不符合 □完全不符合

20. 碰到危险情境，常有一种极度恐怖感。

□很符合 □比较符合 □介于符合与不符合之间

□比较不符合 □完全不符合

21. 对学习、工作、事业怀有很高的热情。

□很符合 □比较符合 □介于符合与不符合之间

□比较不符合 □完全不符合

22. 能够长时间做枯燥、单调的工作。

□很符合 □比较符合 □介于符合与不符合之间

□比较不符合 □完全不符合

23. 符合兴趣的事情，干起来劲头十足，否则就不想干。

□很符合 □比较符合 □介于符合与不符合之间

□比较不符合 □完全不符合

24. 一点小事就能引起情绪波动。

□很符合 □比较符合 □介于符合与不符合之间

□比较不符合 □完全不符合

25. 讨厌做那种需要耐心、细致的工作。

□很符合 □比较符合 □介于符合与不符合之间

□比较不符合 □完全不符合

26. 与人交往不卑不亢。

□很符合 □比较符合 □介于符合与不符合之间

□比较不符合 □完全不符合

27. 喜欢参加热烈的活动。

□很符合　□比较符合　□介于符合与不符合之间

□比较不符合　□完全不符合

28. 爱看感情细腻、描写人物内心活动的文学作品。

□很符合　□比较符合　□介于符合与不符合之间

□比较不符合　□完全不符合

29. 工作学习时间长了，常感到厌倦。

□很符合　□比较符合　□介于符合与不符合之间

□比较不符合　□完全不符合

30. 不喜欢长时间谈论一个问题，愿意实际动手干。

□很符合　□比较符合　□介于符合与不符合之间

□比较不符合　□完全不符合

31. 宁愿侃侃而谈，不愿窃窃私语。

□很符合　□比较符合　□介于符合与不符合之间

□比较不符合　□完全不符合

32. 别人总是说我闷闷不乐。

□很符合　□比较符合　□介于符合与不符合之间

□比较不符合　□完全不符合

33. 理解问题常比别人慢些。

□很符合　□比较符合　□介于符合与不符合之间

□比较不符合　□完全不符合

34. 疲倦时只要短暂的休息就能精神抖擞，重新投入工作。

□很符合　□比较符合　□介于符合与不符合之间

□比较不符合　□完全不符合

35. 心理有话宁愿自己想，不愿说出来。

□很符合　□比较符合　□介于符合与不符合之间

□比较不符合　□完全不符合

36. 认准一个目标就希望尽快实现，不达目的，誓不罢休。

□很符合　□比较符合　□介于符合与不符合之间

□比较不符合　□完全不符合

37. 学习、工作一段时间后，常比别人更疲倦。

□很符合　□比较符合　□介于符合与不符合之间

□比较不符合　□完全不符合

38. 做事有些莽撞，常常不考虑后果。

□很符合　□比较符合　□介于符合与不符合之间

□比较不符合　□完全不符合

39. 老师讲授新知识时，总希望他讲得慢些，多重复几遍。

□很符合　□比较符合　□介于符合与不符合之间

□比较不符合　□完全不符合

40. 能够很快地忘记那些不愉快的事情。

□很符合 □比较符合 □介于符合与不符合之间

□比较不符合 □完全不符合

41. 做作业或完成一件工作总比别人花的时间多。

□很符合 □比较符合 □介于符合与不符合之间

□比较不符合 □完全不符合

42. 喜欢运动量大的剧烈体育运动或参加各种文艺活动。

□很符合 □比较符合 □介于符合与不符合之间

□比较不符合 □完全不符合

43. 不能很快地把注意力从一件事转移到另一件事上去。

□很符合 □比较符合 □介于符合与不符合之间

□比较不符合 □完全不符合

44. 接受一个任务后，就希望能把它迅速解决。

□很符合 □比较符合 □介于符合与不符合之间

□比较不符合 □完全不符合

45. 认为墨守成规比冒风险强些。

□很符合 □比较符合 □介于符合与不符合之间

□比较不符合 □完全不符合

46. 能够同时注意几件事物。

□很符合 □比较符合 □介于符合与不符合之间

□比较不符合 □完全不符合

47. 当我烦闷的时候，别人很难使我高兴起来。

□很符合 □比较符合 □介于符合与不符合之间

□比较不符合 □完全不符合

48. 爱看情节起伏跌宕激动人心的小说。

□很符合 □比较符合 □介于符合与不符合之间

□比较不符合 □完全不符合

49. 对工作抱认真严谨、始终一贯的态度。

□很符合 □比较符合 □介于符合与不符合之间

□比较不符合 □完全不符合

50. 和周围人的关系总相处不好。

□很符合 □比较符合 □介于符合与不符合之间

□比较不符合 □完全不符合

51. 喜欢复习学过的知识，重复做能熟练做的工作。

□很符合 □比较符合 □介于符合与不符合之间

□比较不符合 □完全不符合

52. 希望做变化大、花样多的工作。

□很符合 □比较符合 □介于符合与不符合之间

□比较不符合 □完全不符合

53. 小时候会背的诗歌，我似乎比别人记得清楚。

□很符合　□比较符合　□介于符合与不符合之间

□比较不符合　□完全不符合

54. 别人说我“出语伤人”，可我并不觉得这样。

□很符合　□比较符合　□介于符合与不符合之间

□比较不符合　□完全不符合

55. 在体育活动中，常因反应慢而落后。

□很符合　□比较符合　□介于符合与不符合之间

□比较不符合　□完全不符合

56. 反应敏捷、头脑机智。

□很符合　□比较符合　□介于符合与不符合之间

□比较不符合　□完全不符合

57. 喜欢有条理而不甚麻烦的工作。

□很符合　□比较符合　□介于符合与不符合之间

□比较不符合　□完全不符合

58. 兴奋的事情常使我失眠。

□很符合　□比较符合　□介于符合与不符合之间

□比较不符合　□完全不符合

59. 老师讲新概念，常常听不懂，但是弄懂了以后很难忘记。

□很符合　□比较符合　□介于符合与不符合之间

□比较不符合　□完全不符合

60. 假如工作枯燥无味，马上就会情绪低落。

□很符合　□比较符合　□介于符合与不符合之间

□比较不符合　□完全不符合

### 记分规则：

很符合：2 分；比较符合：1 分；介于符合与不符合之间：0 分；比较不符合：−1 分；全不符合：−2 分。

胆汁质型得分：题号为 2、6、9、14、17、21、27、31、36、38、42、48、50、54、58 的得分之和。

多血质型得分：题号为 4、8、11、16、19、23、25、29、34、40、44、46、52、56、60 的得分之和。

黏液质型得分：题号为 1、7、10、13、18、22、26、30、33、39、43、45、49、55、57 的得分之和。

抑郁质型得分：题号为 3、5、12、15、20、24、28、32、35、37、41、47、51、53、59 的得分之和。

### 确定气质类型的标准：

（1）如果某类气质得分明显高出其他三种，均高出 4 分以上，则可定为该类气质。如果该类气质得分超过 20 分，则为典型；如果该类得分在 10～20 分，则为一般型。

（2）两种气质类型得分接近，其差异低于 3 分，而且又明显高于其他两种，高出 4 分以上，则可定为这两种气质的混合型。

（3）三种气质得分均高于第四种，而且接近，则为三种气质的混合型，如多血—胆汁—黏液质混合型或黏液—多血—抑郁质混合型。

## 演练场

### 你应该如何分工呢？

某班学生准备举行一场辩论会，现有以下工作准备分配：

公关、宣传、接待、联络、选手签到、资料准备，你如何将这些工作分配给具有多血质、胆汁质、抑郁质、黏液质等不同气质类型的工作者呢？即如何分配才能人尽其才？

## 心理故事

### 曼德拉的顿悟

南非民族英雄曼德拉因领导反对白人的种族隔离政策而被入狱，白人统治者将其关押在一个荒凉的大西洋小岛上，时间长达27年之久。因曼德拉是要犯，有三名看守专门负责看守他，而这三名看守总是找机会残酷地虐待当时年事已高的曼德拉，叫他每天清晨排队到采石场，然后被解开脚镣，下到一个很大的石灰岩矿场，用尖镐和铁锹掘石灰石。有时还叫他去下海做工，在冰冷的海水里捞取海带。曼德拉在这27年的牢狱生活中，尝尽了常人难以承受的痛苦与折磨。

然而，曼德拉在1991年出狱当选为总统后，在他的总统就职典礼上的一个举动震惊了整个世界。他把被关押期间看守他的那三名原看守也请到了仪式现场，并恭敬地向三位原看守致敬，他的这一举动让所有到场的人肃然起敬。在场的所有的来宾以至于整个世界都静下来了。后来曼德拉谈及此事，他向人们解释说，自己年轻时性子很急，脾气暴躁，正是在狱中的环境中学会了管理情绪，学会了如何处理自己遭受到的苦难与痛苦，如何给自己以激励，磨炼了意志，锻造了性格。他说，“当我走出囚室，迈过通往自由的监狱大门时，我已经清楚，自己若不能把悲痛与怨恨留在身后，那么我其实仍在狱中。”

## 活动综合评价

| 内容 | | 评价 | | |
|---|---|---|---|---|
| 学习目标 | 评价项目 | 自我评价 | 小组评价 | 教师评价 |
| 心理健康知识 | 1. 了解人格的含义及影响因素<br>2. 了解健全人格的模式<br>3. 掌握大学生常见的人格缺陷的种类 | | | |
| 塑造健全人格 | 1. 初步学会改进大学生常见的人格缺陷<br>2. 初步了解自己的性格气质的类型<br>3. 掌握塑造健全人格的方式方法 | | | |
| 情感态度 | 1. 能够客观地了解自己的优缺点，并学会扬长补短<br>2. 能够真诚地包容他人的缺点 | | | |
| 教师建议 | | 个人努力方向 | | |
| 评价总汇 | | | | |

# 第六章

# 学会自我管理

## ——管理情绪　拥抱困扰

美好的心情，比十服良药更能解除生理和心理上的疲惫和痛楚。

——马克思

一切的和谐与平衡，健康与健美，成功与幸福，都是由乐观与希望向上的心理产生的。

——华盛顿

人非草木，孰能无情。情绪是个体心理活动的重要内容，渗透于人类的所有活动之中，扮演着人类行为发动机的角色。所有个体的所有活动都是在特定的情绪背景下进行的，行为的方向、强度都受活动主体情绪状态的影响和调节。良好、积极的情绪体验可以使人感到精神振奋、工作效率高，有利于身心健康和个体发展；相反，长期处于沮丧等消极的情绪体验则使人觉得精神萎靡，工作效率低下，不利于身心健康和个体发展。

## 活动任务书

| 活动名称 | 管理自我情绪情感 | 姓名 | | 完成时间 | |
|---|---|---|---|---|---|
| 目标 | 1. 结合日常生活学习经验，总结出情绪的意义<br>2. 了解大学生情绪特点，能够识别常见情绪困扰，尝试灵活的、适当的、有效的自我调节的方法<br>3. 认识到管理情绪的重要性，学会管理情绪的多种技巧 | | | | |
| 任务 | 1. 尝试总结自身的情绪活动特点<br>2. 尝试与不同情绪状态的人进行沟通交流<br>3. 尝试在产生情绪困扰的状态下，运用科学技巧进行自我管理<br>4. 结合活动目标，将各自的经验进行归纳，以供讨论 | | | | |
| 实施过程 | 1. 根据具体活动内容，以小组形式制订计划，明确任务<br>2. 按计划分工实施任务<br>3. 各组交流学习成果，整合知识 | | | | |
| 注意事项 | 真诚地剖析自己、认清自己，注重生活中对情绪潜移默化的培养与熏陶 | | | | |
| 组员及分工情况 | 队号 | | 队长 | | |
| | 队员 | | | | |
| | 任务分工 | | | | |

## 思政园地

史料记载，春秋末期吴国人伍子胥，在过韶关时陷入进退两难的处境时，因极度焦虑而一夜之间须发全白；《三国演义》中周瑜才华出众，机智过人，但诸葛亮利用其气量小的弱点，巧设计谋，气的他断送了风华正茂的人生；《儒林外史》中的范进，多年考不中举人，50 岁时终于金榜题名，却"喜极而疯"，历史和现实都告诉我们情绪管理与身心健康息息相关。健康不只是身体健康，心理健康也是重中之重。健康中国行动(2019—2030)中在心理健康促进行动中的个人和家庭健康层面提出提高心理健康意识，追求心身共同健康，指出每个人一生中可能会遇到多种心理健康问题，保持积极健康的情绪，避免持续消极情绪对身体健康造成伤害，同时也提出正确认识抑郁、焦虑等常见情绪问题，对我们管理好自己的情绪具有重要指导意义。

# 第一节 情绪、情感、情商与心理健康

## 一 情绪的含义及特点

心理学认为：人对外界事物是否符合自己的内在需要而产生的态度体验为情绪与情感。情绪、情感与人们的认知紧密相关，人对自己丝毫不了解、与自己根本没有联系的事物是不会有任何情绪体验的。对外界事物的认识不同，所产生的情绪与情感也是不相同的。

## 二 情绪的种类

由于情绪的存在方式多种多样，强度变化千差万别，所以要对情绪作严格的分类是相当困难的。有很多心理学家根据自己的研究提出了各种情绪分类的方法，但还没有哪一种分类法能够得到所有心理学家的一致认同。尽管如此，我们还是可以列出几种目前用得比较多的情绪分类法。

### 1. 积极与消极情绪

这种分类方法根据不同情绪状态下个人行为带来的后果不同，把情绪分成积极的与消极的两类。积极情绪是那些能够带来幸福、向上的感受，促使主体与他人建立良好关系的情绪状态，如快乐、爱、欣喜等。消极的情绪是指那些不能使人感到幸福，使人与人之间的关系趋于紧张的情绪状态，如害怕、沮丧、愤怒、悲哀等。

喜怒哀惧

### 2. 简单与复杂情绪

简单情绪至少有六种，包括快乐、厌恶、惊奇、悲伤、愤怒、害怕等。心理学认为轻蔑、害羞也是简单情绪。复杂情绪是由若干简单情绪复合而成的，例如失望是悲哀和意外的复合物，嫉妒是爱和恨的复合物。

情绪的作用

情绪的分类

情绪的定义

### 3. 对立情绪

很多情绪是以成对的方式存在的，因此，我们把快乐看成是悲伤的对立情绪，把爱当作恨的对立情绪。一般来讲，两种对立的情绪不可能以一种复合的形式同时被主体体验到。临床心理学治疗经常运用这一原理，治疗者为了打破患者的消极情绪，常常教患者努力学会体验相对的积极情绪。

### 4. 情绪强度分类

情绪体验的强度千差万别，日常用语中用来描述情绪的词有很多，但有不少语词实际上表示的是同一种情绪的不同体验强度。例如，害怕这一情绪可以按照其强度由弱到强，依次用不自在、担心、烦躁紧张、心惊胆战、眩晕、恐怖加以表述。

### 5. 三维分类法

这是心理学家普拉契克综合了以上四种分类方法的特点而设计的分类模式。模式包括几种基本情绪，每种基本情绪都在模式的垂直方向上占有一块体积。在每块体积的内部，每种基本情绪都具有从最微弱到最极端的强度变化。例如，烦恼、生气、狂怒代表了某种基本情绪的三个强度水平。模式既含有积极情绪，如狂喜、崇拜，也含有消极情绪，如狂怒、厌恶、悲哀。模式中相邻的两种情绪彼此有些相似，而相对的两种情绪是对立情绪，如狂喜和伤心。到目前为止，心理学家还没有获得一种最好的情绪分类方法，但普拉契克的模式较好地说明了各种情绪之间的关系。

## 三　情绪的表达

情绪表达的方式可大致分为语言表达和非语言表达两类。非语言情绪表达的方式包括面部表情、姿势语言、语音语调等。

面部表情即情绪活动所伴随的面部肌肉活动，是人类情绪表达的主要方式之一，如眉开眼笑、怒目而视、愁眉苦脸、面红耳赤、泪流满面等。面部表情是人类的基本沟通方式，也是情绪表达的基本方式。面部表情一方面表露出一个人此时此刻的心理状态，另一方面也是他人了解当事人心理状态的有效途径。面部表情的研究发现，最容易辨认的表情是快乐、痛苦，较难辨认的是恐惧、悲哀，最难辨认的是怀疑、怜悯。一般来说，情绪成分越复杂，表情越难辨认。

姿势语言是指由人的身体姿态、动作变化来表达情绪，如高兴时手舞足蹈，悲痛时捶胸顿足，成功时趾高气扬，失败时垂头丧气，紧张时坐立不安，献媚时卑躬屈膝等。姿势语言既表达当事人的情绪，也是他人识别当事人内心状态的有效途径。由姿势语言可引出日常生活交往中的人际距离与个人空间问题。个体对经由姿势语言表达的情绪往往并不自知，不为当事人的意识所控制。弗洛伊德曾描述过手势表情："凡人皆无法隐瞒私情，尽管他的嘴可以保持缄默，但他的手指却会多嘴多舌。"

语音语调表情是通过声调、节奏变化来表达情绪的，也是一种语言现象，其中包括语音的高低、强弱、抑扬顿挫等。例如，人们惊恐时尖叫；悲哀时声调低沉慢；气愤时声高，节奏变快；爱慕时语调柔软且有节奏。

**热身小测试**

### 分析认识你的情绪

回想你曾经对某个人或某件事情绪爆发的一次经历，可能是一次争论，或者是他/她人说过的话让你很生气或很心烦，或是给你施加了压力等。

第一步分析所发生的事情，回忆一下他/她对你曾经说了些什么以及是怎样对你说的。

对情境的分析：

① 确认那个人的情绪（他的姿势语言显示了什么）。

② 注意所描述的事实（他实际上说了什么）。

③ 确认那个人的需要（注意：事实与需要可能会不相同，需要有时候不直接表现出来，

要考虑他的体态语言)。

④ 你自己做出了什么反应？你希望已经做出了什么反应？

你自己的情绪体验可以作为了解情绪的信息源。对每次体验，要尽量回答以下习题，这样你可以掌握自己的情绪特点。

① 引起我愤怒的具体事情是什么？最激怒我的是什么？

② 我愤怒的根源是什么？他人的行为吗？还是我自己的情绪、行为？是一件东西或事情吗？

③ 对这次事情我怎样解释？还有我没有考虑到的其他原因吗？在事情发生之后哪些话使我更为愤怒？

④ 有什么身体上的感觉伴随我愤怒的体验？

⑤ 我表现了什么行为反应？我的反应是口头攻击吗？

通过看到自己的情绪或者是对情绪进行分类，可以使情绪得到缓和，压力得到缓解，用这种方式分析一系列事件会显露出你的情绪模式，并且可以使你对自己形成比较理性的认识。

## 四 情商的含义

情商(EQ)即情感智商，是人对情绪的知觉、思考、移情、表达、调适和发展的能力的数量化指标。简单地说，情商是一个人控制和管理自己情绪的能力。情商包括以下几个方面的内容：一是认识自身的情绪；二是能妥善管理自己的情绪，即能调控自己；三是自我激励，它能够使人走出生命中的低潮，重新出发；四是认知他人的情绪，这是与他人正常交往，实现顺利沟通的基础；五是人际关系的管理，即领导和管理能力。这五种能力偏重于我们日常生活中所强调的自知、自控、热情、坚持、社交技巧等所谓非智力方面的一些心理品质，这些心理品质也构成了我们平常所说的智慧。

情绪、情商与心理健康

美国心理学家戈尔曼在他的著作《情绪智力》一书中首先提出情商概念。他认为：成功＝20%的智商＋80%的情商。

# 第二节 大学生的情绪

每个人在不同的情绪条件下都会有不同的情绪情感和行为表现。情绪情感的性质、强度及其调控能力成熟程度，不仅会直接影响一个人的心理状态和社会活动结果，也会影响其心理健康。那么，什么是健康的情绪？健康情绪的表达方式有哪些？

## 一 健康情绪的标准

赫洛克提出了情绪成熟的四条标准：① 能够保持身体健康，对于身体疲劳、睡眠不足引起的情绪不稳定自己可以控制。② 能控制行动，可以做到先预见行动的后果再去做，而不是想干就干，不计后果。③ 能有效地面对紧张情绪，使其向无害的方向转化，而不是压抑使其恶化。④ 能够调查了解社会，逐渐丰富、提高社会经验和洞察力，可以独立地做出较为全面、客观的分析与判断。

柯尔从知、情、意三个方面，提出了五个考量的项目：① 正常的情绪状态；② 对于人们情绪的态度；③ 关于爱情的接受能力；④ 较高的欣赏能力和表示敌意的能力；⑤ 对于自己的情绪态度等。

上述学说各有侧重，一般来说，反应适度、正作用强是健康情绪的总的标准。

对于大学生而言，良好的情绪健康应体现在以下四方面：

(1) 正作用强，积极、乐观、愉快、稳定的情绪情感常居主导地位；

(2) 可以较好地调控自己的情绪，特别是不良情绪；

(3) 情绪反应适度；

(4) 情绪的目的性正当，高级的、社会的情绪情感能得到良好的发展。

## 二 大学生的情绪活动特点

美国心理学家曾在《青春期》一书中指出，青春期是“狂风骤雨”时期，虽然对这一观点存在着不同的看法，但是大多数心理学家倾向于认同青春期是一个动荡紧张的时期。大学生心理活动的特点自然包括青年情绪活动的特点。

### 1. 大学生情绪活动趋向丰富，高级社会情感逐渐成熟

大学时期的重要心理变化是自我意识的不断发展，各种社会的高层次需要不断出现且强度逐渐加强，这一发展在情绪上表现为情绪活动的对象、内容增多；在大学生群体中，大学生出现较多的自我体验，自我尊重需要强烈，自卑情绪活动尤为明显。

大学生新出现的情感活动之一是恋爱活动，大学时期的恋爱一方面是性生理、心理成熟的表现，另一方面也是大学生个体寻求和确立自我同一性过程的一部分。研究表明，大学生较早或频繁的恋情可能使其社交发展产生消极影响。一项调查显示，恋爱中的大学生比未卷入恋情的学生列举出的朋友数要少些；一对学生的恋情愈深，他们就愈少尊重朋友的意见，对私人事务也越少暴露，对亲人也是如此。

道德感及其对立面——罪过感、集体感、爱国感、理智感、美感等高级情感活动在大学时期开始对其生活产生明显的影响，左右其情绪反应。如大学生部分确立了道德、正义观念，当出现与之不符的观念甚至是行为时，他们通常会感到自己犯有过错，感到痛苦，进行严厉的自我谴责，情绪体验极端痛苦。

大学时期社会情感的发展决定大学时期情感教育的重要性。学校、家庭以及全社会都应关注大学生群体情绪教育的内容、方式与意义，采取有效的措施培养大学生良好的高级社会情感。

### 2. 大学生情绪活动具有冲动性、爆发性特点

“热血青年”“血气方刚”“初生牛犊不畏虎”等形容青年人活动特点的词语，所描述的正是大学生冲动性情绪活动的特点。相比之下，大学生对某种具体的情绪体验尤为强烈，富

于激情,“喜怒形于色”。由于青年学生对新事物比较敏感,加上精力旺盛,虽然具有一定的理智和自我控制能力,但有时也会做事情不计后果,因冲动爆发的情绪活动一旦失控,往往造成不可控的后果。例如集体斗殴、离家出走、因感情挫折而自杀等行为,都与大学生情绪的冲动相关。

情绪冲动的特点表明大学生情绪活动程度强烈,但另一方面,强烈情绪活动在大学生身上容易事过境迁,激情不能始终一贯地保持下去,而且其是非好恶标准也不稳定,情绪活动随个人主观标准的改变而改变,情感活动具有双极性,常常会从一个极端走向另一个极端,今天可能对某个人物崇拜得五体投地,明日又可能恨之入骨。

### 3. 大学生情绪活动易于心境化

研究表明,儿童的情绪受制于外部刺激,情绪活动随外部刺激消失或转移而变化。而大学生情绪活动一旦被刺激激发,即使刺激消失,情绪状态会有所缓和,但持续影响时间也会延长,会转化为心境,会对其后的其他活动产生持续的影响。大学生的许多不良情绪,如焦虑、抑郁、自卑等都具有这种心境化的特点。

情绪心境化,使大学生情绪活动的隐蔽性提高,不易为外人所知,行为表现出复杂性的一面:明明对某件事很在意,却表现出无所谓的态度;明明对某个异性很爱慕,却偏偏表现出厌恶、回避的姿态;明明讨厌某人,却可以强装笑脸等。不过大学生情绪的隐蔽性还未达到成人的水平。

大学生的
情绪活动特点

**小贴士 Tips**

一个青年背着一个大包裹千里迢迢跑来找无际大师,他说:“大师,我是那样的孤独、痛苦和寂寞,长期的跋涉使我疲倦到极点;我的鞋子破了,荆棘割破双脚;手也受伤了,流血不止;嗓子因为长久的呼喊而沙哑……为什么我还不能找到心中的阳光?”大师问:“你的大包裹里装的是什么?”青年说:“它对我可重要了。里面是我每一次跌倒时的痛苦,每一次受伤后的哭泣,每一次孤寂时的烦恼……靠了它,我才能走到您这儿来。”于是,无际大师带青年来到河边,他们坐船过了河。上岸后,大师说:“你扛了船赶路吧!”“什么?扛了船赶路?”青年很惊讶,“它那么沉,我扛得动吗?”“是的,孩子,你扛不动它。”大师微微一笑,说:“过河时,船是有用的。但过了河,我们就要放下船赶路。否则,它会变成我们的包袱。痛苦、孤独、寂寞、灾难、眼泪,这些对人生都是有用的,它能使生命得到升华,但须臾不忘,就成了人生的包袱。放下它吧!孩子,生命不能太负重。”青年放下包袱,继续赶路,他发觉自己的步子轻松而愉悦,比以前快得多了。原来,生命是可以不必如此沉重的。

在这个世界上,我们会遭受痛苦、寂寞、挫折……如果如同故事中的青年一样,积压过多过久就会成为人生的包袱。如果你也有同样的问题,是不是也到了该将它们一一清理,轻装前行的时候呢?

# 第三节　大学生常见的情绪

大学生的情感体验不仅与个人的生理心理需求有关，而且与对社会环境的适应有关。因此，虽然大学生的个人情感体验不同，但是他们生活在相似的社会环境里，其体验又具有一定的共性。由于竞争的加剧、理想与现实的落差、人际关系的摩擦、爱情的困惑及家庭环境的差异等，大学生在情感方面遇到的困扰日益增多。

## 一　大学生常见的情绪困扰

### 1. 焦虑

当人面临不安或危险的情况时所产生的情绪反应就是焦虑。焦虑是一种复杂的、综合的、较为普遍的负性情绪。焦虑可分为特质性焦虑和情境性焦虑。特质性焦虑是一种神经官能症，是非器质性的心理障碍，是精神持续紧张或者发作性惊恐的状态，常伴有头晕、胸闷、心悸、呼吸困难、口干、尿频、出汗、震颤和运动不安等生理表现，且具有持久性。情境性焦虑是人在具体环境中产生紧张和不安甚至害怕的反应，因环境而异，也因人而异，是暂时性。

大学生中患特质性焦虑的人较少，大部分人的焦虑反应都是情境性焦虑。主要体现在以下几个方面：

(1) 考试焦虑。焦虑水平(动机水平)与成就水平之间的关系(倒 U 型)。

(2) 身体健康焦虑。因对身体健康状况过分关注而产生焦虑、疲倦等。例如，有的学生为脸上的几颗“粉刺”而疑神疑鬼，心事重重。

(3) 适应焦虑。这是大学生中比较常见的情况。由于新的生活环境、学习方式和人际关系的转变，造成对新环境难以很快适应，因而引起各种焦虑反应。

情境性焦虑在大学生的生活、学习和工作中经常会发生，是一种在适度压力下的正常的情绪反应，待事过境迁或随着时间的延长便会自动消失。因此，不能认为是“病”，相反，适度的压力会变成动力，这会促使大学生设法去应对不良的处境，渡过难关，从而对学习和工作起到一定的促进作用。特质性焦虑则必须慎重对待，需采取一定的措施，如通过心理咨询、心理治疗或辅之以药物治疗，其症状才会减轻。

小贴士 Tips

**缓解焦虑的方法**

(1) 放松术：即通过适当的放松练习，或是通过自我催眠的方法使自己进入放松安静状态，使焦虑者的思绪专注于放松的感觉上，达到以转移注意的方式让焦虑者停止焦虑的目的。

(2) 暗示术：即通过语言提示来调节情绪的方法。如进考场后，暗示自己“放轻松”“我一定能考好”“我很自信”来稳定自己的情绪。

(3) 反思术:即以理智的方式去质疑焦虑;“焦虑什么”“为什么焦虑”“有没有必要焦虑”“焦虑能不能解决问题”等等,可能会使自己从焦虑的情绪中解脱出来。

(4) 倾诉术:即通过向朋友诉说自己心中的不快和烦恼,在朋友的开导和劝说下,缓解焦虑情绪的方法。当你把心中的忧虑说出来.会感到更轻松,有时会醒悟到完全是不必要的焦虑,于是你的焦虑就会逐渐消失。

### 2. 抑郁

抑郁又叫“忧虑”,是一种心境低落状态,常表现为情绪低落、焦虑不安、凄凉悲哀、暗自伤心落泪,对任何事物都不感兴趣,不愿与人交往,感到处处不如意,总觉得有什么不幸的事情要发生,严重的甚至悲观厌世,觉得活着没意思,想寻短见以求解脱。

抑郁是大学生中普遍的情感困扰,被称为大学生情感中的“流行性感冒”。情绪抑郁的学生的主要表现是:情绪低落,思维迟缓,郁郁寡欢,闷闷不乐,兴趣丧失,缺乏活力,干什么都打不起精神;不愿参加社交活动,故意回避熟人,对生活缺乏信心,体验不到生活的快乐;并伴有食欲不振、失眠等。对于大多数人来说,抑郁只是偶尔的、暂时的,且以轻度表现为主。如果长期处于抑郁状态,就会导致抑郁症,产生神经衰弱,并有性格孤僻、内向、不爱谈吐与交往等特点。

小贴士 Tips

#### 调节抑郁的方法

(1) 宣泄术:如通过体育运动、体力劳动、找朋友倾诉、大哭一场等,都可以将心中积累已久的郁闷和不快释放出来,并调整机体的平衡。

(2) 转移术:即将注意力转移到较愉快的事情上,如听音乐、读小说、看电影、参加体育活动等,以此忘记悲伤.忘记忧愁,进而缓解内心积压的郁闷。

(3) 升华术:即把受挫折的不良情绪引向崇高的境界。如著名文豪歌德在失恋后,把失恋的情绪能量升华到文学创作中,写出了《少年维特之烦恼》。此外,利用语言自我暗示、请人劝导等方法对调节抑郁情绪状态也有一定效果。还要指出的是,那种以独处反思来缓解抑郁的方法是不可取的,它会加重抑郁症状,使人更加消沉。

### 3. 易怒

易怒是指情绪容易进入愤怒状态或具有愤怒倾向。愤怒是一个人的欲求和意图遭到妨碍、被人阻止时产生的一种消极情感体验。易怒的人有几个特点:好打抱不平、看什么都不顺眼、发怒后常常后悔、同时又有委屈感。

易怒常常危害人际关系,而人际关系紧张常常又使易怒趋向恶化。大学生中易怒现象较常见,在寝室、饭堂、运动场等场所,常见因一些琐碎小事引起的激烈纠纷,这都与青年学生易

易怒

怒情绪特征有关。

愤怒是一种情感能量的积聚，无限制发泄愤怒或是完全压抑愤怒，都不是真正消除愤怒的好方法。正如古希腊学者毕达哥拉斯所言："愤怒以愚蠢开始，以后悔告终。"因此，大学生要把握自己的行为，就应该了解愤怒对个人的意义，思索"我为什么生气""愤怒有什么好处"，时常以这种观点来分析及解释自己的愤怒，不要使愤怒成为工具性的表达形式。否则，就易流于自我保护，并且为愤怒找借口，然后将行为合理化。

**身边的故事**

### 情绪的困扰

大学生小 W，一直以来无法很好地管理自己的情绪，常常会对周围的人发火。发起火来控制不住地对周围的同学口出恶言，还会忍不住摔东西，把同学们吓坏了。老师同学都说他是"脾气不好"的人。小 W 也很讨厌脾气不好的自己，他尝试不发脾气，并且，总是告诉自己不要发火不要发火，可是，遇到事情总是会忍不住发火，每次发完火后就开始内疚自责。

**专家案例点评**

愤怒其实是人类非常正常的情绪，每个正常人一生总有过愤怒的时刻。从小到大我们学习很多知识可是却很少有人教我们如何去管理情绪。很多我们视为负性的情绪比如愤怒、悲伤、沮丧、恐惧等都对我们人类有非常重要的意义。例如，通过愤怒我们可以向周围人展示我们的边界在哪里，这在人际关系的界限确定上有很重要的作用。而且，这些所谓负性或者消极的情绪也不总是对我们产生负面的影响。例如，被坏人莫名欺负的时候，愤怒的表现会体现出我们的勇气，可以防止我们进一步受到伤害。在面对所谓的负面情绪的时候，很多时候我们都是以压抑为主，但这种压抑的方式只是把负面情绪压抑到潜意识里面去，并没有真正得到处理，反而会在不经意的时候爆发出来。而所谓负面情绪的说法会让人们陷入自责、内疚、焦虑等情绪中去，引起更多的情绪困扰。愤怒悲伤等本身没有问题，但把怒火发泄到周围的人身上就有很大的问题。因此我们要学习正确的情绪管理方法。

**小贴士 Tips**

### 和愤怒相处的有效方法

（1）宣泄术：即通过体育运动或体力劳动等方式，使情绪慢慢平静下来。

（2）转移术：即通过转换环境或转移注意力的方式，使自己的情绪得到缓和，并逐步缓和愤怒情绪。

（3）移情术：即凡事多站在对方的角度，替对方想想，将心比心，换位思考。

（4）宽容术：即放开度量，敞开胸怀，少与人计较，多原谅对方，宽以待人。

（5）暗示术：即通过自我默诵或轻声警告："冷静些""不能发火""别生气"等，或者在自己的床头贴一些"镇定""三思而后行""息怒""忍"等条幅，提醒自己，使自己冷静下来，变得理智，从而改善暴怒情绪。

小贴士 Tips

**如何面对"负面情绪"**

面对愤怒、悲伤等所谓"负面情绪"的时候，否认、压抑都没有真正地解决问题，这样只是把这些情绪从意识表面压抑到潜意识里面去。这些没有得到妥善处理的情绪，在一定的时候会突然冒出来，给生活带来意想不到的破坏。那怎么处理这些情绪呢？首先要认识到这是我们自己的情绪，不应该发泄到别人身上，我们要做情绪的主人，我们全然地为自己的情绪负责。然后可以找个安静的地方一个人坐下来，让自己全身放松，想象自己最充满爱的时刻，把这种爱充满自己全身每个细胞。或者想象自己最开心快乐的时刻，把这种快乐和开心的感觉充满自己全身每个细胞。保持爱与快乐的感觉，允许情绪用合适的方式表达出来，看着它、感谢它，谢谢情绪让我们有机会看到自己内心的需要，全然地体会它。

### 4. 恐惧

恐惧是对真实存在的危险所产生的一种自然、适应性的反应。这是一种正常的心理反应。"恐惧"增加了人生安全系数。但是，当危险过后恐惧心理难以消除，或对并不可怕的事物产生过分的恐惧心理，或自知恐惧不必要、不正常却难以自控，甚至已经影响到正常的生活，即是恐惧情绪障碍。作为情绪障碍的恐惧表现，是指害怕那些对一般人来讲并不感到害怕的事物，或者害怕这种情绪体验的强度和持续时间大大超出了常人的反应范围。患有恐惧症的人，往往对某一特定的物体、活动或情境产生持续紧张的、难以克服的恐惧，其间还常伴随有各种焦虑反应，如担忧、不安、出冷汗、颤抖等。恐惧症常常带有强迫性的特点，明明知道这种恐惧是过分的或没有必要的，但又难以抑制和克服。在大学生临床心理咨询中，社交恐怖、高空恐怖、颜色恐怖、疤痕恐怖等，都见有病例，尤以社交恐怖为最多。

小贴士 Tips

**缓解恐惧的有效方法**

(1) 肌肉放松训练：即通过自我暗示或放松音乐来使肌肉放松，也可在专业人士的帮助下进行。

(2) 建立恐怖等级：即将恐怖的刺激或情境按照引起恐怖体验强度大小，排列成一个等级表。

(3) 脱敏治疗：即让患者想象等级中最低一级的恐怖刺激或情境，当出现恐怖反应时，便结合肌肉放松训练，使之与恐惧情绪相对抗，直到恐怖感消失。然后想象下一等级的刺激或情境，如此逐级脱敏，直到呈现引起恐怖体验最强的那一级刺激或情境时也不出现恐怖反应为止。这种方法的技术化要求较高，通常应该由专业人员来施行。

### 5. 孤独

孤独是对情感联结没有做出反应时所产生的情感状态，它影响着个人与周围环境和人的情绪紧密度，尤其使人际关系产生无效性或负效性。

大学时期是大学生人际交往和社会活动最为频繁的时期。一方面，大学生觉得自己认识交往的人很多，另一方面又感觉茫茫人海中知己难觅，真正了解自己、关心自己的人太少，由此而产生既不愿与人交往，但又感到与世隔绝的孤独、寂寞的矛盾心理。过度的孤独感不仅给自己身心健康带来危害，同时也将影响人际关系的发展，影响自己的学业和日常生活。

### 6. 冷漠

冷漠，顾名思义是冷淡和漠视的意思。与易怒相反，冷漠是一种对人和事漠不关心、无动于衷的消极情绪。从面部表情和身体姿态上来看，冷漠的人表情平淡呆板，行动毫无生气，缺乏活力，懒散懈怠。他们往往将内心体验加以自我封闭，对生活失去乐趣，缺乏责任感和成就感。

其实冷漠也是一种情绪障碍。有的学者把这种情绪障碍称为"无聊神经症"，既通俗易懂，又表达得确切。在当前大学生中具有这种"无聊神经症"症状的人已不少见。大学生中的冷漠，多表现为不关心他人，不关心国家大事；对自己的进步、人生的价值、国家的前途等也漠然置之；看破"红尘"，对集体或集体活动不关心、不积极、不参与。

### 7. 烦恼

人人都会有烦恼的时候，大学生也是如此。失恋、考试不及格、同学关系不和、经济拮据，等等，都可能成为烦恼的内容。烦恼都有明确的对象和现实的困难。重要的并不是烦恼本身，而是能否从烦恼中解脱出来。

### 8. 嫉妒

嫉妒是指他人在某些方面胜过自己引起的不快甚至是痛苦的情绪体验。西班牙作家塞万提斯说："嫉妒是万恶的根源、美德的盗贼。"嫉妒是自尊心的一种异常表现，在大学生中普遍存在。具体表现为当看到他人学识能力、品行荣誉甚至穿着打扮超过自己时内心产生的不平、痛苦、愤怒等感觉；当别人身陷不幸或处于困境时则幸灾乐祸，甚至落井下石，在人后恶语中伤、诽谤。嫉妒是一种情绪障碍，它扭曲人的心灵，妨碍人与人之间正常真诚地交往。

嫉妒是由于别人胜过自己而引起抵触的消极的情绪体验。黑格尔曾说，嫉妒是"平庸的情调对于卓越才能的反感"。在日常生活中，嫉妒的存在是很普通的。英国科学家培根说："在人类的一切情欲中，嫉妒之情恐怕要算作最顽强、最持久。"当看到别人比自己强时，心里就酸溜溜的不是滋味，于是就产生一种包含着憎恶与羡慕、愤怒与怨恨、不屑与失望、屈辱与虚荣以及伤心与悲痛的复杂情感，这种情感就是嫉妒。

**小贴士 Tips**

对于大学生一个非常重要的人生任务就是找到自己并且活出自己。每个人都是独一无二的美丽存在。可是很多同学因为以往的教育、家庭等因素的影响常常在和别人比较。学习要比其他人好，长得要比其他人漂亮，要比其他人有钱……在无尽的比较中迷失了自己，根本不知道自己是谁，自己的优点是什么，只要是别人有的都想要，也不知道自己真正想要的是什么，导致自己给了自己很多压力的同时也引起许多不必要的痛苦。

**小贴士 Tips**

不同情境中的负性情绪可以采取不同方法进行自我调节和控制。

一是培养乐观向上、积极进取的人生观。

二是培养广泛的兴趣爱好与主观幸福感，热爱生活。

三是注重沟通的艺术，学会与人合作，建立友善的人际关系。

四是接纳自己，用赞赏的目光对待自己。

五是宽容别人，不苛求别人。

六是学会正确看待过去的失败与对自己的伤害。

七是避免过分自责。

八是善于管理自己的情绪，并学会合适的方式表达负性情绪。

九是不要随意扩大某事的严重性，尽可能做到“大事化小，小事化了”。

十是学会辩证看待对自己不利的事情，以避免负性情绪体验影响个人行为。

## 二　大学生情绪调节的方法

### 1. 适度宣泄

过分压抑只会使情绪困扰加重，而适度宣泄则可以把不良情绪释放出来，从而使紧张情绪得以缓解、轻松。因此，遇有不良情绪时，最简单的办法就是“宣泄”。宣泄一般是在背地里、在知心朋友中进行的。采取的形式或是用过激的言辞抨击、漫骂、抱怨恼怒的对象；或是尽情地向至亲好友倾诉自己认为的不平和委屈等，一旦发泄完毕，心情也就随之平静下来；或是通过体育运动、劳动等方式来尽情发泄；或是到空旷的山林原野，拟定一个假目标大声叫骂；发泄胸中怨气。然而，必须要指出的是，在采取宣泄法来调节自己的不良情绪时，必须增强自制力，不要随便发泄不满或不愉快的情绪，要采取正确的方式，选择适当的场合和对象，以免引起意想不到的不良后果。

**身边的故事**

### 考试成绩不理想

学期结束了，王某在期末考试时居然比同宿舍的张某差很多，这是他万万没有想到的。这件事使他深受打击，平常学习的时候，自己上课总是认真听讲，很努力地预习复习。可是张某学习的时候明明没有自己努力，怎么会考试成绩比自己好呢？接下来很长一段时间，他总是抱怨怎么会如此不公平，对学习也没有兴趣了，他对自己越来越没有自信了。时间久了，他觉得这样下去总不是个办法，有一天，他走进了学校的心理咨询室。在心理咨询老师那里，他痛痛快快地哭了一场，为自己的落后，为自己过的这一段极度郁闷、痛苦的日子……哭过之后，他感觉心里轻松了很多。后来心理咨询老师帮助他分析并一起找出了更适合他更有效率的学习方法以及学习中一些需要改进的方面，并且他也在心理咨询老师的帮助下认识到：生命是活出自己绽放自己的过程，而不是一味地与其他人盲目比较……走出心理咨询室的时候，他的心情好了很多，他又鼓起了信心，准备好好努力，争取在下次考试的时候考出自己的成绩，同时也祝福同学用他们自己的方法取得自己的好成绩……

想一想：是什么原因令王某的压抑情绪得到了缓解，什么行为促使他的心情平复下来，并能够找回信心与勇气？

小贴士 Tips

**宣泄需要适度**

我们都有过这样的体验：在大哭很久之后，好像几天都缓不过神来。或者发泄愤怒等情绪太久以后好像感觉更差了。那是因为宣泄情绪时会消耗大量的身体能力，因此宣泄情绪需要把握适度原则。每次宣泄都不要超过20分钟！

2. 转移注意力

注意力转移法就是把注意力从引起不良情绪反应的刺激情境转移到其他事物上去或从事其他活动的自我调节方法。当出现情绪不佳的情况时，要把注意力转移到使自己感兴趣的事上去。例如，外出散步，看看电影、电视，读读书，打打球，下盘棋，找朋友聊天，换换环境等；有助于使情绪平静下来，在活动中寻找到新的快乐。这种方法，一方面，中止了不良刺激源的作用，防止不良情绪的泛化、漫延；另一方面，通过参与新的活动，特别是自己感兴趣的活动而达到增进积极的情绪体验的目的。

身边的故事

**游戏的魅力**

某院校学生小G失恋了，他深深爱着的女友弃他而去。有很长一段时间他都缓不过来，以前认为很有意义的事情现在他都没有兴趣去做了。听说转移注意力的方法很有用，他尝试把自己的注意力转移出来。正好同宿舍的舍友们都在玩手机游戏，他也尝试了一下。这一尝试一发不可收拾。晚上通宵玩，白天吃饭、走路都在玩，就连上课也要偷偷拿出手机来玩一下。

想一想：运用转移注意力的方法的时候，要怎样才能避免出现小G这样的情况？

3. 情绪升华法

升华是改变不为社会所接受的动机、欲望而使之符合社会规范和时代要求，是对消极情绪的一种高水平的宣泄，是将消极情绪引导到对人、对己、对社会都有利的方向去。例如，一同学因失恋而痛苦万分，但他没有因此而消沉，而是把注意力转移到学习中，立志做生活的强者，证明自己的能力。

4. 积极的自我暗示

心理暗示，从心理学角度讲，就是个人通过语言、形象、想象等方式，对自身施加影响的心理过程。这个概念最初由法国医师库埃于1920年提出，他的名言是“我每天在各方面都变得越来越好”。自我暗示分消极自我暗示与积极自我暗示。积极自我暗示，在不知不觉之中对自己的意志、心理以至生理状态产生影响；积极的自我暗示令我们保持好的心情、乐

观的情绪、自信心，从而调动人的内在因素，发挥主观能动性。而消极的自我暗示会强化我们个性中的弱点，唤醒我们潜藏在心灵深处的自卑、怯懦、嫉妒等，从而影响情绪。与此同时，我们可以利用语言的指导和暗示作用，来调适和放松心理的紧张状态，使不良情绪得到缓解。

小贴士 Tips

心理学的实验表明，当一个人静坐时，默默地说"勃然大怒""暴跳如雷""气死我了"等语句时心跳会加剧，呼吸也会加快，仿佛真的发起怒来。相反，如果默念"喜笑颜开""兴高采烈""把人乐坏了"之类的语句，那么他的心里面也会产生一种乐滋滋的体验。由此可见，言语活动既能唤起人们愉快的体验，也能唤起不愉快的体验；既能引起某种情绪反应，也能抑制某种情绪反应。因此，当我们在生活中遇到情绪问题时，我们应当充分利用语言的作用，用内部语言或书面语言对自身进行暗示，缓解不良情绪，保持心理平衡。比如，默想或用笔在纸上写出下列词语："冷静""三思而后行""制怒""镇定"等等。实践证明，这种暗示对人的不良情绪和行为有奇妙的影响和调控作用，既可以缓解过分紧张的情绪，又可用来激励自己。

5. 自我安慰法

一个人在遇到不幸或挫折时，为了避免精神上的痛苦或不安，可以找出一种合乎内心需要的理由来说明或辩解。例如，为失败找一个冠冕堂皇的理由，用以安慰自己，或寻找理由强调自己所有的东西都是好的，以此冲淡内心的不安与痛苦。这种方法，对于帮助人们在大的挫折面前接受现实、保护自己，避免精神崩溃是很有益处的。比如，对于失恋者来说，想到"失恋总比结婚后再离婚要好得多"，便可减轻因失恋带来的痛苦。因此，当人们遇到情绪问题时，经常用"胜败乃兵家常事""塞翁失马，焉知非福""坏事变好事"等词语来进行自我安慰，可以摆脱烦恼，缓解矛盾冲突，缓解焦虑、抑郁和失望等负面情绪，达到自我激励、总结经验和吸取教训之目的，有助于保持情绪的安宁和稳定。

小贴士 Tips

当遇到问题的时候，把自己当作自己最好的朋友。如果你最好的朋友现在遇到和你一样的情况，你会如何安慰他/她？把这些话对自己讲。你会为他/她做什么？为你自己做吧！"人所不欲勿施于己"你对自己最好的朋友不会说的话停止对自己讲，你对你最好的朋友不会做的事也停止对自己做。

6. 代偿法

心情不愉快时，可以换一个角度，追求另外的事物，用另外一个新的目标来代替当前不能达到的目标，同样可以获得心理满足感。例如，长得不漂亮，可以通过学习上的成功来代偿；学习成绩不理想，可以通过发展自身的某些特长来代偿，等等。

### 7. 理性情绪疗法

这是由美国临床心理学家艾利斯在 20 世纪 50 年代创立的理性情绪疗法(RET),其核心是去掉非理性的、不合理的信念,建立正确的信念。非理性信念的特点是绝对化、过分概括化等。

艾利斯的 RET 理论认为:情绪并不是由某一诱发事件本身直接引起的,而是由经历这一事件的个体对这一事件的解释和评价所引起的。这一理论也称为情绪困扰的 ABCDE 理论:A 是指诱发性事件;B 指个体所遇到的诱发性事件之后产生的相应信念,即他对这一事件的想法、解释和评价;C 指在特定的情景下,个体的情绪及行为的结果;D 即驳斥、对抗不合理的想法、解释和评价;E 是产生有效的治疗效果。实际上这也是一个治疗过程流程图。因此,艾利斯 RET 的整体模式就成了 ABCDE 了。

示例:当一名大学生因考试成绩平平(A)而焦虑不安产生抑郁时(C),这是因为他有这样的信念(B):大学生在各方面都应当是优秀的、出类拔萃的,否则情况就非常糟糕。合理的解释是大学生未必各方面都优秀(D),做最好的自己是最重要的(E)。人的思想、情感和行动三者都是同时发生的,即当人思想时,也在感受和行动;同样,当人在感受时,也在思想与行动。情绪问题正是用非理性的话对自己不断地言语、暗示或指示的结果。

**小贴士 Tips**

艾利斯认为,非理性信念主要包括十条:

① 每个人都应该得到在自己生活环境中对自己重要的人的喜爱与赞许。

② 每个人都必须能力十足,在各方面有成就,这样的人才是有价值的。

③ 有些人是坏的、卑劣的、恶性的,为了他们的恶行,他们应该受到严厉的责备与惩罚。

④ 假如发生的事情是自己不喜欢或不期待的,那么它是糟糕、很可怕的,事情应该是自己喜欢与期待的那样。

⑤ 人的不快乐是由外在因素引起的,一个人很少有或根本没有能力控制自己的忧伤和烦闷。

⑥ 一个人对于危险或可怕的事物应该非常担心。

⑦ 逃避困难、挑战与责任要比面对它们容易,而且应该随时考虑到它可能发生。

⑧ 一个人应该依靠别人,而且需要有一个比自己强的人做依靠。

⑨ 一个人过去的历史对他目前的行为是极重要的决定因素,因为某事曾影响一个人,它会继续,甚至永远具有同样的影响效果。

⑩ 一个人碰到种种问题,应该有一个正确、妥当及完善的解决途径,如果无法找到解决方法,那将是糟糕的事。

## 演练场

### 1. 觉察和识别你的负面情绪

记录一天当中引发情绪的事件,可以对情绪进行觉察和梳理,坚持记录,对情绪的周期

及变化原因做分析总结，增加你对情绪的觉察与识别能力，也能够洞察你的情绪与发生的事件、你的想法或解释之间的因果关系。

主要记录以下内容：(1) 发生的主要事情。(2) 事情引发的情绪。(3) 过去是否有类似的情绪体验？(4) 在这样的情绪中，行为反应如何？(5) 为什么会产生这样的情绪？

2. 找找你的非理性信念

非理性信念包括：不切实际的要求和绝对要求："一定、必须、应该、可怕、糟糕透顶"是我们判断非理性信念的线索。

你有下列不合理信念吗？应该用什么样的合理信念去替代？

(1) 我应该受到周围每一个人的喜爱和赞扬。

(2) 别人应该对我好。

(3) 我必须非常能干、完美，而且在各方面都有成就，这样才有价值。

(4) 如果事情不是我想象、喜欢和期待的样子，那实在是太可怕了。

(5) 不快乐都是由外在因素引起的，我很难控制。

(6) 一旦这种事情(退学、失恋、受处分等)发生在我的身上，那我一切都完了。

(7) 我竞选学生会主席这一职位落选了，我情绪很低落，觉得自己很糟糕很失败。

如何运用情绪理论调节自己的情绪。下表为 ABCDE 自我分析和改进表。

▲ABCDE 自我分析和改进表

| 日期 | |
|---|---|
| A:诱发事件 | |
| B:信念(非理性的) | |
| C:结果(情绪和行为) | |
| D:驳斥(驳斥非理性信念) | |
| E:效果(新的情绪和行为) | |

8. 放松训练

在充满压力和挑战的现代生活中，人们的生活如上紧发条的闹钟一样。头脑从未平静过，每个人都会有紧张、焦虑、害怕、愤怒等情绪扰乱正常的理性思维，做出不适当的反应。

## 专家建议

放松技术——深呼吸放松法和想象放松法。

(1) 深呼吸放松法。这是在面临某些特殊的场合时(如在考场中)易感紧张的情况下，可以进行的最简单的放松法。具体做法是：站定(如果不允许，也可以坐着)，双肩下垂，闭上双眼，然后慢慢地做深呼吸。深深地用鼻子吸一口气，再慢慢地、均匀地呼出去；再深深地吸进来，慢慢地呼出去。这样重复做五六个回合(一个回合大概需 10 秒钟)。

(2) 想象放松法。做想象放松之前，亦要求放松地坐好、闭上双眼，然后开始先仔细考虑一下，在什么情景中最感舒适、惬意、轻松。一般的情况，常见的情景是在大海边或是幽静的公园中。如在海边可以这样想象：我静静地仰卧在海滩上，周围没有其他人，我感受到了阳光温柔地照射，触到了身下海滩上的沙子，我全身感到无比舒适，微风带来一丝丝海腥味，海涛在有节奏地唱着自己的歌，我静静地、静静地聆听着这永恒的波涛声——在进行想象放松训练的时候，一定要以自己想象的语言配合五官的感觉。想象的场景一定要是让自己感觉很放松、很舒适的环境，然后心无杂念地进行想象和回味，同时保持呼吸缓慢而有节奏。

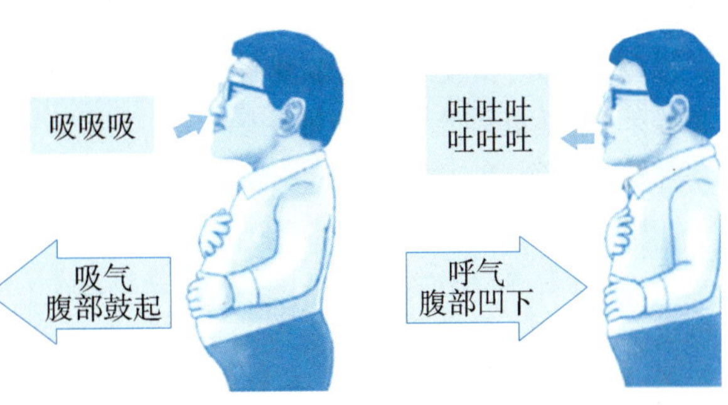

深呼吸

9. 冥想训练

冥想是缓解压力的一种有效方法，具有训练注意力、控制思维过程、提高处理情绪的能力和放松身体的作用。只要坚持练习、运用得当，冥想是应对压力、忧郁、烦恼以及其他不良心理和情绪状态的有效方法之一。

小贴士 Tips

很多人认为冥想就一定是要坐下来闭上眼睛想什么，当然这是冥想常见的一种方式，然而，生活中有很多不同的冥想方式。只要你专注地处在当下，都是非常不错的冥想。例如，吃饭的时候全心全意地吃饭，喝水的时候全心全意地喝水，扫地的时候全心全意地扫地……“全心全意”的意思就是完全地与自己同在，全然地感觉自己的感受。例如，喝水的时候全然地感觉水是什么颜色的，是什么味道的，有什么气味，喝水的时候有什么声音，水经过喉咙的时候是什么样的感觉，是凉的还是热的，是软的还是硬的，自己喝水时候的动作是怎样的……这样喝水就是一次冥想。有的同学一个人坐着的时候就控制不住地胡思乱想，这样的同学用坐下来冥想的方式就未必合适，对这样的同学应全然地去做一件自己热爱的事情，例如，全心全意地打场篮球。现在就试着找到合适你自己的冥想方式，并且，常常去做做看吧！

演练场

## 如何管理自己的情绪

**活动目的**：(1) 能辨认各种情绪并了解它发生的原因；(2) 知道各种情绪反应对行为的影响；(3) 学习管理调节情绪的正确方法。

**活动时间**：20 分钟。

**活动准备**：(1) 准备好训练用的题目；(2) 桌椅安排成小组讨论式。

**活动步骤**：

(1) 设置情境：① 有人弄坏了你的自行车；② 有个同学告诉你，下课后他会找几个人一起来揍你；③ 当你正在尽情地玩游戏，宿舍的同学请你声音小点；④ 你把自己攒了很久的钱弄丢了；⑤ 你在去教室的路上被人踩了一脚；⑥ 同学们喊你的绰号；⑦ 在某次竞赛或考

试中你获得了第一名。

(2) 讨论：在碰到以上各种情境时，你会有何种情绪产生？不适当的情绪反应，会有什么结果？(每组讨论一种情绪)

**情境举例：**

训练管理自己情绪的方法。

个案：老师告诉大家，过几天就要去郊游了，其间会随机抽取同学即兴演讲3分钟。听到这个消息后，同学们会有不同的反应和情绪：(1) 积极参加集体活动，并做好准备；(2) 无所谓，搞不搞这次活动都行，去郊游肯定会遇到很多麻烦，没准儿还会出问题呢，反正到时候抽到的话，就上去随便讲几句；(3) 手舞足蹈，兴奋不已，恨不得马上就去郊游，心想终于等到一个展示自我才华的机会了。

请同学们用个案的素材进行小品表演。

**演练结束语：**

同学们，当你碰到困难时，可能一时情绪低落，但我相信大家一定能通过学习和探索，尽快适应并调整好。请大家和我一起满怀激情地朗读一段誓词：

我有明确的奋斗目标，决不放弃！

我将百折不挠，主动迎战困难！

我必须勤奋学习，提高效率，珍惜时间！

我要积极行动，勇敢实践！

我乐观、自信、自强！

我将不断超越自我，走向辉煌！

## 第四节 培养良好的情绪

### 一 大学生情绪健康的标准

#### 1. 正确的人生追求

正确的人生追求是大学生学习与生活的一种精神支柱。有了它，学生就能在遭受挫折、打击和失意时，依然“心有所持，情有所依”，始终保持坚强的精神和健康的情绪。只有确立正确人生态度的人才能百折不挠，才能在现实生活中遇到不顺心的事情(如失恋、失败、疾病等)时，始终保持乐观向上的情绪。目前很多大学生对自己的人生追求没有清晰的认识。由于缺乏对人生追求清晰的认识，往往容易“人云亦云”，或者随着周围环境等的改变而改变，或者不同人生追求的矛盾导致内在冲突而引发各种情绪。因此，在大学期间清晰地认识自己包括认识到自己真正的人生追求是非常重要的。

#### 2. 保持宽广的胸怀

保持宽广的胸怀是大学生形成健康情绪的基本条件。学生宽广的胸怀表现在对待生活琐事能开阔视野、豁达胸襟，不只津津乐道于眼前琐事。古人云："君子所取者远，则必有所持；所就者大，则必有所忍。"一个人只有把眼光放在远大的事业上，才会有宽阔的胸襟和豁达的度量。大学生看问题应站在全局和长远的角度，不能因暂时的不利境遇而烦恼沮丧，不能为微不足道的小事而大动感情。在为人处事上，应当从渺小的个人感情中解脱出来，摆脱"自我中心"的认知，以宽广的胸怀去接纳他人，以真心、诚心去打动他人。

### 3. 理性地适应生活

人总是生活在一个现实的情感世界中，世界是复杂多变的：有甜的东西，也有苦的东西；有顺心的时候，也有不如意的时候；有眼泪，也有欢笑；有冷嘲热讽，也有炽热友谊。大学生如果不能适应这些变化，情绪将会随之起伏动荡，时喜时悲，时怒时憨，不良情绪将会由此而形成；如果能主动适应它，不管生活怎样起伏变化，都始终不改愉快、乐观的精神面貌，坦然处之，理智地对待环境、生活、学习、交往等方面的情绪问题，就能在现实生活中形成并保持健康情绪。当代大学生理性地适应生活需要三种能力：即理智接受现实的能力、理智评估自己的能力和科学管理情绪的能力。其中，具备理智接受现实的能力是理性地适应生活的前提，具备理智评价自己的能力是理性地适应生活的关键，具备科学管理情绪的能力是理性地适应生活的保证。

### 4. 善于寻找身边的欢乐

经常保持欢悦乐观是健康情绪的重要表现。因为乐观的情绪是身心和谐的象征，是心理健康的标志之一，它能使人从内心到外表都感染上愉快的色彩，更让人享受到对生活的满足感，从而更加热爱生活、热爱人生。保持乐观情绪的前提，是善于寻找身边的欢乐。大学生活中有欢乐也有忧伤，有的人经常看到欢乐的一面，他因此而感到生活很美好；有的人却总是看到忧伤的一面，当然会生活得很不称心。当然，善于在身边寻找欢乐，多看生活中欢乐的一面，并不是只看生活中美好的东西，而否认痛苦和困难的存在。生活中的现实是无法逃避的。我们提倡，无论欢乐还是忧伤，都应以乐观的心态去面对。虽然乐观的心情并不能改变客观事物本身，但是，乐观却可以使我们勇敢面对现实，不畏困难，使我们鼓足勇气面对我们所遇到的挫折和失败。美国得克萨斯州大学心理学家史阑德做过一项实验，他请被试者（大学生）考虑下列假设性问题："你的学期设定目标是 80 分，一周前第一次考试成绩（占总成绩 30%）发下来了，你得了 60 分，你会怎么做？"结果发现，每个被试者的做法因心态而异：乐观的被试者决定要更加用功，并想到各种补救的方法；比较乐观的被试者也想到一些方法，但没有实践毅力；而悲观的被试者则索性宣布放弃，并一蹶不振。他最后研究发现，青年学生的学业成绩与其心态是否乐观有直接的关系，这甚至比传统认为最具预测效果的入学测验更准确。也就是说，智力水平相当的学生，情绪因素对学业的影响更加明显。

**小贴士 Tips**

从现在开始每天尝试发现生活中的快乐并且给自己一点小而确定的幸福，体验完后用笔记录下来！例如，听一首美好的音乐，给自己一盘爱吃的小菜，这些可以很容易达成却能让你快乐的"小确幸"，形成自己的"小确幸日记"。

## 二 大学生如何培养健康的情绪

### 1. 培养音乐审美

音乐作为一门艺术，是人的情绪体验的一种表现方式，曲调和节奏不同的音乐可以使人产生不同的情绪体验。我国医学的经典著作《黄帝内经》两千年前就提出了“五音疗疾”；《史记》上有“故音乐者所以动荡血脉，流通精神而和正心也。”；埃及在远古时代的古典著作中称“音乐是灵魂之药”。

小贴士 Tips

在忧郁时，可以听：① 圆舞曲（肖邦）；② 欢乐颂（贝多芬）；③ 阿莱城姑娘（比才）；④ 弦乐小夜曲（柴可夫斯基）；⑤ 少女的祈祷（巴达奇夫斯卡）；⑥ 蓝色多瑙河（施特劳斯）。在愤怒时，可以听：古典乐曲：① 海顿小夜曲；② 月光（德彪西）；③ 水上音乐（亨德尔）；④ 沉思曲（马斯奈）；⑤ 小夜曲（舒伯特）；⑥ 棕发少女（德彪西）。民乐：① 寒鸭戏水（古筝独奏曲）；⑧ 牧羊曲（古琴独奏曲）。在悲伤时，可以听：① 春之声圆舞曲；② 拉德斯基进行曲：③ 打字机（安得松）；④ 马祖卡（肖邦）；⑤ 幽默曲（德沃夏克）；⑥ 蓝色多瑙河（施特劳斯）；⑦ 匈牙利舞曲第五章（勃拉姆斯）。

### 2. 培养幽默感

大学生要保持健康的情绪状态，不是被动地等待快乐的来临和被赐予，而是要始终拥有一颗好奇心，发现和主动创造能使自己感到快乐的生活和事业，并能够充分地享受愉快。特别是当一个人身处逆境时，一方面要能客观地面对现实，同时又要不使自己陷于激动的状态，最好的办法是以幽默的态度应对现实。可以说，幽默是一种生活智慧和生活艺术。

小贴士 Tips

在英国，有“一个丑角进城，胜过一打医生”的谚语，此话虽然过于夸大，但丑角的表演对医疗保健确有益处。据报道，1999 年 1 月，丹麦、挪威、瑞典、冰岛四国 51 位医师在哥本哈根举行会议，专门讨论幽默对医疗保健的意义，认为幽默引发的大笑，使人紧张的情绪和肌肉得以放松，减少忧郁不安，同时还能促进血液循环，激发免疫机能，提高对疾病的抗御力。因此，他们创立了“幽默治疗协会”，倡议尽可能把幽默应用到医疗保健之中。

### 3. 快乐地迎接每一天

也许我们都曾有过这样的感受，每天都在一种熟悉的、模式化的生活中，慢慢地就会觉得生活变得越来越乏味，快乐也越来越少，而烦恼和不安却与日俱增。事实上，只要我们学会从今天做起，把自己的每一天都安排好，你会发现快乐起来其实很简单。

**小贴士 Tips**

做好九件事,快乐每一天!

(1) 善意、礼让;

(2) 及时问候亲友;

(3) 适当地款待自己;

(4) 适量的运动;

(5) 尝试新事物能带给你快乐;

(6) 保持感激的心态;

(7) 做事情不要拖延,立马行动;

(8) 穿着优美整洁,以得体的仪表出现;

(9) 试着在能力范围内去帮助有需要的人。

各种运动

### 4. 培养积极的认知方式

积极的认知就是在看到事物不利的方面的同时,更能看到有利的方面。这种看待问题的方式,容易使人看到希望、增强信心、始终保持积极的情绪多于消极情绪。

大学生要善于管理自己的情绪,成为情绪、情感的主人,时刻保持愉快的心境,促进情绪和情感的成熟稳定;应当积极寻求多种途径形成良好的情绪管理能力和成熟的情感,从而培养完善的、高水平的心理素质,为成才和成功奠定良好的基础。

## 小贴士 Tips

人的一生中总会遇到挫折、外在的环境不如意的时候。例如，以我们小小的力量无法控制整个世界的运行规律，可是无论在怎样的环境中，我们至少可以选择自己看待世界的方式。良好的情绪控制能力，不是指我们改变环境适应我们，然后我们变得开心愉悦，而是，就在目前的环境、目前的情况下，哪怕是我们认为非常糟糕的情况下，我们也能看到自己和事物好的一面，并且保持平和的心态。现在就来试试看，找出你认为是糟糕的事情至少三个好的方面吧。

总之，大学生能否合理管理情绪关系重大，对塑造崇高的理想信念、健全积极的心理素质具有重要作用，情绪管理能力的培养，应通过更富创造性和革新意识的方式来开展，才能从根本上引导学生拥有积极向上的健康情绪，稳定从容地应对各种未知压力。

## 心理故事

### 斗鸡的智慧

周宣王很喜欢观看斗鸡，他的门下有位专门驯养斗鸡的纪浪子。有一天，有人从外地送来一只很强壮的斗鸡给国王，周宣王很高兴地将它交给纪浪子。过了几天，周宣王便问道："几天前交给你的斗鸡，可以上场比斗了吗"纪浪子说："还不可以，因为这只鸡血气方刚，斗志昂扬，还不宜上场。"再过几天，急性的周宣王又问同样的问题，纪浪子回答说："还不能上场。因为这只鸡看到其他鸡的影子，就会冲动，所以还不能上场。"又过了几天，周宣王再问。纪浪子便说："可以了！因为当它看到其他斗鸡，听到它们的声音时，一动不动，它的心已不受外物所动，就像木鸡一样，现在可以上场了！"。驯养斗鸡，要训练好它面对竞争对手时的情绪管理能力才能取胜，我们自身的成长，应该学习斗鸡这种心理战术，让自己善于管理自己的情绪，以静制动，专注于事件本身，才能发挥出最佳自己的水平。

## 活动综合评价

| 内容 | | 评价 | | |
|---|---|---|---|---|
| 学习目标 | 评价项目 | 自我评价 | 小组评价 | 教师评价 |
| 基本知识 | 1. 了解健康情绪的标准<br>2. 熟悉情绪的种类、表达及情商<br>3. 掌握常见的情绪困扰<br>4. 掌握情绪的自我调节方法 | | | |
| 调节情绪困扰的技巧 | 1. 初步学会灵活运用情绪困扰的自我调节技巧<br>2. 初步学会灵活控制自身的情绪状态，从而建立健康良好的人际关系 | | | |

续表

| 内容 | | 评价 | | |
| --- | --- | --- | --- | --- |
| 学习目标 | 评价项目 | 自我评价 | 小组评价 | 教师评价 |
| 情绪态度 | 1. 对自身情绪活动特点的认识<br>2. 对身边不同情绪特点的人的评价与概括，沟通交往的程度<br>3. 主动自我培养健康情绪的意识 | | | |
| 教师建议 | | 个人努力方向 | | |
| 评价总汇 | | | | |

# 第七章 学会用"心"交往

## ——人际和谐　受益终生

世界上没有比人与人之间的关系更不可思议的事情了。人的一生中往往受到缘分之操纵。人与人之间的关系，实在不可因个人意志和思想而轻易断绝。

——松下幸之助

一个人的成功，只有百分之十五是由于他的专业技术，而百分之八十五则要靠人际关系和他的做人处世能力。

——卡耐基

"人的本质不是单个人所固有的抽象物，在其现实性上，它是一切社会关系的总和"（卡尔·马克思语）人类社会的全部客观存在，归根结底，都必然体现在人与人之间的相互关系上。依据这个最基本的理论观点，用通俗的语言来表述，人际关系是为人处世的大学问，贯穿一生，包罗万象。本章所表述的人际交往，就是这种社会关系通俗、直观、自然的表现形式。

| 活动名称 | 扩大我的"交际圈" | 姓名 | | 完成时间 | |
|---|---|---|---|---|---|
| 目标 | 1. 通过与他人的交流并结合个人日常学习生活经验，总结出人际交往的意义<br>2. 了解影响人际交往的因素，学会灵活运用人际交往的原则和技巧<br>3. 了解人际关系障碍的类型，学会掌控并灵活处理人际交往的矛盾 | | | | |
| 任务 | 1. 尝试与周围不熟悉的同学进行交流<br>2. 尝试与几位任课教师沟通<br>3. 尝试与"有矛盾"的他人交往<br>4. 结合活动目标，将以上交往的经验进行总结，供课上思考讨论 | | | | |
| 实施过程 | 1. 根据具体活动内容以个人或者小组形式制订计划，明确任务<br>2. 按计划和分工实施任务<br>3. 各组员交流学习成果，整合知识 | | | | |
| 注意事项 | 与他人真诚交流，体会人际交往的奥妙 | | | | |
| 组员及分工情况 | 队号 | | 队长 | | |
| | 队员 | | | | |
| | 任务分工 | | | | |

## 思政园地

### 习近平与中国特色大国外交

党的十八大以来，习近平总书记密集开展元首外交，出访足迹遍布五大洲，实现了对重要地区、国家和国际组织的全覆盖。中国高举和平、发展、合作、共赢旗帜，同世界上110多个国家和地区组织建立伙伴关系，形成遍布全球的"朋友圈"，开辟了对话而不对抗、结伴而不结盟的国与国交往新路。党的十八大以来，中国特色大国外交昂首迈入新时代。2013年，习近平总书记总揽世界大势，提出共建"一带一路"倡议。9年来，"一带一路"已从倡议变为现实，从"大写意"步入"工笔画"，成为世界上最大的开放合作平台和广受欢迎的国际公共产品。面对保护主义逆流横行，中国坚决维护多边贸易体系，在全球率先举办国际进口博览会，与26个国家和地区签署了19个自贸协定，同世界各国分享中国发展红利。面对全球经济脆弱复苏、减贫成果受到侵蚀、南北鸿沟不断拉大等诸多难题，习近平总书记郑重提出全球发展倡议，为各国发展和国际发展合作贡献中国方案，以中国的新发展为世界提供新机遇。

# 第一节 大学生人际交往概述

人际交往

##  一 大学生人际交往的含义

良好的人际关系离不开良好的人际交往。这里说的大学生人际交往，是指学生为了相互传递信息、交换意见和沟通感情而运用一定的方式进行接触，从而在心理和行为上发生相互影响的过程。大学生人际交往是学习生活的基本内容之一，学会人际交往，是促进作为个体的人全面协调发展、保持心理健康的一个重要途径，也是人生必修的基础课。

大学生人际交往，套用一句艺术家的术语，就是要从“形”和“意”两方面去理解：从“形”的角度说，是指人与人之间的信息沟通和物质交换。人与人之间一切直接或间接的相互作用，都超不出信息沟通和物质交换的范围，信息沟通是人与人之间交往的重要形式，是一个人与他人建立联系，并通过这种联系丰富和扩展自身的主要途径。从“意”的角度说，人际交往是指人与人之间通过动态的相互作用形成的情感联系，即通常所说的人际关系，它是人与人之间相对稳定的情感纽带。如果两方面都具备，不妨用一句成语来描述，就是“形神兼备”。

大学生人际交往技巧之倾听

## 二 大学生人际关系的类型及特点

### 1. 大学生人际关系的分类

大学生人际交往按照交往的范围大致可分为三类，即个体与个体之间，就是“我和你”——如同学、朋友、师生之间的关系；个体与群体之间的关系，就是“我和你们”——个体与家庭、与班级之间的关系；群体与群体之间的关系——就是“我们和你们”，如不同系别、不同班级之间的关系等。

### 2. 大学生人际关系的主要类型

（1）师生交往。中国是尊师重教的国度，从孔子师传三千弟子，创立“师道”开始，师生关系就是人际交往的重要内容。民间有许多尊师的典故与传说，足以说明师生关系是一种非常重要的人际关系。大学教师与大学生的关系，有明显的特殊性。一是“单向性”，教师处于主导地位，老师“传道、授业、解惑”；学生处于主体地位，学生聆听、感悟、效仿，如果在教育过程中教师的主导地位和学生的主体地位未能充分体现，则教师与学生之间的交往会存在双向互动不足。二是“制式化”，内容单一，交往仅仅限于传授知识，解惑释疑，交往领域比较狭窄。三是“局限性”，交往场所往往限于课堂，课余来往很少。这些特点，尤其是师生之间缺乏情感的交流，不利于建立融洽的师生关系。教学经验和新教育的理念告诉我们，教师与同学之间应建立一种“良师益友”关系，教师要培植学生对学习的热爱，发挥兴趣的导向作用，使其成为知识的“乐之者”；而学生也要培养对学习的兴趣，成为一名“知之、好知、乐知”的时代新人。加强师生人际交往的双向互动，丰富充实人际交往内容，拓宽师生人际交往领域，更有利于和谐校园建设，更有利于大学生人格、品德、能力的造就和培养。

（2）同学关系。同学交往，是大学生人际交往最基本的内容。一方面，大学生群体年龄相仿，兴趣爱好相近，同在一个集体中学习和生活，共性多，同质性强，比较容易相处。另一方面，同学之间因为家境亲情、成长经历、性格身体、天资禀赋等方面的原因，在生活习惯、人格特质等方面存在着较大的差异，加之同学是近距离相处，交往频率过高，彼此非常熟悉，优缺点了然于心，在交往过程中难免产生这样或那样的摩擦、碰撞甚至是冲突。而大学生的特定年龄段、心理成长期，对同学关系的渴望苛求十分强烈，期望值比较高，一旦这种需求得不到满足，就容易对人际交往产生立竿见影的消极态度。

（3）恋人关系。这是大学生特定年龄段无法回避的一种特殊关系。有的恋人关系本身就是同学关系的扩展与延伸。随着时代的发展进步，高校对在校生恋爱的态度经过了一系列转变，恋爱已经由最开始的严令禁止到目前的科学引导，引导学生正确对待恋爱与失恋，引导学生分清现阶段的主要学习任务。大学生处理好恋爱问题，需要心理、生理、伦理、物质、亲情、社会责任等多方面的支撑和把握。处理得好，是人生兴奋剂，是力量倍增器；处理不好，是事业绊脚石和人生腐蚀剂。所以，就构建和谐社会而言，解决好这个问题，并不能简单地界定为个人的私事。

（4）其他人际关系。其他人际关系是指大学生与家庭、亲属、恋人、老师、同学之外的社会成员以及网络虚拟成员等的交往联系。简而言之，就是一种泛社会的人际关系。在我国，社会流传很多谚语俚语：近朱者赤，近墨者黑；人熟为宝；在家靠父母，出门靠朋友；人和为上；等等。足以说明，我们这个社会，对人际交往的重视。这方面，既有东方文明的睿智，也有封建思想的糟粕，应当在扬弃中继承，但无论如何，也没有理由对此掉以轻心，或者排斥回避。

人际交往是大学生生活的基本内容之一。同学之间、师生之间、同乡之间、室友之间、个人与班级以及和学校之间等社会交往，构成了大学生人际交往的架构体系。大学生处于一种渴望交流、渴求理解的心理发展时期，良好的人际关系是他们心理正常发育、个性健康发展的必备条件，也是实现“以人为本”理念，追求人的全面发展的必然要求。

想一想：结合自己的成长实际，谈谈人际关系的重要性。

### 3. 大学生人际交往的特点

从交往心理看，大学生交往呈多元性与开放性的特点。

（1）交往愿望的迫切性。随着年龄的增长，大学生生理和心理的渐趋成熟、知识水平和认识能力提高、生活空间扩展，进入大学以后社会化程度的不断提高，大学生交往的愿望强烈，学习及生活环境的改变使得他们迫切需要结识新朋友和适应新环境。在大学阶段，他们迫切希望能够增长人际交往的知识，并且身体力行投入到与老师、同学、朋友、社会、网络的交往中。

（2）交往内容的丰富性。相近的年龄和社会认知水平使大学生具有广泛的兴趣、活跃的思想、丰富的感情，使得大学生在交往中重视心灵共鸣、情感同频、三观相合，他们对各种自然和社会现象都感兴趣，因此大学生在人际交往过程中内容较为丰富，除本专业知识外，还会涉及文艺、政治、经济、文化、历史等方面。

(3) 交往观念的自主性。大学生逐渐成熟的自我意识和独立思考的能力，使得他们在人际交往观念上体现出独立性和自主性。在人际交往的方式、内容和对象选择上，人际交往体现出独立性和自主性，自主选择发展友谊的朋友。

(4) 交往系统的开放性。大学生求知欲、好奇心强，易接触新事物，加上他们来自各地，家庭状况、生活各异，决定了交往是一个多层次的开放系统。大学生在校期间除了涉及与老师、同学的交往，也涉及与社会和网络的交往，因此无论是在校内、校外还是网络上，大学生的交往是一个全方位多层级的开放系统。

## 演练场

### 第一印象你准备好了吗？

1. 当第一次见到某个人，我的表情应该是 （ ）
A. 热情诚恳，自然大方 B. 大大咧咧，漫不经心 C. 紧张局促，羞怯不安

2. 我与他人谈话时的坐姿应该是 （ ）
A. 正姿而坐 B. 随意坐 C. 很自然地坐

3. 我同对方谈话时，眼睛应注意望着何处？ （ ）
A. 直视对方眼睛
B. 看着其他的东西或人
C. 盯着自己的纽扣，不停玩弄

4. 两人交谈时话题应侧重于 （ ）
A. 两人都喜欢的 B. 对方感兴趣的 C. 自己热衷的

5. 自己说话时的姿势应注意 （ ）
A. 偶尔做些手势
B. 从不指手画脚
C. 常用姿势补充语言表达

## 小贴士 Tips

建立良好第一印象的方法是善于表现自己，给别人留下良好、深刻的印象。社会心理学家艾根 1977 年根据研究得出同陌生人相遇时，按照 SOLER 模式表现自己，可以明显地增加别人对我们的接纳性。

S 表现坐或站要面对别人

O 表现姿势要自然放开

L 表现身体微微前倾

E 表现目光接触

R 表现放松

首因效应

## 三 大学生人际关系心理效应

### 1. 首因效应

在人际交往活动中，人们会很重视初次接收到的信息（包括交往对象的面容、语言、神态等），以至于影响对后续信息的接受、判断和重视。首因，即最初的印象，或称第一印象。首因效应启迪我们，一方面要给他人留下良好的第一印象，另一方面又要在以后的交往中，纠正以第一印象下定论简单肤浅的思维习惯，也就是“路遥知马力，日久见人心”。

### 2. 近因效应

近因效应，是指近期交往的印象，对人们认识所产生的影响。经验告诉我们，最近一次交往留下的印象，往往是最深刻的，这也是心理学上所阐释的后摄作用。一般而言，熟人之间的交往近因效应会形成较大的作用，因此我们在与他人交往时，既要注意平时给对方留下清晰、深刻、正面的第一印象，也要注意给对方留下的最近印象。

### 3. 光环效应

光环效应，又名晕轮效应，指人们在人际交往的过程中，常从对方所具有的某个或某些特征出发，推论到其他方面的特征的现象，即根据最少量的结论对他人得出最全面的结论。晕轮效应最早是由美国著名心理学家爱德华·桑戴克提出的，它是指月亮周围出现的光晕或光环，其实它们是月亮光的扩大化或泛化。爱德华认为，人们往往容易从局部认知和判断人和事物，再扩散到整体，常常以偏概全，就像晕轮一样。从正面来讲，通过某一方面建立有关别人的印象，最迅速、最经济，帮助人们尽快适应多变的外部世界；从负面理解，便是以偏概全，使人们对别人的印象与本来面目相去甚远。人们习惯于按照自己对一个人的一种品质推断出他还具有其他一些品质的倾向，如知道某人是正直的，则容易把这人想象成刚直不阿、真诚可信、办事认真、可信赖等甚至爱屋及乌。

晕轮效应

### 4. 投射效应

投射效应，是指在交往的过程中，人们总是假设他人和自己有相同的倾向，即把自己的特性投射到他人身上，从而形成对他人的印象。有时候，我们对他人的猜测，无形中透露的正是自己。所以，我们不要妄自猜测别人的坏处，不要那么小心眼，就是古语说的：“以小人之心，度君子之腹”。

### 5. 刻板效应

刻板效应，是社会上对于某一类事物或人物的一种比较固定、概括而笼统的看法。在人际交往中，人们有时会把对某一类人物的整体看法，强加到该类的每一个个体上，从而忽视了个体特征。刻板效应有利于总体评价，但对个体评价会产生偏差。比如，农村来的同学认为城市来的同学见识广，而城市来的同学认为农村来的同学见识狭隘。

大学生人际交往的重要性

## 四 大学生人际交往需求

交往，是人类社会一种必然的社会活动。它的必然性来源于人类的需要。人类的群居性，客观上必然形成“合群”的伦理。“合群”的伦理，是人际交往的原动力、驱动力，是人际交往的心理基础。

人与生俱来有各种需要，最基本的是生理需要和安全需要，以求得生存；其次是归属的需要、尊重的需要和自我实现的需要，以求得自身的发展与完善。无论何种需要，在内外部刺激下，人们就会产生满足这些需要的愿望和要求，推动人类进行活动，产生交往。

### 1. 人际交往是人的社会化的必由之路

前面，我们讲到了马克思的观点：“人的本质不是单个人所固有的抽象物，在其现实性上，它是一切社会关系的总和”。通过以下的讲解，大家会理解得更深。人的社会化，就是指一个自然人成长为一个社会人的过程。一个人在婴儿时期，只会本能地吃、睡、哭，随着时间的推移，慢慢学会了爬、走、吃、穿、说话，学会了这个社会所需要的知识、技能和规范，发展了自己的社会性。简单说，由一个自然人变成了一个社会人，这个过程就叫社会化。人的社会化是通过人际交往来实现的。如果一个人长期被剥夺与人交往的权利，不论小孩或大人都将失去心智及人性。大家知道的印度“狼孩”，是在狼群中长大，一切习性都似狼性，无论后天再怎样教育和训练，都无法达到同龄孩子的心智水平。

### 2. 交往活动是促进认识自我、完善自我的基本途径

古人尊崇“以史为鉴，以人为鉴”。其中，“以人为鉴”，就是人际交往的重要内涵。人对自己的认识总是需要一个“参照系”，以他人为镜，通过与他人进行比较，从而做出对自己客观准确的估价判断。一个人如果没有交往的参照物，容易自我感觉良好，自以为是，盲目自大。

### 他山之石

国外流传一个故事：两个年龄相仿的年轻人，同时受雇于一家店铺，并且拿同样的薪水。可是叫阿诺德的小伙子青云直上，而那个叫布鲁诺的却仍然在原地踏步。对此他很不解，也很不满。终于有一天憋不住了，布鲁诺到老板那发牢骚了。老板一边耐心地听着他的抱怨，一边在心里盘算着怎样向他解释清楚他和阿诺德之间的差别。老板开口说话了，“布鲁诺先生，您到集市去一趟，看看今天早上有什么卖的”。布鲁诺应然。他很快从集市上回来，向老板汇报说，只有一个农夫拉了一车马铃薯在卖。“有多少？”老板问。布鲁诺赶快戴上帽子又跑到集上，然后回来告诉老板一共有四十口袋。老板再问，“价格是多少？”布鲁诺又第三次跑到集上问了价钱。“好吧”，老板对他说：“现在请您坐到这把椅子上，一句话也不要说，看看别人是怎么做的。”老板让人叫来了阿诺德，也叫他去集市上看看有什么卖的。不一会，阿诺德回来了，说只有一个农夫在卖马铃薯，一共有四十口袋，价钱是多少，

质量很不错。他带回来一个让老板看看。这个农夫一个钟头以后还会运来几箱西红柿，据他看，价格非常公道。昨天他们铺子的西红柿卖得很快，库存不多了，他想这么便宜的西红柿老板肯定会要进一些的，所以他不仅带回了一个西红柿做样品，而且把那个农夫也引荐来了，正在外面等回话呢。此时，老板转向布鲁诺，说："现在您知道为什么阿诺德的薪水比您高了吧！"

3. 交往是保持心理平衡的有效方式

理论和现实告诉我们，人类的心理适应，最主要的就是对人际关系的适应，所以人类的心理异常，主要是由于人际关系失调而造成的。人际交往不仅是一个人生存发展的需要，而且是满足人身心健康的需要。人际交往的时空越大，人的精神生活越丰富，得到支持与帮助的机会越多，越能保持心理平衡。而交往需要得不到满足，人的情绪就会低落，产生心理失衡，导致身心疾病。

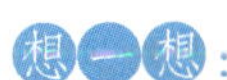
身边的故事

## 她的致命弱点

小Z是某职业院校的学生，在中小学一直担任班长和团支部书记。考上职院后，她以较强的组织能力和工作经验赢得了同学们的信任，担任了班级的团支书。但她有个致命的弱点，就是争强好胜，嫉妒心强，在她的内心世界中，不允许别人超过自己。大学校园里人才济济，小Z无论从综合素质上，还是学习成绩上都不是最优秀的。女同学小L是小Z所在班的班长，可两个人并不是通力合作把班级工作搞好，而是暗自使劲开始了竞争。小L在唱歌、跳舞、体育、学习等方面都略胜小Z一筹，小Z开始受不了，自尊心受到了极大伤害。在她的内心里，充满气愤、紧张、焦虑、嫉妒，她总是中伤对方，小L组织的活动她也拆台。慢慢地，她开始失眠、头痛，身体感到严重不适，难以正常学习、工作，朋友越来越少，在班级重新选拔班干部时，她落选了。伴随着挫折、失败和悲伤，她神志恍惚，最后退学回家。

想一想：

1. 你认为是什么原因让小Z退学回家的？
2. 从这个故事中你悟出了什么道理？

人际交往的作用

## 五 大学生人际交往与个人成长的关系

(1) 人际交往是交流信息、获取知识的重要途径。现代社会是信息社会，人们对拥有各种信息和利用信息的要求，随着信息量的扩大，也在不断地增长。通过人际交往，同学们可以相互传递、交流信息成果，丰富自己的经验，增长见识，开阔视野，活跃思维，启迪思想。

(2) 人际交往是个体认识自我、完善自我的重要手段。人际交往，可以帮助我们提高对自己的认识，以及自己对别人的认识。在人际交往的过程中，彼此从对方的言谈举止中认识了对方。同时，又从对方对自己的反应和评价中认识了自己。交往面越宽，交往越深，对他人的认识越完整，对自己的认识也就越深刻。只有对他人认识全面，对自己认识深刻，才能得到别人的理解、同情、关怀和帮助，自我完善才可能实现。

(3) 人际交往是一个集体成长和社会发展的需要。人际交往是协调一个集体关系、形成集体合力的纽带。一个良好的集体，能促进个体优良个性品质的形成，如正义感、同情

心、乐观向上等都是在民主、和睦、友爱的人际关系中成长起来的。良好的人际关系还能够增进集体的凝聚力，成为集体中最重要的教育力量。

(4) 人际交往能力，是现代人必须具备的基本素质之一。大学生不论是在学校学习，还是毕业后步入职场，都离不开人际交往。在校园，同学之间的相互照顾、相互帮助、相互支持、相互交流，师生间的教学相长，都需要有健康良好的交流沟通。不善于交流沟通，没有正常的人际交往，就等于自己筑起一道心理屏障，阻隔与他人、集体和社会的联系，这就必然妨碍影响个人的全面发展，甚至毁掉自己的一生。

**小贴士 Tips**

美国著名的企业家、教育家戴尔·卡耐基指出，在现代社会，一个人的成功，只有15%是依赖自身的素质，85%则取决于人际关系。

## 他山之石

### 专家建议

在大学生人际关系的构建和形成中，家庭、学校、社会等方面到很大作用。大学生由于经济、情感上的原因，与家人保持着稳定的联系，但由于脱离家庭异地就学，与家人的关系拉开。在大学里，同乡关系是一种特殊的，在一定程度上起到心理稳定的作用。大学里同学、同寝、师生之间的关系是极为重要的。很多人一味地注重提高交际技巧，却忽略了自身素质的提高，这是舍本求末，缘木求鱼。其实，要想改善自己的人际交往，首先应该提高自己的人格魅力，只有不断完善自己，让自己成为一个人文素养富有的人，人际交往的平台才牢固，正常的人际交往才能成为有源之水、有本之木。

大学生在人际交往的过程中，宽容是一种非常重要的品格。一个胸怀宽广的人在任何时候都是受欢迎的人，而一个心存妒忌、斤斤计较的人，很难拥有良好的人际关系。宽容的同时，还要能够热情地帮助他人。虽然“酷”这个词语正在大行其道，但是，靠耍酷是无法处理好人际关系的。你对别人酷，别人只会对你更酷；而你对别人热情，别人就会对你更加热情。

我的一位同学，虽然他学习不是很优秀，但在班里的人缘非常不错。因为他对每一个人都非常热情，让别人总是不忍心责怪他。他每天都会晚走或是提前到班级，坚持每天都给每一名同学打热水，甚至给每位同学的杯子装满热水。如果他做错了什么事，他会一个劲地说对不起，并且不厌其烦地重做，直到老师和同学满意为止。就这样，这位同学不但在班级有了很好的人缘，学习成绩也渐渐地上升，得到老师和同学们的赞赏。

宽容表现在对非原则性问题不斤斤计较，能够以德报怨，以宽容之光温暖冰寒之隙。在人际交往的过程中，由于彼此的观念或方法不同，每个人都难免会遇到一些不愉快的人和事，要学会宽容，克制和忍耐。大学生在人际交往中心胸要宽，姿态要高，气量要大，遇事要学会权衡利弊，切不可事事苛求他人、固执己见，要尽量团结那些与自己有不同见解的人，营造宽松的人际交往环境。“学会原谅别人是美德，学会宽容别人是高尚。有了这样的心境，就会有良好的人际关系，就会使每一天都快乐。”

虽然这些都是我们身边的一些细微小事，但我们有谁做到了？其实，越细小的事情越能体现一个人的身心素质。而对于现在的大学生来说，我们也要学会去宽容对待他人，不要为一些小事发生矛盾，只要心胸宽广、热情大方地去交往，定会有不错的效果。

## 热身小测试

### 人际关系自测

指导语：每一个问题后面，各有A、B、C三种答案，请你按照自己的真实情况任选其一。

1. 在人际关系中，我的信条是　（　　）

A. 大多数人是善良的，可与之为友

B. 人群中有一半人是狡诈的，一半人是善良的，我将选择善良的人交友

C. 大多数人是狡诈虚伪的，不可与之为友

2. 最近我新交了一批朋友，这是因为　（　　）

A. 我需要他们

B. 他们喜欢我

C. 我发现他们很有意思，令人感兴趣

3. 外出旅游时，我总是　（　　）

A. 很容易交上新朋友

B. 喜欢一个人独处

C. 想交朋友，但又感到很困难

4. 我已经约定要去看望一位朋友，但因为太累而失约　（　　）

A. 这是无所谓的，对方肯定会谅解的

B. 有些不安，但又总是在自我安慰

C. 很想了解对方是否对自己有不满意的情绪

5. 我结交朋友的时间，通常是　（　　）

A. 数年以上

B. 不一定，合得来的朋友能长久相处

C. 时间不长，经常更换

6. 一位朋友告诉我一件极有趣的个人私事，我是　（　　）

A. 尽量为其保密，不对任何人讲

B. 根本没有考虑过要继续扩大宣传此事

C. 当朋友刚一离开，随即与他人议论此事

7. 当我遇到困难时，我是　（　　）

A. 通常靠朋友去解决

B. 找自己可信赖的朋友商量着办

C. 不到万不得已时，绝不求人

8. 当朋友遇到困难，我觉得　（　　）

A. 他们大都喜欢来找我帮助

B. 只有那些与我关系密切的朋友才来找我商量

C. 一般都不愿意来麻烦我

9. 我交朋友的一般途径是　（　　）

A. 经过熟人的介绍

B. 在各种社交场合

C. 必须经过相当长的时间，并且还相当困难

10. 我认为选择朋友的最重要的特质是　（　　）

A. 具有能吸引我的才华
B. 可信赖
C. 对方对我感兴趣

11. 我给人的印象是 （ ）
A. 经常会引人发笑
B. 经常在启发人们去思考问题
C. 和我相处时，别人会感到舒服

12. 在晚会上，如果有人提议让我表演或唱歌时 （ ）
A. 婉言谢绝
B. 欣然接受
C. 直截了当地拒绝

13. 对于朋友的优缺点，我喜欢 （ ）
A. 诚心诚意地当面赞扬他的优点
B. 诚实，对他提出批评意见
C. 既不奉承，也不批评

14. 我所结交的朋友 （ ）
A. 只能是那些与我的利益密切相关的人
B. 通常能和任何人相处
C. 有时愿与同自己不相投的人和睦相处

15. 如果朋友们和我开玩笑（恶作剧），我总是 （ ）
A. 和大家一起笑
B. 很生气并有所表示
C. 有时高兴，有时生气，依自己当时的情绪和情况而定

16. 当别人依赖于我的时候，我是这样想的 （ ）
A. 我不在乎，但我自己却喜欢独立于朋友之中
B. 这很好，我喜欢别人依赖于我
C. 要小心点！我愿意对一些事物的稳妥可靠持冷静清醒的态度

**各题的计分标准如下：**

1. A3 B2 C1　2. A1 B2 C3　3. A3 B2 C1　4. A1 B3 C1
5. A3 B2 C1　6. A2 B3 C1　7. A1 B2 C3　8. A3 B2 C1
9. A2 B3 C1　10. A3 B2 C1　11. A2 B1 C3　12. A2 B3 C1
13. A3 B1 C2　14. A1 B3 C2　15. A3 B1 C2　16. A2 B3 C1

根据你所选择的答案，找出相应的分数，将16个题的得分累加起来，这个总分可以大致评定你的人际关系是否融洽：

38～48分，说明你的人际关系很融洽，在广泛的交往中很受众人喜欢；
28～37分，说明你的人际关系并不稳定，有相当数量的人不喜欢你；
16～27分，说明你的人际关系不融洽，你的交往因子确实太小了。

## 身边的故事

### 他们都在议论我吗？

一大学生，在课堂上与同宿舍同学在对某种社会现象的认识上发生了争执，心生芥蒂。后来发展到对该同学看不顺眼，甚至连对方的长相、生活方式都看着别扭，不愿接纳。可一想到老师们要团结同学的谆谆教导，想到“以和为贵”的古训，便采取了消极回避矛盾的方式：每天清早，他第一个起床，以最快的速度洗漱，之后便离开宿舍去吃早餐，到教室上课；午休在教室里度过；每天晚自习结束的铃声响过多时，才最后一个回到宿舍。他常常在宿舍门外听到舍友们有说有笑，可当他一迈进宿舍，大家就都不说话了，他十分不解，总以为大家是在议论他。一次，他忍不住问一位舍友：“我一回来你们就不说话了，是不是总在议论我？”寝室同学惊讶地说：“哪儿的事呀，你学习那么刻苦，每天早出晚归，挺不容易的，大家不忍打扰你，就照顾你早点儿休息呀！”其实，为了消极躲避，这个同学孤独、苦恼、焦躁、困惑，又没有人倾诉，学习成绩也大受影响。

想一想：到底什么是团结同学？与自己的思想观点不一致的人又怎样相处呢？请你为这位同学出出主意。

## 第二节 大学生常见人际交往心理障碍及调试

近些年来，社会舆论及专家调查得出相同的结论：当前大学生的人际交往能力不容乐观。大学生群体在心理健康方面屡屡出现的极端性案例，可以说触目惊心，发人深省，令人警醒。部分省、直辖市高校心理咨询的调查显示，大学生在心理咨询中，属于人际交往方面的问题，占到百分之四十以上，居咨询分类的首位，显然已经成为亟待解决的最突出问题之一。本节就大学生心理健康的重要课题——人际交往中的主要障碍及调适，进行探讨和阐述。

### 一 认知方面的心理问题

从认识论的观点讲，认知是认识的重要内容，是实践的关键环节。“知”的问题不解决，“行”的进程难推进。大学生人际交往过程中的认知环节，包括对自己、对他人、对交往过程的认知。无论是哪个环节产生扭曲和失真，都会影响到人际交往，构成人际交往的认知障碍。

1. 对自我的认知偏差

古人说，“人贵有自知之明”。看来从古至今，能正确认识自己，并不是一件容易的事。先哲们都难以做到，作为还没有进入社会的大学生一时没能做好，也不是一件多么丢人的事情。

大学生在人际接触中，如果对自己没有正确的认知，就会影响正常人际交往。概括而言，大学生对自我认知的偏差通常主要有两方面：一是“过誉”，就是高估自己，自以为是，自视甚高；二是“过谦”，就是妄自菲薄，自卑自弃。对自我的这两种不正确认识都会影响人际交往。自视甚高者过于自负自傲，对自认不如己者不屑一顾，居高临下，目中无人，不愿意与人交流合作，使得人们避而远之。自卑自弃的人，看不到自我的价值，极不自信，缺乏独立见解，思维眼界严重受限，处于无所作为、无能为力的境地。他们想以自己的“低姿态”

"随和",来换取人们的认同亲近。但现实中,人们恰恰不愿意与他们交往。

2019 年习近平总书记考察南开大学时,曾对青年学子寄语:现在大学生的主要任务就是扎扎实实学习,心中要怀有远大的目标,仰望星空同时也要脚踏实地。因此我们在看到自己长处和短处的同时,学会扬长避短。

### 2. 对他人的认知偏差

归纳起来,对他人的认知偏差主要有三种:一是以最初表象判断人,二是以有色眼镜判断人,三是以众人评价判断人。

(1) 以"第一印象"下定论(首因效应影响)。人们对最初表象的感知,就是常说的"第一印象"。"从进化心理学上看,人类进化出能快速判定对方是好是坏的能力,这对生存至关重要。"但是第一印象并不是百分百准确的。学者尹文刚认为,早期人们的第一印象基本准确是因为在视觉方面可伪装的内容很少,而随着人类社会的发展,视觉层面无论是服装、表情、姿态等都可以是人为加工的产物。

所谓"路遥知马力,日久见人心",仅凭第一印象就妄加判断,往往会犯下错误。这种评价应当在以后的进一步交往认知中不断地予以修正完善,这也意味着,第一印象并不是无法改变的。我们要练就一番透过现象看本质的本事,在长期的相处中全面、正确地认识和了解他人。

(2) 以一时一事评价人(近因效应影响)。近期信息信号最强,记忆最清晰。在较为长期的交往中,最近的印象比最初的印象更占优势,这是一种心理惯性。由于这种惯性的作用,人们往往会以最近的印象来评价人。这种对他人认知的最大失误就在于以偏概全。"窥一斑而知全豹"并不总是适合于一切人和事,个别和局部并不一定能反映全部和整体。在人的诸多行为或性格特征中抓住某个好的或不好的,就断定他是好人、坏人,无疑是幼稚的。

(3) "一好百好"的思维定式(光环效应影响)。这是指根据某人身上一种或几种特征来推论概括该人其他一些未曾被了解的特征,属于以点概面、以偏概全的认知偏差。个体对他人的认知判断主要是根据个人好恶做出的,然后再从这个判断推论出认知对象的其他品质。如果认知对象被标明是"好人",他(她)就会被一种"好"的光环所笼罩,大家就容易把一些好的品质赋予他(她);反过来,如果一个人被标明是坏人,他(她)就会被一种"坏"的光环所笼罩,大家就容易把一些坏的品质赋予他(她)。

光环效应实际上就是个人主观推断的泛化、扩张和定型的结果。例如,看到某人热情,便认为此人慷慨、聪明、有同情心、办事能力强;看到某人话少,就认为此人待人冷漠、有心计、不好相处、古板。在对人的认知中,由于光环效应,一个人的优点或缺点特别容易被夸大或遮挡,使人难以看清其真面目,这是一种明显的从已知推及未知、由片面猜测全面的认知现象,会导致对他人的形象歪曲和不正确的评价以及对他人的过高或过低的期望。美国心理学家戴恩等人的研究,为验证晕轮效应提供了很好的论据。他们给被试者看一些人的照片,这些人看上去分别是有魅力的、无魅力的和中等水平的,然后,要求被试者来评定这些人的其他特点,如个人能力、职业状况等,这些特点其实是与有无魅力不相关的。结果发现,有魅力的人其他特点也得到了较高的评价,而无魅力的人得到的评价则较低。被试者对于容貌美丽的人,不仅赋予和蔼可亲、沉着善良的人格特质,而且还认为他们会谋得称心的职业,找到理想的伴侣,建立幸福的家庭。在这里,一个人有无魅力直接影响到别人对他的其他特点的评价，这就是晕轮效应在起作用。

(4) 用固定模式看别人(刻板效应影响)。在我们的头脑中，总有一些先前的、得之于各种途径的观念，并常常以此来评价和判断他人，因为这样所耗费的心理能量最少，也就是说，它最省事。但是，图省事往往会造成一些认知偏差。例如美国人开放，英国人保守，商人精明世故，农民老实本分……这些说法虽与某些人的特征相吻合，但绝不是个个如此，还要具体问题具体分析。人如其面，各个不同，不能用概念来衡量人，把人简单化。

用固定模式看别人会使人们对每一类群体都有一个固定的看法，例如，认为北方人豪爽、厚道，南方人精明、细致；知识分子文质彬彬，商人过于精明、不可靠等等。人们常说“物以类聚，人以群分”，这是有一定道理的，因为生活在相同条件下的人们就容易产生许多共同点。而在日常生活中，有些刻板印象与职业、地区、性别、年龄等因素联系非常密切。人们不仅对曾经接触过的人会产生刻板印象，即使是对那些从未见过面的人，很多人也会根据间接的资料与信息产生刻板印象。总之，造成同一群体中的人们持有的刻板印象具有一致性的原因可以归纳为以下几种：一是群体的共同目标；二是相同的群体成员身份；三是共同的信息来源，如大众传播工具；四是相互之间便利的信息沟通。

刻板印象对社会认知既有积极作用，也有消极作用。它能够帮助我们更加简单、有效地认识客体、做出判断、理解问题，特别是当面对一个陌生人或陌生环境的时候，刻板印象几乎是必需的，它节省我们的精力，避免陷入“信息之海”中。但与此同时，刻板印象也是导致错误的社会认知的根源，因为刻板印象常常是不正确的，人们常常会忽视同一群体中各人之间存在的个别差异。

(5) 用个人的思维处世习惯定势去揣测别人(投射效应影响)。投射效应是指个体认知他人时把自己的特性归属到他人身上。也就是以自己的想法去推测别人的想法，认为自己是这样想的，别人也一定会这样想。例如，自己喜欢热闹，就以为别人也喜欢热闹；自己好胜心强，就猜想别人也争强好胜；心地善良的人会认为别人也和自己一样善良；经常算计别人的人也会觉得别人时时处处都在算计自己。心理学家希芬鲍尔为验证投射效应专门做了一个实验，他先通过放映喜剧或悲剧录像来赋予被试者一定的情绪，然后再令被试者判断一些照片上人的面部表情。结果发现被试者往往根据自己当时的情绪状态来断定他人照片上的面部表情，二者的关联程度较高，这一实验充分证明了投射效应的存在。投射效应的常见表现形式之一是情感投射，即以为别人与自己的好恶相同。

### 身边的故事

## 他为什么会被拒绝

某男生暗暗喜欢上了班里的一位女生，在平时的交往和接触中自然非常留意女孩的一举一动，注意察言观色、探测虚实。但由于愿望投射的作用，他经常把对方表现出来的那些没有实际意义、不包含特定信息的举动主观地解释为“她对我也有意”，于是从中得到鼓舞，终于鼓足勇气向对方表白心怀，结果却被婉言拒绝。他非常恼怒，认为对方是在戏弄他，该男生到最后也没有意识到是自己判断失误。

### 专家案例点评

由于人类有许多本质上共同的特性，因此投射效应有时能够帮助人们相互理解。但是，如果过多地受制于此，把主观意向强加于他人，就会造成对他人的认知出现偏差，产生

人格歪曲，带来交往问题。自己对某人有看法，就以为是对方在搞鬼，于是搜集一些似是而非的证据来进行验证，使关系不断恶化。投射效应的根源在于从自我出发去认知他人，自我与非我不分，主观与客观不分，认知主体与认知对象不分。实际上，世界上没有完全相同的两个人，自己与他人在认知、情感体验、个人喜好等方面肯定存在着一定的差异。因此，克服投射效应的关键在于分清认知主体与认知对象，看到别人与自己的差异，客观地看待他人，不要以己度人。

## 二 情绪情感方面的心理问题

情绪和情感的接近与疏远在很大程度上反映了人与人之间在心理上的距离。处于青春期的大学生，情绪和情感的体验比较敏感、丰富，情绪和情感的表达比较强烈且易冲动。这些特征会给大学生的人际交往产生积极的影响，帮助建立和谐的人际关系，但同时，也可能给人际交往活动带来很多困扰。因此，在交往活动中，要注意克服消极情绪情感的影响，保障交往活动顺利开展。

### 1. 恐惧心理问题

在人际交往活动中出现的恐惧情绪主要表现为：害怕与陌生人打交道，害怕在他人面前出错，害怕在人多的场合讲话，或者是有异性在场的时候神情紧张，慌乱不安，说话结巴，语无伦次等等。由于人际交往是一种双向互动的活动，当一方出现上述表现就会使交往气氛变得尴尬和沉闷，影响交往的顺利进行。恐惧严重时会发展为社交恐惧症，又名社交焦虑症，是一种在任何社交公开场合都感到强烈恐惧或忧虑的疾病。患者对于在陌生人面前或可能被别人自习观察的社交、表演场合，有一种显著且持久的恐惧，害怕自己的行为或紧张的表现会引起别人的羞辱或是的自己难堪。有社交恐惧的人常常会感到孤独和寂寞，但又害怕甚至是故意回避与人交往，主动封闭自己，长期下去会严重影响心理健康发展。

### 2. 嫉妒心理问题

每一个人都有追求成功的愿望，但是，有些人因为种种原因无法取得成功的时候，就会对那些成功者产生嫉妒心理。如果只是轻微的嫉妒，则会产生一定的积极作用，会使人感到一种压力，产生向成功者学习并赶上成功者的动力，促使人去拼搏和奋进。但是严重的嫉妒所带来的更多的是焦虑和敌意，不是奋起直追，而是自惭形秽，不是反省自己，而是怨恨他人，因而对个体的人际交往和健康成长都会产生很大危害。当今的大学生们，几乎都是年纪相当、资历相似的“同类项”，相同的条件太多，特别容易产生嫉妒。如对“尖子生”的嫉妒、对家境优越者的嫉妒、对“俊男美女”的嫉妒、对受同学欢迎者的嫉妒、对受老师青睐者的嫉妒、对“假想第三者”的嫉妒，千奇百怪，不一而足。嫉妒产生的内在原因是人们往往习惯于通过与他人进行比较来确定自身的价值。如果别人的价值上升，便会觉得自己的价值在下降，这往往是一种痛苦的体验，尤其是所比较的对象原来和自己不分上下甚至是不如自己时，更觉得难以接受。这种情绪很容易转化为对比较对象的不满和怨恨，在行为上很容易从对方的立场上寻找对方的漏洞和不足，通过看对方的笑话或诋毁对方来达到暂时的心理平衡。

## 老师，请您帮帮我

这是一个学生来信：“老师，您好！请您帮帮我，我觉得自己的灵魂在被恶魔吞噬，我一步步走向罪恶，我真怕自己从此错下去，但是我真的不知道怎么走出来……一切都因为小丽，我的同班同学。以前我们是形影不离的好朋友，是大家共同关注的焦点。我不知道她使了什么方法，大家似乎更喜欢她，一些对我冷淡的同学对她亲密有加，她平时几乎和我在一起，一起上课，一起自习，一起逛街，但是她的成绩总是比我考得好。从上学期起她就特别走运，春风得意，先是得了国家级奖学金、优秀学生干部，而且还主持全系晚会，她就像一个美丽的公主，而我就是衬托她的丑小鸭。我不愿意这样活。那天我和她同台在系晚会上唱歌，趁她不备，我弄坏了她的拉链，等着她出丑，结果她临时用丝带套上，大家夸她聪明，服装别具一格，我当时差点喷火。期末考试快来了，她拿一本教材让我帮她去图书馆占座位，我把教材丢进垃圾桶里，谎称不知道怎么被偷了，虽然她没说什么，但我知道她一定有所察觉。在寝室里我接到找她去打工的电话，我假装她的声音，帮她推掉了，事后我被揭发了，小丽哭着问我为什么这么做，我们彻底决裂了。看着她哭，我也很难受，可我就是看不惯她什么都走运。现在同学对我的非议也不少，都对我比较疏远。有时候想想自己怎么变成这样了，自己到底做了什么，越想越害怕，我是不是成了坏人了？我应该怎么做？”

1. 什么因素影响了这个学生与其他同学交往？如果她向你求助，你应该怎么帮她呢？

2. 根据个人经验，你还知道影响人际交往的其他因素吗？在人际交往时，你有什么技巧与大家分享吗？

### 专家案例点评

吞噬这位同学灵魂的恶魔正是嫉妒。嫉妒会让人迷失方向，几近疯狂，心理学家认为嫉妒是担心别人超过自己引起的抵触情绪体验，从心理角度讲，嫉妒是一种变异心理，嫉妒是对超过自己的人感到恐惧和愤恨的混合心理，是自私自利、唯我独尊的心理表现。巴尔扎克说：“嫉妒者比任何不幸的人更痛苦，别人的幸福和他自己的不幸都将使他痛苦万分”。嫉妒别人的人，总是喜欢用别人的优点折磨自己，他们以嫉妒别人为开始，以毁灭自己为结束。巴尔扎克说嫉妒潜伺在人心底，如毒蛇潜在穴中，嫉妒者比任何不幸的人更为痛苦。

### 3. 害羞心理问题

害羞已经成为影响人际交往的其中一个影响因素。表现在人际交往中，过于羞涩拘束、往往不能准确、充分表达自己的思想感情，害羞的大学生通常怕与人交往，往往过多地约束自己的行为，也难以与人建立正常的亲密友谊，成为人际关系中的被动者。

### 4. 愤怒心理问题

美国心理学家雅克·希拉尔认为“愤怒是一种内心不快的反应，它是由感到不公和无法接受的挫折引起的。”心理学家艾耶·古罗·勒内认为，“愤怒告诉我们，别人也许侵犯了我们，或者我们内心的愿望无法满足。我们必须要倾听自己的愤怒，因为它能帮助我们保持个性的完整。”所以，当愿望受到干扰、目标不能实现、需要无法满足时，人们往往产生愤

怒情绪。愤怒在平时正常的交往活动中,只会伤害感情、破坏关系,让人变得盲目,失去理智,失去正确解决问题的能力,从而产生严重的不良后果。

5. 孤僻心理问题

大学生人际交往孤僻心理的产生有以下原因:首先是性格原因,有的大学生生来就性格内向,不关心外部世界,只注意自己的观念,内心体验虽然很深刻,但不善于与人交往,性格孤僻,如偏执、高傲、冷酷、尖刻等都会阻碍同周围人的正常交往。其次是心理原因,处于青年期的大学生,随着心理的成熟,逐渐产生了与人交往和被社会接受的需要,如果这种需要得不到及时满足,便会感到空虚,陷入惆怅和苦闷之中,产生孤独感。还有环境原因,如果一个人自幼生活在一个缺乏爱与理解的环境中,或长期在一种压抑的气氛中生活,就会产生孤僻心理。孤僻并不是一种愉悦的心理感受,长期极度的孤僻是自我与真实的社会生活远离与隔绝的结果,它伴随着寂寞、沉闷和抑郁。虽然孤僻有时候能够保护自我免于被暴露、被伤害、被耻笑,但却是以与他人的情感隔绝为代价的。大学生中往往有许多人会在最初的不适应与挫折感中走向自我封锁,切断与他人的交往和联系,其结果只能是独自品尝自酿的苦酒。

**身边的故事**

### 人际关系僵化无法继续学业

林某,男,20岁,某本科院校二年级学生。他自认性格十分内向,孤僻,不善言谈,不会处事,很少与人交往。入大学一年多来,他和班上同学很不融洽,跟同宿舍人曾经发生过几次不小的冲突,关系相当紧张。后来他竟擅自搬出宿舍,与外班的同学住在一起。从此,他基本上不和班上同学来往,集体活动也很少参加,与同学的感情淡漠,隔阂加深。他认为自己没有一个能相互了解、相互信任、谈得来的知心朋友,常常感到特别的孤独和自卑,情绪烦躁,痛苦至极,而巨大的精神痛苦无处倾诉,长期的苦恼和焦虑使他患上了神经衰弱症。经常的失眠和头痛使他精神疲惫,体质下降,学习效率极低,成绩急剧下降,考试竟出现了不及格的现象。他的心境和体质也越来越坏,深感自己已陷入病困交加的境地而无力自拔,失去了坚持学习的信心。他开始厌倦学习,厌恶同学和班级,一天也不愿再在学校呆下去了。于是,他听不进老师的劝告,也不顾家长的劝阻,坚持要求休学。

**专家案例点评**

学生林某由于内向孤僻,不愿交往、不善交往,在与同学交往过程中引发人际冲突,与周围同学关系紧张,无法融进新的大学班集体,心理上感到非常孤独、痛苦,进而引起神经衰弱,失眠、头痛,学习效率降低,失去自信。他不仅搞僵了人际关系,而且搞垮了身体,荒废了学业,最终还造成被迫休学的结局。人际关系问题是大学生中存在的最常见的问题,由于社会影响,家庭教育和自身素质的原因,相当多的大学生都存在着不同程度的人际关系不良和心理障碍问题。它十分影响学生的正常学习和生活,妨碍他们的健康成长和顺利成才,是造成留级、休学、退学的主要原因。

## 三 人际交往问题的调适策略

### 1. 正确认识自我

人们往往很难做到主动地、客观地、全面地认识自我。青年人由于生理、心理发展的特点，又加之社会阅历浅，尤其容易发生自我认知的偏差。有时候自觉或不自觉地发生错觉，掩饰真实的自我，有时候明知不对却又坚持己见，不能正确地认识自己、评价自己、把握自己，这对于大学生的交往来说，易产生不利影响，形成交往障碍。美国心理学家卡尔·兰塞姆·罗杰斯说“当我接受自己原本的样子时，我就能改变了。”正确地认识、评价、把握自己，我们应从生理状态、心理状态、与周围环境关系的认识和评价以上三个方面来认识认识自己，如自己的身高、体重、容貌、性别、身材等生理状态；知识、能力、情绪、兴趣、爱好、性格等心理状态；对自己群体中的地位作用等社会自我来进行认识自我。但是仅靠自己来认识自己是非常有限的，乔哈里窗认为我们每个人的自我意识都有四个部分，我们应该打开多个窗户多方面来评价自我。如此，我们不必遮掩、羞惭，应当欣然接受，扬长补短，完善自我，取得他人认可。实际内在美比外在的美更能吸引人并取得别人的爱慕。

### 2. 塑造完善个性

在人际交往中，大家都愿意与性格良好的人交往，没有人愿意与自私、虚伪、狡猾、性情粗暴、心胸狭隘的人打交道。因此，形成良好的个性，克服性格上的弱点，是建立良好人际关系的前提，良好的个性包括积极、乐观、自信、热情等。如自信心强的人能够充分利用自己的长处，有效地避免自己的短处。他们总是信心百倍、乐观向上，遇到困难和挫折不是自弃，而是千方百计地挖掘自身的潜力，争取周围环境的支持，达到自己的既定目标。美国加州心理学家曾对资优生进行追踪研究，研究结果表明：事业成就受到情绪稳定、社会适应、上进心等因素的直接影响，尤其是培养自己良好的个性与人际能力，不但可以提升自我省察能力与自我肯定能力，更易建立良好的人际互动关系，适应群体生活，将来也易在社会上崭露头角。

### 3. 端正竞争观念

大学生都具有较强的竞争意识，特别希望在广泛的社会交往中表现自己的才能。随着社会的竞争越来越激烈，优胜劣汰是不可避免的。但是如果自我期望值过高.只能成功不能失败，或是遇到挫折就灰心丧气，或因害怕失败而不敢参与竞争，碌碌无为、平淡无味地生活，都是不可取的。其实，失败并不意味着自我无能或前程渺茫，很多时候失败中孕育着成功，挫折中积累丰富的经验教训，以利再战。在竞争中大学生还需注意克服不良的个性心理。看到别人有成绩、有进步，不要嫉妒，其至污蔑他人，而是应当把精力放在自己如何取得成绩和进步上，不树立正确的竞争意识只会害人害己。

### 4. 掌握管控危机的方法

大学生的人际交往危机主要是指在与他人的相处和交往过程中表现出的不适、自闭、逃避、自恋、自负，以及难以调和与他人关系的不良心理状态和行为表现。造成大学生交往危机的原因很多，但大学生在交往中存在的一些人格缺陷和不良个性特征（如自我封闭、自我否定和自我欣赏等），是引发人际交往危机的主要原因。因此，大学生要学会防范和管控

人际交往危机的方法。

5. 增强人际交往的适应性

作为人际交往的主体的大学生，在进行人际交往中要清醒地认识到：第一，交往是双向的，没有交流就没有了解。开放自己，才能更有效地接近他人。第二，交往是平等的，尊重他人，别人才会尊重自己。在与他人进行交往时，要把双方放在平等的位置上，既不能觉得低人一头，也不能高高在上。在交往中要对自己有信心，对别人要有诚心，平等互利的交往才可能持久。第三，交往是有选择性的。交往的双向性决定了交往的互动性和选择性，并不是所有的人都适合你，要选择能够与你产生共鸣的人作为交往对象，一厢情愿只会造成两败俱伤。第四，对交往的期望值不要太高。不要希望每个人都能成为你的知心朋友。有层次的交往中可以避免因感情投入过多而回报较少造成的心理失落感。

6. 建立危机预警干预系统

大学生要对自己在生活学习中可能出现的人际交往危机进行有效的预测和监测，并进行有效的预防管理，把危机的发生消灭在萌芽状态，尽量减低危机发生的可能性。首先，大学生应时常进行反思，如果感觉不适，就应及时进行心理咨询；其次，应多与同学和老师交流，建立师生间的信任与沟通，实践证明师生间的信息与沟通是化解危机最有效的方法之一；第三，个人要采取系统综合的防范措施，实现有效的预防管理，如经常参加校园丰富多彩的文化活动，充分利用展示自己的机会，感受到自己在群体的位置，提高自信心。

## 热身小测试

### 人际关系的心理诊断

这是一份大学生人际关系行为困扰的诊断量表，一共有28个问题，请你根据自己的情况，逐一对每个问题做“是”或“否”的回答。为了保证测验的准确性，请你认真作答。

1. 关于自己的烦恼有口难开。 是□ 否□
2. 和生人见面感觉不自然。 是□ 否□
3. 过分地羡慕和忌妒别人。 是□ 否□
4. 与异性交往太少。 是□ 否□
5. 对连续不断的会谈感到困难。 是□ 否□
6. 在社交场合感到紧张。 是□ 否□
7. 时常伤害别人。 是□ 否□
8. 与异性来往感觉不自然。 是□ 否□
9. 与一大群朋友在一起常感到孤寂或失落。 是□ 否□
10. 极易受窘。 是□ 否□
11. 与别人不能和睦相处。 是□ 否□
12. 不知道与异性相处时如何适可而止。 是□ 否□
13. 当不熟悉的人对自己倾诉他(她)的生平遭遇以求同情时，你是否觉得不自在？ 是□ 否□

14. 担心别人对自己有什么坏印象。 是☐ 否☐

15. 总是尽力使别人赏识自己。 是☐ 否☐

16. 暗自思慕异性。 是☐ 否☐

17. 时常避免表达自己的感受。 是☐ 否☐

18. 对自己的仪表(容貌)缺乏信心。 是☐ 否☐

19. 讨厌某人或被某人所讨厌。 是☐ 否☐

20. 瞧不起异性。 是☐ 否☐

21. 不能专注地倾听别人。 是☐ 否☐

22. 自己的烦恼无人诉说。 是☐ 否☐

23. 受别人排斥,感到冷漠。 是☐ 否☐

24. 被异性瞧不起。 是☐ 否☐

25. 不能广泛地听取各种意见和看法。 是☐ 否☐

26. 自己常因受伤害而暗自伤心。 是☐ 否☐

27. 常被别人谈论、愚弄。 是☐ 否☐

28. 与异性交往不知如何更好地相处。 是☐ 否☐

**计分标准:**

选择“是”得1分,选择“否”得0分。

**结果解释:**

如果你的总分在0~8分,说明你在与朋友相处上的困扰较少。你善于交谈,性格比较开朗,主动关心别人。你对周围的朋友都比较好,愿意和他们在一起,他们也都喜欢你,你们相处得不错。而且,你能从与朋友的相处中得到许多乐趣。你的生活是比较充实而且丰富多彩的,你与异性朋友也相处得很好。一句话,你不存在或较少存在交友方面的困扰,你善于与朋友相处,人缘很好,能获得许多人的好感与赞同。

如果你的总分在9~14分,说明你与朋友相处存在一定程度的困扰,你的人缘一般。换句话说,你和朋友的关系并不牢固,时好时坏,经常处在一种起伏之中。

如果你的总分在15~28分,表明你同朋友相处的行为困扰比较严重;分数超过20分,则表明你的人际关系行为困扰程度很严重,而且在心理上出现较为明显的障碍。你可能不善于交谈,也可能是一个性格孤僻的人,不开朗,或者有明显的自高自大、讨人嫌的行为。

(注:本测验的结果仅供参考。)

## 身边的故事

### 我和室友关系处得很糟糕

我是一名女生,今年20岁。上高中的时候我学习很刻苦,除了学习没有其他的爱好,也没什么朋友。因高考成绩不理想,补习了一年。考入大学后,班主任安排我当寝室长,我也想好好与寝室同学相处。但时间一长,我发现自己真的无法和室友们相处,我习惯早睡,她们却喜欢聊到深夜;我比较爱干净,她们却喜欢乱丢乱扔,把寝室搞得乱七八糟。我以寝室

长的身份给她们提出一些建议和要求。她们不但不听，反而恶言相骂。就这样我与室友经常因为一些琐事发生争执，我认为自己是对的，但她们并不理睬，几乎没人跟我说话。现在我和室友的关系很糟糕，已经到了孤立无援的地步。

**专家案例点评**

该生的问题主要是在与室友相处的过程中，由于性格内向只顾学习而缺乏人际交往的锻炼，来到大学后过上了集体生活，各自生活习惯的不同，导致生活节奏无法与室友保持同拍，产生一定差距，需要大家一起慢慢磨合。而在磨合的过程中，她因为担任寝室长，可能没有较好地遵循人际交往的“平等”“尊重”以及“宽容”等原则，致使沟通受阻、误会加深，甚至发生人际冲突，受到孤立，导致人际关系僵化。

## 第三节 人际交往的原则和技巧

世界上任何事物都有自身的规律，人际交往也同样如此。本节是从心理学、社会学、伦理学的角度，探寻大学生人际交往的原则和技巧，这与社会上流行的“关系学”等消极龌龊的“潜规则”，完全不是一回事。前者是社会的主流价值，后者是社会的丑恶现象。人间正道是沧桑，随着社会的发展进步，在人际交往范畴，符合时代要求的主流价值，必将战胜代表腐朽落后的“潜规则”和“关系学”。

### 一 人际交往的原则

没有规矩，不成方圆。大学生要建立良好的人际关系，就必须把握现实生活中的一些具体原则、规范和要求。只有遵循这些原则、规范，才能避免交往的盲目性，掌握交往的主动权，进入人际交往的佳境。

#### 1. 平等的原则

平等是建立良好人际关系的前提，是大学生建立良好人际关系必须遵循的基本原则。在人际交往中，如果没有平等待人的观念，就是缘木求鱼。大学生来自不同城市、地区，虽然有着不同的家境背景和天资禀赋等，但并无高低贵贱之分，在交往时应该做到平等待人，绝不可“势利眼”，也不能将自己的意愿强加于人。因为主观或客观、先天或后天、内因或外因造成的差别，拉开的距离，而自视甚高，居高临下，缺乏尊重，势必导致别人敬而远之，不被接纳。同时，个别同学在交往中，如果低人一等的感觉被刻意强化放大，消极地回避、防御，形成自我封闭，也同样难以营造良好的人际关系。

小贴士 Tips

俄国大作家屠格涅夫走在街上，一个年迈的乞丐向他伸出发抖的双手，大作家找遍所有的衣袋，分文没有，感到惶恐不安，于是上前握住乞丐那双污浊的手，说道：“对不起，兄弟，我什么也没有。”大作家的一声“兄弟”，使老乞丐为之动容，泪眼蒙眬地说：“我已经很感恩了！”这个故事说明，无论什么人，无论地位高低，渴求得到平等的心情是一样的。党的十八大报告提出，“倡导富强、民主、文明、和谐，倡导自由、平等、公正、法治，倡导爱国、敬业、诚信、友善，积极培育和践行社会主义核心价值观”，明确地将“平等”列为社会主义核心价值观的一项重要内容，是公民社会层面的一项价值准则，这就在价值观层面对平等的重要性予以了充分肯定。作为一名大学生，我们应该不断践行社会主义核心价值观。

2. 宽容的原则

宽容一词在先秦典籍中即已出现，《庄子》说人应秉持“常宽容于物，不削于人”的人生态度，荀子说“遇贱而少者，则修告导宽容之义”。宽容，是五千年中华文明的精髓之一。中华民族是一个宽容大度的民族。宽容作为一种民族精神，在中华民族史上发挥了积极作用，我们作为一名中国人，应该不断的弘扬我们伟大的民族精神。需要我们在交往过程中，应该宽恕容忍对方。大学生在人际交往中首先应该学会宽以待人，不能苛刻挑剔、吹毛求疵。不要过度地关注细枝末节，如利益上的点滴得失，言语上的高低急缓，表达上的直白婉转等。这样才能与同学保持良好融洽的关系。如果动辄为了一点鸡毛蒜皮的事而争得面红耳赤，甚至恶语相加，势必使同学关系紧张，自己也容易被孤立。再者，大学生很多活动是置于集体之中，大家来自不同地域，个性和习惯差异较大，每个人又都有自己的特点秉性。金无足赤，人无完人，要融洽同学之间的关系，必须学会尊重对方，不可求全责备，更不能把自己的主观意志强加于人。人非圣贤，孰能无过？每个人都有需要别人宽容体谅的一些弱项和特质，只有对人宽容，同学之间才能拆除心理的藩篱，填平情感的鸿沟，搭起沟通的桥梁，疏通交流的管道，构建融洽和谐的人际关系。

3. 互补的原则

正常的人际交往，是双方或多方的心理需求获得满足的过程。因此，互补是人际交往的推进器和润滑剂。这里的“互补”，是指交往的双方应相互获得满足。当进行人际交往的双方所具备的交流互换要素正好成为互补关系时，就会产生强烈的交往欲望。因此在交往中，应恰当适时地评价他人，肯定他人，使对方获得精神上的愉悦和满足。如果对别人无端指责，使得对方时刻处于戒备防御状态，自然会阻断正常交往。大学生要破除极端自我为中心的陋习，和气为上，与人为善，乐于助人。在人际交往中，给对方以温馨、愉悦、祥和、轻松的氛围和空间。

4. 诚信的原则

诚信是立身之本，是进行人际交往的认证书、资格证。诚信原则要求大学生在人际交往中要真诚、坦诚、忠诚，说真话，办实事，言必信，行必果；允许有的话可以缓说、少说甚至不说，但绝对不允许说假话。承诺

人际交往原则

做到的事情，就要千方百计、不遗余力做到、做好。如果因为不可预料、不可抗拒的原因，确实无法做到，应当认真说明原因，充分表达歉意，取得对方谅解。坚持诚信原则，要做到按时赴约，借物借款按时奉还，不能“死要面子活受罪”，碍于情面轻易许诺，拍拍胸脯随便答应别人。

## 二　人际交往艺术

### 1. 赞美别人——真诚、恰当、不吝啬

大家通常都有这样的体验，当看到一脸冰霜与满面春风，心里感觉截然不同。作为大学生，大家也许都有这样的体会，自己热爱且成绩好的科目，总是与赏识鼓励你的老师息息相关。当我们做一件没把握、不擅长的事情时，总是希望得到师长的赞许或肯定及建设性的意见。与自己关系密切的人，一般是理解欣赏敬佩自己的人。将心比心，如果你自己渴望得到别人的赞许与鼓励，有什么理由不投桃报李，回馈他人呢？适时、得体、恰当地赞美别人是一种能力。第一，要能选准角度、恰如其分。假如你要赞美一位女同学，而她相貌平平，与其说她如何美丽，不如肯定她的善良、温柔和才干。第二，要具体实在。你赞美一个同学，笼统地说“你非常令人佩服”，不如说“你真不简单，刚才那番话很有震撼力”。第三，赞美要真诚，言不由衷的吹捧奉承，只会让人肉麻反感。第四，要讲究艺术。有时心怀善意不经意讲错话，就会惹恼别人。例如，某男生同时赞美两位女生，对其中一位女生说：“你虽然没有她漂亮(冒犯了女生甲)，但你的亲和力比她强(又触犯了女生乙)。”可见这个男生的确不会讲话。如果此时此地一定要赞美的话，应该说：“你们两个都很漂亮，一个是古典美，一个是现代美”，或者“一个亲和力很强，一个是热心肠”。这样，赞美别人的良好主观愿望，才能产生正面的效果。

### 2. 传递和善的信息——展现微笑

微笑是人类共同的表情，它能向人们传递亲近和喜悦。在与同学的交往中，真诚的微笑也会给人留下美好而深刻的印象。美国密西根大学的心理学家詹姆士·麦克奈教授对人的微笑注解：“面带微笑的人，通常对处理事务，教导学生或销售行为，都显得更有效率，也更能培育快乐的孩子。笑容比皱眉头所传达的讯息要多得多”，心理学发现，人与人开始交往的时候，是有一定的距离的，但是一旦我们微笑的时候，就会无形中拉近彼此之间的距离。

### 3. 传递重视别人的信息——记住对方的名字

对一个接触并不多的人，再次见面时说出他的名字，等于一个很自然得体的赞许。相反，把他的名字忘记了，你就会处于尴尬的境地。我们也许有这样的体验，自己的名字被别人所记忆，尤其是事隔多年还能被人记得，这说明你在他心目中是重要的，由此，你获得了一种成就感和亲切感。将心比心，别人也是如此。记不住与你有关的人的名字，是一种失礼，客观上传递给对方一种被轻视的信息，对方与你交往的热情自然要降温。如果你想增强自己的亲和力，请你学会记住别人的名字，尤其是暌违已久的老师、同学、朋友。

4. 留出适度空间——保持适当的交往距离

现代社会,每个人尤其是文化素养高的人,都需要有一块独自享有的私人领域。在人际交往中,为别人留出足够的心理舒适度空间,是文明和尊重的体现,是非常必要的。以往形容关系密切,都喜欢用“亲密无间”这个词。但现实和经验告诉我们,朋友真的到了亲密无间的程度,往往会适得其反。朋友之间保持一定的距离,是正常交往、维系友谊的必备条件,越来越被大家所认同和接受。不同程度的朋友其距离的大小可以有区别。这里所说的距离,主要指的是应有礼貌和尊敬。有些人一旦与人混熟了,就会丢掉分寸感,进入了所谓不分彼此的境界,就势必会挤压别人的心理舒适度空间,就会忽视一些看似细节实际上是很重要的问题,衍生误解、摩擦甚至是冲突。

5. 跳出思维窠臼——切忌以自己之心,度他人之腹

这是指把自己的情感、意志等特征投射到他人身上,以为他人也如此。对自己喜欢的人越看越喜欢,优点越看越多,对自己不喜欢的人越看越讨厌,缺点越看越多,因而表现出过度地赞扬和美化自己所喜欢者,过分指责甚至中伤自己所厌恶者。自己对某人有看法,就认为对方在跟自己过不去,结果往往对他人的情感、意向做出错误评价,造成人际交往障碍。大学生在人际交往中应注意避免劣性投射倾向,要正确地理解别人。对别人的行为,不要轻率地下结论,应多观察、多了解、多分析,任何时候都不要完全站在自己的立场上想问题,这样才能在人际交往中减少失误。

6. 宽以待人——大事把住,小事淡定

与人交往,自己必须要有一些定见,并且尽可能让人知晓理解。如你不爱喝酒,别人就不会与你豪饮,但如果你跟这个喝,不跟那个喝,就会让世人觉得你不给他面子。人无完人。不能根据自己的兴趣和爱好对他人过于苛求。要求自己的朋友没有缺点,就可能没有一个朋友。固执地追求完美的人,就会失去朋友,失去友谊,从而失去自我。因而,在交往中,要将心比心,善于谅解他人,宽容他人。与人交往,如果工于心计,每样事情都很精明,就很难交到知心的朋友。大事要把住,小事糊涂一点也无妨。如果小事处处精明,则大事往往把握不住。

## 三 学习和掌握人际交往的技巧

人际交往的技巧是指在一定知识和经济基础上形成的交往技能,掌握好这个技巧,对处理好人际关系中的问题、搞好人际关系的作用很大。大学生必须学会和掌握好人际交往的技巧,以适应自己的成长和发展。

人际交往的技巧有着丰富的内涵和科学性,不是一朝一夕就可以速成的,也不等同于玩点小聪明、耍滑头等,人际交往技巧表现在交往过程中的方方面面,内容十分丰富,这里仅介绍几种与大学生生活有关的技巧。

1. 委婉含蓄的技巧

生活中我们常见到一些“心直口快”的人,他们想到什么就讲什么,结果往往不是造成了误会,就是伤了和气。可见,为了搞好人际关系,既要正直诚实,还要讲究方式方法,其中

委婉含蓄就是重要的一种。含蓄、委婉是一种说话的艺术，这种艺术之所以受到人们的欢迎，是因为它顾及了人们的自尊心，不会使人尴尬、难堪、下不了台。在人际交往中，怎样才能做到含蓄委婉呢？一般来说，要做到四点：一是要顺耳，对于别人的观点，即使不同意，也不要说什么"胡咧咧""瞎掰呼"一类刺激性的话，而要说明理由，以理服人。二是要亲切，即使讲对方的缺点，也要选择适当的角度，尽量做到良药不苦口、忠言不逆耳。三是要文雅，既要说得生动鲜活，又要说得不庸俗。四是要得体，既不对别人的缺点夸大其词，也不抓住别人话中的漏洞穷追不舍，使对方难堪。要避免公开指责别人的缺点。

### 2. 交谈对话的技巧

交谈对话是最普遍、最经常的交往形式，交谈对话的成功不仅取决于说话的内容，而且与交谈的方式方法关系极大。俗话说"一样话，十样说"，"一句话让人笑，一句话让人跳"，可见说话方式的重要性。当你与别人谈话时，必须始终能意识到双方同时兼有叙述者和聆听者的双重角色，意识到双向性。既要意识到自己的责任不仅是把自己的思想表达清楚，还应考虑怎样谈才能使对方产生兴趣，易于理解，并根据对方的各种反馈信息来调整自己的谈话内容。在交谈中，要注意有一些交谈方式是不受欢迎的，会严重影响交谈的效率。主要包括：

(1) 随便打断对方的谈话或抢接对方的话头；

(2) 口若悬河，只顾自己一个劲地讲，而不注意对方的反应；

(3) 注意力不集中，迫使对方再次重复说过的内容；

(4) 像倾泻炮弹似的连续发问，使人穷于应付；

(5) 在与别人谈话时漫不经心，不感兴趣，表现出不耐烦；

(6) 言谈空洞，不着边际；

(7) 不注意语言的分量和连续性，语无伦次，使对方难以接受或不知所云；

(8) 目光老是从头到脚地打量对方，像审查什么似的，让人感到不自在；

(9) 喜欢盯着异性看；

(10) 随便解释某种现象，妄下断语，充作内行；

(11) 避实就虚，含而不露，使人迷惑不解；

(12) 短话长说或长话短说，不考虑交谈的时限、主题和氛围；

(13) 不同对方商量就戛然而止，单方面结束会谈，使人感到没礼貌、不愉快等。

### 3. 倾听他人谈话的技巧

倾听他人谈话，对搞好人际关系具有重要的作用。因为倾听本身就是在褒奖对方，你能耐心倾听，等于告诉对方"你的话值得我倾听"，这在无形之中就能提高对方的自尊心，拉近彼此的心理距离。相反，对方还没有把话讲完，你就不耐烦了，等于在挫伤对方的自尊心。事实也说明，越是善于倾听的人，人际关系就越融洽。做一个好的"倾听者"，必须掌握恰当的倾听方式。

(1) 耐心有些话题很普通，甚至是很乏味，你已毫无兴趣，可是对方却绘声绘色，侃侃而谈，此时，你应保持耐心，不能表现出不耐烦。在听他人说话时，应精神集中，表情专注，不要东张西望，心有旁骛，心不在焉；不要呵欠连天，漫不经心，不要修指甲、剔牙、抠鼻孔、挖耳朵等，这类举止极不雅，也等于说你很厌烦他的谈话。

(2) 虚心尽可能细致认真地倾听对方的谈话，并从中发现有意义的段落和线索，给予恰当的呼应和肯定。如果对方的谈话不是严重违背主流价值和社会公德，切忌居高临下，妄下评语。对于无聊的话题，如果有可能，可以善意地引导、升华或转变话题，或是寻找合理即不使对方尴尬的借口，脱离这样无聊的谈话。应尽量避免无谓的争辩，因为这样会破坏交往的氛围。

(3) 会心听人谈话，不只是在被动地接受，还应该主动地反馈，这就需要做出会心的呼应。在交谈时，要注意与对方经常交流目光，可时而赞许性地点头，用面部表情表示赞同对方的观点，或不时地用语气词来表示你在认真倾听，并明白对方所表达的意思。大学生活中，同学们朝夕相处，共同学习与生活，“同学”在每个人的心目中都占有十分重要的地位。大学生发展同学之间的关系，可以获得准确地理解别人并与人和睦相处的经验，促进社会性的发展。

在校期间，每个大学生都有自己愿意接近、接触、交往的人，同样，也都有自己所讨厌的人。这主要与大学生个人人际交往品味和自身的综合素质密切相关。这种现象实际上就是人际吸引。

如何处理班级与同学关系，做一个受欢迎的人呢?

(1)要正确处理个人与群体的关系，当好群体的成员。大学生离不开群体，每个人都是班级的成员。所以，参加集体活动，处理好个人与群体的关系，当群体的合格出色成员，是应该积极争取并努力扮演的重要的角色。大学生应多参加班级活动，如文体聚会、户外活动等，与大家一同享受集体生活的乐趣。

(2)处理好同学之间的关系。大学生应充分利用学校现有的一些积极的交往条件或方式，如尽量参加校园的各种协会或社团活动，参加各种学术沙龙、讲座、联谊活动等。另外，还应注意多进行一些个体的经常性交往，多关心同学的学习和生活，善于向同学敞开心扉。还要注意发展“立体型”交往，不要局限于与同质性，与本班、本年级同学之间的“平面型”交往，而是要开展复合式、全方位、跨条块的交往，培养和锻炼与各种各类人交往的能力，既要有挚友，又要有伙伴。

大学生人际交往之沟通技巧

**心理故事**

## 有色眼镜

美国心理学家凯利以麻省理工学院的两个班级的学生分别做了一个实验。上课之前，实验者向学生宣布，临时请一位研究生来代课。接着告知学生有关这位研究生的一些情况。其中，向一个班学生介绍这位研究生具有热情、勤奋、务实、果断等项品质；向另一班学生介绍的信息除了将“热情”换成了“冷漠”之外，其余各项都相同。而学生们并不知道。两种介绍间的差别是：下课之后，前一班的学生与研究生一见如故，亲密攀谈；另一个班的学生对他却敬而远之，冷淡回避。可见，仅介绍中的一词之别，竟会影响到整体的印象。学生们戴着这种有色镜去观察代课者，而这位研究生就被罩上了不同色彩的晕轮。

## 活动综合评价

| 内容 | | 评价 | | |
|---|---|---|---|---|
| 学习目标 | 评价项目 | 自我评价 | 小组评价 | 教师评价 |
| 心理健康知识 | 1. 了解人际交往的意义<br>2. 熟悉人际交往的因素<br>3. 掌握人际交往障碍的类型 | | | |
| 人际交往技能与技巧 | 1. 初步学会掌握并灵活运用人际交往原则和技巧<br>2. 初步学会掌握并灵活处理人际交往的矛盾 | | | |
| 情感态度 | 1. 真诚与他人交往<br>2. 能善于认识、理解自己与他人<br>3. 参与活动的积极性，与他人的合作精神 | | | |
| 教师建议 | | 个人努力方向 | | |
| 评价总汇 | | | | |

# 第八章

# 挫折与压力面前的坚强

## ——磨砺意志　学会坚强

每一种挫折或不利的突变，都是带着同样或较大的有利的种子。

——[美]爱默生

我觉得坦途在前，人又何必因为一点小障碍而不走路呢？

——鲁迅

人生难免会遇到挫折，没有经历过失败的人生是不完整的人生。没有河床的冲刷，便没有钻石的璀璨；没有挫折的考验，便没有不屈的人格。正因为挫折，才有勇士和懦夫之分。爱迪生说："失败也是我需要的，它和成功对我一样有价值，只有在我知道一切做不好的方法以后，我才能知道做好一件工作的方法是什么。"生活中的失败挫折既有不可避免的一面，又有正面和负面的功能；既可使人成熟、取得成功、取得成就，也可能破坏个人的前途，关键在于你怎样去面对挫折。因此，培养大学生对挫折的承受力，使其在挫折和压力面前变得坚强，将有助于大学生的心理健康，有助于大学生的成才。

## 活动任务书

| 活动名称 | 战胜挫折 | 姓名 | | 完成时间 | |
|---|---|---|---|---|---|
| 目标 | 通过游戏的方式体验战胜挫折的过程 | | | | |
| 任务 | 1. 制定角色等级(蛋、小鸟、老鹰、王)<br>2. 通过“剪刀石头布”的游戏规则进行升级或降级(蛋—小鸟—老鹰—王),同类猜拳胜者进化,败者退化<br>3. 结合活动目标,交流应对挫折和压力的经验 | | | | |
| 实施过程 | 1. 明确角色;2. 制定游戏规则;3. 总结、评价 | | | | |
| 注意事项 | 游戏过程中注意体验和总结 | | | | |
| 组员及分工情况 | 队号 | | 队长 | | |
| | 队员 | | | | |
| | 任务分工 | | | | |

## 思政园地

1937年11月,清华大学(长沙临时学校)门前,一个衣衫褴褛的乞丐手里抱着个咸菜罐,急切地跟门卫争论着什么。“我手中有珍贵宝物,必须见梅校长!”乞丐举起咸菜罐,好像真的宝物般在门卫眼前晃了一下,又小心翼翼地抱在怀中。正值战乱年代,像眼前这种乞丐,门卫见得多了,只不过这个乞丐看起来精神有些不正常。于是,他打算尽快将这个乞丐赶走,以免喧哗声影响到老师和学生们上课。恰在此时,梅贻琦校长有事外出,乞丐眼疾手快一把抱住他的胳膊,放声痛哭。梅校长先是吓了一跳,当他仔细一看乞丐的面容,立即大喜道:“赵先生,终于找到你了!你受苦了啊!”原来这个乞丐正是从美国留学归来在清华大学任教的老师,因为日军攻占北平,已经失散一月之久的赵忠尧。而他怀中所抱的咸菜罐中,装有一个特制的铅筒,里面是从美国带回来的50毫克放射性镭。1927年,赵忠尧远渡重洋,来到美国加州理工学院求学。1931年,已经获得博士学位的赵忠尧被邀请到剑桥大学实验室工作。在这里,他与老师国际著名原子大师卢瑟福建立了非常深厚的友谊。1937年10月,日本人攻占北平,立即控制了清华园。赵忠尧与梁思成一起冒险取回50毫克镭,然后分散南下。赵忠尧一路跋涉数千里,与难民一起逃往长沙。一个多月的苦难历程,使风流倜傥的大学教授变成了一个浑身肮脏的乞丐。这就是被后世经常提起的“咸菜罐”的故事。

# 第一节　挫折的心理概述

挫折无处不在，重要的不是避免挫折，而是理性地认识挫折。俗话说，人生不如意者十之八九，在人生的道路上，挫折无处不在，如影随形。大学生处于身心发展成熟期，但由于社会生活经验尚浅，面对挫折时常常不知所措。鉴于此，帮助大学生朋友学会应对挫折，是一个非常现实而迫切的课题。

## 一　挫折的概念

挫折及挫折三要素

人的行为总是从一定的动机出发达到一定的目的。如果在通向目标的道路上遇到了障碍，那么就会产生三种情况：改变行为，绕过障碍，达到目标；如果障碍不可逾越，可能改变目标，从而改变行为的方向；在障碍面前无路可走，不能达到目的。只有在后一种情况，人们才会产生挫折。那么到底什么叫挫折呢？挫折是指人们在有目的的活动中，遇到无法克服或自以为无法克服的障碍和干扰时而产生的消极反应。如一位大学生，他上高中时学习很出色，上大学后他给自己订下目标，争取提前毕业报考研究生。为此他把自己的日程安排得很紧，除了繁重的专业课作业和实验，他还自学计算机并去校外上机练习，每天还要学外语，对一些公共课也要求自己考试要得高分，以便拿到奖学金。总之，他没给自己安排一点娱乐时间，对自己要求太高，当目标未能实现时，便产生了挫折感。

挫折包括三层含义。一是挫折情境，是指需要不能满足，目标无法实现的内外障碍和干扰。如失恋，考试不及格，比赛未取得理想名次，或者发生地震、海啸以及就业形势严峻等。二是挫折认知，即指人们对挫折情境的知觉、认识和评价。它是产生挫折心理的主观原因，直接导致挫折反应或挫折感。挫折认知既可以是对实际遭遇的挫折情境的认知，也可以是对想象中可能出现的挫折情境的认知。如有的人总是怀疑别人在议论自己，虽然事实并非如此，但他在心理上因此而产生与他人关系不和睦的错觉。另外，人们对挫折情境的认识和评价不同，产生的挫折感也不同。三是挫折反应，是指伴随着挫折认知而产生的情绪状态和行为反应。其中，挫折认知是核心因素，挫折反应的性质及程度，主要取决于个体对挫折情境的认知。一般来说，挫折情境越严重，挫折反应就越强烈；反之，挫折反应就轻微。但是，只有当挫折情境被主体所感知时，才会在个体心理上产生挫折反应。如果出现了挫折情境，而个体没有意识到，或者虽然意识到了但并不认为很严重，那么，也不会产生挫折反应，或者只产生轻微的挫折反应。因此，在挫折三要素中，挫折认知是最重要的因素，挫折情境与挫折反应没有直接的联系，其关系要通过挫折认知来确定。对某人构成挫折的情境和事件，对另一人不一定构成挫折，这就是个体感受的差异。正如巴尔扎克所说："世上的事情，永远不是绝对的，结果完全因人而异。苦难对于天才来说是一块垫脚石，对于能干的人是一笔财富，而对于弱者是一个万丈深渊。"

身边的故事

## 人际交往的挫折

一名大二女生，大一上半学期时非常用功，成绩很好，可是到了下半学期成绩就下降了。由于她皮肤较黑，身材较胖，所以受到男生冷落。为此，她整日黯然神伤，深感苦恼。

想一想：什么因素影响了这个学生的感受？如果她向你求助，你会如何帮助她？

## 二 产生挫折感的因素

产生挫折感的因素有很多，主要体现在以下方面：

### 1. 动机强度

挫折的产生与否和个体的需要、动机等因素有密切的关系。动机一旦产生之后便引导个体行为指向目标，但动机产生之后可能遭遇到的结果有四种：第一，动机无须特别努力即可达到目标；第二，动机的实现可能受到阻碍或延迟，但最终可以达到目标；第三，当一种动机正在进行之中，忽视会产生一种较强大的动机出现，使个体放弃前一动机而选择后一动机；第四，动机行为受到干扰和障碍，使个体无法达到目标而感到挫折、沮丧、失意。只有第四种情况是挫折。因而，需要越迫切、动机越强烈，受挫后，挫折感越强。

### 2. 自我期望值

对任何事物的自我期望与现实都可能有一定的差距，如果不从实际出发，只考虑主观愿望，人为拉大二者之间关系，就会产生挫折感。具体表现有三种情况：

（1）期望值绝对化。自己只能成功，不能失败。有的学生将生活中的困难、学业中的失利、失恋等都看作不应当发生的，认为大学生活应当是圆满而理想的，因而缺乏足够的心理准备，当遭遇失败与挫折时，变得束手无策，痛苦不堪。

（2）过分概括化。以偏概全，只见树木不见森林，即使是喜忧参半的事情，看到的只是消极的一面。例如：一次考试失利就认为自己一无是处，从而只看到消极的一面，看不到积极的一面。

（3）糟糕至极。有些人遇到一些小挫折，却把后果想象得非常糟糕、可怕。夸大后果的结果是使人越想越消沉，情绪越陷越恶劣，最后难以自拔。例如：第一次参加招聘会没有被录用，就对自己全面否定，然后无限延伸，认为自己根本没办法找到一份好的工作，没有好的工作就没有好的前途等。

### 3. 个人抱负水平

一个人是否觉得受到挫折与他自己对成功所定的标准有密切关系。抱负水平是指按一个人对自己所要达到目标规定的标准。规定的标准高，即抱负水平高；规定的标准低，即抱负水平低。抱负水平高的人比抱负水平低的人易产生挫折感。我们常会遇到这种情况：甲乙丙三名同学考试都是 80 分，甲非常满意，乙觉得和自己预料差不多，而丙同学感到失败。这是因为丙同学抱负水平最高，乙次之，甲相比较最低。

4. 个人容忍力

个人容忍力是人们遇到挫折时适应能力的差别。个人容忍力不同,人们对挫折感受的程度也不同。有人能忍受严重挫折,毫不灰心丧气;有人遇到轻微的挫折就会意志消沉;有人能够忍受别人的侮辱,但面对环境的障碍却会焦虑不安、灰心丧气。心理学研究证明:人对挫折的容忍力受到人生理条件、健康状况、个性特征、过去挫折的社会经验、个体对挫折的主观判断、对挫折质量的思想准备等因素的影响。

## 三 挫折的两重性

没有挫折就没有成长,个体在成长过程中,必定会遇到各种挫折。只有在承受和克服挫折的努力中,个体才能发现自身的不足,进而发挥潜力,学习新的技能,逐步完善自我。"挫折是一把双刃剑,既可以刺伤自己,也可以保护自己。"挫折具有两面性:一方面,挫折可增强个体的心理承受能力,使人猛醒,汲取教训,改变目标或策略,从逆境中重新奋起;另一方面,挫折也可使人们处于不良的心理状态中,出现负向情绪反应,并采取消极的防卫方式来对付挫折情境,从而导致不安全的行为反应,如不安、焦虑、愤怒、攻击、幻想、偏执等。挫折,可能是一座埋葬弱者的坟墓,使人在成才的道路上夭折;挫折,也可能是磨炼强者的火炉,使人百炼成钢,登上成功的高峰。挫折的两重性对于人生来说具有重要意义,问题就在于你自己从中学到了什么。

## 四 挫折产生的原因

引起大学生心理挫折的原因很多,从总体上可概括为两个方面:客观原因和主观原因。

1. 客观原因

(1) 自然环境因素。自然因素是指非人力所能及的一切客观因素。例如台风、地震、酷热、洪水、疾病、事故等。对于大学生来说,疾病、家庭遭自然灾害、贫困等都可以导致挫折。如正当踌躇满志的大学生收到一个极有影响的工作单位的面试通知、憧憬美好前程时,一场突如其来的大病却使他不能参加面试,也会使其产生失落感。

(2) 社会环境因素。当前,中国特色社会主义进入新时代,面临新的机遇和挑战。既有的生活方式、价值观念、评价体系、行为模式等方面正发生着根本性的变化;社会开放使各种西方思潮源源涌入,中西方文化冲突使人们在观念上发生了碰撞、嬗变。面对这些深刻的社会变革,大学生在如何与他人交往、怎样处理合作与竞争、如何找到适合自己发展的职业等方面产生了多种心理冲突,导致心理失衡,进而产生挫折感。

(3) 学校环境因素。学校环境对大学生的心理挫折有直接影响,使一些大学生入学后产生极大心理落差;高校教学内容与管理方式滞后,无法满足新型人才培养的需求,使不少学生心理难以平衡,产生孤独感和不适感;高校教育体制的改革,就业形势等,时刻冲击着心理脆弱、社会经验不足的大学生。

(4) 家庭因素。家庭的一些隐性或显性的条件,如家庭的自然结构、家庭的人际关系、家庭的教养方式以及家长的素质等对大学生的心理挫折都有直接或间接的影响。有关研

究表明，大学生的不少心理问题是与家庭生活的不良背景、早期不良家庭生活经历联系在一起的。自小娇生惯养和过分受保护、被溺爱的孩子进入大学后，更容易产生心理挫折。家庭贫穷、双亲不和或单亲家庭的孩子，由于父母对他们过分管制或放任不管，他们上大学后，有些人表现得蛮横无理或做出一些违背社会规范的反常举动；有些人表现出内向、孤僻的性格，很少与人交往，不易表露感情，郁郁寡欢，也容易产生心理挫折。

2. 主观原因

（1）个体生理因素。生理因素是指个体与生俱来的身体、容貌、健康状况、生理缺陷等先天素质所带来的限制。例如，身体素质较差的学生难于成为优秀运动员；人际交往中可能由于其貌不扬而处于劣势，在社交场合无法潇洒自如、谈笑风生、展示自己的才能，都可能给大学生带来挫折感。

（2）自我认知偏差。大学生缺乏社会经验，往往不能正确地认识自我，当取得一点成功时，自我评价偏高；而当遇到挫折与失败时，就会产生失败感或焦虑苦恼的情绪而低估自己，甚至自我怀疑与否定。如一位大学生刚入学就提出了很高的要求：要拿特等奖学金，当三好学生。然而因为不适应大学生与中学生在学习方法上、评定标准上的差异，以为只要自己苦学就行了，主观盲目地给自己制定了过高的目标，其结果当然是实现不了，这对一年级大学生来说无疑是一次不大不小的挫折。另一方面，还有少数学生自我评价是消极被动的，一遇到困难便觉得“一切都没有意思”，结果就会变得畏缩不前，无法实现目标。

（3）动机冲突。动机冲突是指同时产生了两个或者两个以上的动机，但由于条件限制，二者不可兼得。动机冲突也是引起大学生挫折的重要原因。一般而言，大学生的动机冲突主要有四种形式：一是双趋冲突。指对个体同时存在两个具有同样吸引力的目标，而两者不可兼得、难以取舍的心态。双趋冲突是大学生中最常见的心理冲突。当两个目标都符合需要，并且有相同强度的动机，且又“鱼和熊掌不可能兼得”时，就出现了难以取舍的冲突。例如大学生在先升学还是先就业，往往举棋不定，难以取舍。二是回避冲突。指同时有两个可能对个体具有威胁性、不利的事发生，两种都想躲避，但受条件限制，只能避开一种，接受一种，在作抉择时内心产生矛盾和痛苦。如在大学之中，有的同学既不想用功读书，又怕考试不及格，于是出现的“二者必居其一”的心理冲突。三是趋避冲突。指同一目标对于个体同时具有趋近和逃避的心态。这一目标可以满足人的某些需求，但同时又会构成某些威胁，既有吸引力又有排斥力，使人陷入进退两难的心理困境。如有的大学生存在既想担任学生干部使自己得到能力上的锻炼，又怕占用时间太多、影响学习的这种两难选择。四是双趋避冲突。指同时有两个目标，存在着两种选择，但两个目标各有所长、各有所短，使人左顾右盼，难以抉择的心态。如择业时有两个单位可供选择，而每个单位又利弊相当，就有可能举棋不定而陷入这种冲突中。动机冲突常使大学生感到左右为难，内心极易产生激烈的冲突和焦虑不安的情绪。有些大学生为此寝食不安、心情烦躁、学习效率下降。随着社会的发展，大学生选择的自由度将会越来越大，而由此带来的动机冲突也必然增加。

## 热身小测试

当你遇见烦恼和痛苦的事情，如考试失利、人际关系处理不好、失恋或是其他不顺心的事，你会怎么处理？测一测你应对挫折的水平。请仔细阅读每一条，根据你的实际情况，在左右侧相对应的字母上画一个“√”，A 表示：常常这样；B 表示：偶尔如此；C 表示：没有或很少这样。

| | A | B | C |
|---|---|---|---|
| 1. 觉得自己没有办法解决这些困难 | | | |
| 2. 能随机应变采取相应的措施去对付这些困难 | | | |
| 3. 会很长时间情绪低落，陷入紧张或混乱的状态 | | | |
| 4. 能冷静地分析原因，修改和调整方案 | | | |
| 5. 尽管事情过去很长一段时间，心里还是有阴影 | | | |
| 6. 向有经验的亲友、师长寻求解决问题的办法 | | | |
| 7. 不知道该怎么办，常会依赖父母、朋友或同学来解决 | | | |
| 8. 常对自己说：这个困难是上天赐给我的锻炼机会 | | | |
| 9. 常常幻想自己已经解决了面临的困难 | | | |
| 10. 从有相同经历的人那里寻求安慰 | | | |

评分与评价：第1、3、5、7、9题选A得1分；选B得2分；选C得3分。第2、4、6、8、10题，选A得3分，选B得2分，选C得1分。将10道题的得分相加即可得到你应对策略的得分。得分在20～30分之间，说明你的挫折感较低，知道一些应对挫折的技巧；得分在10～20分之间，说明你的挫折感适度，知道少许应对挫折的技巧；得分在0～10分之间，说明你的挫折感较高，需要掌握一些应对挫折的技巧。

## 身边的故事

### 我到底该怎么办？

一名大二女生的网上咨询：考试刚刚结束，我的心情很沉重，很难过，不知为什么很想哭，似乎觉得一切都和想象中的相差甚远，我甚至都不知找什么样的借口来安慰自己。我只想要我想得到的，可为什么都觉得没有。我的感觉很不好，我准备了很久，也自认为还可以，可不知为什么我做题的时候状态很不佳，我似乎开始对自己怀疑了，而且很怀疑。这是一生从未有过的感觉，似乎一点都不自信，从未有过的感觉！我感觉生活没有一丝的惊奇，没有一丝的期望。只感觉一切都像死灰一般，没有一丝的生机。追求确实是一个过程，必须要有回报，的确失败是成功之母，可成功也是成功之母。如果没有一丝的成功怎么再来期望成功呢？怎么再有奋斗的动力？我不知道成绩的结果，但感觉告诉我没有达到我的目标，每当我有一丝的放松的时候，我都会受到惩罚。我不明白为什么？想想我的大学，恋爱失败、考试失利、评优受挫，我变得自卑、退缩、不敢相信自己了，我到底该怎么办？

#### 专家案例点评

这位有着辉煌中学时代的大学女生，被挫折深深地包围着。在面询中，她谈到自己的过去是踏着鲜花与掌声走过来的，从来没有遇到过挫折，因而当挫折到来时，便有些束手无策，当考试结果揭晓后，结果也并不如她想象的那么不理想。从信中可见，她的自我期望很高，有着强烈的成就动机，当她认真面对自己的现状时，她积极主动地调整自己的目标，并将学业坚持下来，最后战胜了挫折，又恢复了以往的自信与笑容。

## 第二节 大学生的挫折心理

### 一 大学生对挫折的反应

个体在受到挫折后，无论挫折情境是由客观因素还是由主观因素造的，都会对个体的生理、心理与行为带来一些影响。

1. 受挫后的生理反应

个体受挫后，机体内部的自我调节机制将会最大限度地调动机体的潜在能力，以维持超常状态下的正常生命活动，以有效地应对外界环境的变化。然而，潜能的大量突击消耗，就会引起有关器官功能出现衰竭趋向，从而发生病变。如受挫初期的紧张、焦虑情绪可使交感神经系统的兴奋性增强，需要消耗大量的能量，于是神经末梢释放生物信息，刺激各种激素分泌增加，促进蛋白质、脂肪、糖原分解；刺激心肌收缩力增强，以促进血液循环加快，血压升高；刺激呼吸加快，以保证氧气供应。体内潜能大量消耗的同时，机体内部那些与情绪反应无直接联系的器官或系统则得不到必要的能量而不能维持正常功能，如消化道蠕动减慢，胃肠液分泌减少等。如果长期处于挫折情境中得不到解脱，上述生理变化将会进一步增强，从而引起身心病变，出现皮肤和面色苍白、四肢发冷、心悸、气急、腹胀、尿少等一系列症状。医学研究表明：心律失常、支气管哮喘、消化道溃疡、类风湿性关节炎、偏头痛、失眠等疾病多与受挫后的生理反应有关。

2. 受挫后的心理与行为反应

在挫折面前，大学生心理平衡遭到破坏。大多数情况下，他们感到困扰、不适应，甚至痛苦，这些都对其行为产生较大的影响。这种反应有的不明显，有的以变相的行为表现出来，有的以积极的方式反映出来。这些心理和行为反应经过强化和重复，逐渐成为对待心理挫折的一定习惯表现方式，即心理防御机制。

心理防御机制是指个人在挫折与冲突的情境时，在其内部心理活动中具有的自觉不自觉地解脱烦恼，减轻内心不安，以恢复情绪平衡与稳定的一种适应性倾向。心理防御机制是人应对应激情境的自我保护，也为我们自身构筑起一道心理防护墙与缓冲带，心理防御机制既有积极也有消极的，积极的心理防御机制在缓冲心理挫折时，表现出自信、进取的倾向，有助于战胜挫折；而消极的心理防御机制大多则表现出退缩、冷漠、逃避的倾向，虽然能暂时缓解内心冲突，但从长远看，会阻碍个体面对现实、正确运用心理防御机制，更影响人生的健康发展。挫折的心理与行为反应一般可以分为三大类：积极心理防御、消极心理防御和中性的心理防御。

(1) 积极心理防御机制。这种反应方式是正视挫折，承认挫折，正确分析挫折产生的主客观原因，总结经验教训，争取积极的行为方式，最后战胜挫折。主要表现为坚持、认同、补偿、升华。

① 坚持：指个体发现目标难以达到，要求自己做出加倍努力，并要求通过个体不断的努力，使目标最终实现。长征时人类历史上最伟大的一场战略大转移。两年的时间，数万红

军战士用双脚丈量了半个中国。这是何等坚韧强大的意志，这是何等令人震撼的力量！长征精神让我们懂得了坚持到底必将取得最终的胜利。

② 认同：指个体在现实生活中无法获得成功时，将自己比拟为某一成功者，借以在心理减弱挫折产生的痛苦；或者迎合能满足自己需要的人，按照他们的希望去支配自己的思想、行动，来冲淡自己的挫折感，并以此求得内心的满足。当一个人在没有获得成功与满足而遭遇挫折时，将自己想象为某一成功者，效仿其优良品质和其获得成功的经验和方法，能够使他的思想、信仰、目标和言行更适应环境和社会的要求，增强自信心，减少挫折感。例如，一个大学生梦想着能当演员，但是不能实现，就模仿演员的特殊风度、言谈腔调、手势、服装、发式等，这就属于认同心理的表现。

③ 补偿：即当一个人在某一方面受到挫折时，尽量以其他方面的成功来弥补，从中找到自信，以减轻自己的精神压力。这就是人们常说的"失之东隅，收之桑榆"。如某大学生没有当上班干部，无机会表现自己的能力，于是便努力使自己的成绩名列前茅。又如，某大学生恋爱失败了，便积极参加文体活动，用成功来补偿失恋的痛苦。

④ 升华：指当个体原有的冲动或欲望不能实现或不可能得到社会的允许时，就将它们改变为社会许可的形式，或者用更崇高的，具有创造性和建设性的，有利于社会的活动表现出来。升华是最积极的行为反应，从古至今演绎出绵绵佳话。如古之文王拘而演《周易》，仲尼厄而作《春秋》，屈原放逐赋《离骚》，左丘失明写《左传》，孙膑跛脚修《兵法》，司马迁受辱著《史记》。不仅如此，升华还是一种富有建设性的行为反应。它使人在遭受挫折后，将不为社会认可的动机和不良的情绪移到有益的活动中去，使其转化为有利于社会并为他人认可的行为。如一些貌不惊人的大学生最初在社交活动中受到制约，于是他们在学问、个体思想道德修养上下功夫，学习成绩出类拔萃，品德优秀，为同学所瞩目。

（2）消极心理防御机制。消极心理防御是指当大学生遭受挫折后所表现出来的带有强烈情绪色彩的非理性行为。常见的情绪行为方式有以下几种：

① 固执：指个体在受到挫折后，采取刻板的方式，盲目重复某种无效的行为，以不变应万变的现象。一般而言，个体受挫折后需要有一种随机应变的能力来摆脱所遭遇的困境。但是有人在反复碰到类似的困境后，依旧用先前的方法，盲目地解决已经变化了的问题。尽管他们知道这些动作对目标的达成、需要的满足并无帮助。如"碰鼻子后还不知转变"便是固执的最好注释。如某一大学生多次违反校规校纪、晚归受到批评，却固执地认为自己没错，屡教不改。在大学生中，固执行为往往容易发生在一些性格内向、倔强、看问题片面性的大学生身上，以及由情感为纽带形成的消极的大学生非正式团体中。固执是非理智性的消极的行为，它往往使人企图通过重复无效动作以对抗挫折压力，对大学生的成长极为不利。

② 退行：指当个体受到挫折时，往往表现出与自己的年龄、身份很不相称的幼稚行为。当一个人遭到挫折时，可能会以简单、幼稚的方式应付挫折，以求得到别人的同情和照顾。退行是一种由成熟向幼稚倒退的反常现象，而且其本人对此并非能清醒地意识到。如有些学生遇到挫折或一些不顺心的事情后，或暴跳如雷，或蒙头大睡，装病不起，甚至幼稚得像小孩一样哭闹。退行的另一种表现是受暗示性增高，受挫折后降低了明辨是非的能力，盲目地相信别人，盲目地顺从别人和盲目地执行别人的暗示。

③ 逆反：用通俗的语言来说就是"你要我朝东我偏朝西"。一般来说，个人的行为方向

和他的动机方向应当是一致的。但是，当个体遭受挫折后，如果不仅是一意孤行，而且对正确的方面盲目地持反抗、抵制与排斥态度，这种行为便是逆反。如某大学生因为上课时受到教师的批评，他便采取逃课或不理睬教师的教学等方式来表现自己的不满。持逆反心理的人往往为了排除内心的不满，会采取一些不符合社会规范、不被允许的愿望和行为，产生一些反社会性行为。

④ 攻击性行为：指大学在遭受挫折后，在情绪与行动上会产生一种对有关人或物的攻击性的抵触反应，以消除来自挫折的痛苦。攻击是一种破坏性行为，这种行为可分为直接攻击和转向攻击。直接攻击是指一个人受到挫折以后，把愤怒的情绪直接发泄到使之受挫的人或物上，如大学里发生的打架斗殴、损害公物等现象。这主要发生在自控力较差、鲁莽的大学生身上。转向攻击是指一个人受到挫折以后，把愤怒的情绪指向其他的人或物身上去。如当受到老师批评时，把怒气发泄到别人或物品上。

⑤ 冷漠：指当个人遭遇挫折时表现出无动于衷、漠不关心的态度，似乎毫无情绪反应。其实，冷漠并非不包含愤怒的情绪成分，只是个体把愤怒暂时压抑，以间接方式表现出来而已。这种现象表面冷漠退让，内心深处则往往隐藏着很深的痛苦，是一种受压抑极深的反应。如有些大学生的社会活动能力较差，多次失败，他们渐渐地对大学生活、同学关系、社会活动持冷漠的反应行为，表现出死气沉沉、缺乏集体感。

⑥ 轻生：指受挫者受挫以后表现出的一种极为消极的行为反应。在现实中，如果挫折的打击来得突然而沉重，受挫者对挫折的承受力又很低，就会深陷于万念俱灰的泥潭而不能自拔。此时，如果得不到外力的帮助，受挫者又把受挫的原因归结为自己，就可能会自暴自弃，伤害自己的身体，甚至产生厌世轻生的想法。

(3) 中性自我防御机制。这种方式是指当一个人受到挫折后，采取一些暂时减轻受挫感的行为方式，以解脱挫折对自己带来的心理烦恼，减轻内心的冲突与不安。它主要表现为以下几种：

① 求得注意：即想方设法引起别人对自己的注意，如以大声喧哗、寻衅生事、用恶作剧来显示自己。

② 合理化作用：即自我安慰，指无法达到追求的目标时，给自己一个好的借口来解释，但用来解释的借口往往是不真实的、不合逻辑的，但防卫者本人却能借此说服自己，感到心安理得。

③ 自我整饰：当个体遇到挫折之后，往往表面上不动声色，把心理上的烦恼、焦虑、苦闷统统埋藏在内心深处，只显示自己的长处，提高别人对自己的评价，从而减轻心理压力，以弥补失败所带来的挫败感。这种行为反应往往起着自我欺骗和自我麻痹作用。如《伊索寓言》中的狐狸吃不到葡萄就说葡萄酸的行为反应就是自我整饰。

④ 责任推诿：当个体遭到挫折后，不是从本身的缺点、弱点方面加以分析，而是把责任推给他人、埋怨他人，以减轻自己的焦虑与不安，这是一种文过饰非的行为。

⑤ 反向：行为相反于动机而行，如自卑的同学往往表现出高傲自大；对异性充满向往，却装出不屑一顾的样子等。持反向心理的人，往往不敢正面表露自己的真实动机，于是便从相反的方向表示出来。虽然这种行为可以在一定程度上掩饰个体的真实动机，但是，掩饰包含着压抑，长期运用会从根本上扭曲自我意识，使动机与行为脱节，造成心理失常。

⑥ 逃避：是指大学生受到挫折后，不敢面对挫折情境，而逃避到比较安全的环境中去的

行为。逃避有三个表现，一是逃到另一种现实中，如学习不好就玩游戏，沉溺其中。二是逃向幻想世界。三是逃向疾病。如某一大学生因为英语口语较差，每次上课从不开口说英语，甚至拒绝上英语听力课，不参加考试，以此来逃避失败。

⑦ 压抑：指个体尽量将过去因遭受失败引起的痛苦、焦虑等深埋心底，避免正视它们，让一切痛苦都消失在时间中。适度的压抑有利于情绪的调整，但长期的压抑会导致更强的挫折感与心理不适。

**身边的故事**

### 他在挫折面前选择了坚强

我国著名数学家华罗庚，因家境贫困，从小就替父亲担起全家的生活重任。但一有空，就借几本数学书来看，他用5年时间自学了高中三年和大学初年级的全部数学课程。18岁那年染上了伤寒病，为此，家里的东西全部当光，而病情不见好转。幸好有家人的精心照顾，总算保住了生命，但却成了终身残疾。后来在原就学的中学老师的关怀下，到这所中学里当勤杂工。他一有空就借书看，伤残的左腿时常疼痛得钻心，他仍一心在数学王国的海洋里劈波斩浪，将身躯的疼痛、生活的艰辛和世道的不公统统抛在脑后……

**想一想**：请你在故事中圈出华罗庚面临的困难；请你划出华罗庚是通过怎么样的方法改善困境的；请你把自己遭遇的挫折与华罗庚的挫折做比较，谈谈自己的感受。

大学生常见的挫折心理

## 二 大学生常见的挫折心理

### 1. 学习挫折

学习是大学生活的主旋律，学习上的困难和挫折对大学生的影响是最为明显的，具体表现在以下几个方面：

(1) 学习方式难以转变。大学的学习方式与高中有很大改变，学生有时很难在短期适应这种开放性的学习模式，大学的学习方法注重独立性、分析性，而且课程内容比较多，专业化深度、广度比较大，要求理论联系实际、善于分析问题解决问题，这使很多学生面对突如其来的变化无所适从。

(2) 对专业的不喜欢。虽然进入大学，但很多学生对于自己的专业并不是特别喜欢，因此在学习中就会产生厌学、逃课等现象，最终造成学习挫折。

(3)等级考试。作为大学生，学习目标是以就业为导向，如果不能通过学科考试和基本的英语等级考试将不能毕业，这对学习能力较弱的学生有一定难度，也将会形成挫折。

(4) 学习态度不端正，没有长远目标。进入大学后，没有了老师、家长的监督，许多学生抱着得过且过的心理，学习态度不端正，而且缺乏长远的目标，学习上较为盲目，从而产生厌学心理。

### 2. 人际交往挫折

进入大学后，如何与周围的同学友好相处，建立和谐的人际关系，是大学生面临的一个重要课题。由于大学生缺乏社会生活经验和社会交往阅历，再加上青春期固有的闭锁、羞怯、敏感和冲动，是大学生在人际交往过程中不可避免地会遭受各种困难，从而产生困惑、

焦虑等心理问题，具体表现在：

(1)缺乏沟通。学生进入大学前更关注学习，缺乏与同学之间的交流和沟通。进入大学后，当各种问题需要自己面对的时候，没有相应的沟通经验，因此产生挫折。

(2)自卑心理。一些学生担心自己的容貌、经济条件等自身因素得不到别人的认可，不愿与人交往，长此以往便会对人际交往产生恐惧甚至逃避。

(3)自我中心。只关心自己的利益和兴趣，忽视他人的处境和利益。如好友过生日未被邀请而失落，与好友闹翻，与朋友观点冲突，与老师出现矛盾，受人挖苦嘲笑等，从而产生孤独感。

### 3. 恋爱挫折

大学生的性意识处于觉醒和发展阶段，他们都强烈希望与异性接触，但大学生的人生观还处在变化之中，对与异性的交往缺乏正确的认识，有时就会陷入异性交往的误区。恋爱挫折主要体现在以下几方面：

(1)失恋的挫折。由于大学生在校期间未能形成完整独立的人格，对爱情没有正确的理解，因此在恋爱中极易因某些小事导致恋爱失败，从而产生悲伤、绝望等情绪。

(2)单相思的烦恼。喜欢对方但不敢表白，或者怕对方不接受自己而产生消极情绪。大学生的性生理已经基本成熟，他们迫切希望能与异性交往，但是由于缺乏生活经验和思维单纯，在于异性的交往中会出现问题。

## 身边的故事

### 求爱遭到拒绝时

某年的夏天，在汉中某大学上大三的李某，暑假组织了一个高中补习班，当日上午九时许，李某向在高中补习班认识的女同学小黄求爱。遭到拒绝后，竟在光天化日之下，当着黄母的面，用随身携带的水果刀向小黄连捅三刀，黄母阻挡时被砂石绊倒。刀子刺入小黄的胸腹腔致其左肺、肝左叶、膈肌、胃等器官组织破裂，送医院抢救，因创伤性失血性休克死亡。事发当日，凶手李某就被蓝田警方以故意杀人罪刑事拘留。

**专家案例点评**

向心仪的对象求爱失败或者遭拒我们身边是时有发生，更不用说是在当今的大学生身上了，大学生的校园生活也就如同象牙塔式的生活，大学也是一个小社会，也是从学生向社会过渡的一个重要阶段。而现在的大学生普遍都存在恋爱现象，而学生失恋也是都成了家常便饭，许多大学生都无法走出失恋的阴影，甚至有些学生走上极端。但是，爱情是相互的，每个人都有爱与不爱的自由，不能得到一个人的爱情，不等于失去所有异性的爱。

**小贴士 *Tips***

居里夫人 19 岁时曾爱上了一位英俊而富有的大学生，由于家庭的反对，那位大学生又无力抗争，使居里夫人不得不承受失恋的痛苦。居里夫人当时也很痛苦，但她马上理智地控制了自己的感情，失恋而不失志，集中全部精力投入到科学研究之中，获得了新的科学发现，也由此获得了新的爱情。

4. 就业挫折

随着世界经济和国内经济的起伏变化，高校毕业生就业形势日趋严峻，其就业压力逐渐增大，导致求职过程中产生挫败感。主要体现在：

(1) 角色错位。不是主动去适应用人单位的需要，而是对就业单位和薪金期望值过高。

(2) 价值观模糊。自我价值实现愿望较强，但缺乏艰苦创业的心理准备，更不愿将自我价值的实现和社会价值的实现结合起来。

(3) 心态失衡。就业中急躁盲目，跟风的思想比较严重，缺乏个人主见。有少部分学生在面对社会环境的复杂多变、严峻激烈的市场竞争，特别是即将毕业的学兄、学姐们在求职过程中处处碰壁的就业形势，感到无所适从、紧张不安，长此以往，就会出现神经紧张、失眠、胸闷、心跳加剧等焦虑并发症，从而造成在择业就业中挫折感的增加。

大学生常见的挫折心理

## 身边的故事

### 韦仁龙的故事

这个故事的主人公叫韦仁龙。他 12 岁时父母双亡，留给他的只有一间土坯房和父亲临终的一句话：好好读书，考上大学。时开始，韦仁龙就过着孤苦伶仃的生活，肚子饿了，没有饭吃，他就到小溪里摸河蟹，经常被蚂蟥叮得满脚是血。面对脚上的血，他说："以前经常被咬也没什么。"如果实在是饿得不行了，他就附近的水果店"要饭吃"，他跟人家说："这水果烂了，你不要，你别扔，可以扔给我吃。"可能很多孩子面对这种窘境的时候，会辍学，就会跟社会青年混口饭吃，或者去打零工赚钱。然而，韦仁龙没有这样做，他却还在努力读书，坚持上学。他没有铅笔，就守在垃圾桶旁边捡别人用过不要的，家里没有灯，他就借着昏暗的天光在灶台上看书、写作业。这些都还好，最难的是学费，他为了供自己上学，爬上了 3 米高的树上去摘八角，半年下来，他才积攒 100 多块钱。

哪怕生活成这样，坚强的韦仁龙也没有喊过苦。

后来，学校老师观察到这孩子太瘦弱了，才了解到他的生活情况，把情况告诉给了校长。全校师生向他献出了爱心，为他捐了 1 480.5 元。

"有志者事竟成，破釜沉舟，百二秦关终属楚；苦心人天不负，卧薪尝胆，三千越甲可吞吴。"这是清代文学家蒲松龄落第后所撰自勉联。

蒲松龄的这副对联也挺适合用在韦仁龙身上，经过 6 年的努力，他最终以高考 707 分的成绩考上了北京大学。

想一想：若你是韦仁龙会怎么想、怎么做？

从韦仁龙身上我们学到了那些应对挫折的方法？

# 第三节 大学生提高挫折承受力的方法

## 一 挫折承受力

美国心理测验专家罗森茨威格给挫折承受力下的定义是“抵抗挫折而没有不良反应的能力”，即个体适应挫折、抵御和对付挫折的能力。挫折承受力是维护个体心理健康的一道防线，因此挫折承受力较低的人，几经挫折的打击之后，容易失去人格的完整性，甚至会出现人格扭曲，形成行为失常和心理疾病。可见，挫折承受力是个体适应环境的必不可少的能力之一。

挫折承受力是后天学习来的。因而，无论是家庭还是学校，都应该教育大学生学会承受日常生活中遇到的挫折，鼓励他们从挫折失败中获得经验教训，增强克服困难的信心，而且要通过提供适度的挫折情境，采取恰当的方法来锻炼大学生的挫折承受力。

挫折承受力

### 热身小测试

### 挫折承受能力自测

1. 碰到令人担心的事 （　　）

A. 无法着手工作　B. 照干不误　C. 两者之间

2. 碰到讨厌的对手时 （　　）

A. 感情用事，无法应对　B. 能控制感情，应对自如　C. 两者之间

3. 失败时 （　　）

A. 不想再干了　B. 努力寻找成功的机会　C. 两者之间

4. 工作进展不快时 （　　）

A. 焦躁万分，无法思考　B. 可以冷静地想办法　C. 两者之间

5. 学习中感到疲劳时 （　　）

A. 脑子不好使了　B. 耐住疲劳继续学习　C. 两者之间

6. 工作条件恶劣时 （　　）

A. 无法干好工作　B. 克服困难创造条件　C. 两者之间

7. 在绝望的情况下 （　　）

A. 听任命运摆布　B. 力挽狂澜　C. 两者之间

8. 碰到困难时 （　　）

A. 失去信心　B. 开动脑筋　C. 两者之间

9. 接到很难完成的任务或很难完成的工作时　（　）

A. 顶回去　B. 千方百计干好它　C. 两者之间

10. 困难落到自己的头上时　（　）

A. 厌恶之极　B. 欣然努力克服　C. 两者之间

评分标准：A=0 分；B=2 分；C=1 分。

总分在 17 分以上说明受挫能力很强；

在 10～16 分之间比较强；

在 9 分以下的，说明承受能力比较弱。

## 二　大学生提高挫折承受力的方法

大学生提高挫折承受力的方法

人们常说，“解铃还须系铃人”，要战胜挫折，社会、学校等外界环境是重要的。但是，在大学生面对的众多挫折中，许多是自己主观因素导致，并且挫折是大学生自己的挫折，它引自己种种不良、痛苦体验。因此，正像大作家雨果所说，“应该相信自己，自己是生活的战胜者”，要真正战胜挫折，更主要是依靠受挫的大学生自己。那么，我们应该如何提高挫折承受力呢？

### 1. 善于调节自我抱负水平

自我抱负水平是指个人对未来可能达到的成功标准的心理需求，是人们在从事某种实际活动之前，对自己所要达到的目标或成就的标准。它是人们进行成就活动的动力，而能否成功则决定于抱负水平的高低是否适合个体的能力或条件。抱负水平过低或过高都不利于增强个体的自信心和自尊心。在过低的抱负水平下，即使成功了，人们也不能产生成就感；抱负水平过高，在达不到预定的目标时，就容易产生挫折感。所以要使个体在活动中产生成就感又不至于受到挫折，就要提出适合个体能力水平的、具有挑战性的目标。如果在目标实施过程中，发现自己设定的目标不切实际，前进受阻，就要及时调整目标，以便继续前进。对那些远大目标，要把它分解成中期、近期和当前目标。如对考研，就可以由易到难给自己设定目标，当受到挫折后，及时调整目标，改进方式或方法。这样，就可以在成功中体验到愉快和满足，逐步提高自信心，又能在失败、挫折后不断总结经验教训，最终战胜挫折，取得最后的成功。必须指出的是，大学生在确立自我抱负水平时，应注意把自己的目标与社会的客观环境条件，社会利益等因素综合加以考虑，这样才能取得有助于自身，更有助于社会的成就来。

### 2. 正确认识和评价自我

由于大学生大多没有经历过艰苦生活磨炼，社会阅历不够丰富，他们往往对自我的认识与评价不到位，要么高估，要么低估。正确认识自己，对于应对挫折和困难具有非常更重要的意义，只有正确认识自己，才能看到自己的潜能，才能树立自信心，才能拥有面对挫折与困难的勇气。因此，大学生必须正确认识和评价自我，增强自信。

小贴士 Tips

### 增强自信的方法

(1) 发现自己的优点。努力发掘自己的优点,逐点用笔记录下来。可分类记录,如个人专长,已做过什么有建设性的事,过去什么人称赞过自己,受过什么样的教育,家人、朋友对自己的关怀等等。

(2) 肯定自己的能力。每天找出三件自己做成功的事,不要把成功看成登上月球、发明炸药什么大事的。成功可能是做对了一道题,学会了一首歌,完成了一项任务等等。日常生活、工作都可以有成功与挫折之分。一日至少顺利完成三件事,又怎能责备自己的一事无成呢?

(3) 培养自己某方面的兴趣。在自己的兴趣中,找一样来培养、发展,使之成为专长。专长不必太困难,可能简单到打羽毛球、跑步、做菜、种花等什么都可以,有了专长,就有机会做主角,自然神采飞扬!

(4) 发挥自己的外在美。穿衣不必名牌、昂贵,作为大学生应打扮得适合自己身份,清新、自然、大方、不落伍。情绪低落时,尤其要注意穿得鲜艳明丽,加上适当的造型、化妆。这样不仅自己的坏心情因为打扮分散了注意力,表情也会生动、活泼一些。

#### 3. 正确对待挫折

首先要认识到挫折是普遍存在的,从某种意义上讲,挫折是生活中的一部分。挫折是客观存在的,关键在于人们怎样认识和对待它,如果认识到挫折是生活中不可避免的组成部分,就对挫折有了较充分的心理准备;能面对挫折不灰心、不后退,敢于向挫折挑战;能把挫折作为前进的阶梯、成功的起点。同时,遭受挫折后认真总结经验教训也是十分必要的,应该尽量避免不必要的挫折。

#### 4. 确立合理的自我归因

心理学家研究表明,在归因中,有些人倾向于情境归因,认为外部复杂且难以预料的力量是主宰行为的原因。如一个学生认为自己成绩不好主要是由于教师教学水平不高或是考卷难度太大方面的原因。有些人倾向于内归因,即认为自身的努力、能力是影响事情的发展与行为结果的主要原因。例如一个学生认为自己成绩不好是由于学习不够努力造成的。一般来说,进行内归因的学生对自己的行为与学习有更多的自我责任定向与积极态度;但是从对失败的归因方面来看,由于他们倾向于把原因归于主观因素,就容易自我埋怨、自我责备。如果这种自责、悔恨过多,就会给他们带来挫折感和心理损伤。因此,大学生首先要学会多方面收集关于事件的信息,了解困难的原因所在;其次要学会合理的归因,避免归因的片面性,学会实事求是地承担责任,克服过分承担或完全推诿责任的倾向,避免过多自责带来的挫折感。

**小贴士 Tips**

当遭遇失败和挫折时，我们尽量寻找自身内在、可控的和不稳定的原因。归因时遵循“三要与三不要”原则。

(1) 要客观分析影响成败的原因，不要主观臆断。

(2) 要先从自己内部找原因，激发自我责任感，不要一味埋怨环境，也不要一味自责。

(3) 要尽量找自己可以改变的因素，不要过多归因于不可改变或太难改变的因素。

### 5. 增强挫折认知水平

心理学研究表明：一个人越是能够获得与挫折事件相关的信息，就越能够有效地处理它；越是参加到他怕面对的挫折情境中去，就越能够有效地对付这种情境。可见，个体对挫折的反应和承受能力不仅取决于挫折情境本身，更重要的是取决于其对挫折的认知。既然挫折是社会生活的组成部分，是不可避免的人生经历，大学生应该正确地认识挫折、战胜挫折，并把挫折作为成功的阶梯。

正确地认识挫折，首先要认识到遭受挫折时难免的，每个人的成长都会遇到挫折，其次，要认识到挫折具有积极和消极的双重性影响，要树立勇于面对，正视挫折的正确观念。人生的道路总是崎岖不平的，丰富多彩的，一次失败并不能够代表他的全部，人生成才的道路、成功的机会是很多的，只要自己努力，就会有一个崭新的未来。

### 6. 构建成熟的心理防御机制

心理防御机制是自我受到本我和超我的威胁而引起强烈的焦虑和负罪感时，焦虑将无意识地激活一系列的防御机制，以某种歪曲现实的方法来保护自我，以缓解或消除自我的不安和痛苦。在这里我们将其分为积极的心理防御机制和消极的心理防御机制。积极的防御机制有助于大学生适应挫折、化解困境，利于他们的成长；消极的防御机制只能起暂时平衡心理的作用，不能解决问题，有时会使当事人在一种自我欺骗中与现实环境脱节，降低适应能力，形成一些恶习，埋下心理疾病的种子，影响其身心健康和全面发展。大学生应该构建积极成熟的心理防御机制，增强挫折耐受力，以适应社会的发展。

### 7. 建立和谐的人际关系

心理学研究表明，一个人与他人一起处在挫折压力中时，可以降低消极情绪体验。因此，大学生在面对挫折时，除了积极改变自我之外，还应学会交往。同学之间通过相互交往，诉说个人的喜怒哀乐，在心理上可以获得一种归属感和安全感。当一个人遭受挫折后，如果有几个在思想上、学习上、生活上志同道合的朋友，能向他们倾诉自己的心里话，便能使自己从挫折中解脱出来，内心的紧张也会逐渐减弱。同时，还可以从朋友那里得到鼓励、信任、支持和安慰，重新振作精神，战胜困难和挫折。

大学生加强人际交往，融洽人际关系时，首先要遵循人际交往的原则。一是平等原则，在人际交往中总要有一定的付出和投入，交往双方的需要和需要被满足的程度必须是平等的；二是相容原则，世界上没有完全相同的两片树叶，更没有完全相同的两个人。人际交往中应该承认差异，悦纳他人，善待他们，懂得宽容。三是信用原则，与人交往时要热情友好，以诚相待，不卑不亢，端庄而不过于矜持，谦逊而不矫饰虚伪，以博取他人的信任，产生使他

人乐于与你交往的魅力。四是互利原则，建立良好的人际关系离不开互助互利，即通过对物质、能量、精神、感情的交换使各自的需要得到满足。互利性越高，双方的关系越稳定密切，互利性越低，双方的关系越容易疏远。其次，还要把握好人际关系的技巧。比如学会感恩，尝试着去喜欢别人，你就会感觉生活比以前更美好了；学会换位思考，设身处地为他人着想，想人所想，理解之上；学会赞美，赞美他人要真诚，发自内心的赞美才能让对方感觉到你的善意和友好。人际交往中想要取得良好的沟通效果，还要学会充分利用非语言沟通，如目光真诚，学会积极倾听，讲求服饰艺术，合理利用体态语言等。

## 热身小测试

### 心理压力测试

"国际压力与紧张控制协会"的创始人之一麦克唐纳·华莱士先生研究开发了"心理身体紧张测试"。请逐一认真阅读，根据自己的实际选择适合的答案，并按0～4分5个等级积分(总是=4分，经常=3分，有时=2分，很少=1分，从未=0分)，然后将各题得分相加。你就可以通过分数解释表找到自己的位置，了解自己所承受的心理压力程度。

| 题目 | 总是 | 经常 | 有时 | 很少 | 从未 |
|---|---|---|---|---|---|
| 1. 我总受背痛之苦 | | | | | |
| 2. 我的睡眠不定，且睡不安稳 | | | | | |
| 3. 我有头痛症 | | | | | |
| 4. 我腭骨疼痛 | | | | | |
| 5. 若需等候，我会不安 | | | | | |
| 6. 我的后颈感到疼痛 | | | | | |
| 7. 我比多数人更易精神紧张 | | | | | |
| 8. 我很难入睡 | | | | | |
| 9. 我的头感到紧或痛 | | | | | |
| 10. 我的胃有病 | | | | | |
| 11. 我对自己没有信心 | | | | | |
| 12. 我常对自己说话 | | | | | |
| 13. 我忧虑财务问题 | | | | | |
| 14. 与人见面我会窘迫 | | | | | |
| 15. 我怵发生可怕的事 | | | | | |
| 16. 白天我觉得累 | | | | | |
| 17. 下午我感到喉咙痛，但不是得了感冒 | | | | | |
| 18. 我心情不安，无法静坐 | | | | | |
| 19. 我感到非常口干 | | | | | |

续表

| 题目 | 总是 | 经常 | 有时 | 很少 | 从未 |
|---|---|---|---|---|---|
| 20. 我心脏有病 | | | | | |
| 21. 我觉得自己不是很有用 | | | | | |
| 22. 我吸烟 | | | | | |
| 23. 我肚子不舒服 | | | | | |
| 24. 我觉得不安 | | | | | |
| 25. 我流汗 | | | | | |
| 26. 我喝酒 | | | | | |
| 27. 我很不自觉 | | | | | |
| 28. 我觉得自己被四分五裂 | | | | | |
| 29. 我的眼睛又酸又累 | | | | | |
| 30. 我的腿或脚抽筋 | | | | | |
| 31. 我的心跳过速 | | | | | |
| 32. 我怕结识人 | | | | | |
| 33. 我手脚冰凉 | | | | | |
| 34. 我患便秘 | | | | | |
| 35. 我未经医师批示使用药物 | | | | | |
| 36. 我发现自己很容易哭 | | | | | |
| 37. 我消化不良 | | | | | |
| 38. 我咬指甲 | | | | | |
| 39. 我耳中有嗡嗡声 | | | | | |
| 40. 我小便频密 | | | | | |
| 41. 我有胃溃疡 | | | | | |
| 42. 我有皮肤方面的病 | | | | | |
| 43. 我的咽喉很紧 | | | | | |
| 44. 我有十二指肠溃疡 | | | | | |
| 45. 我担心我的工作 | | | | | |
| 46. 我口腔溃烂 | | | | | |
| 47. 我为琐事担忧 | | | | | |
| 48. 我呼吸浅促 | | | | | |
| 49. 我觉得胸部发紧 | | | | | |
| 50. 我发现很难做决定 | | | | | |

**评分与评价：**

总分93分以上，表示你确实有极度的压力，反映你在伤害自己的健康，你需要专业心理医生治疗。

82～92分，表示你自己正经历太多的压力。压力正在损害你的健康，而且导致你的人际关系发生问题。你的行为会伤害自己，也可能会影响其他人。因此，对你来说，学习如何减除自己的压力是非常重要的。你必须花很多时间做练习。学习控制压力，也可以寻求专业帮助。

71～81分，显示你的压力中等，可能正开始对健康不利。你可以仔细反省自己对压力如何做出反应，并学习在压力出现时，控制自己的肌肉紧张，以消除生理激活反应。老师会对你有帮助，要不然就选用适合的肌肉松弛练习。

60～70分，显示你生活中的兴奋与压力的量也许是相当适中的。偶尔一段时间压力太大，但你也许有能力去享受压力，并且很快回到平静状态。因此现状对你的健康并不会造成威胁。做一些松弛的练习仍是有益的。

49～59分，表示你能够控制自己的压力反应，你是一个相当放松的人。也许你对于所遇到的各种压力，并没有将它们解释为威胁，所以你很容易与人相处，可以毫无顾虑的担任各项工作，也没有失去自信。

38～48分，表示你随所遭遇的压力很不易为其所动，甚至是不当一回事，好像并没有发生过一样。这对你的健康不会有什么负面影响，但你的生活缺乏适度的兴奋，因此趣味也就有限。

27～37分，表示你的生活是相当沉闷的，即使刺激或有趣的事情发生了，你也很少作出反应。你必须参与更多的社会活动或娱乐活动，以增加你的压力或激活反应。

16～26分，意味着你在生活中所经历的压力经验不够，或是你并没有正确地分析自己，你最好更主动些，在工作、社交、娱乐等活动上多寻求些刺激。做松弛练习对你没什么用但找一些辅导也许会有帮助。

## 第四节 压力应对

### 一 认识压力

压力也叫应激，最早于1936年由加拿大著名的生理心理学家汉斯·薛利博士提出，因此他被称为“应激理论之父”。他认为压力是由非特定性刺激所引起的生理变化。目前，国内比较公认的压力定义是：指由刺激引起的伴有躯体技能以及心理活动改变的一种身心紧张状态。压力不是一种想象出来的疾病而是身体“战备状态”的反应，这是当意识到某种情形，或者某个人，或者某件事情具有潜在的威胁性和紧张状态的时候做出的反应。压力是当人们去适应由周围环境引起的刺激时，人们的身体、心理、情绪和行为上都会有相应的反应，它可能对人们心理和生理健康状况产生积极或者消极的影响。当压力适中的时候，会对人们的行为产生积极的促进作用。

## 二　大学生常见的心理压力

大学生常见的压力包括：学习压力、就业压力、交往压力、恋爱压力和经济压力。

大学生的心理压力具有明显的阶段性：大一，表现在学习方面。进入高职院校学习的学生大多是因为未能考取本科的学生，被高考失败的阴影所纠缠，学习成绩不佳，学习缺乏积极性、生活无明确的目标，不能适应新环境。大二，有的学生对专业产生失望情绪，情感、恋爱等问题也接踵而来。大学生有强烈的交往动机，渴望良好的人际关系，但由于缺乏社交能力和自身的一些性格弱点，他们常常为处理不好人际关系而苦恼，使大学生产生了人际关系上的压力感。大三，面临就业、升学压力，学生产生明显的两极分化，一部分产生自我怀疑，甚至自暴自弃。有的学生期望值高，且带有功利的色彩，希望自己能找到待遇好的，或者有发展的工作，但自身能力又有限，往往眼高手低，就业路上屡屡失败，这种挫折也会使其就业压力增大。

## 三　应对压力的有效途径

应对压力是指个体面对压力挑战时采取的一种有意识、有目的的调节行为。在日常生活中，压力是时时处处存在的。大学生应该学习并掌握一些应对压力的策略和措施，变压力为动力。

应对压力的有效途径

### 1. 预防策略

在压力到来之前可以采取预防策略。这类策略包括两个方面：一是防止或减少压力的出现，简单地说就是尽可能少惹麻烦；二是积蓄自我与社会的资源，增强抵抗压力的能力，做到“防患于未然”。具体方法如下：

(1) 认清心理压力的普遍性。大学生要认清现实生活中充满竞争，心理压力是无处不在的，因此要采取理性的应对态度，对已经出现或将要出现的压力有一定的思维准备。

(2) 调整个人的期望水平。期望越高，失望越大。大学生对自己的期望水平应该与自身能力水平和资源条件相符合。否则就有可能遭受失败的挫折和压力。

(3) 改变易增加压力的行为方式。大学生活中的有些压力是可以通过改变自身的行为方式而得以避免的。那些喜欢赶时间、没有耐心、不安于现状、特别爱与人竞争的人体验到压力更大，也更易于受挫。改变自己的行为方式，所感受到的压力较以前轻。

(4) 扩张应对资源。在生活中，大学生可以不断扩展各种资源，如身体健康、强劲，充足的自尊、自信和自控能力，坚强的信念与乐观的价值取向，丰富的知识与娴熟的专业技能，自主安排时间与生活的技巧，经济上的保障，可利用的物质工具，良好的人际关系，强大的

社会支持网络等。这些资源充足了，自然就能够更好的应对甚至避免大学生活中的种种压力。

### 2. 疏导策略

压力来临时，可以通过自我的疏导和调控来降低自己的心理压力，主要方法有以下几种：

（1）以辩证的观点看待压力。发生在自己周围的事情都会具有两面性。压力对自己来说，会给自己带来紧张、不愉快，也会给自己带来惊讶和启迪。而使压力产生积极的一面，关键在于自己要对压力有积极认知。面对压力，应该做一个积极思维者，寻找压力中的积极因素，以积极的方式解释压力，使自己走出压力的困扰。

（2）运用格言改变自己对压力的主观感受。在遭遇压力时，可以用格言来激励自己。例如某大学生连续两次都没有通过大学英语四级考试，于是他开始加倍努力，并在自己的床头上贴满了各种格言警句“宝剑锋从磨砺出，梅花香自苦寒来”“天将降大任于斯人也，必先苦其心志，劳其筋骨，饿其体肤，空乏其身，行拂乱其所为……”“不鸣则已，一鸣惊人”……从而减缓了心理压力。

（3）改变目标本身或降低要求。大学生在理想目标与现实相差太远的情况下，应该意识到不能用过高的目标苛求自己、限制自己，应当对目标作出相应的调整。大学社可以根据社会现实和自己的能力、专业，设置合理的目标，逐个实现。为自己设定一个合理的目标，可以减轻由于目标得不到实现而产生的压力，并能为自己在生活中提供航标，使自己不致因为压力过大而迷失方向。

### 3. 斗争策略

在压力降临时，还可以采取斗争策略。这类策略包含以下方法：

（1）监视压力。对引起压力的事件给予积极关注，有助于我们冷静的分析事态的发展，客观地认识事件的前因后果，从而选取更为有效的应对措施。

（2）集中资源。当压力降临时，尽可能多地集中一切可以利用的资源以提高应对的成效。如果你想参加学校的某项竞赛，但是时间对你来说非常紧迫，这时你可以通过充分利用现有的人力、物力与财力资源，并最大限度地调动自我的潜能来做好准备。

（3）搜寻解决问题的途径。有些事件之所以会给人带来压力，是因为我们一时找不到解决问题的办法。面对引起压力的问题，我们可以不回避，而是分析问题的实质，评估可利用资源寻找切实可行的解决途径，这样或许能减少压力。例如，当自己的学习成绩不理想时，不要急于给自己施加压力，而是要分析一下这次考试的失利的原因，是上课没有认真听讲，课后没有好好复习，内容掌握得不够透彻……然后根据原因调整自己的行动，压力也就在自己重新调整的目标中释放了。

### 4. 实施心理放松自我训练

放松训练是行为治疗方法的一种，其特点是通过训练有意识地控制自身的心理、心理活动，循序交替收缩或放松患者的骨骼肌群，使个体在内心自觉体验个人肌肉的松紧程度，以调节自主神经系统的兴奋性，改善机体紊乱功能的心理治疗方法。在放松训练的理论

放松放松~~

中，一个人的心情反应包含“情绪”和“躯体”两部分。如果能够改变躯体的反应，“情绪”也会随之改变。

人的意识能够操纵“随意肌肉”，进行间接地达到松弛“情绪”，建立轻松的心理状态的目的。放松训练的核心在“静”“松”二字。“静”是指环境要安静，心境需要平静；“松”是指在意念的支配下使肌肉放松、情绪放松。个体的自我调节、自我教育、自我完善在缓解心理压力中起决定作用。

## 他山之石

### 专家建议

在压力面前你可以采取以下方式应对：

1. 正确归因法。学会分析压力产生的原因。

2. 目标调整法。如果是因为目标过高无法实现导致压力过大，可减低目标，以减少对压力的体验。

3. 社会求助法。遇到压力自己无法解决时，要懂得向他人求助。

4. 丰富生活法。多培养自己的爱好，多参加社会实践，以降低压力的感受。

5. 合理宣泄法。通过哭、喊、写、说、动等对他人和社会无害的方式来宣泄消极情绪。

6. 自我暗示法。当遇到压力时，学会鼓励自己，暗示自己：我一定行，没关系，一切都会好起来的。

7. 自我放松法。通过有节奏的肌肉收缩、放松，并反复交替，体验一个完整的从紧张到松弛的状态。

## 演练场

小张是某高职院校大一学生，刚入校时，常常因为自己高考失利而痛苦，缺少学习动力，无法适应新的生活环境，考虑到将来就业时很多用人单位要求第一学历，自己要和许多本科生竞争，他陷入了深深的苦恼中。

## 心理故事

### 洪战辉的故事

1994 年，洪战辉的父亲突发间歇性精神病，造成妻子受伤骨折，女儿意外死亡，家里欠下巨债。随后，父亲又捡来了一个和女儿年龄相仿的女婴。面对沉重的家庭负担，母亲离家出走了。同学们，对于大家来说，这是不是特别让人无法承受呢？如果是你们，你们能坚持下来吗？可是年仅 13 岁的洪战辉，默默地挑起了伺候患病父亲、照顾年幼弟弟、抚养捡来妹妹的家庭重担。洪战辉没有退缩，一挑就是 12 年。为了挣钱养家，他像大人一样，做小生意、打零工、拾荒、种地。他利用课余时间卖笔、书、磁带、鞋袜，在学校附近的餐馆做杂工，周末赶回家浇灌 8 亩麦地。在兼顾学业和谋生之时，他牺牲了几乎所有的休息时间。

从高中到大学，他一直将妹妹带在身边，每天都保证妹妹有一瓶牛奶和一个鸡蛋，自己却常常啃方便面。在怀化念大学的日子里，他安排妹妹上了小学，每天不管学习多忙，都坚持接送妹妹，辅导妹妹功课。同学们，我们在学习中也会遇到各种各样的困难，但是不要逃

避、不要害怕，要像洪战辉叔叔学习，坚持自立自强，勤奋刻苦，直面这些困难，战胜这些苦难！

2006年后，作为感动中国十大人物的洪战辉又将爱洒向了社会。为资助贫困学生，他在学校和政府的帮助下建立了教育助学责任基金。为推动青少年思想教育，他应邀在全国各地作了150多场励志报告，并出任了“中国宋庆龄基金会青少年生命教育爱心大使”。同学们，将来等大家学有所成了，一定也会像洪战辉叔叔一样，尽自己的力量回馈社会吧！

## 活动综合评价

| 内容 | | 评价 | | |
|---|---|---|---|---|
| 学习目标 | 评价项目 | 自我评价 | 小组评价 | 教师评价 |
| 心理健康知识 | 1. 理解挫折和压力的意义<br>2. 熟悉挫折的影响因素<br>3. 了解常见心理防御机制挫折与压力 | | | |
| 挫折与压力应对技巧 | 1. 学会利用积极的心理防御机制应对挫折<br>2. 掌握应对压力的策略情感态度 | | | |
| 情感态度 | 1. 以积极乐观的心态应对挫折与压力<br>2. 善于帮助他人解决挫折和压力问题<br>3. 对团队形成归属感，积极与他人合作 | | | |
| 教师建议 | | 个人努力方向 | | |
| 评价总汇 | | | | |

# 第九章

# 恋爱也需要学习

## ——健康文明　爱情真谛

爱一个人意味着什么呢？这意味着为他的幸福而高兴，为使他能更幸福而去做需要做的一切，并从中得到快乐。

——车尔尼雪夫斯基

真正打动人的感情总是朴实无华的，它不出声，不张扬，埋得很深。

——周国平

“爱”是世间最永恒也是最古老的话题，无论是文学、艺术、哲学还是社会学都在探讨爱的定义，影视与歌曲缺乏“爱”的元素会显得匮乏，文学艺术缺乏“爱”的元素会显得单调，没有凸显艺术的本质与触动心扉。但迄今为止，爱却没有一个确定的定义。我们通常认为恋爱是异性择偶和培养爱情的过程，其中的甜蜜与苦涩、快乐与痛苦都强烈地拨动着年轻人的心。大学生作为一个青年群体，伴随着青春期性生理的成熟和性意识的觉醒，对爱情充满了向往，恋爱也成为大学校园里一个“永恒话题”。同时恋爱与性带来的各种心理问题也渗透到学生的学习、生活、价值观等各个方面，因此，了解爱的本质，剖析爱与性的区别，培养健康的恋爱心理与性心理，妥善处理恋爱中的各种问题是大学生成长过程中的重要话题，也为大学生未来的幸福生活奠定基础。

## 活动任务书

| 活动名称 | 战胜挫折 | | 姓名 | | 完成时间 | |
|---|---|---|---|---|---|---|
| 目标 | 1. 了解性的内涵，掌握基本性知识，培养和维护健康的性心理<br>2. 了解爱情的实质，学会调适常见的恋爱心理困惑<br>3. 树立积极健康的恋爱观，提升爱的能力 | | | | | |
| 任务 | 1. 练习爱的表达与拒绝<br>2. 约会角色扮演<br>3. 小组活动，探讨分析自己的恋爱价值观 | | | | | |
| 实施过程 | 1. 根据具体活动内容以个人或者小组形式制订计划，明确任务<br>2. 按计划和分工实施任务<br>3. 各组员交流学习结果 | | | | | |
| 注意事项 | 觉察内心感受及变化 | | | | | |
| 组员及分工情况 | 队号 | | 队长 | | | |
| | 队员 | | | | | |
| | 任务分工 | | | | | |

## 思政园地

### 情书——要做革命伴侣

"'那个戴鸭舌帽、穿西服、白皮鞋的就是周恩来'，有一次开学生大会，一个同学指着台上的周恩来告诉大姐。大姐说，哟，她当时就觉得周恩来长得很漂亮。"周恩来去世后，邓颖超经常在与赵炜的闲聊中，讲起她与周恩来当年的那些片段。

周恩来与邓颖超相识于五四运动。当时，从日本留学归国的周恩来，在天津学生界已很有名气；而在北洋直隶第一女子师范学校读书的邓颖超，是"女界爱国同志会"的讲演队长，邓颖超后来在文章中形容"彼此都有印象，是很淡淡的"。有趣的是，周恩来喜欢演话剧，而男生的学校没有女生，所以他就扮演女生，而邓颖超所在的学校没有男生，她穿长袍马褂、戴一顶礼帽，扮演男新闻记者，周恩来还指导她们演话剧。不过邓颖超一直相信那时的周恩来把她看成小妹妹——那一年，她只有 15 岁。

一年后，周恩来作为 197 名赴法勤工俭学的留学生中的一员前往巴黎，邓颖超则到北京师大附小当了教员。两人鸿雁往来，但仍没有往那一方面想。"大姐说，'我知道他那时有一个女朋友，人长得比我漂亮。所以后来恩来跟我提出时，我根本就没往那方面想'。"1923 年，邓颖超突然收到周恩来从法国寄来的一张明信片，在这张印有李卜克内西和卢森堡画像的明信片上，周恩来写道："希望我们两个人将来，也像他们两个人一样，一同上断头台。"

1956 年的一天，周恩来的侄女来访，大家坐在客厅里聊天。侄女好奇地问起两人当年的往事，周恩来坦诚相告，当年在法国的那个美丽的朋友，"对革命也很同情"，"但是，我觉得作为革命的终身伴侣她不合适"，在周恩来眼里"坚持革命"的小超便成了终身伴侣的最佳人选。

想一想：周恩来总理和邓颖超为什么能够成为人们敬仰的爱情伴侣？

# 第一节 大学生的恋爱心理

美好的人生必然是有爱情相伴的。爱情是人们永恒的话题，也是大学生极为关注的经久不衰的热点，在食堂，在课间的教室，在寝室，无处不有谈论爱情的话语。一些恋人花前月下、卿卿我我、成双成对的情景成了大学校园里的一道特别的风景。爱情是那样的独具魅力，拨动着年轻的大学生的心弦，令人寻觅和神往。然而，在校园里，最令学生们困惑或烦恼的问题之一也是爱情和恋爱问题。它影响着年轻学子的学习、生活和心理的健康发展。怎样树立正确的恋爱观？如何处理爱情和恋爱中的问题呢？

## 一 心理学视域下的爱情

爱是什么？14 亿多的中国人，有 14 亿多的答案，诗人赋予爱情最美好的语言，音乐家赋予爱情最动听的音符，哲学家赋予了爱情思辨的哲理，而大学生们多以期待的心情等待爱情的降临，自古至今，很多人都对爱情下了不同的定义。

心理学视域下的爱情

### 1. 爱情的定义

总体来讲，爱情有广义和狭义之分。广义的爱情将关系到爱的情感都叫爱情，如父子之情、亲友之情、师生之情等。狭义的爱情通常指男女之间的爱慕之情，人们通常意义上所说的爱情是狭义的爱情。学者们普遍认为：所谓的爱情就是一对恋人之间，基于一定的社会关系和共同的生活理想，在各自内心中形成的对对方最真挚的倾慕，并渴望对方成为自己终身伴侣的一种强烈、纯真、专一的感情。爱情的获得，需要经历一个感性到理性，由片面到全面，由肤浅到深入，最后达到相互肯定、相互融合的过程，爱情是一种高尚的精神生活。

### 2. 恋爱的含义

恋爱是指一对相互倾慕的男女共同追求、培育及实施爱情的过程。恋爱一般分为初识、初恋、热恋三个阶段。

### 3. 爱情三角理论

美国心理学家斯腾伯格提出的爱情理论，是学术界公认的比较成熟的爱情理论，他认为爱情由三个基本成分组成：激情、亲密和承诺。激情是爱情中的性欲成分，是情绪上的着迷；亲密是指在爱情关系中能够引起的温暖体验；承诺指维持关系的决定期许或担保。这三种成分构成了喜欢式爱情、迷恋式爱情、空洞式爱情、浪漫式爱情、伴侣式爱情、愚蠢式爱情、完美式爱情等七种类型。

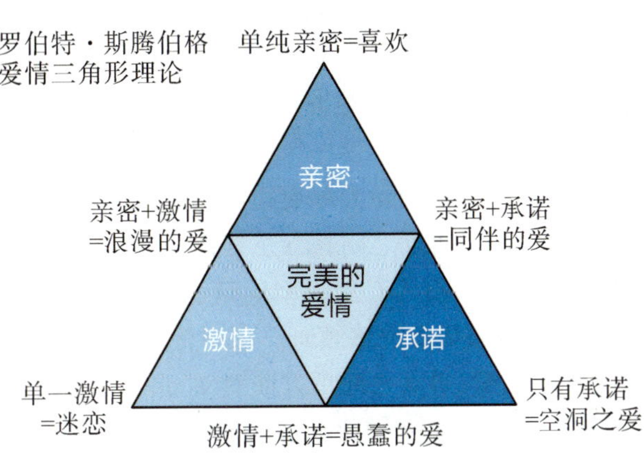

耶鲁大学社会心理学家斯坦伯格根据激情，亲密和承诺三大要素组成了七种不同类型的爱情：

**喜欢式爱情（Liking）**

只有亲密，在一起感觉很舒服，但是觉得缺少激情，也不一定愿意厮守终生。没有激情和承诺，如友谊。显然，友谊并不是爱情，喜欢并不等于爱情。不过友谊还是有可能发展成爱情的，尽管有人因为恋爱不成连友谊都丢了。

**迷恋式爱情（Infatuated love）**

只有激情体验。认为对方有强烈吸引力，除此之外，对对方了解不多，也没有想过将来。只有激情，没有亲密和承诺，如初恋。第一次的恋爱总是充满了激情，却少了成熟与稳重，是一种受到本能牵引和导向的青涩爱情。

**空洞式爱情（Empty love）**

只有承诺。缺乏亲密和激情，如纯粹的为了结婚的爱情。此类“爱情”看上去丰满，却缺少必要的内容，金玉其外，败絮其中。

**浪漫式爱情（Romantic love）**

有亲密关系和激情体验，没有承诺。这种“爱情”崇尚过程，不在乎结果。

**伴侣式爱情（Companionate love）**

有亲密关系和承诺，缺乏激情。跟空洞式“爱情”差不多，没有激情的爱情还能叫爱情吗？这里指的是四平八稳的婚姻，只有权利、义务却没有感觉。

**愚蠢式爱情（Fatuous love）**

只有激情和承诺，没有亲密关系。没有亲密的激情顶多是生理上的冲动，而没有亲密的承诺不过是空头支票。

**完美爱情（Consummate love）**

同时具备三要素，包含激情、承诺和亲密。只有在这一类型中我们才能看到爱情的庐山真面目。

斯坦伯格很聪明，在这些爱情前面都加了一个“式”字，因为在他看来，前面列举的六种都只是类爱情或非爱情，在本质上并不是爱情，只有第七种才是爱情，而我们在现实生活中碰到的类爱情和非爱情的情形实在太多，以致把具备三要素的爱情基本当作是一种超现实的理想状态。

另外一种类型叫作无爱（Nonlove）：三个因素都不具备。

爱情与恋爱

### 4. 大学生恋爱发展“三部曲”

大学生的性心理已经趋于成熟，社会阅历在不断丰富，爱情观也渐渐成型。他们对异性的向往变得专一，开始寻求和选择自己的终身伴侣，并建立和培育双方的爱情。就这样感情开始渐入佳境，使得双方都拥有了较为成熟的恋爱心理。这一时期的恋爱过程可以概括为“三部曲”。

(1) 好感：是指在人际交往中男女之间所产生的一种彼此欣赏的情感体验。

(2) 爱慕：男女之间在互生好感的基础上，更多地了解对方的爱好、志趣、性格、为人等各方面信息，从而具有更深刻的情感体验。这种内在感情可以使人心旷神怡，萌发希望与他人相结合的强烈情感倾向。在理智的支配下，好感会发展成对对方的爱慕之情。

(3) 相爱：男女之间单方面对对方的爱慕还不是爱情，只有双方之间相互爱慕，爱情才能建立。在恋爱中，彼此相互的爱慕有时会同步到来，有时不同步，或许在这个过程中双方还会经受一些波折与磨难。但只要彼此互相爱慕，无论双方是谁先打开自己的心扉，都可能会赢得对方的回应，让爱情之花绽放。

**课堂活动**

### 讨论什么不是爱情

几乎所有的大学生都能背诵《大话西游》中那段经典的台词："曾经有一份真挚的爱情摆在我的面前，我没有珍惜，等它失去时我才追悔莫及，人世间最痛苦的事莫过于此。如果上天能够给我一个再来一次的机会，我一定要对你说：我爱你！如果要非要给这份爱情加上一个期限，我希望是一万年！"这是大学生心中理想的爱情。但是，理想并不等于现实，当大学生心中的理想之爱最终注定只能是空想时，这种爱就会化作烟雨，一切将随风而逝，留给当事人的只能是无尽的遗憾、懊恼与失落。因此，大学生首先需要澄清的是什么不是爱情？（比如：偶像化的爱情、完美的爱情、非理性观念以及产生于孤独时的爱恋等。）

## 二　大学生恋爱的类型和特点

现在大学生恋爱是一个很普遍的现象，因为很多大学生都选择住校，彼此了解增多，产生感情是非常自然的一件事情。这种情感确实与社会上的一些恋爱不同，它是在特定的时间、特定的阶段，彼此在一起学习时产生的。这种情感是很单纯的情感，不带有功利色彩，不在乎对方挣多少钱，也不在乎对方有没有房子，不在乎对方的家庭状况如何。但是，大学生恋爱又普遍没有结果，这是大学生爱情的一个特点。恋爱是难以驾驭的人生艺术，渴望谈恋爱是一回事，谈得成功与否又是另外一回事。许多大学生疯狂地投入进去，惨败地退出来。有的成功，有的失败，有的因恋爱引发犯罪、轻生等悲剧。大学生中因恋爱动机不同而显现多样化的恋爱类型。

### 1. 大学生恋爱的类型

（1）比翼双飞型。这类学生基本上具备成熟的人格，有正确的恋爱观，能够以理性引导爱情，正确处理恋爱与学习、感情与爱情、情爱与性爱的关系。双方有较强的事业心、进取心和自控能力，有共同的理想抱负、价值观念，把事业的成功作为爱情持久的目标，不仅仅把恋爱看成人生的快乐，而且能把幸福的爱情转化为学习和工作的动力。他们认为，恋爱不仅应该促使双方的进步，而且应该促进双方的成长。

（2）生活实惠型。进入大学后，毕业去向是大学生最为关注的主题。恋爱无可非议地糅进了毕业动向的条件，同时家庭条件和对方的发展前途也是各自关注的必不可少的条件。一些大学生彼此间的爱慕与向往也许并不强烈，但是有确定的生活目标。大二是这类学生谈恋爱的高潮期。他们认为这时处朋友，谈恋爱、相互了解，信任度较高。这种爱情是理智的，现实的，确定恋爱关系引起的争议也比较少。

（3）时尚攀比型。在一些高校，恋爱成为一种时尚。当周边的许多同学有了异性朋友时，一些男同学为了不使自己显得无能，一些女同学为了证明自己的魅力，也学别人的样子匆匆地谈起了"恋爱"。由于目的性不强，缺乏认真的态度，常常是跟着感觉走，把谈恋爱看成是一种精神上的补偿，常以"因为没想那么多"为借口而各奔东西。这种恋爱带有很大的随意性。

（4）玩伴消费型。这类学生在精神上不太充实，同性朋友较少，时常感到孤独、烦闷，为

了弥补精神上的空虚，急欲与异性朋友交往，“恋爱”成为一种近景性的精神需求。尤其是周末，当寝室的室友成双成对地走出校园，自己一人在寝室时，有一些同学会有一种空虚得想谈恋爱的感觉。女生的这种心理体验尤为明显。据报道，有一所大学的一个班的全部女生在大二时就都有了“相恋对象”，用她们自己的话说，“我其实不是真的在谈恋爱，只是生活太乏味了，又没有知己，想找个伴畅快畅快。”

(5) 追求浪漫型。这类学生情感比较丰富，罗曼蒂克的爱情对他们有着强烈的吸引力，对爱情浪漫色彩的追逐和窥探心理日趋强烈。他们并非不尊重爱情，而是觉得出没于花前月下的刺激比爱情的责任和义务更富有色彩和韵味。与这种色彩和韵味相比较，人物自身的品质被淡化了。他们表达爱和接受爱情时，对爱情的缠绵悱恻有较深的体验并乐在其中，时时沉浸在两人的世界里，忘却了集体，甚至忘却了学业。

(6) 功利世俗型。也有部分学生以对方的门第、家产、地位、名誉、处所、职业、社交能力、驯服度等为恋爱的前提条件。这种恋爱属于功利世俗型。

### 2. 大学生恋爱的特点

随着时代变化，社会大环境的变化，大学生恋爱呈现出明显的时代特点。

(1) 自主性强，恋爱行为公开化。大学生团体是一个特殊的青年群体，有着思想比较开放、易接受新观念、独立意识强等特点。在恋爱问题上，他们的个性比较突出，不太容易受他人尤其是长辈的影响。学校虽不提倡恋爱，但大学生谈恋爱很少会顾忌他人的评价，在校园草坪上、食堂里、教室中到处可见恋人们的身影。

(2) 注重情感。在校大学生谈恋爱时，一般不考虑经济、地位、职业、家庭等社会性问题，带有浓厚的浪漫色彩，自主性良好，约束性较差，情感性强，理智性弱。大学生谈恋爱时，会对精神层面看得较重，注重情感体验和交流。大学生们往往重视恋爱的情感体验，注重的是恋爱的过程本身，对于恋爱的结果，他们不太在意。

(3) 恋爱过程化，结果脆弱化。注重恋爱的过程，有利于双方相互了解、加深认识，也有利于培养感情、增加心理兼容度，同时也反映出大学生不落世俗、着意追求爱情的真谛。但是，如果只注重恋爱过程，把恋爱与婚姻相分离，未免有失偏颇。现在大学生中流行一种爱情观念：不求天长地久，只求曾经拥有。一些大学生把恋爱当作一种感情体验，认为人生要及时行乐，借以寻求刺激；一些大学生为了充实课余生活，解除寂寞，填补空虚，把恋爱当作一种文化消遣。重视恋爱过程，轻视恋爱结果，实质上是只强调爱的权利，而否认了爱的责任。这也容易导致恋爱关系脆弱化，使得恋爱中的大学生不能理性地对待恋爱中的挫折，这表现为大学生的恋爱率高，巩固率低，其中能发展为婚姻关系的恋情占比较少。

(4) 恋爱观念开放，传统道德淡化。随着时代的发展，当代大学生的恋爱观念日益开放，传统道德感逐渐淡化。中国传统文化及伦理道德观虽对大学生影响较深，但随着现代观念的开放与包容，很多大学生会对婚前性行为持理解和宽容的态度。认为彼此“只要真心相爱，无须指责”，传统的道德观在大学生的思想意识中逐渐淡化。

## 三 大学生恋爱心理的困惑与调适

对于爱情，人们都希望它是甜蜜的、美好的。然而，爱情生活中，也不乏苦涩和忧郁、坎坷与挫折。恋爱中的各种挫折，我们需要面对并学会调适自己的心理状态，及早从困苦中走出来。

### 1. 单相思与爱情错觉

爱情是相互的，是两情相悦发出的共鸣，如果只是一方倾心于另一方，另一方不知道，或者另一方知道了却不理睬，就不能叫爱情。这种单方的爱恋，心理学上称为“单恋”，即人们常说的“单相思”。

单恋是一种爱情错觉。单恋一般有三种情形：一是自作多情型，误以为对方爱上了自己或明知对方对自己没有爱意仍深深地爱着对方；二是藕断丝连型，恋爱中断了，还深深地眷恋着旧情人，无法摆脱往日的情丝；三是羞于表达型，自己深爱着对方，却不知道对方的感情，又羞于向对方表白，而苦苦地思念着。无论哪种情形，都是没有现实基础的无效追求，对当事人是很痛苦的，就像一个人执着地想得到一样东西而又无法获得，爱的情感越深，所带来的情感折磨就越痛苦。

大学生正值春心萌动的年纪，初涉爱河，对爱情有着美好的憧憬和向往，常常对情爱有一种神秘感、虚幻感和羞怯感，很容易激发对某人的强烈眷恋，而害上“相思病”。其中存在一个最大的心理误区，就是把暗恋的对象过分地美化，认定对方就是自己心中的“白马王子”或“白雪公主”，高高在上，可望而不可即，因而很容易感到自卑，总觉得自己配不上对方，独自在“爱”的煎熬中受折磨。

害“相思病”的人应尽早从作茧自缚的单恋中解脱出来。首先，要冷静地分析和辨别自己的那份“情”是不是爱情。若是，就要勇敢地向对方表白，与其总是在患得患失中痛苦度日，何不“快刀斩乱麻”？即使对方拒绝了，短痛总比长痛好，切除“恋”的本源。其次，要扩大自己的人际交往面。单恋的人常常生活在自己制造的假象里，把自己理想化了的标准投射到所暗恋的人身上。其实，他们心中的偶像并不像他们所想象的那么完美，与所有人一样，普通又平凡，有优点也有缺点。只有在较广泛的人际交往和比较中，才会发现所暗恋的人是否适合自己，从而减少自卑，增强自信心。再次，要学会转移自己的情感。人的情感是很复杂的，一旦产生，是很难一下子丢掉的，这时不妨运用转移的方法，把自己的爱从旋涡中摆脱出来。

### 2. 多角恋

教育家陶行知说得好：“爱之酒，甜而苦。两人喝，是甘露；三人喝，酸如醋；随便喝，毒中毒。”因为爱情是严肃的，具有专一性和排他性；爱情也是神圣的，应该具有责任心和道德感。如果一个人同时喜欢上两个或以上的异性并保持恋爱关系，或者同时接受两个或以上异性的追求，就是“三角恋爱”或“多角恋爱”。有的大学生把多角恋爱视为自己能力的展现、魅力的释放而引以为荣；也有极个别同学视爱情如游戏，搞多角恋爱玩弄异性，以满足私欲或达到报复别人的目的。

一部分大学生认为：恋爱是选择与竞争的过程，多恋是寻找真爱的一种途径，应该允许人们通过鉴别来选择。乍听起来这似乎有一定的道理，但实际上是一种谬论，不仅偷换了概念，而且存在着严重的逻辑错误。的确，恋爱不是选择或竞争的终结，恋爱过程始终处于选择与竞争之中，这也是自由恋爱的本意。但是，这种脚踏“两只船”或“多只船”的爱情选择，还含有选择的意味吗？真诚的爱情需要这种选择吗？假如你是被人选择的一个对象，将会有什么感觉？也有人说：他愿意接受这种选择，这样更富有冒险性、挑战性和刺激性，

成功了，说明他是最好的，不成功，就算积累经验。真的会有这么轻松吗？

有位学者说："对青年来说，恋爱更多的是一种涉及生活全貌和人格整体的事情。如果说一个人进入青年期以后，在人格、生活态度以及人生观上发生了很大的变化，那么导致这种变化的最大因素，大概莫过于恋爱的影响……"无论你在多恋关系中是唱主角还是处于被动位置，都要尽早地从这种感情纠葛中摆脱出来。想从这种感情纠葛中摆脱需要做到几点：一是处理这种关系要保持高度的冷静和理智。傲慢和自卑、怀疑和嫉妒、讽刺和狡诈，都不是正确的态度。无论出现什么情况，都要保持爱情的纯洁和真诚，尊重自己，尊重对方，还要尊重插足的"第三者"，否则有可能酿成不良的后果，更不利于这种复杂关系的解决。二是要重新审视自己与对象之间的恋爱关系。当自己的恋人对他人产生了恋情，尽管很痛苦，但一定要进行理性化的分析：是自己的问题，还是对方经不住爱情的考验？或者是对方认为第三者比自己强？再通过与自己所爱的人坦诚沟通，做出抉择。千万不能感情冲动，不顾双方感情的实际，为了挽回所谓"面子"而做出蠢事来，那会给自己带来更大的情感困扰。三是要"急流勇退"。如果发现自己闯进别人的情网，或者发现与所爱的人关系不可能发展下去，就应该鼓起勇气，积极地退出。这看似消极，实为解决多角恋关系的一种积极策略。因为在多角关系中，人的感情往往是说不清道不明，如果再在上面耗费时间和精力，是没有多大价值的，而且可能会给自己的感情带来更大的伤害。当然，问题并不是那么简单，有些人不敢正视实际的情况和真正的立场，认为"退让就是失败"。其实这才是消极和失败的想法，是应当克服的一种心理障碍。瓦西列夫在《情爱论》一书中说："一旦发现自己是'多余的人'，就应该高尚地忍受自己的不幸，无论他在感情上是多么的痛苦。"

### 3. 失恋

恋爱是一对男女为寻求和建立爱情而相互了解和选择的过程，双方都有选择的权利。由于各种主观或客观的原因，一方不愿再保持原先的恋爱关系，双方的恋爱关系就要终止，恋爱中的一方就会失去对方的爱情，这就是通常所说的失恋。

从热恋关系中断裂出来，一下子失去了与自己最亲密的人，无论对任何人都是一种痛苦的情绪体验，都会带来不同程度的心理创伤，引发一系列的心理问题，甚至会做出傻事来。比如，有的人失恋后变得退缩，不愿与人交往，与世隔绝；有的人失恋后变得抑郁、孤僻、冷漠、郁郁寡欢，成天借酒消愁，以烟解闷，最后积郁成疾；有的人失恋后变得悲观厌世，自以为看破红尘，万念俱灰，甚至走上轻生的道路；有的人失恋后变得失去理智，实施攻击报复，要么惩罚自己，要么攻击对方，造谣中伤，揭露其隐私，甚至杀人放火。因为失恋而摧毁自己，断送了自己的美好前程，在生活中并不鲜见。而大学生由于年轻，缺乏阅历和社会经验，恋爱时情绪高涨，满怀自信，永远把自己看成是"主角"，一旦被别人抛弃，在潜意识里会把它看作是自己无能的表现，极易引起毁灭自己和报复他人的行为来。这种易于走极端的心理不是一种积极健康的心理。

其实，失恋是生活中很常见的现象。一个人爱上了另一个人，不仅仅是情感加入另一个人的生活之中，思想、人格、整个的身心都闯入了对方的生活世界里，在互相的"磨合"过程中，有可能成功，也有可能永远"磨合"不了。在开始谈恋爱的时候，就应该有失败的心理准备，因为在这个过程中，你在不断地考验和选择对方，对方也不断地考验和选择你。别人抛弃了你，你失恋了；若是你抛弃了别人，别人不也是失恋了吗？所以，你有选择权，别人也有选择权，如果这样来推己及人，对待失恋的心态也就会平衡一些。况且，爱情不能强求，如果已经失去了，就要适时放手，这也是一种拥有爱的能力的表现。失恋固然痛苦，却非全然是件坏事。它可以磨炼人的意志和性格，开阔人的认识领域，提高人的心理承受能力。诗人爱默生说："一个人如果从来没有参观过痛苦的展览会，那么他只看见过半个宇宙。"在人生的交响乐中，失恋是一段小小的插曲，也会给人留下一段美好的回忆。所以，重要的不是失去的恋人，而是不要失去爱的勇气和能力。

假如失恋了怎么办，应从以下几方面积极应对：

（1）学会精神自慰。爱情是生命的重要组成部分，但不是全部，更不是唯一。恋爱是美好的，但生活中美好的东西还有很多，你失去的不一定就是最好的。俗话说"强扭的瓜不甜"，与其勉强凑合痛苦一辈子，还不如快刀斩乱麻难受一阵子。失恋的痛苦在于一个"恋"字，分手了就要给自己来点"酸葡萄"效应，就是对自己无法得到的东西降低好感，即吃不到葡萄就说葡萄是酸的。当一个人失恋之后，可以尽量多想想过去恋人的缺点，少想或不想过去恋人的优点，心理就容易平衡一些，失恋的焦灼和痛苦也会得到缓解。

（2）寻求积极发泄。许多失恋以后的悲剧都是由于痛苦情绪的压抑、沉积而爆发的，所以，千万不要过分埋藏和压抑失恋的痛苦。当失恋出现不良情绪时，可以找老师、亲朋好友倾诉一番，甚至大哭一场，把内心积郁的苦闷发泄出来，这样会放松心情，心态也会随之好起来。如果实在排遣不了，又严重地影响生活和学习，就要去心理咨询室寻求咨询老师的帮助。

（3）转移注意力。失恋后如果总是沉湎于自己的伤痛中，就无法从失恋的阴影中走出来，因此，要设法把自己的注意力从失恋的情境中转移到自己感兴趣的事情上，如听音乐、唱歌、跳舞、打球、画画、聊天等，以冲淡心中的烦恼，重新鼓起生活的勇气。大学是人生过程中的一段重要历程，是学习的黄金阶段，如果总沉溺于爱情的患得患失中，必然会荒废学业，失去生存的基础和意义，人生也会变得空虚乏味。

（4）塑造并健全人格。恋爱不成功，也许是你的缺点使对方难以容忍，所以在失恋的痛苦中冷静下来后，要及时反省自己，找出问题所在，改造和完善自己，培养阳光心态，保持自我人格健全。

## 失恋后的十大好处

"祸兮，福之所倚，福兮，祸之所伏。"我们常说"塞翁失马焉知非福"，其实失恋也有积极意义，请列举失恋后的好处，请根据下列句型写出十句话。

因为我失恋了，所以我获得了：

1. ______________________
2. ______________________
3. ______________________
4. ______________________
5. ______________________
6. ______________________
7. ______________________
8. ______________________
9. ______________________
10. ______________________

## 第二节 爱的能力需要学习和培养

请给自己打分，总分10分，给自己爱的能力和接受爱的能力打分，你分别能给自己打几分？如何获取更美好的爱情？如何建立和发展健康、稳定的恋爱关系，这检验着大学生爱的能力。

爱情就像玫瑰花，它给人带来馨香的同时，也会带给人心灵的伤痛。恋爱在给人带来美妙的感觉的同时，也会时常伴随着各种矛盾冲突，这些矛盾冲突不解决，必然会给大学生带来无限的烦恼，不仅不能享受爱情的美好，而且还会阻碍人格的发展和心理的健康，影响学业和今后的生活。所以，培养健康的恋爱观，并在它的指导下正确处理恋爱问题就显得尤为重要。

### 一 爱的能力

爱的能力是指和他人建立亲密关系的能力。不具备爱的能力的人，更多的是收获爱的苦果。为了有能力爱别人，我们首先要塑造自己，培养和提升自己爱的能力。

**小贴士 Tips**

友谊和爱情之间的区别在于：友谊意味着两个人和世界，然而爱情意味着两个人就是世界。在友谊中一加一等于二，在爱情中一加一还是一。

——泰戈尔

#### 1. 识别爱的能力

首先，好感不是爱情。好感以直觉和印象为支点，爱情则以心灵的融合为基础。如果把爱的历程描绘为“好感、爱慕、相爱”三部曲的话，好感只是爱情的前奏，但它不一定会发展成为爱情。

其次，感情冲动不是爱情。感情冲动常常是暂时的、脆弱的，意识的感情冲动可以产生于任何一对男女之间，它是两性吸引的结果，往往是人头脑发昏、忘乎所以，甚至做出不久就会后悔的愚蠢举动。爱情则是一种炽热又深沉、强烈又持久的感情，它使恋爱中的双方变得更加完美可爱。

再次，友谊不是爱情。友谊是一种亲近关系，而爱情是一种亲密关系。友谊具有以下特点：共同爱好、彼此接纳、相互信任、彼此尊重、互助、分享、理解、自在。爱情不只包含友谊的特点，也具有其他特质：魅力、排他性、亲密性、牺牲奉献、积极投入。爱情具有排他性和封闭性，是两个异性之间专一的、忠贞不贰的感情，不容许任何第三者插足。

### 2. 迎接爱的能力

迎接爱的能力包括施爱的能力和接受爱的能力。一个人心中有了爱，在理智分析之后，要敢于表达、善于表达，这是一种爱的能力。一个没有爱心的人是个自私自利的人。一个人面对别人的施爱，能及时准确地对爱作出判断，并作出接受、谢绝或再观察的选择，这也是一种爱的能力。缺乏这种能力的人，或是匆忙行事，或是无从把握。大学生要具有迎接爱的能力，就应懂得爱是什么，有健康的恋爱观，知道自己喜欢什么，需要什么，适合什么；对自己、对他人保持敏感和热情，主动关心他人，热爱他人；当别人向你表达爱时，能及时准确地对爱的信息做出判断，坦然地做出选择；能承受求爱拒绝或拒绝求爱所引起的心理困扰。

### 3. 拒绝爱的能力

自己不愿或不值得接受的爱，应有勇气加以拒绝。拒绝爱要注意两个方面：一是在并不希望得到的爱情到来时，要果断，勇敢地说“不”，因为爱情来不得半点勉强和将就。如果优柔寡断或屈服于对方的穷追不舍，发展下去对双方都是不利的。二是要掌握恰当的拒绝方式。虽然每个人都有拒绝爱的权力，但是珍重每一份真挚的感情是对他人的尊重，也是一种自重，同时是对一个人道德情操的检验。不顾情面，处理方法简单轻率，甚至恶语相加，会使对方的感情和自尊心受到伤害，这些做法都是很不妥当的。

### 4. 发展爱的能力

恋爱是人生一次重要的成长机会。在正确的恋爱观、合适的恋爱对象、理智的恋爱方式的引导下，我们的人格可以发展得更加成熟、甚至获得再造。一方面，恋爱双方关系的协调、各种矛盾的解决，都会丰富大学生的生活经验，促使双方在心理上趋于成熟；另一方面，恋爱中的大学生为了获得异性对自己的爱、提高自己在对方心目中的形象，总是力图完善自己、丰富自己，爱自然就变成了人格发展的强大内在动力。

### 5. 提高恋爱挫折承受能力

大学生的恋爱会受到多种因素的制约，因而在追求爱情的过程中遇到各种挫折是在所难免的。恋爱心理挫折对大学生的心理承受能力就是一种考验。如果承受能力较强，就能较好地应对挫折，否则就有可能造成不良后果。

当爱情受挫后，用理智来驾驭感情，通过增强理智感，分析原因，总结经验教训，并通过适当的情绪调节、宣泄和转移的方法，来减轻痛苦。在新的追求中确认和实现自己的价值，从而提高自己的心理承受能力和思想水平。拥有感情是幸福的，感情顺利时，要能够用兴奋的情绪去促进学业，使爱情学业双丰收；而当感情遇到挫折时，要能够化悲伤为力量，对不如意的结果学着接纳并放下，这样心理才会健康，心灵才会减少沮丧和挫折感。这种人格的健全是金钱换不来的，也是更大的幸福。

**小贴士 Tips**

爱情不是花荫下的甜言，不是桃花源中的蜜语，不是轻绵的眼泪，更不是死硬的强迫，爱情是建立在共同语言的基础上的。

——莎士比亚

## 用量表测评爱情与喜欢

美国心理学家鲁宾把爱情看作一个人对另一个人所持的态度，由此他编制了喜欢和爱情的态度量表（如表所示），来对两者进行测量。

指导语：你能分辨“喜欢”与“爱情”吗？不管你是否在恋爱，试着针对自己的情况或想法勾选下列符合自己目前恋爱状况或对爱情的憧憬的项目（可复选）。

(1) 他情绪低落的时候，我觉得很重要的职责就是使他快乐起来。 是□ 否□

(2) 在所有的事件上我都可以信赖他。 是□ 否□

(3) 我觉得要忽略他的过失是一件很容易的事。 是□ 否□

(4) 我愿意为他做所有的事情。 是□ 否□

(5) 对他，有一点占有欲。 是□ 否□

(6) 若不能跟他在一起，我觉得非常不幸。 是□ 否□

(7) 我孤寂时，首先想到的就是要去找他。 是□ 否□

(8) 他幸福与否是我很关心的事。 是□ 否□

(9) 我愿意宽恕他所作的任何事。 是□ 否□

(10) 我觉得他得到幸福是我的责任。 是□ 否□

(11) 当和他在一起时，我发现我什么事都不做，只是用眼睛看着他。 是□ 否□

(12) 若我也能让他百分之百的信赖，我觉得十分快乐。 是□ 否□

(13) 没有他，我觉得难以生活下去。 是□ 否□

(14) 当和他在一起时，我发觉好像二人都想做相同的事情。 是□ 否□

(15) 我认为他非常好。 是□ 否□

(16) 我愿意推荐他去做为人所尊敬的事。 是□ 否□

(17) 以我看来，他特别成熟。 是□ 否□

(18) 我对他有高度的信心 是□ 否□

(19) 我觉得什么人跟他相处，大部分都有很好的印象。 是□ 否□

(20) 我觉得他跟我很相似。 是□ 否□

(21) 我愿意在班上或团体中，做什么事都投他一票。 是□ 否□

(22) 我觉得他是许多人中，容易让别人尊敬的一个。 是□ 否□

(23) 我认为他是十二万分聪明的。 是□ 否□

(24) 我觉得他在我所有认识的人中，是非常讨人喜欢的。 是□ 否□

(25) 他是我很想学的那种人。 是□ 否□

(26) 我觉得他非常容易赢得别人的好感。 是□ 否□

## 二 培养健康的恋爱观

虽然爱情可以让人陶醉沉迷，让人更好地学习、生活，但另一方面，不成熟的恋爱也会给恋爱双方带来负面影响。

### 1. 提倡志同道合的爱情

在恋人的选择上最重要的条件应该是志同道合，思想品德、事业理想和生活情趣等大体一致。志同道合的爱情应该是理想、道德、义务、事业和性爱的有机结合。

一般情况下，异性感情的发展是沿着熟人—朋友—好朋友—知己—恋人这一线索发展的，当一个男性成为一个女性心中任何人都不能代替的角色时，爱情就可能降临了。在分享快乐和痛苦、共同成长的过程中，爱情就会产生和发展。

### 2. 摆正爱情与学业的关系

没有爱情的生活固然有点枯燥乏味，但若生活中只剩下爱情，而荒废了学习，就如同在沙漠中播种，缺少坚实的根茎和内容。学业是学生体现价值感的主要方面，大学生应摆正爱情与学业的关系，不能将全部时间用于谈情说爱上而放松了学习。当大学生把爱情视为生命的唯一时，爱情就是一株温室中的花朵，娇弱美丽却经不起任何的风吹雨打。当爱情成为其唯一的存在价值时，他本人就会失去人格的独立和魅力，也很容易失去被爱的理由。

### 3. 懂得爱情是一份责任与奉献

理解对方是为个人和对方营造一种轻松和快乐的氛围，没有人追逐爱情只是为了被约束。相互信任是自信的表现，自己都不相信自己是值得被别人爱的人，别人会全心全意爱他吗？责任和奉献则意味着个人道德的修养，它是获得崇高的爱情的基础。

## 三 培养健康文明的恋爱行为

健康的恋爱心理与行为是大学生在恋爱过程中能够互相尊重，共同维护和发展爱情，能够正确对待和处理恋爱过程中遇到的各种心理问题，这是妥善解决和正确面对恋爱挫折的前提和基础。

### 1. 恋爱言谈要文雅，讲究语言美

交谈中要诚恳、坦率、自然，不要为了显示自己而装腔作势，矫揉造作；不能出言不逊，污言秽语，举止粗鲁；要相互了解，不要无休止地盘问对方，使对方自尊心受损。否则只会使之厌恶，伤害感情。

### 2. 恋爱行为要大方

一般来说，男女双方初次恋爱，在开始时常感到羞涩与紧张，随着交往的增加会逐渐变得自然与大方。这个时期要注意行为举止的分寸。有的人感情冲动，过早地做出亲昵动作，造成对方的困扰，使对方反感，影响感情的正常发展。

### 3. 亲昵动作要高雅，避免粗俗化

高雅的亲昵动作发挥爱情的愉悦感和心理效应，而粗俗的亲昵动作往往会引起情感分离的消极心理效果，有损爱情的纯洁与尊严，有损大学生的形象，同时对旁人也是一种不良的心理刺激。

### 4. 恋爱过程中要平等相待，相敬如宾

不要拿自身的优点去比较对方的不足，以此炫耀抬高自己，戏弄贬低对方；也不宜想方设法考验对方或摆架子，这些都可能挫伤对方的自尊心，影响双方的感情。

### 5. 善于控制感情，理智行事

恋爱中引起的性冲动，一方面要注意克制和调节，另一方面要注意转移和升华，参加各种文娱活动，与恋人多谈谈学习和工作，把恋爱行为限制在社会规范内，使爱情沿着健康的道路发展。

## 四　恋爱中的男女差异

恋爱中的男女差异

人们说，男人来自火星，女人来自金星。是爱情，让他们相聚在了地球。大学生在恋爱过程中通常会听到这样的指责“你都不懂我，还说什么爱我！”每次听到这样指责，我们都会觉得很无奈。爱一个人与懂一个人究竟是怎样关系呢？很多时候，我们爱上一个人或许只是一瞬间的事。在某一刻，仿佛是一束光落在了那个人身上。于是他的身影在我们眼中清晰起来，我们开始渴望走进他们，甚至拥有他们。所以，爱起始于某一刻。懂却需要一生。没有人敢保证完全懂一个人。这是因为人是多面的，而人性的深度，是有时连我们自己都难以窥探。懂一个人，只能在漫长的岁月中，与持续的接触中，一点一点地摸索得知。

生物学上，雄性与雌性可以达到基因的完美匹配。但人是高级生物，拥有着更加复杂的思维，所以当男女面对爱情时，心理与行为上的差异，便使得找到一个灵魂伴侣变得可遇而不可求。因此，了解男女之间的差异对于经营爱情非常重要。

| 比较维度 | 女性 | 男性 |
| --- | --- | --- |
| 在感情上的需求 | 关心、照顾、了解、尊重、专一、肯定、保证 | 信任、接纳、欣赏、羡慕、认可、鼓励 |
| 在爱的关系中 | 需要感到被珍爱，而不仅仅是得到生活照顾、物质满足 | 需要感到自己的能力被肯定而不是受到不请自来的忠告 |

续表

| 比较维度 | 女性 | 男性 |
| --- | --- | --- |
| 在情绪低落时 | 需要别人聆听自己的感受，而不是替自己进行分析和建议 | 需要安静独处，而不是勉强自己细说因由 |
| 在寻找自己的价值时 | 从人际关系中肯定自己 | 从成就中建立自我 |
| 在增进爱情时在 | 需要感到被对方了解和重视 | 需要感到被对方欣赏和感激 |
| 互相沟通时 | 总是以为男生的沉默代表对自己的不满和疏离 | 总是以为女生的宣泄代表向自己寻求解决问题的方法 |

## 五　爱自己、爱他人

真正的爱就像弗罗姆讲的，意味着关心、尊重、责任和认识，它不是为某个人所爱，而是为所爱的人的成长和幸福而积极主动地奋斗，它根植人自身的爱的能力。“爱某个人是爱的能力的实现和凝聚”“人对自己生命、幸福、成长和自由的确定，同样根植于其爱的能力，也就是说根植于关心、尊重、责任和认识。如果一个人有能力产生爱，他也就爱他自己。如果他仅爱其他人，他就根本不能爱”“自私和自爱是不统一的，它们实际上是对立的。自私的人，爱自己不是太多，事实上他仇视自己”。因此我们在爱别人之前先学会爱自己是十分重要的。

所以，有时候真的不必太在意原生家庭对自己的影响，因为那些已经发生也无法改变，这样还不如直接面对自己的生活与人际关系，慢慢地学习慢慢地接近、慢慢地喜欢、慢慢地体验到自己的亲密关系中对方的呵护与温暖。

# 第三节　大学生的性心理

性是人类基于繁衍的需要所具有的一种生理本能，同时它也是人类生活的一部分。对于大学生来说，性充满了神秘的色彩，对于生长发育成熟的大学生而言极具诱惑性。处于恋爱中的同学可能会对性有不同的探索和尝试，在这个过程中会体会到性爱的苦涩与甜美。科学地认识性的本质，是建立正确的性观念和性角色行为，维护性心理健康的前提。

大学生的性心理

## 一　性心理的概念

### 1. 性的内涵

性可以从生理、心理、社会三个角度理解。

从生理角度讲，性是人类最基本的生物学特征之一。“食、色，性也”，性需要如同呼吸、饮食一样，都是人的本能。从心理角度讲，性是与“性”有关的一切心理现象，它既包括性爱抚等直接的性生活，也包括对性的情感、态度等心理方面的表现。从社会角度讲，性是人类进行繁衍、进化之本，性活动是人类社会生活的基本内容之一。因此，人的性观念和性行为也是受制于一定的社会意识形态和道德规范的，并不是“纯粹两个人之间的私事”。

### 2. 性心理的概念

所谓性心理，是指在性生理的基础上，与性征、性欲、性行为有关的心理状态与心理过程，也包括了与异性交往和婚恋等心理状态。广义的性心理存在于个体发展的各个阶段，并且基于生理的成熟表现出明显的阶段性特征。

## 二 青少年性心理的发展

青春期常态的性心理是进入青春期的青年男女所产生的一种本能的朦胧的对异性的眷恋和向往，渴望并想象着同异性接触的一种心理状态。最初他们似乎总是相互疏远回避，漠不关心，实际上，在内心深处却总是窥探、关心着异性，并企图以种种超常动作和活动方式来引起异性对自己的关注，而且希望能得到他人的理解和爱护。这种对异性的爱慕、眷恋、羞涩、迷糊、狂热等种种躁动不安的心理，便交织成复杂矛盾的青春期意识状态。

### 1. 异性疏远期（10～13 岁）

这一时期也称为性发育早期、“性紧张期”。特点有：伴随第二性征的出现，青春期男女的内心产生春情萌动的朦胧感；将异性的生理差异与男女之间的关系看得神秘，虽有相互间的吸引力却表现得相互疏远。此外，男孩可能会表现出潜意识的紧张心理，如口吃、挤眉弄眼；女孩则表现得情绪不稳定，“少女伤春”就是这段时期心理特点的写照。

### 2. 异性接近期（14～16 岁）

这个时期的特点是：喜欢与异性在一起活动，力求成为异性眼中有吸引力的人；两性的畏惧感、陌生感消失，男生喜欢高谈阔论以引起注意，女生则表现出单相思、钟情妄想，用打扮、声调、细微的关心和体贴吸引对方，有的则以成年人作为崇拜和模仿的对象。青少年由于缺乏接近异性的经验，不知如何表现自己，往往做法不得体。另外，两性都会表现出狂热追星以释放内心对异性的渴慕之情。

### 3. 两性恋爱期（17～20 岁）

此时，男女青年性生理完全成熟，性心理逐渐成熟，对恋爱的理解和认识随着自我意识、人格的发展以及生活领域的拓宽而日趋深刻，他们对异性的态度逐渐客观，对恋人的寻觅也更加迫切。男女青年会尽量在异性面前展示自己的长处与才华，引起对方关注。“两性恋爱期”的男女开始从泛泛的异性爱慕过渡到钟情于某个人，直接而热烈，追求技巧也趋于成熟。一旦碰壁，心理挫折感较强烈。

**身边的故事**

### 同辈案例

这是一位女大学生的求助信：自己对于恋爱一无所知，刚刚步入大学遇到了一个男孩，他是我的老乡，我对他印象也很好。慢慢地，两个人走到了一起。因为第一次恋爱，爱情的甜蜜占据了两个人所有的生活。睡前准时晚安，起来早安，下课以后也在一起，晚上一起散步到很晚，渐渐的，我们脱离了宿舍，班级的集体社交，眼里心里只有彼此。

随着交往的深入，我们的恋爱也不仅限于精神层次的交往了，彼此从身体上渴望接纳对方。于是在某一天晚上，我们有了第一次。从此以后每次在一起我们总会想到性。我会感到恐慌，经常觉得所有人都知道我们的事，寝食难安、上课注意力不集中、产生性幻想等。现在我也陷入深深的担忧中，我担心今后分手，担心父母知道，担心因为这事影响我的学业，我真不知道如何面对？老师，我该怎么办。

这是典型的因为婚前性行为造成的内疚与自责，心理无法摆脱自责的感觉。当欲望的潮水袭来时，要用理智战胜脆弱的情感。

## 专家案例点评

20 世纪 60 年代，美国斯坦福大学心理学教授沃尔特·米歇尔(Walter Mischel)设计了一个著名的关于“延迟满足”的实验，告诉被试者如果选择等待，将能够获得更多的奖赏，放弃等待只能获得极少的奖赏。所谓延迟满足，就是我们平常所说的“忍耐”。为了追求更大的目标，获得更大的享受，可以克制自己的欲望，放弃眼前的诱惑。延迟满足对爱情中的性也是合适的，只有学会延迟满足，才能为将来生活打开一扇幸福的大门。

## 小贴士 Tips

### 28 个值得等待的理由

1. 节制使你免于经受对性传染疾病的恐惧和后果；
2. 节制使你免于经受怀孕的恐慌和后果；
3. 节制使你免于面对采用各种避孕手段的危险之中；
4. 节制使你免于受流产的痛苦；
5. 节制使你免于沉溺于性；
6. 节制使你免于面对没有做好准备就结婚的压力；
7. 节制使你不必因为行为而被人评价；
8. 节制使你免于在婚后被拿来对比；
9. 节制可以保护你最敏感的性器官；
10. 节制可以使你摆脱误导你的感情；
11. 节制使你不必维持不好的关系；
12. 节制使你免于经受因流产而放弃自己孩子的打击；
13. 节制帮你避免留下深深的伤疤；
14. 节制提供了信任的基础；
15. 节制帮助你懂得尊重生活；
16. 节制使你能专心在建立并实现生活目标之上；
17. 节制使人从自责(或内疚)中解脱出来；
18. 节制有助于培养不自私的敏感性；
19. 节制在关系中加强了真正意义上的沟通；
20. 节制有助于培养耐心和自制能力；

21. 节制有助于加强婚姻中的特殊关系基础；
22. 节制有助于发展关系成长的积极原则；
23. 节制提供了享受作为年轻人的自由；
24. 节制提供了真爱的最好礼物之一——贞操；
25. 节制有助于提高自尊；
26. 节制可以是爱情的一个很好的“试卷”；
27. 节制可以使你成为一个更好的爱人；
28. 节制可以成为纯洁感情的表达。

## 三 大学生性心理的主要表现及特征

大学生拥有青年人共同的性心理特征，然而由于社会环境、社会地位和文化层次的影响，他们的性心理除了具有同龄青年的普遍性特征外，还具有自己明显的特点。大学生正处于求学阶段，了解这些特点，对于培养学生良好的性观念，正确对待自身的性成熟，正确处理与异性的交往都具有重要的现实意义。

### 1. 大学生性心理的主要表现

（1）性意识与性冲动。大学生处于青春期后期，随着性生理的发育成熟，个体的性心理也会发生很大的变化，除了对性知识的关注与追求以外，他们在受到一定的刺激时，会产生强烈的性欲望，比如看到关于人体的艺术作品、看到影视作品或文学作品中有关性爱的情节等，除了情绪激动外，还会出现生殖器官的充血、胀大和分泌物增加，由于性别差异，男性比女性更明显，这就是性意识和性冲动，它是一个人发育健康的表现，也是一个人正常的心理反应。对于性意识和性冲动，有些人会采取否定的态度，他们会把它与赤裸裸的肉欲联系起来，认为它是卑下的，所以会使自己陷于不安之中。其实，这是一个认知问题而不是道德问题。性是自然发生的、人类需要的、应当规范的，也是可以控制的。人生下来就存在着性的差别，随着个体的发育和性生理的成熟，出现性意识和性冲动，这符合人类的自然属性，因为人类需要延续后代，所以必须有性的欲望、性的交配，否则就没有了人类社会的存在和发展。但人类又不同于一般动物，人是社会的，人的一切行为都应当受到社会伦理、道德和法律的约束，也正因为人是有理智的，所以人类的性意识和性冲动是能够控制的，这才使人类的性爱更具有感情色彩，更加美好和高尚。

（2）对异性的爱慕。随着性生理和性心理的成熟，男生表现得更直率、外露、热烈，更为奔放和粗犷，对异性的追求更加主动，喜欢与漂亮、美丽、聪明、活泼、可爱的女生交往。女生则会显得含蓄、深沉，表现得腼腆、羞涩、胆小和温柔，对异性的追求比较被动，更喜欢被爱的感觉，喜欢与可靠、成熟、体贴、勇敢、有男子汉气概的男生交往。这种男女在性格和行为上的特征被心理学家称为第三性征。

大学校园是青年人集中的地方，这种特殊的环境使大学生对异性的追求更容易受到别人的影响，所以这种心理需求更加强烈，这也是大学校园的恋爱现象比其他地方更多的内在原因之一。当然，大学生异性之间的交往同样也会不自在，如面红耳赤、心跳加快、语无伦次、手足无措等现象,也会存在不同于心理需求的行为表现。

(3) 性焦虑心理比较普遍。进入青春期以后,青年对自己的性征情况特别关注,不管是男性还是女性,都对自己的身高、体形、相貌十分在意,尤其关注自己的性征发育和别人的评价。男性十分在意自己生殖器的发育情况,女性则会更加关注自己乳房大小等能体现性征发育的外部情况。大学生的性征发育已经基本完成,他们在对自己的形体、性别、性功能等进行判断研究时,如果达不到他们希望的程度,就会产生心理冲突,引起有关性问题的心理焦虑。同时,由于大学生的性成熟,加上精力充沛,性意识比较强烈,特殊的环境使他们不能得到满足,也容易使他们产生性焦虑,这也是大学生中自慰行为比较普遍的重要原因,它在一定程度上能够帮助缓解性焦虑。

### 2. 大学生性心理的特征

(1) 性心理的本能性和朦胧性。相当一部分大学生,尤其是低年级学生的性心理尚缺乏深刻的社会内容,主要还是生理发育成熟带来的本能作用,好像情不自禁地对异性发生好感和爱慕。加上不少学生不了解性的基本知识,性对于他们有较浓厚的神秘感,使得这种萌动又罩上了一种朦胧的色彩。

(2) 性意识的强烈性与表现上的文饰性。大学生对性的关心程度明显高于中学生。他们十分重视自己在异性心目中的形象,看重来自异性的评价,并常常按照异性的要求和希望进行自我评价和形象塑造。同时,尽管大学生心理上对异性和性问题很关注、很敏感,但在行为上却表现得拘谨、羞涩和冷漠,具有明显的文饰性。

(3) 性心理的压抑性和动荡性。青春期是人一生中性欲最旺盛的时期。但不少大学生心理不够成熟,尚未形成稳固的道德感和恋爱观,自控和自制的能力有限,他们的性心理极易受外界各种因素的影响而显得动荡不安,容易导致过分的焦虑和压抑,少数人还可能以扭曲的、不良的,甚至是变态的方式表示出来。

(4) 性心理的性别差异。大学生的性心理存在着明显的性别差异性。在对异性感情的流露上,男生显得较为外显和热烈,女生往往表现得含蓄而温存;在内心体验上,男生更多的是新奇、神秘和喜悦,女生则常是羞涩、敏感和不知所措;在表达方式上,男生比较主动和直接,女生更喜欢采取暗示的方式;男生的性冲动易被性视觉刺激唤起,而女生则易在听觉、触觉刺激下引起性兴奋。不过,有研究指出,这种差异性近年来有缩小的趋势。

### 冲动的后果

小洋,一名大学二年级的学生,与本班男生小鹏是情侣关系,交往几个月后,两人不满足于情感的交融,在一个周末的晚上,两人在校园周边的酒店发生了性关系。由于缺乏安全意识,小洋并没有在意,后来小洋出现孕吐反应,到医院检查发现自己怀孕了,这时她十分恐慌,面对自己怀孕不知所措,既怨恨自己又埋怨男友,整日神情恍惚,总觉得同学都在盯着她,怕父母知道,感觉没有脸面见人。因过分忧虑,情绪低落,焦躁不安,严重失眠,有种精神濒临崩溃和要发疯的感觉,内心极度痛苦,最后导致无法正常完成学业。

**专家案例点评**

在大学中,婚前性行为时有发生。从青年身心健康方面来考虑,婚前性行为存在诸多

隐患，双方应该严肃对待这个问题，大学生对于婚前性行为应该三思而后行，并做好为后面隐患付出代价的身心准备，一旦这种情况已经发生，要正确对待。像小洋这样，只顾埋怨自己和对方，是不可取的，因为这是在自愿而又冲动的情况下发生的，这时应该和男友一起面对，调整心态，解决问题，共同努力，面向未来，使爱情更加巩固和发展。如果自身因此而引起的负面情绪已经影响到自己的学习和生活，且自己无法进行有效的调节，就应该勇敢地走进心理咨询室，在咨询师的帮助下，调节自己的情绪，把精力放到正常的学习和生活中去。

## 四 大学生要正确对待婚前性行为

婚前性行为的发生有时是女方主动提出的，而更多的是男方要求，女方迎合或难以抵御，它使男女双方在性欲和其他动机方面获得了一种满足，但这种满足之后在心理、情感、社会等各方面所要承担的常常超出大学生现有能力所能承受的。曾有调查显示，大学生在性交时没有采用避孕措施的约为 74.56%。在对女大学生的访谈和开放式问卷调查中也发现，70%的女大学生认为当代女大学生在性自我保护方而做得不好或很不好，而只有 14%的人认为做得一般或还好，未婚先孕、堕胎、感染性传播疾病等现象近几年来在大学生中呈上升趋势。这些数据充分说明大学生在发生婚前性行为时不懂得如何保护自己和对方，生殖保健认知程度低，女生常成为最大的受害者。

因此，要学会等待性，避免婚前性行为，珍惜自己，为了使以后的生活更安全，也为了以后的生活更美好，一定要学会自制。性的吸引无疑是爱情的一部分，但毕竟不是全部，相对于爱而言，性是有限的。

小贴士 Tips

### 克服过分的性冲动的措施

可以通过以下一些有效的措施来帮助自己或对方克服过分的性冲动：

(1) 约会的时间最好不要选择在晚上。因为借助夜幕的“掩护”，恋人间容易表现得比较亲昵，此时稍一冲动、稍一疏忽，就可能逾越界限，做出事后使双方都后悔的事情。

(2) 约会时衣着最好不要过于透明、暴露。作为未婚的女同学应该清楚地知道，在什么情况下拒绝对方更容易呢？是穿戴整齐的时候，还是袒胸露肩的时候？所以，如果决心不选择婚前性行为，在穿戴上就要选择适合保护自己的衣物。

(3) 约会的地点最好选择人较多、较热闹的地方。在这些地方既可以共度一段美好的时光，又可以靠环境的帮助实行自我约束。僻静处、私人卧室、旅馆的客房都是比较危险的地方。在青年男女独处时，这些场所对克服性冲动有弊无利。在家里交谈，就选择家里有人时，将房门虚掩着。

(4) 当女方发现男方产生了性冲动而非常不安，而自己又特别不愿意接受时，可以适当地提醒他或者把他带到人多的地方，或谈些别的话题，以转移其注意力。最好不要采取简单、粗暴的拒绝方式，以免伤害对方的自尊和两个人的感情。

# 第四节 培养和维护健康的性心理

## 一 性心理健康及其标准

### 1. 性心理健康的含义

1974年，世界卫生组织（WHO）在一次关于性问题的研究会上，对性健康的标准做了具体论述："所谓健康的性，是融合了有关性的生理面、情绪面、知识面及社会面，亦以此来提升人格发展、人际沟通和爱等。"由此可见，性健康涉及性生理、性情感、性知识和社会，并把与社会有关的整体表现与是否积极增进人际交往和情爱作为性健康的标准，为我们认识性心理健康及标准提供了依据。根据以上论述，可以将性心理健康定义为通过丰富和完善人格、人际交往和爱情方式，达到性行为在肉体、感情、理智和社会诸方面的圆满与协调。

### 2. 性心理健康的标准

根据性心理健康的内涵，大学生的性心理健康应该符合以下标准：

（1）正确认识和接纳自己的性别。一个性心理健康的大学生，能够正视自己性心理发育、性心理的变化，能在所处的社会环境中正确地评估自己，能客观地评价自己和他人，并乐于承担相应的性别角色。

（2）具有正常的性欲望。欲望是能够获得性爱和性生活的前提条件。具有正常的性心理首先得具有性欲望，如果没有性欲望就不会有和谐的性生活，就会影响性心理健康。性欲望的对象要指向成熟的异性个体，而不是其他物品等替代物。

（3）个体心理特点和性行为符合。相应的性心理发展年龄的特征在生命发展的不同年龄阶段，人的心理发展表现出不同的特征，性心理的发展也同样呈现出阶段性的特点。如果大学生的性心理与大多数同龄人格格不入，就不是健康的性心理。

（4）正确对待性变化。个体在生长和发育过程中，性生理因素、性心理因素和性社会因素是交互呈现的，个体在这其中要建立自我同一性才能保持三者的和谐状态。这就要求个体能够正确对待性生理成熟所带来的一系列身心变化，在出现性冲动后，能够正确释放、控制、调节性冲动，使之符合社会规范的要求等。

（5）能和异性保持和谐的人际关系。在交往过程中，保持独立而完整的人格，做到互相尊重，互相信任。

（6）对于性没有犹豫恐惧感。能把性作为生活的一部分而科学对待，不存在对性的恐惧和怀疑。

（7）选择正当、健康的性行为方式，符合社会伦理道德规范。

从性心理健康的标准可以看出，性心理健康也是生理、心理和社会适应的统一。性不仅是个人生活问题，更是严肃的社会问题。一旦发生性行为，个人必须对社会负一定的责任，当我们缺乏这种认识，没有承担义务及责任的能力时，最好三思而后行。

## 身边的故事

小张，女，大三学生，大一时与一师兄相恋，成为男女朋友。男友经常向自己提出性要求，小张刚开始并不同意，但发现男友有些不高兴。后来有一次与舍友们在宿舍夜谈时谈到婚前性行为这个话题，发现舍友们对婚前性行为大都持非常开放和宽容的态度，而且其中一个舍友谈道现在这个社会如果婚前尤其年龄大了还是处女是非常可笑的事情，会被看作没有经验甚至没有魅力。受到这些观点的影响，再联想到目前男友似乎对自己有些冷淡，小张也害怕失去男朋友，便主动给了对方机会，使两人有了第一次性行为。之后两人经常在一起，但在长期交往中发现男友有些大男子主义、自私，觉得他并不是自己理想的结婚伴侣，但又考虑到自己已经和他有了性行为而且感情也投入了这么长时间，不知放弃对自己来说是好事还是坏事，现在面临男友即将毕业，这段感情该何去何从，自己内心很纠结。

### 专家案例点评

以上案例我们可以看到，小张由于担心关系疏远，并受到同辈观念的影响而与男友发生了婚前性行为，但婚前性行为并不能为两人的关系提供保证，使两人更加亲密和谐，反而对她后来做出决定是个很大的障碍。当她对男友有了更多的了解后才发现两人并不合适，然而她对未来的各种担忧(包括社会上他人的看法、将来男友会否接受自己过去以及自己在以后关系中的感受等)以及对过去的不甘(已投入三年的感情关系)使她对这段关系的取舍非常艰难，因此内心出现非常强烈的冲突和困扰。

## 二　大学生常见的性心理

大学生
常见的性心理

性与心理健康

大学生存在的性心理现象主要有以下几点：

### 1. 性欲和性冲动

大学生已到了可以婚配生育的年龄，从生理上看，18～25 岁是性欲最强的时期，但这种欲是存在禁忌和受到约束。大学阶段是性生理成熟的决定阶段，也是性心理发展的关键时期，此阶段青年常感受到自己正产生并积累着的性能量需要释放，当得不到发泄的时候就表现为性压抑感。调查表明，男生和女生都有过性压抑感并因暂时不能满足生理需求而苦闷 。男生比女生有更多的性冲动，性冲动是一种正常的生理反应，大学生需寻找释放的正当途径，缓解性压抑感。

### 2. 性梦和性幻想

性梦是指人在睡梦中梦见与性对象发生性接触而出现性冲动或性高潮的现象。性梦的自然宣泄类似一种安全阀的作用，可以缓和累积的张力，有利于性器官功能的完善和成熟，是性生理、性心理发育正常的标志。性幻想又叫性的白日梦和精神“自慰”，是在入睡前出现的带有性色彩的幻想，包括与异性的约会、漫游、嬉戏、拥抱、接吻甚至性交。性幻想是大学生中普遍存在的正常心理活动。

3. 自慰行为

自慰是一种比性梦和性幻想更直接的缓解性冲动、宣泄性能量的方式，是青春期成熟的一种生理表现。有关调查显示男性有90%以上、女性60%以上都曾有过自慰，自慰是青少年和成年人较为普遍的一种性行为，适时适度地采用自慰方式来调节性欲望不应该被看成是下流丑恶的行为而加以指责。对于大学生而言，它是一种可行而正当的性活动。但自慰在缓解性压力的同时也有其负面影响，有相当一部分人对自慰存在不良认知，同时自慰常使大学生产生心理压抑或挫伤，这很大程度上可以归因于他们对性知识缺乏科学的认知。少数人可能会由于不能自控地频繁自慰而导致身体不适。

4. 性行为

性行为包括婚前性行为和心理偏差行为。婚前性行为是指男女双方在恋爱期间发生的性交行为。尽管大学生已经达到婚龄，高校现也允许在校生结婚，但限于种种现实条件及就业的压力，绝大多数大学生并不能以法律认可的合法婚姻形式获得性的满足。有关调查显示婚前性行为在大学生中的发生率为11.61%～22.13%，由此引发的生殖健康问题日益严峻。心理偏差行为主要表现为窥视、恋物行为。调查表明，男生中有窥视行为的约占35.3%，有恋物行为的约占17.3%。

## 三 培养和维护健康的性心理

大学生是一个特殊的群体，他们的年龄、生活和交往等特点，使得大学生在性方面容易出现一些问题，实际情况也证明了这一点。培养大学生健康的性心理，首要的条件肯定是对其进行系统、完整、科学的性教育，同时，也要鼓励他们积极参与两性间的正常交往，这也是促进大学生性心理健康发展的有效途径。但是，这些都是外部因素，大学生作为性心理健康的主体，个人的努力才是促进自我性心理健康发展的主要手段。大学生作为这一特殊群体中的一部分，也不乏一些具有社会经历的学生，但他们在性方面同样缺乏系统、科学的指导。

1. 主动获取较为科学系统的性知识

知识的获取是每个人一生的主要活动，对性知识的获取也是其中非常重要的组成部分。由于种种原因，学生们对性知识的获取总是存在着许许多多的困难，幼小的时候，大多都是在父母和其他人潜移默化的影响中逐渐学习性别角色的基本规范，很少有比较正规、系统的教育。直到进了学校，才逐渐会有比较浅显的所谓的性知识被传授，而多数人的性知识，都是在与同伴的交流或者有意识地从相关的媒体介绍中获得的，虽然它在最需要的时候起到了一定的作用，但还不能真正起到它所应有的作用，这正是有些人在第二性征出现时惶恐、不知所措的重要原因。因为通过这种方式获得的性知识，它最大缺陷就是不正规、不系统、不科学、甚至有不少谬误，如果接受不当就有可能产生更大的心理问题，或者造成各种令人心痛的悲剧。对性知识的获取需要把握这样几个原则：一是积极主动解除心理压力，不以获取这样的知识为耻。当下还有不少人对性讳莫如深，甚至以谈性为耻，对于这些知识当然不敢自然大方地去学习，也就是说从自身角度就有不小的心理压力，自己给自己加上了诸多的负担，这是一种明显的障碍。二是培养自己鉴别良莠、区分好坏的能力。

各种形式的性知识介绍，会存在不同的档次，有一些是极不科学、极不严肃甚至是低级下流的，我们在获取性知识时就要有一定的鉴别能力，不要盲目地一概接受所有性知识，这样会受到不好的影响，导致危险的结果，要选择正规的出版机构和正规渠道来的读物或其他形式的载体，阅读或观看前要了解它的说明部分所界定的对象，不接受不该接受的内容，以减少对自身心理造成的不良影响。三是坦然接受专业咨询人员的正确指导。在直接的沟通交流中获得实际的性科学知识，并得到具体的帮助。如果条件具备，学校开设相应的选修课程，会使性知识的传授更加科学、系统，当然，这是需要多方努力和密切配合方可实现的。

### 2. 努力培养自己完善的性观念

生活在不同社会形态和社会群体中的人，在他的身心成熟过程中，必然要形成与这个社会或群体大多数人接近或相同的观念。这种观念体系是庞大的，几乎涉及我们所有的生活层面，其中性的观念是不可或缺的，因为社会就是由两性组成的，每个人都要在自己性观念的指导下与异性开展交往并且建立性关系，然后才能组建家庭、生育后代，完成人生最重要的任务之一。

观念的形成是一个比较漫长的过程，观念的完善更是一个人需要不断进行强化的工作，甚至需要花费人生的整个旅途。大学生的年龄正是人的各种观念基本形成的时期，尤其是性观念最为明显和突出。性观念基本形成之后，他们将在不同性观念的驱使下从事不同的性活动，如今社会上一些令人担忧的现象，更加说明了培养正确性观念的重要意义。

性观念的完善是在心理不断成熟、道德水准不断提高的基础上进行的。观念的完善实际上也是更好地适应这个社会、更加和谐地与身边各类人相处、更加充分地发挥和实现个人能力与人生价值所必需的。大学生性观念的完善可以更好地解决在紧张学习生活中由性所带来的各种困惑，能够非常顺利地与异性交往，建立爱情关系和协调性关系，从而达到身心健康、稳定、和谐的状态。

性观念的完善，一方面需要随时根据社会整体观念的发展变化来调节，既不能过于超前也不能过于落后，两个极端都是与社会要求不符的，都有可能受到社会的谴责甚至惩罚；另一方面需要根据自己身边的人或者日夜生活于其中的群体的特点来进行较为细微的调整，这种调整是在符合大的观念前提下进行的，当然，小群体的观念与大社会的观念肯定不能相悖，否则将可能出现各种严重后果。同时，观念的完善既是一个自觉自愿的行为，也可以是被动或并不很自愿的过程，这主要依赖于个人的主动寻求、接受、调整以及学校与社会相关机构的强化、教育、指导，不论哪种形式，都可能收到比较好的效果，促进个人性观念的最终完善，从而改变人们的性行为方式。大学生具有一定的文化水平，应当对此具有较为深刻的认识，并且更加主动地去完善自己的性观念。

### 3. 通过多种途径调适自己的性欲望和性幻想

每一个健康的男女都必然会有性的欲望，大学生这个年龄更是处于性能量最旺盛的时期，由于种种原因，他们又不合适采取婚姻的渠道来加以满足，所以采取合适的途径调节性欲望就显得非常重要了。通常情况下，男生比女生调适性欲望要困难一些，因为从生理结构和心理特点上来讲，男性的性欲是外向、直接、突现的，而女生则相对含蓄、内敛一些，但二者都面临一个共同而现实的问题就是解决性欲望。大学生常见的调适方式有以下几种：

(1) 积极参与异性间的正常交往。大学生之间的正常交往可以满足他们的心理需要，达到性心理平衡。

(2) 正常宣泄。对男生来说最好的调适方式是剧烈运动,可使这种紧张得到较好的缓解。也可适当地进行自慰(2~3 次/周)来发泄,毕竟仅是做运动来发泄和性的发泄并不是一种性质,也不能完全替代。

(3) 性升华。可用一种积极的高尚的能为社会所接受的冲动或方法取代性欲,转移性欲。例如,增加生活内容,全身心地进行学习,投入各种学习培训,自学一些技能,培养各种兴趣爱好,从事绘画、创作、劳动、社会交往、旅游等来使性欲望和性冲动得以转移或升华,使性情感得以平衡。

(4) 主动进行心理咨询。有针对性地进行心理咨询,可以在老师的指导下开展心理训练,以从容地接受和处理各种心理压力,缓解、减轻以至消除性心理中出现的矛盾冲突,消除性心理困惑,恢复心理健康。

### 4. 积极预防和有效处理各种性问题

性问题比较广泛,几乎每个人在进入青春期之后,都会或多或少地受到这些问题的困扰,有的困扰可能非常短暂,而有的则会持续很久,并且造成严重的身心危害。性问题主要包括性生理和性心理两个方面,二者之间相互影响:性生理发育不良,容易引起自卑、恐惧、焦虑等心理问题;反过来,性心理问题如性变态心理、性焦虑心理等,往往会导致不理智的行为,最终损害身体健康或受到法纪的惩罚。

所以对于有可能影响身心健康的性问题,必须积极进行预防,一旦有问题应当给予有效的处理,尽可能把这种不良影响降到最低。学习必要的性科学知识是积极预防的重要措施。一要保证知识的正确性和科学性。如果学到的知识不正确,不仅起不到预防作用,反而会给自己带来不该有的心理压力和实际问题,这样的情况屡见不鲜。二要摆正学习性知识的心态。学习性知识是为了了解而不是为了猎奇,所以完全可以光明正大而不是偷偷摸摸,如果没有良好的学习心态,学到的有关知识往往也是不完整的。总之,通过对性知识的学习,大学生可以知道自己的性生理和性心理发育是否属于正常,从而对一些性生理和性心理现象形成正确的认识,这样就不至于造成不必要的心理压力和错误理解,性的问题也就会减少了。

## 心理故事

### 钱锺书与杨绛:与君初识 犹如故人

“有时候,人和人的缘分,一面就足够了。因为,他就是你前世的爱人。”

钱锺书和杨绛就是这样,茫茫人海中,他们一眼便认定了彼此,没有早一步,也没有晚一步,一见钟情,怦然心动。她深觉他眉间“蔚然而深秀”,他也觉得她“缬眼容光忆见初,蔷薇新瓣浸醍醐”,清醒脱俗。

1932 年的春天,日暖风和,空气中弥散着花香,清华大学古月堂的门口,杨绛和钱锺书这一对才子家人相遇了。儒雅的他入了她的眼,优雅的她则像花朵一样开在了他的心上。在文学上有同样爱好和追求的两人,一见如故,侃侃而谈,忘了时间,忘了他人。这次相遇就是命中注定的缘分,在两人心中埋下了爱的种子,生根发芽。

此后,两人经常约会,更是到了每天一封信的程度,钱锺书文采斐然,一封封动人心弦的情书彻底俘虏了杨绛的芳心。

虽然钱锺书与杨绛的感情很好,但他们并没有因为沉迷于爱情而荒废了自己的学业,

而是相互鼓励彼此支持，为变得更优秀而默默奋斗着。因为钱锺书是清华外语系的研究生，杨绛便为了能够拉近彼此的距离便将进入外语系当作自己的考研目标。杨绛通过自学提升自己的专业知识，而钱锺书便帮助她解决疑难问题，经过一年的努力，两人终于能够一起生活学习，出双入对，令人羡慕。

1935 年，钱锺书和杨绛在父母亲朋的祝福中完婚。你看，最幸福的事，莫过于，新郎是你，新娘是我。钱锺书先生写到“我见到她之前，从未想到要结婚；我娶了她几十年，从未后悔娶她，也未想过要娶别的女人”。

杨绛写到“锺书病中，我只求比他多活一年。照顾人，男不如女。我尽力保养自己，争求‘夫在先，妻在后’，错了次序就糟糕了。”杨绛在《我们仨》里写道：“1997 年早春，阿瑗去世。1998 年岁末，锺书去世。我们三人就此失散了。现在，只剩下我一个。”

纵然斯人已逝，而钱锺书与杨绛用彼此一生的陪伴便成就了世间最完美的爱情，在岁月的轮回中静水流深，生生不息。经得起风花雪月，耐得住柴米油盐，倾尽一生的相守才是最长情的告白。

## 活动综合评价

| 内容 | | 评价 | | |
|---|---|---|---|---|
| 学习目标 | 评价项目 | 自我评价 | 小组评价 | 教师评价 |
| 心理健康知识 | 1. 了解性的内涵，掌握基本性知识<br>2. 了解爱情的实质，了解恋爱心理类型<br>3. 能够树立正确的恋爱观 | | | |
| 恋爱技巧的提升 | 1. 掌握一些表达爱与拒绝爱的方式、方法<br>2. 学会一些约会中的沟通方式与技巧<br>3. 初步了解自己的恋爱观与恋爱中两性关系的看法 | | | |
| “爱”能力的完善 | 1. 恋爱中双方能互相尊重、理解、支持，真诚沟通<br>2. 以科学的态度探索性知识 | | | |
| 教师建议 | | 个人努力方向 | | |
| 评价总汇 | | | | |

# 第十章

# 虚幻的“世外桃源”

## ——守法爱己　健康上网

我们都应牢记，电脑与网络就像火一样，是个好帮手，却是个坏主子。

——伊凡·戈登伯格

如果错过互联网，与你擦肩而过的不仅是机会，而是整整一个时代。

——王俊涛

几乎是在一夜之间，曾经一度作为学院和研究者隐蔽交流媒介的互联网，迅速渗透到我们生活的各个角落，在我们能够想象的领域中，它无所不在。我们通过互联网和朋友保持联络，在网上进行交易、开展研究、互换信息、结识新友，甚至还可以和动物交流。

## 活动任务书

| 活动名称 | 接受与抗拒 | | 姓名 | | 完成时间 | |
|---|---|---|---|---|---|---|
| 目标 | 通过活动,使学生正确认识网络虚拟交往 | | | | | |
| 活动准备 | 提供几个案例:<br>案例 1:有一位北京的女生,在网上认识了一位浙江的中年男子,通过网上交流,她产生了与这位网友见面的愿望,但一直未能如愿。后来,这位男子去新加坡工作了,这位女生便在暑假期间独自参加了去新加坡的旅行团,中年男子瞒着自己的妻子和这位女生见了面……<br>案例 2:你在网上聊天遇到一位令你倾心的 MM(GG),她(他)向你要你的家庭住址和你的手机号码,你怎么办?<br>案例 3:精彩内容(可能是色情的),不断回放。你进去吗?<br>案例 4:张文是一位性格内向的大学生,自一年前父母给其买了电脑后,每晚都沉浸在虚拟的爱恋中不能自拔,可又不愿让网络的恋情成为现实。以致学习成绩每况愈下,害怕去读书和与同学交往,脾气变得古怪暴躁,头痛失眠。父母看着儿子的变化焦急万分。 | | | | | |
| 实施步骤 | 1. 将班级学生以 6~8 人为单位分成若干小组<br>2. 面对这些情况,接受还是拒绝?小组间分享 | | | | | |
| 注意事项 | 认真看案例,如实讲述自己的想法 | | | | | |
| 组员及分工情况 | 队号 | | 队长 | | | |
| | 队员 | | | | | |
| | 任务分工 | | | | | |

## 思政园地

要积极推进国家安全、科技创新、公共卫生、生物安全、生态文明、防范风险、涉外法治等重要领域立法,健全国家治理急需的法律制度、满足人民日益增长的美好生活需要必备的法律制度,填补空白点、补强薄弱点。数字经济、互联网金融、人工智能、大数据、云计算等新技术新应用快速发展,催生一系列新业态新模式,但相关法律制度还存在时间差、空白区。网络犯罪已成为危害我国国家政治安全、网络安全、社会安全、经济安全等的重要风险之一。

——2020 年 11 月 16 日,习近平在中央全面依法治国工作会议上的讲话

关于网络犯罪,我们是否能够学法、懂法、守法?(附:《中华人民共和国网络安全法》)

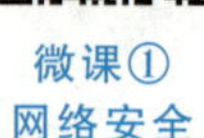

微课①
网络安全

中华人民共和国
网络安全法

# 第一节　睁开慧眼看网络

网络不仅是技术和工具，它更是生活。它消除了人类跨地域沟通的“时滞”，拓展了人类的交往空间，深刻地改变着人与人、人与社会的关系，给人类带来了一个全新的时代，在家办公、网上学校、电子商务、电子银行等新生事物的出现，使人类的生活方式发生着深刻的变革。

## 一　网络对生活的影响

互联网不仅改变了人们传递信息的方式，还缩短了时空距离，使得地球越来越像一个小小的村落。

### 1. 网络对流行文化的影响

一些网络流行语经常在人们的生活中出现，有些已经由非主流逐渐成为主流。诸如极客、黑客、博客、播客、网络短视频、网络小说、网络交友、网络购物、网络游戏等词汇已为大众所熟悉。也有许多红极一时又归于沉寂的现象，比如曾被广大 90 后网民追捧的“火星文”，尽管 10 多年前风靡一时，但之后它慢慢消失了，今天，已经没有多少人再使用这种网络文字了。还有一些语言现象必将长期存在并不断更新，比如拼音缩写现象，近两年流行一时的 YYDS(永远的神)、XSWL(笑死我了)、NSDD(你说得对)、YYSY(有一说一)等等。总的来说，这些表达模糊不清，我们应该旗帜鲜明地的反对。

### 2. 网络对人际交往的影响

通过网络，人类进入了一个以前从未进入过的世界。平等是互联网的一大特点，“在网上，没有人知道你是一只狗”。这句网民的口头语反映了所有这些网上交际的主要特点：没有人知道你的真实姓名、真实性别、真实年龄……这不仅是匿名，而且还匿性别、年龄、种族和社会地位。通过网络，可以与远在万里之外的亲朋互致问候，甚至可以看到彼此，就像在同一间房子里交流一样。

除了上述两个方面的影响外，网络对我们生活的其他方面也产生了巨大的影响：通过网络，可以迅速找到想要的答案；通过网络，可以尽情展示自我、激扬青春，人人都是明星；通过网络，能够足不出户买到想要的东西、视听想学的课程；通过网络，可以阅读数以亿计的书籍……当淋漓尽致地享受着网络带来的便利时，人们发现网络对人类生活的影响越来越变得举足轻重，人们对它的依赖性也越来越大。有人认为互联网是一个大金矿，可有人认为它是一个大陷阱；有人对它趋之若鹜，可有人对它避之不及；有人上网感受生活，也有人上网逃避生活；有人做网络的主人，也有人做网络的奴隶。

随着网络时代的到来，丰富的网上增值业务让人们足不出户就能享受到交友、休闲、购物和娱乐的乐趣，也让 SOHO(家居办公)成为现实，更催生了“宅”一族。而随着手机网络的普及，网络的触角已伸向我们生活的每个角落。不知从何时起，人们的生活已经离不开

网络，对于大学生而言，网络已成为他们学习和生活中不可或缺的部分。正如有着“中国电子商务之父”称号的王俊涛所说：“如果错过互联网，与你擦肩而过的不仅是机会，而是整整一个时代。”

想一想：你利用QQ、微信等网络聊天工具进行交友时，所交的朋友是现实生活中的熟人还是陌生人？通过这种交友方式，你收获了什么？失去了什么？

## 身边的故事

### 微信圈的自拍党

每个人的微信朋友圈里总会有那么几个“自拍党”：旅游景点、饭馆、咖啡厅，无论进入何种寻常的生活场景，他们都要首先完成一套仪式化的操作：掏出手机，随手自拍，从几张乃至几十张废片中筛选出一张可用的，使用修图软件美化处理，配上一句没头没尾的心灵鸡汤或心情感悟，贴到朋友圈，然后默默记下谁没有点赞。

想一想：人们为什么痴迷自拍？

## 演练场

### 组织一场辩论

**题目**：互联网使人际关系亲近还是疏远？

**目的**：感受互联网给大学生人际关系带来的诸多变化。

**操作**：将全班同学分成正方和反方两大组，正方：“互联网使人际关系亲近”，反方：“互联网使人际关系疏远”，活动的重点不在于评判哪组胜利，而在于让大学生在讨论中认清网络的积极影响和消极影响，从而做出正确的价值判断和行为选择。

微课②
元宇宙

## 二 网络与人的关系

同是网络，对不同人的影响会有很大的不同，这是为什么呢？这需要我们搞清楚网络与人的相互关系。

网络与人的关系，实际上就是工具与人、环境与人、媒介与人的关系。在这层关系中，人是工具的发明者和主人，是主动的行为实施者，而网络作为一种工具、一种环境，一方面承载着人的行为活动，另一方面也对人的行为和生活产生反作用。从最初人们建立互联网的那一天起，它就作为我们的又一种联络与交流的工具，而且网络作为第四大媒体，与传统的媒体比起来，更有特点与优势。正因为如此，人类对它情有独钟，万般宠爱。但是，如果反客为主，把人置身于从属的地位，那就是反常现象了。有人说：今天，网络已经不再被理解为头顶上的蜘蛛网般的电线，它不仅深入到办公桌，而且编织成时装穿在身上。这种社会功能一开始就被聪明的商家以发散性思维，发挥得淋漓尽致。网络被当作生活来安排，不是说网络本身的功能神奇，而是人类把昨天的智慧与幻想倾注于网络上。进入网络世界，首先要认识和摆正人与网络的关系，才能更好地利用网络工具，感受新型的生活，作网络的主人。

生活中我们会遇到各种问题，凭借个人的能力也许无力解决，或许周围的人也无法帮助我们解决。那么，不管你在生活中遇到怎样的问题，网上总有许多未曾谋面的朋友心甘情愿地无偿帮助你。一个小小的请求或询问，马上会得到许多热心的响应，这在现实生活中也是不多见的。这便是网上的利他主义。据说前几年，有一位小姑娘得了一种怪病，跑了许多国内知名的医院，都没有人能诊断出她的病因。在她几乎丧失信心的时候，国内某大学的几个学生知道了她的困境，于是帮她在互联网上发出了求助信息。很快就有国外的一些专家发来了他们的诊断和相应的治疗方案，于是，小女孩康复了。当我们在生活中遇到不顺心的事情，上网聊天也是排解郁闷的一种方法。或者你更愿意一个人待会儿，那么可以在网络 BBS 中写下自己的心情，也可以浏览别人的文章，也许在不知不觉中你的心情会好很多。网络上的信息浩如烟海，包括了世界上各个领域、各种专业，网上也有许多专业的数据库，24 小时不间断地为我们服务。人们将不再需要卡着时间，跑到图书馆，从大堆的故纸堆里寻找资料了。这一切将简化成：在我们喜欢的任何时间，坐在电脑桌前，泡上一杯香茶，敲击键盘，找到我们需要的资料，下载，万事 OK。网上的新闻绝对是最新最快的。奥运会时，比赛结果刚一出来，网上就见到新闻报道了。世界上的某些国家或地区的重要选举，网络上的新闻更是 24 小时的跟踪报道，你可以了解统计的最新进程。如果看电视，起码得等到新闻时间；如果看报纸，那更得等到第二天。到那时，新闻也已成为旧事。

## 三 网络的特点

报纸是用眼睛看，广播是用耳朵听，电视是用眼睛看和耳朵听，而网络不但具备上述三种功能，还可互动，大有赶超报纸和电视的趋势，被人称为“一网打尽”。

### 1. 便捷、高效

传统媒体需要一个较长的制作周期，而网络传播信息的速度是以秒来计算的，它接收和发布信息，不受任何时空限制。在突发事件的传播中，网络将“第一时间”和“第一现场”牢牢掌握在手中。一个网民上传自己所写的稿件或拍摄的照片，发表自己的意见和观点，只需半秒钟。

### 2. 广泛、开放

比陆地宽广的是海洋，比海洋更宽广的是天空，比天空更宽广的是人心灵，比人的心灵更宽广的是网络。网络是个能让人自由发挥的空间，内容包罗万象，各种文化类型、思想意识、价值观念、生活准则、道德规范都可以找到立足之地。网络使“地球村”从概念走向现实，它打破了信息交流的时空限制。在网络世界，模糊了地区、国别的界限，不同种族、宗教、信仰的人，不同社会地位和文化背景的人都在这里自由地、平等地进行交流。人们交际的范围大大拓宽，层次增多，内容丰富，限制减少。上网信息可以在全球范围内即时、保真地呈现在世人面前。

3. 经济实惠

互联网的使用费很低，只需考虑使用的时间长短而不需要考虑地域的远近，也就是说我们与世界上任何地方的朋友联系，只需支付本地电话费和网络使用费，与昂贵的国际长途费用比起来不可同日而语。这一特性对于囊中羞涩的莘莘学子来说，无疑提供了极大的便利。又如一台飞行模拟器，可以逼真地模拟真实的飞行环境，可以设想在起飞和降落中遇到的各种问题，以锻炼飞行员的飞行能力和处理各种问题的能力，而不必让他们一开始就驾驶真实的飞机去锻炼。模拟器可以反复使用，而且不受天气、时间的限制，这比采取真实的行为灵活，而且经济。同时，在网络环境中搏斗没有危险，也不会造成什么危害。即使你“真的”犯了什么错误，飞机“掉”下来，“核弹”误射，也不会给人类或自己造成任何伤害。

4. 功能多样

网络功能很多，可以适应人们的各种不同需要，使人们的生活丰富多彩，满足人们在物质与精神文化价值上的更高追求。在网上，我们有许多方法可以与朋友们联系。电子邮箱、QQ、微信、BBS 等。不管对方是否在网上，也不管他或她远在何方，我们只需敲击键盘就可以与他们保持联系。而且，现在的联系方式也越来越多样化。我们可以用电子邮箱送去一个深情的问候，也可以用 QQ 发去简短的祝福，可以在 BBS 上指点江山、激扬文字，还可以用视频电话与地球那端的朋友“促膝面谈”。网络可以算得上集各种媒体优点之大成。目前恐怕再没有其他任何媒介能够为我们提供这么全面、周到的服务。

5. 虚拟与真实并存

虚拟性可以被认为是网络最重要的特征。“虚拟世界”已经成为“网络世界”的代名词。在真实环境中的人，因受到社会习俗和本人地位、身份的影响，言谈举止、为人处世都需要与他在社会中所扮演的角色相适应。可是，每个人在网上出现时，唯一代表他的只是一堆数字与符号，别人无法知道隐藏在那堆数字符号后面的究竟是现实生活中的谁。在这种数字外衣的隐藏下，每个人都可以重新选择自己的行为。在网络世界里，一切都可以虚拟。虚拟学校、虚拟社团、虚拟感情、虚拟信息，甚至有人把性别也虚拟了。许多关于网络的书籍也给我们描述了一个近似伊甸园的“虚拟世界”。

6. 隐匿性

每个人都可以在网上注册，无须实名登录。运用网名上网畅所欲言、来去自由，敢于大胆展露自身独特的个性，极大地满足了不同层次人的心理需求。“在网络上没人知道你是一条狗！”这句网民的口头禅反映了网上交际的主要特点：不仅可以匿名，而且还可以隐匿性别、年龄、种族和社会地位。网络用户可以摆脱现实中的不如意，摆脱来自各方面的压力和困扰，做自己愿意做的事情，随心所欲地成为“大侠”“剑客”或者“流氓”“泼妇”；其身份、行为都能得到充分的隐匿和篡改，成为一个完全理想的自我。在网上可以给自己戴上各种各样的面具，也不用担心自己的面具被揭穿，因为这是目前网络规则所允许的。这种“匿名性”使得人们之间的交往范围无限扩大，交往风险却大大降低，交往更具随机性和不确定性。由此，使得许多人将网络视为猎奇与宣泄情绪的场所和寻求隐秘嗜好的途径。

现实告诉我们，网络不仅仅是技术和工具，而且是人类新的生活方式。让我们展开双臂，欢迎网络加盟人类的生活。

小贴士 Tips

## 全国青少年网络文明公约

要善于网上学习——网络用好是个宝，查找资料不用跑。天下大事早知道，学习知识不可少。

不浏览不良信息——网上并非全都好，乌七八糟也不少。不良信息决不看，一旦陷入不得了。

要诚实友好交流——网上有朋远方来，善待他人莫胡来。诚实交流要牢记，友好沟通情谊在。

不辱骂欺诈他人——网络自有规矩在，自我约束洁身爱。侮辱他人不可取，互相欺诈更不该。

要增强自护意识——自护意识需加强，是非真假要分清。学会防范最要紧，换得平安网上行。

不随意约会网友——网上也会起风浪，黑客来袭要谨防。单凭网上聊聊天，是非好坏难分辨。要维护网络安全——网上交友要慎重，随意约会不安全。网络公约心中记，莫把安全放一旁。

不破坏网络秩序——网络赛车难疏通，莫在网上逞英雄。冲浪必须讲秩序，别把自由当放纵。

要有益身心健康——网上风光无限好，运用不良添烦恼。合理利用是关键，身心健康最重要。

不沉溺虚拟时空——网络是个假时空，现实虚拟有不同。上网冲浪要节制，过度沉溺可不行。

身边的故事

## 大二女生借裸条贷欠下 50 万家长被迫卖房

裸条(裸贷)是在进行借款时，以借款人手持身份证的裸体照片替代借条。“裸条”借贷值得关注——女大学生用裸照获得贷款，当发生违约不还款时，放贷人以公开裸体照片和与借款人父母联系的手段作为要挟逼迫借款人还款。

合肥某职业学校一大二女生小静(化名)，就通过“裸条贷”借钱用来和男友花销，结果陷入泥潭。其借来自用的本金不到 5 万元，一年不到，欠下的贷款本金已高达 30 万元，本息合计更是达 50 多万元。还不起钱后其裸持身份证照片被曝上网，家人电话也被催债电话打爆。不得已，家人在报警的同时，正变卖唯一住房还款。

想一想：

1. 阅读这个故事并谈谈你的感想。

2. 大部分大学生卷入校园贷，都是因为不合理的消费需求、盲目攀比导致的。请你谈谈大学生应如何理性消费？

### 专家案例点评

通过大学生校园网贷危险案例我们可以看出，大多数大学生都是不合理的消费需求导

致或是上当受骗卷入校园贷。但是校园贷我们不可能直接一刀切地叫停，但要想真正解决这一问题，就需要我们共同参与，制止这种乱象的延续。

第一，大学生应树立正确的“三观”，不盲目攀比，要比也从学习收获方面展开；如果遇到一些突发事件也应该及时和家长沟通，通过“五大行”这样的正规渠道解决问题，也可通过自身优异成绩向学校申请助学金、奖学金等方式化解。

第二，政府相关部门应加大对校园贷的监管，为在校大学生开展一些金融讲座等宣传讲解、问题答疑，让每位想通过校园贷解决问题的学生都知道其中的利弊得失；对于校园贷的虚假宣传行为加大打击力度，以零容忍的态度杜绝误导行为的发生。

第三，校园贷方应提升准贷的门槛，对其还款能力做好前期的调研审核，做好学校、家长、贷款方三方沟通交流，未取得家长、监护人等第二还款来源方书面同意，不得向学生发放贷款，确保后期的还贷行为不至于演变为高利贷的实质；同时学校及社会应加强正能量的宣传，倡导理性消费，不要让悲剧一次次上演。

对学生的建议：

(1) 大学是你人生中最后的安逸时间，等你毕业了就会面对社会的残酷教育，学生和工作后的人是完全不同的群体，思维方式都不一样，这个世界一定会更美好，但这不是现实。在这最后的几年里应多学知识、多长本事、多考证、多去实践，而不是在网络上浪费本就不多的学习时间。

(2) 尤其是那些家庭条件比较一般的，校园网贷更要慎重，搞不好就可能把父母半辈子搭上！不要给家人添麻烦是最基础的。

(3) 合理消费。有消费欲望很正常，但是由着性子乱花，不是本事；克制不花，才是本事。没钱了去兼职，去吃苦，去感受挣钱的不易，然后努力学习，提高本领。自己想要的东西自己赚钱，自己吃苦，自己挣，这才是真本事。少年苦算什么苦！老来苦才真叫苦！

**复盘时间：**

你主要利用网络来做什么？网络都给你带来了哪些便利？

【活动】复盘你的昨天：

一天 24 小时，请回忆自己昨天的时间都花在哪里了：

比如：

00:00～07:00　睡觉

07:00～07:30　早餐

07:30～08:30　早读

08:30～12:00　听课

……

……

22:00～23:00　阅读

23:00～00:00　洗漱，睡觉

## 演练场

### 一周时间支出表

填写一周时间支出表，了解网络时间与你的学习生活时间是否和谐。

| 项目 | | | 所用时间 | 说明 |
|---|---|---|---|---|
| 收入 | 固定时间收入 | | 168 小时 | |
| 支出 | 固定时间支出 | 睡觉 | | |
| | | 课堂活动 | | |
| | | | | |
| | | | | |
| | 不固定时间支出 | | | |
| | | | | |
| | | | | |
| | | | | |
| | | | | |

## 第二节 网络与大学生

网络代表着人类文明的进步，它是一个奇妙的东西。那里，有浩瀚的知识海洋任你遨游，有瑰丽的艺术奇葩任你鉴赏。足不出户可知晓天下大事，鼠标轻击即购来中意之物；享受与世界各地的友人“聚会”聊天的乐趣；体会发张“帖子”可得到八方援助的喜悦……网络以其亦真亦幻的虚拟现实、引人入胜的刺激情境，向我们展示了美好的数字化乐园，极大地影响了我们的学习、生活和身心健康，也改变了我们的生活、交往和发展方式。

### 一 大学生上网心理透视

大学生喜欢网络的原因不仅在于互联网自身的特征，更在于学生内在的对网络的心理需求。大学生上网的心理需求从整体上可分为积极的心理需求与消极的心理需求。

#### 1. 积极的心理需求

（1）强烈的求知欲与好奇心理。大学生正处于精力旺盛、求知欲和好奇心强的阶段，对新生事物具有强烈的敏感性和求知欲。而互联网以其信息快、内容新、手段先进等优势极大地吸引了大学生的注意力，使他们领略到传统信息传输方式难以实现的境界，极大地刺激了他们的好奇心，引起他们的特别关心和兴趣，激发出他们学习和掌握网络知识及应用技能的愿望。

（2）自由平等的参与意识与自我实现欲望。大学生参与意识强，自我意识和自我实现愿望浓厚，网络平等自由的氛围适应了对自由、平等呼声最高的大学生群体。在网络这个

虚拟空间里，种种现实社会的限制都消失了，只要参与进来，任何人都是互联网的“主人”，都可以在网上按自己的意愿和口味，做自己想做的事。

(3) 追求开放性和多元性。大学生求变心理强，不愿被束缚在单调、乏味的环境里，而网络是一个开放的信息源，各种文化、思想、观念都可以在这里争鸣。这就为大学生追求开放性和多元性的文化、观念提供了平台。

#### 2. 消极的心理需求

(1) 猎奇心理。追求感官刺激很大一部分大学生上网的目的是猎奇，即追寻一种在现实生活中难以了解，通过正当渠道难以获得的奇艳事物或信息，并借以获得感官刺激。他们往往会出于好奇或冲动的心理，刻意去寻找一些色情、暴力信息。

(2) 急功近利心理。网络信息的丰富与快捷使许多大学生把上网当作通往成功的捷径和有利条件。在他们眼里，网络就是商机，网络就是生财之道。同时，一定程度上的社会误导(包括网络上基于商业目的的心理误导)也使大学生对“成功”的理解产生了偏差。于是，电子商务、留学资讯、成才捷径、求职之路就备受一部分学生的关注。他们渴望凭借这些信息省一些力气，走一步险棋，成为网络时代的成功人士。

(3) 发泄欲求。在互联网上，大学生们可以比在学校、家庭更随便地发表自己的高见，抒发自己的爱憎，表达自己的思想信仰，而不必担心会受到限制。平时对学校不敢提、无处提的意见可以贴到 BBS 上去，平时对女同学不敢表达的感情则可以在聊天室里淋漓尽致地抒发。

(4) 逃避现实的解脱心理。大部分大学生在大学生活中都会遇到这样那样的挫折和危机，诸如学习上的、感情上的、人际关系上的。同时，复杂的社会生活也会使思想相对不成熟的青年学生感到难以应对。但遗憾的是，部分学生在现实中受挫时，往往愿意到虚幻的网络空间去倾诉，互联网成了他们逃避现实、寻求自我解脱的一个渠道和环境。

(5) 虚拟的自我实现心理。强烈的自我意识是大学生群体的一个显著特征，虚拟的网络可以成为大学生实现自我的一个理想王国。在网络上，大学生可以享受到网络特有的平等、自由、成功和刺激，学习与就业的压力、社会与家长的希望造成的压抑与孤独，在网络上一扫而光；他们可以突破社会及他人对自己行为的匡正与评价，在模拟战争中指挥千军万马搏杀疆场，轻松地实现从小梦想成为的侠客、富翁……部分学生上网是为了玩游戏，在游戏获胜后有一种成就感，这是因为网络游戏能够部分满足他们的自我实现需要。虚拟的自我实现心理会导致一些不道德的行为甚至是犯罪行为。有些学生不能很好地理解自我实现、自我价值的真实含义，往往意图在网络中“大展宏图”，他们为了能展示自己的能力，大胆地制造网络病毒、盗用他人电脑信息、刺探他人隐私、非法通过银行和信用卡盗窃和诈骗，给社会和他人带来严重的损失。

(6) 焦虑心理。一方面，由于网络技术的迅速发展，使大学生担心自己的知识更新赶不上网络的发展，被新技术淘汰，而产生心理焦虑；另一方面，网络通道拥挤，传输速度缓慢，网上人际关系的不确定性与隐匿性，庞杂无序、良莠不齐的内容等缺陷，使大学生上网无所适从，连连“碰壁”之下产生焦虑心理。

(7) 从众心理。从众心理，就是在群体的影响和压力下，放弃自己的意见而采取与大多数人相一致的行动，即通常所说的“随大流”，这是日常生活和工作中常见的现象。在大学校园里，上网成为一种潮流和时尚，大学生茶余饭后的谈资笑料往往来源于网络。一些大学生本身对网络比较陌生，也不是非常感兴趣，但为了能够和身边的同学保持一致，寻找共同话题，或者为了跟上潮流赶时髦，也开始学习上网，有的甚至迅速迷恋、上瘾。

（8）自卑心理与抵触情绪。自卑是不信任自己的能力因而用失败衡量自己及未来的一种心理体验，它来源于心理上消极的自我暗示。这种心理常见于那些初次尝试上网的大学生，当他们怀着兴奋与好奇的心理来到网上，但由于缺乏系统的网络知识和检索技能，操作不熟练，英语水平有限，与身旁那些操作娴熟、进出自如的用户相比，差距甚远。在羡慕的同时会产生出某种无形的心理压力，初始的兴奋、喜悦之情自然被自卑心理所代替。还有些人，他们自己习惯于传统文献的检索、查阅程序，当其面对上网查询这一全新的检索方式时，可能会产生一种以往的经验被抛弃，自己会落伍，被置于自动化系统之外的不安，因而产生一些抵触情绪。

（9）补偿心理。部分大学生在高中阶段比较优秀，因高考失利或家庭因素使其进入不理想的大学。入学后本想凭自己的优势，在大学崭露头角、胜人一筹，寻求心理平衡。但由于种种原因不能如愿，“理想自我”与“现实自我”间出现矛盾。为缓和矛盾，便到网上寻求心理补偿，寻找心灵的慰藉，期望在网络中找到自我，于是将宝贵的时间和精力倾注于多姿多彩的网络世界，并通过网络来满足自己。

## 身边的故事

### 轻信兼职刷单招聘信息被骗

小雨，女，19 岁，大二学生，想做兼职，以减轻家庭负担。在兼职群中发现一则刷单赚取佣金的广告，便加了对方的好友并按照指示操作刷单。小雨先用自己的钱垫付，对方许诺在操作结束后把佣金和本金一起返还。小雨第一次刷单，网上显示系统出错，让她再刷一次，按照指令继续刷单，仍显示让她继续刷单垫付。小雨前后共刷了 4 次单，累计垫付 23 168 元。这时，网上还在继续发出刷单指令，小雨这才意识到被骗。

微课③
防止电信诈骗

#### 专家案例点评

受害群体以涉世未深的在校学生、家庭主妇、无固定职业的年轻人为主，这些群体往往具有社会阅历少、工作时间零碎、网络安全防范知识欠缺等特点，对常见的网络诈骗手段缺少基本的鉴别能力，容易轻信网络诈骗广告。如深圳侦破的陈某龙系列网络兼职诈骗案，犯罪嫌疑人陈某龙供认其作案对象专门针对在校大学生和刚参加工作的年轻人。

其次，作案手段具有便捷化、隐蔽性特点。诈骗分子只需要通过在网站上发布虚假招聘、兼职信息，即可寻找到作案目标，而且使用微信、支付宝等第三方网络交易平台快速转移赃款，并不与被害人发生直接接触，实现“隐身作案”。如珠海的兼职刷单诈骗案犯罪嫌疑人郭某被抓时，自称已成功作案 40 余起，自我评估已获利 10 余万元。

再次此类犯罪的过程极具诱骗性。诈骗分子先引导受害者完成一些金额低、回报低的兼职“小单”，及时支付相应的本金和佣金，骗取受害者信任，待其放松警惕后，诱骗受害者做金额高、回报高的“大单”，一旦收到受害者大额转款便销声匿迹。而且，这类诈骗犯罪针对的群体一般都比较年轻，经济收入不高，一旦上当受骗，容易作出很多极端行为，伤害自身或报复社会，社会危害性比较大。

通过网络找兼职应注意如下事项：

一是寻找网上兼职要通过正规可靠的平台，并且拒绝需要预付保证金、先行垫付资金的兼职工作。

二是要记住天下没有免费的午餐，对于可以轻易获取高额回报的工作要保持高度的警惕，不要轻易相信。

三是寻找网上兼职时不要轻易泄露自己的个人信息，也不要轻易点击对方发过来的链接，不要在链接的页面上填写自己的银行卡号、支付宝账号及密码等信息。

四是如果不慎被骗，应注意及时搜集证据，如聊天记录、交易记录、联系方式及其他一切有利于警方破案的证据等。

## 演练场

### 角色大比拼

1. 每位学生在纸上写下自己最常用的网名。
2. 网名汇总、收集至一处，请几位学生随机抽取。
3. 宣读抽到的网名，请全班学生猜测这有可能是哪位同学的网名。
4. 公布网名拥有学生，并请其谈感受。
5. 请学生分析自己的网名，并思考网名背后的含义——现实中的“我”与网络中的“我”的区别。

## 身边的故事

下表中的语句描述是否符合你的情况，如果符合请回答“是”，如果不符合请回答“否”。

▲ 网络生活形态测试语句

| | | | |
|---|---|---|---|
| 网络依赖 | 网络学习依赖感 | 离开互联网，我无法工作学习 | 是/否 |
| | 网络娱乐依赖感 | 没有互联网，我的娱乐生活会很单调 | |
| | 网络信息依赖感 | 重大新闻我一般都首先从互联网上看到 | |
| 人际交往感 | 人际拓展 | 通过互联网，我认识了许多新朋友 | |
| | | 互联网加强了我与朋友的联系 | |
| | 人际隔离 | 互联网时代，我感觉更孤独 | |
| | | 互联网减少了我和家人相处的时间 | |
| 网络信任感 | 网络人际信任感 | 即使是没见过面的网友说的话我也信 | |
| | 网络交易信任感 | 在网上进行交易是安全的 | |
| | | 我在互联网上填写注册信息是真实的 | |
| 社会参与度 | 意见表达意识 | 互联网是我发表意见的主要渠道 | |
| | 社会关注倾向 | 上网以后，我比以前更关注社会事件 | |

※回答“是”的项目越多，表示你的生活越来越依赖网络，你越来越相信网络。

## 二 网络对大学生心理健康的影响

### 1. 网络对大学生的积极影响

(1) 网络为大学生开辟了全新的学习天地。网络的发展引起了教育方式的历史性变革,对大学生学习行为产生了巨大影响。首先,网络产生虚拟学习行为。以高科技为基础的虚拟现实的三维立体空间,令人身临其境,例如,在网络上做爆破实验而绝无危险,医科专业的学生可在虚拟实验中进行解剖,金融专业的学生可通过虚拟股市锻炼股票交易技巧。其次,网络改变了学习行为的时空概念。网络学校将提供上网课程和在线学位。这种在线远程网络教育不仅快捷、投资少,而且受教面广。网络管理中心从试卷登录、试卷生成,到在线考试、自动阅卷、成绩统计,全部自动完成,教学反馈迅速高效。学生可以在网上轻松浏览电子图书馆,在需要时可从网上方便地下载各种图书资料,可将各种学习资料输入款式新颖的电子图书,随身携带,随处阅读。知无涯,学无涯,学习再无时间、空间、对象限制,这将是一种无限的、终生的、全球的学习。

(2) 扩大了大学生人际交往的圈子。一位哲人说过:“没有交际能力的人,就像陆地上的船,永远到不了人生的大海。”人际关系与个体的成长和发展密切相关。网络交往通过全方位、多层次的信息传输为大学生提供了更方便且范围更大的社会交往机会,使大学生的社会性得到空前的延伸和发展。通过网络,人们可以直接地交往,而免去了彼此的客套、试探、戒备和情感道义责任。同时,网络交往所具有的间接性和虚拟性特点,为性格内向、羞于言谈、社会交往能力较弱的大学生进行人际交往打开了方便之门。

(3) 网络提供了心理宣泄和寻求专业心理援助的可能,有助于保持个体的心理健康。社会的发展要求大学生具备完善的综合素质,而学业、就业等诸多的压力使得大学生容易产生紧张、恐惧、焦虑、抑郁等负性情绪,心理健康受到影响。大学生需要通过适度的情绪表达和宣泄来维护自身的心理健康。网络交往的虚拟性、安全性和广泛性恰恰迎合了大学生渴望交往而内心闭锁、渴望获得真情而又怀疑真情的矛盾心理。大学生们可以通过聊天倾诉等方式,尽情地宣泄压抑内心的不良情绪,缓解心理压力。这些虚拟的网上交流给大学生提供了一个情感表达和不良情绪宣泄的新途径,在一定程度上起到了很好的心理疏导作用。同时,许多面临心理困惑和发展问题的大学生们更愿意通过互联网上的一些专业的心理网站,及时地了解心理健康知识,寻求专业的心理援助和互助。由于这些心理学的专题网站或主页既方便快捷,又具有较好的保密性,因而受到大学生的广泛青睐,确实在一定程度上对于大学生保持心理健康起到了积极的作用。

想一想:沉迷于网络之中,能带来长久和真正的快乐吗?有人说,那些快乐,就像我们童年时候所吹的肥皂泡泡,虽然美丽和五彩缤纷,但是却一触即破,只是一种快乐的泡影,你认为呢?

### 2. 网络对大学生的消极影响

网络,如同一枚硬币的两面,利弊参半,在给大学生带来巨大便利的同时,也不可避免地给部分学生带来了消极影响。

(1) 网络淡化了现实生活中的人际关系,使大学生不能以正确的态度进行交往。现代

社会，交互作用已成为一种较理想的学习方式。人与人之间的交往，会影响交往者相互间的品格、知识、工作和生活态度、心理健康等多方面。而在交往过程中，由于每个个体有不同的需求、不同的方式、不同的风格和特征，难免在交往互动中产生一些冲突。处在青年期的大学生在多元化的现实世界和复杂的情境中，当自己的愿望和交往方式不能获得理想的结果，或不能以正确态度和平静的心态处理人际关系时，他们会承受巨大的心理压力，以致影响学习和生活。网络给他们提供了逃避现实、淡化矛盾的"理想"渠道，他们会通过在网上寻"真情"来填补心灵的孤独，以消磨时间。而建立在食指点击上的网络交往远不能与现实的直面互动交流相比，网络交流缺失了交往双方的表情和肢体语言的投入，不能实际提高个体的交际能力，而网络交谈的延时性也使其交流包含了更多的不确定性和虚假性。

**小贴士 Tips**

### 网络交友"三不一要一忠告"

"三不"：① 不轻易泄露个人的资料（不要说出自己的真实姓名和地址、电话号码、学校名称、密友等信息）；② 不随意答应网友的要求；③ 不轻易约见网友。

"一要"：要提高警惕、小心防范。

"一忠告"：匿名交友网上多，切莫单独赴约。

网上人品难区分，小心谨慎没有错。

（2）网络易使大学生产生不良的情绪体验，情感趋于冷漠。大学生的情感体验极为丰富、强烈、敏感，也极为复杂，表现得很不稳定。如果长时间地上网，沉迷于虚拟世界中，就可能极大地妨碍大学生通过亲身的社会实践生活形成稳定良好的社会情绪体验。随着上网人群的不断扩大，网恋也逐渐成为大学生上网的一个重要内容，网恋导致情感创伤的情况也在呈上升趋势。这些情况都容易使大学生们趋向于孤立、自私、冷漠和非社会化，产生焦虑、紧张、抑郁等不良的情绪体验。

（3）上网的自由随意性，导致大学生沉溺网络，产生不良行为。当前的网络，对于每一个网络爱好者来说，是非常自由的。它不受正常时间的约束，人们可以通宵上网，可以根据个人的主观需要和兴趣爱好去选择所要浏览的网上内容。可是，网络交往中，个体扮演了一种虚拟的角色，这种交往在体现匿名性、丰富性、想象性、自由性、情景性、平等性的同时，其道德特征却被弱化，大学生一旦过多地接触消极内容，就会逐渐沦为淫秽、色情的牺牲品，出现制造病毒、修改破坏他人网页、在网站上发送垃圾邮件等不良行为，使自己难以自拔，无力摆脱，变得无助和无主，淡化了人生的正确态度。正如学生所言："在科技发展的高速公路上，消遣享受在扩大，而我们的心理却越来越糟。""上网聊天、发送电子邮件，这是除了上酒吧、舞厅之外的唯一排遣闲暇时间的方式，成为我们的时尚。但是，没有化妆的逼真内容，使人感到真的亦假、假的亦真，最易使人变坏。"虽然上网交友使大学生们暂时摆脱了内心的失落，但网络毕竟是虚拟的世界，回到现实世界，仍然无法改变和摆脱困扰。而且虚拟世界和现实世界必然存在着一定的距离，这种距离不可抗拒地要求大学生们调整自我、面对现实，否则会面临更大的困境。

网络对大学生心理健康的影响

## 演练场

| 活动名称 | 网络观对对碰 |
| --- | --- |
| 活动目标 | 正确面对网络 |
| 活动准备 | 为每组学生各准备一套水彩笔、一张粉画纸 |
| 活动步骤 | 1. 将班级学生以6～8人为单位分成若干小组<br>2. 写下当前青年学生中出现的种种网络观，写的越多越好。小组间不可交流<br>3. 小组讨论，这些网络观中，你认为哪些是健康的、可取的，哪些是不健康的、不可取的？在可取的条目前，用红色的水彩笔打上“√”，在不可取的条目前，用黑色的水彩笔打“×”<br>4. 将每组的粉画纸张贴在班级前，每组请一个代表陈述本组的讨论结果，并简要陈述理由<br>5. 活动后，将粉画纸整齐地张贴在班级的宣传栏内，放大活动的效果 |

## 小贴士 Tips

### 网海冲浪如何把握自我

1. 要理智地控制上网时间和次数，不长时间泡网。

2. 对网上经常出现的色情图片信息，应洁身自好，千万别掉入色情陷阱。

3. 网上交际不能代替现实生活的社交活动。要加强现实生活中的人际交往和情感交流，主动同父母、同学、朋友写信或电话联系，诉说生活中的烦恼和忧愁，寻求帮助和支持。积极参加丰富多彩的校园文化活动，在活动中释放压力和不良情绪，在交往中结交朋友，在挫折中发展壮大自己。

4. 有心理疾病的人最好不要去网上寻求安慰，应求助于心理医生。

5. 发现有网瘾症状的网民，一定要尽快借助周围亲友乃至社会力量来帮助纠正，切勿怠慢。

6. 不要把上网作为逃避现实生活问题或者消极情绪的工具，借网消愁愁更愁。

7. 上网之前先定目标。每次花两分钟时间想一想你要上网干什么，把具体要完成的任务列在纸上。

8. 上网之前先限定时间。看一看你列在纸上的任务，用一分钟估计一下大概需要多长时间。可以在电脑中安装一个定时提醒的小软件，在上网的同时打开，这样就能有效控制你的上网时间了。

## 热身小测试

### 数字幸福感

你很可能也已经发现了，把矛头简单地指向手机，并不能解决它带给我们的困扰。所以近几年来，咱们不能抓着“手机成瘾”这个概念不放了，必须转换思路。

在这里，我们介绍一个如今非常流行的替代性概念：数字幸福感。这个概念的意思是，你不用关注自己每天刷了多少次手机，刷了多长时间手机，而是要关注，你是否可以通过使用手机，提升自己的幸福感。

有人可能会说，我每天刷五个小时短视频，我特别幸福。这五个小时确实很幸福，但你明天并不会因此继续感到幸福，除非接着刷。

那么，究竟该如何通过手机实现幸福感的提升呢？从相关研究中，我给你抽出了两条可以参考的原则。第一，你的个人目标是什么？第二，你如何利用手机达成这个目标？

首先是你的个人目标。你手机中的应用程序，应该为你的个人目标服务，目标可以有很多。有些应用程序是生活、工作必须用到的，比如微信、支付宝；有些是用来提升自我，比如得到 APP；还有些是用来纯粹获得快乐，比如游戏。

当然，这不是让你马上把自己手机里的游戏删了，因为即时性的快乐也是我们的目标，只不过，它不应该成为我们唯一的目标。

如果你现在就去查看一下手机，也许会发现，里面很多的应用程序，你已经很少打开了，还有一些应用程序，浪费了你很多时间，但用处其实不大。如果你手机里有这样的应用程序，就应该马上做一次断舍离。

如何决定这些应用程序的去留呢？关键标准就是五个字：投入产出比。每一个 APP，你都可以问自己：它带给了我什么样的好处？又给我的生活带来了什么干扰？这两者相比，孰轻孰重？你做出判断之后，就可以给你的手机做个"手术"了。

根据个人目标清理完了手机，第二步就是，如何通过手机达成这些目标？我给你的答案是：目的性使用。比如短视频应用，既可以拿来娱乐，也可以拿来学知识，那你在打开它的时候，心里要清楚，我为什么会打开。我们的很多烦恼，其实是来自无目的地"刷"，而不是有目的地"用"。

## 第三节 大学生常见网络心理困惑及其调适

###  一 大学生常见网络心理问题

网络心理问题是指因无节制地上网导致行为异常、人格障碍、交感神经功能失调。其表现症状为：开始是精神上的依赖，渴望上网；随后发展为身体上的依赖，不上网则情绪低落、疲乏无力、外表憔悴、茫然失措，只有上网后精神才能恢复正常。大学生网络心理问题大多数表现为感情上迷失自我、角色上混淆自我、道德上失范自我、心理上自我脆弱、交往上自我失落。

大学生网络心理问题主要包括：网络恐惧、网络依恋、网络孤独、网络自我迷失与自我认同混乱和网络成瘾综合征。

### 1. 网络恐惧

一些大学新生特别是来自经济落后地区的农村学生，几乎没有接触过互联网或接触很少。当他们进入大学面对色彩斑斓的网络界面，看到层出不穷的各种网络书籍、电脑软件，瞧着周围的同学熟练地使用电脑，自由地浏览、聊天时，一部分学生感到害怕和迷茫。“怕”是怕自己学不会或学不好计算机操作，以至于不能有效利用网络来学习和生活甚至可能成为“网盲”；怕自己学不好计算机而被他人嘲笑为无能或赶不上他人而落伍，“无能感”油然而生。“迷茫”则是因为五花八门的电脑书籍和软件使得他们眼花缭乱，不知道学什么。由此产生对网络的畏惧感。大学新生常产生这种网络心理畏惧，另外，一些对网络比较熟悉的大学生也有这样的障碍，他们对网络的畏惧主要是害怕跟不上网络的快速发展，怕掌握不了新的网络技术而被淘汰。这种恐惧会伴着大学生走过人生的四季。

### 2. 网络依恋

一些大学生长时间的沉溺于网络游戏、上网聊天、网络技术(安装各种软件，下载使用文件，制作网页)，醉心于网上信息，网上猎奇，造成对网络的过度依赖和依恋，导致个人生理受损，正常学习、工作、生活及社会交往受到严重影响。

网络迷恋心理问题包括这样几种类型：网络色情迷恋——迷恋网上的所有的色情音乐、图片以及影像；网络交际迷恋——利用各种聊天软件以及网站开设聊天室长时间聊天；网络游戏迷恋——沉迷于网络设计的各种游戏中，他们或与计算机对打，或通过互联网与网友联机进行游戏对抗；网络恋情迷恋——沉醉在网络所创造的虚幻的罗曼蒂克的网恋中；网络信息收集成瘾——强迫性从网上收集无关紧要的或者不迫切需要的信息，堆积和传播这些信息；网络制作迷恋——下载使用各种软件，追求网页制作的完美性和编制多种程序为嗜好。在这六种类型中，网络交际迷恋者、网络游戏迷恋者、网络恋情迷恋者及网络信息收集成瘾者占大学生网络迷恋群体中的多数。

### 3. 网络孤独

网络孤独主要是指希望通过上网获取大量信息、网上娱乐、网上人际交往来提高或改变自己，但上网未能解除孤独(甚至加重了原有的孤独)，或反而因为触网而引发孤独感这样一类不良心理状况。一些大学生(女生居多)，由于性格内向，自卑，惯于自己承受心理负荷，心思敏锐，不愿意或不善于与他人交往，厌恶社会上那种虚情假意的人情来往。当互联网走进他(她)们的生活时，他们青睐于网上交往这种匿名、隐匿性别和身份的形式。常上网向网友发泄自己的不良情绪，排解忧虑，讲自己的“心情故事”，这时他们觉得心情得到一定的放松，从网友那里得到了一定的心理支持。可下网后他们发现自己面对的依然是孤独，并且，由于人与人之间的交往中 80%的信息是通过非语言的方式(身体语言)，如眼神、姿势、手势等传达的，当那些善于通过这些身体语言来解读对方心理的性格内向者，试图借助网络来排泄自身的孤独时，网络所能给的只能是键盘、鼠标和显示器所造就的书面语言，这使得他们感到网络对孤独抑郁的排解只是“隔靴搔痒”。

### 4. 网络自我迷失和自我认同混乱

在以计算机为终端的网络中，由于匿名性而隐去了身份，许多现实社会中的规范、规则、道德在虚拟世界中的冻结。大学生上网者在表现个人自我时，把社会自我抛得越来越远，甚至企图借助网络在现实社会中突显自我，将自我凌驾于社会之上，网络黑客，网络犯

罪就是这方面的典型例子。此外，某些大学生对一些社会现象愤懑不满，他们想通过上网发泄不满，逃避社会，希望在网上有一个“清洁”的交往环境，构建一个良好的自我。然而网上充斥的色情图文、脏话、无聊的帖子、庸俗的话题，使他们在对社会产生失望之后又对网络产生了失望。

5. 网络综合征

网络综合征是人们由于沉迷于网络而引发的各种生理、心理问题的总称。这是新近出现的疾病之一，目前各国正开展对它的研究。现在研究焦点在沉迷性(依赖性)、人际关系(包括网友、网恋、现实生活中的人际障碍等)、创造毁灭欲和与此有关的抑郁症、躁狂症等，而对于由于辐射、荧屏闪烁、久坐、注视疲劳等造成的生理和心理疾病则因时间精力有限不予追踪。

患有网络综合征的人，初时是精神依赖渴望上网“遨游”；随后发展为躯体依赖，表现为情绪低落、头昏眼花、双手颤抖、疲乏无力、食欲不振等。网络综合征对人的健康危害很大，尤其会使人体的自主神经功能严重紊乱，导致失眠、紧张性头痛等，甚至会出现幻觉、痴迷和妄想，造成人体免疫机能严重下降。青少年是网络综合征的易感人员，因为青少年正值青春期，心理发育还不成熟，自制能力差，容易产生逆反心理，特别易出现心理和行为的偏差。虚拟网络的理想化为他们提供了平台，结果导致从最初好奇的随意浏览，到不能自拔的精神依赖，最后发展为躯体依赖。他们具有“双重人格”，网络中的他们往往和现实中的自己判若两人。而且他们多数性格孤僻，不善于与人沟通，导致与家人、朋友关系紧张，面对挫折与失败习惯逃避。

**他山之石**

### “网”尚文明从我做起

为了自己的身心健康，为了后代的快乐成长，更为了互联网的“空气清新”，你能按照下面的要求来规范自己的上网行为吗?

自觉文明上网，不链接黄网、黑网，不在博客上出言不逊、谩骂无边，不在帖子上散播黄、赌、毒和虚假信息，不做一切不利于网上文明的行为，不把一点的不文明行为带进互联网，不得搞混信息流，污染内存“芯”。

可以根据自己的实际情况制定不同的时间标准，例如坚持一周、一个月或一年等，努力做个文明的上网者，如果做到了，可以给自己一些小奖励，例如享受三个小时的美味大餐或与家人一起看场最喜欢的电影等。

## 二 大学生网络心理问题的调适

1. 正确的网络认知

网络的出现，宣告着人类信息时代的真正到来。它消除了人类跨地域沟通的“时滞”，拓展了人类的交往空间，深刻地改变着人与人、人与社会的关系，给人类带来了一个全新的时代，“在家办公”、网上学校、电子商场、电子银行等等新生事物的出现，使人类的生活方式发生着深刻的变革。但是，互联网是一把双刃剑，网络世界既是一个充满自由、开放、平等的世界，也是一个充满着诱惑与陷阱的危险之地。对于大学生而言，应该看到网络只是一个工具，网络资源是人类社会不可缺少的财富，对网络的破坏与滥用就是对社会正常秩序的极大破坏，会危及我们每一个人；应该认清网络社会并非真实的社会，网上暂时的成功并非是真实的成功，虚拟的情感的宣泄与满足也并非能得到真正的快乐，应该认清网络带来的并非是鲜花与美酒，也会给自己带来苦涩的恶果，那些迷恋上网而不能自拔的大学生，随着上网时间不断延长，他们的记忆力下降，对学习也逐渐产生厌烦感，并进而出现逃课上网、对各种活动漠不关心，进取意识减弱，与周围同学关系紧张等现象。

夸大网络的功能并进而认为网络是解决一切问题的灵丹妙药或认为网络是带来人的自我迷失、人与人之间的相互欺骗、社会秩序紊乱的症结而否定网络的作用都是错误的。大学生只有对网络树立正确的认知，才有可能正确地面对网络，合理地使用网络资源，准确把握自我，认清自己的真实需要，处理好现实社会与虚拟社会的关系，避免网络心理问题的产生。

想一想：战胜自己不是一件容易的事，它需要很大的勇气与坚定的信念。想一想看，你战胜自己的次数多吗？还是时常姑息纵容自己？

### 2. 自律与自我管理

自律有两层含义：其一，自律总是与自由和理性联系在一起的，即要体现出人格尊严和道德觉悟，而不是被内在本能和外在必然性所决定；其二，自律是指自做主宰、自我约束、自我控制。对于一个人来说，只有自律才能既充分体现其自尊、自主与自由，又充分培养其自我控制力，养成良好的“慎独”习惯。在网络社会里，信息量十分巨大，各种文化与价值理念交织纷纭，各种论断莫衷一是，各色诱惑比比皆是；另一方面，网络社会又是一个充满自由的社会，缺乏非常强大的外在约束。面对这一虚实难辨、是非难断却又无明确而强力约束的多彩世界，大学生会因认知偏差或侥幸心理而产生心理困惑与矛盾，以致产生各种各样的网络心理问题。

但是，过多地沉迷于网络是对现实的一种逃避，一种退缩，也是一种社会责任感的淡化，它不仅不能真正地解决大学生正在面临的现实问题，反而会更多地产生自我迷失，生活重心丧失、人际沟通障碍，产生非理性的甚至是反社会的行为。如大学生中流行“网恋”与“网婚”的现象。由于网上情缘不需要任何承诺，也没有任何约束，风花雪月通过网络就能实现。然而，大学生从网络世界的虚拟婚姻得到的快感又迫切希望回到现实中来，现实生活中，这样的理想容易破灭，于是又不得不回到网络世界，造成空虚的心理更加空虚，以致大学生在现实情感交往中出现冷漠与抑郁，在交往上自我失落，造成心理上自我脆弱。据报道，一位大学生在其“网络妻子”突然掉线后，终日不进食，心情焦虑地苦等了五天四夜后，不顾同学的劝阻和老师的教育，不辞而别到另一个城市去寻找其“网络妻子”。

在缺乏较强他律或几乎难以感受到较为直接的他律影响力的网络社会，自律的重要性与意义显得尤为突出。一个缺乏自律的人不可能是一个自尊自重的人，也是一个不能获得自由与自我价值实现的人。大学生应合理安排好自己的日常生活，保持正常的生活、工作、学习规律，控制上网时间。同时，要勇于直面现实、直面人生，积极面对现实，应多参加有益的社会活动，从网络的迷恋中解脱出来。

小贴士 Tips

新闻出版总署发布了《网络游戏防沉迷系统》开发标准(试行),该系统根据青少年身心发育特点,通过对网络游戏特性和玩家的消费习惯进行细致调查分析,确定为:

3小时内为绿色时间,玩家在此时段内,游戏经验值和升级速度一切正常;3～5小时为疲劳时间,玩家升级速度、经验值减半;超过5小时,经验值为零,系统强制断线;休息5小时后,玩家才能重新上网游戏。

心理故事

## 网络孤独症

网络孤独症主要是指上网者本希望通过网络获取大量信息、网上娱乐、网上人际交往来提高或改善自己,排解寂寞心情,但上网未能解除孤独,甚或加重了孤独,或反而因为触网而引发孤独感的这样一类不良心理状况。

大学时期正是大学生心理趋于成熟的时期。此阶段,他们特别需要别人的理解,愿意向别人倾诉自己的思想,以便通过别人的理解与安慰而对压抑的情绪进行调节,使心理压力得以缓和。但在现实生活中,因为性别、地域、经历、家境等的不同,相互间的交流会有一些无法回避的障碍。特别是一些性格内向或者自卑的大学生,不愿意或者不善于与他人交往。当网络走进他们生活的时候,他们惊喜地发现网络给他们提供了一个安全的交流平台。由于网络的虚拟性和隐蔽性等特点,网络社会中的人际关系,大大突破了现实生活中人的社会阶层、地位、职业、性别等差异,交流时可以不为言词的不妥负责或感到难为情。在网上还可以隐蔽真相和真心,可与他人自由平等地交谈各种话题,还可以体会一呼百应的成就感。于是一些学生便青睐网上交往这种匿名、隐匿性别和身份的形式,常上网向网友发泄自己的不良情绪,排解忧虑,讲自己的"心情故事",与陌生伙伴侃侃而谈,这时他们觉得心情得到一定的放松,从网友那里得到了一定的心理支持;可当他们从热烈火爆的网上交往气氛中退下来、回到平静单调的现实生活时,发现自己面对的是依然是深深的孤独。

网络交往并没有使上网者学会在现实生活中融洽地与同学相处,网上人际信任危机反而会影响到大学生的现实交往,使大学生在现实中反而更加封闭,使得他们在活生生的现实生活中表现出对自己家长、同学越来越冷漠,接触次数减少,沟通交往圈子缩小;与周围人际关系紧张,情感疏离冷淡,性格孤僻失落;对各种活动漠不关心,自我封闭、独来独往,进取意识减弱;导致现实生活中的人际关系一团糟,深感不适应现实生活,陷入焦虑痛苦中,变得更加孤僻。

## 活动综合评价

| 内容 | | 评价 | | |
|---|---|---|---|---|
| 学习目标 | 评价项目 | 自我评价 | 小组评价 | 教师评价 |
| 心理健康知识 | 1. 了解网络的虚拟性特点<br>2. 体验盲目网聊的危害性<br>3. 学会自我保护 | | | |
| 面对虚拟世界的自我调适 | 1. 认清网络空间的虚拟性<br>2. 对于自己的私人和重要信息要树立保密意识<br>3. 对于涉及自身及家庭安全的信息尽可能避免在网络上传播<br>4. 见网友要谨慎 | | | |
| 学习态度 | 1. 对网络过度使用的危害认识明确<br>2. 参与活动有积极性，善与他人合作 | | | |
| 教师建议 | | 个人努力方向 | | |
| 评价总汇 | | | | |

# 第十一章 生涯规划与美好人生

## ——规划未来　享受人生

如果有人错过机会，多半不是机会没有到来，而是因为等待机会者没有看见机会到来，而且机会过来时，没有一伸手就抓住它。

——罗曼·罗兰

骏马能历险，力田不如牛；坚车能载重，渡河不如舟。舍长以就短，智者难为谋；生材贵适用，慎勿多苛求。

——选自清代诗人顾嗣协《杂兴》

莎士比亚说：人生就是一部作品，谁有生活理想和实现的计划，谁就有好的情节和结尾，谁便能写得十分精彩和引人注目。从这个意义上说，良好的生涯规划是成功的开始。通过生涯规划可以帮助大学生确立职业目标，选择职业发展的道路，确定实施职业生涯目标的行动方案，从而最大限度地挖掘自我潜能，实现人生价值。通过探索影响大学生职业选择的因素，分析大学生择业心理问题，进而引导大学生进行择业心理调适，摆正择业心态，树立正确的择业观！

升学、就业是我们人生面临的两大抉择，初步完成了升学目标的大学生们，即将面临就业的问题。近年来，大学生就业难的现象已成为社会普遍关注的热点问题。每年数以万计的大学生满怀梦想走向社会，可是迎接他们的却是残酷的现实。那么，怎么样才能找到满意的工作，如何才能获得职业生涯的成功呢？本章从职业生涯规划的基本理论入手，阐述职业生涯规划的意义，帮助同学们在校学习期间进行职业规划，树立正确的择业观和消费心理。

## 活动任务书

| 活动名称 | 制定我的职业生涯规划 | | 姓名 | | 完成时间 | |
|---|---|---|---|---|---|---|
| 目标 | 1. 在理解生涯含义的基础上，认识生涯规划对大学生成才发展的意义<br>2. 了解职业生涯规划的相关理论及大学生职业生涯规划常见的困扰<br>3. 正确进行职业生涯规划 | | | | | |
| 任务 | 1. 正确认识自我，准确地分析自我<br>2. 掌握职业生涯规划的设计步骤<br>3. 掌握择业过程中的几种基本方法和技巧 | | | | | |
| 实施过程 | 1. 建立职业生涯规划意识，认识职业生涯规划的重要意义<br>2. 通过各种途径了解自我，收集信息去认识我们的职业世界<br>3. 确定职业生涯目标 | | | | | |
| 注意事项 | 科学地认识自我，认识我们的职业世界 | | | | | |
| 组员及分工情况 | 队号 | | 队长 | | | |
| | 队员 | | | | | |
| | 任务分工 | | | | | |

## 思政园地

### 敢于出“快拳”，职业生涯规划要趁早

近年来我国高校毕业生数量剧增，大学生就业面临严峻挑战。与此同时，高校毕业生普遍存在就业期望过高、职业生涯规划模糊、专业实践能力不足、求职技能缺乏等问题，就业能力亟待提升。对高校而言，要从大学新生入学起就开始为其职业生涯和发展考虑，快速、准确、创造性地施展“组合拳”，打好大学生就业“保卫战”。立足实际，做好规划是提升大学生就业能力的基础。2022 年 6 月，习近平总书记在宜宾学院考察时对同学们说：“幸福生活是靠劳动创造的，大家要保持平实之心，客观看待个人条件和社会需求，从实际出发选择职业和工作岗位，热爱劳动，脚踏实地，在实践中一步步成长起来。”为避免职业定位不明确，缺乏职业目标，高校应尽早开展职业生涯发展教育。

生涯规划与人生发展

# 第一节 生涯规划与人生发展

## 一 生涯及生涯发展理论

### 1. 生涯

生涯一词的英文 career,意思是指两轮马车,引申为道路,也就是人生的发展道路。即指一个人一生中所从事的工作,以及其所担任的职务、角色,同时涉及其他非职业活动。具体包括两层含义:

第一,生涯是一个过程,即从我们出生到生命的结束,其中包括我们的生活方式、工作形态,还有我们对过去和未来的认识,这些都是我们生涯的组成部分。

第二,生涯是一个人一生所扮演的多个角色,包括儿女、学生、父母、工作者、公民等,而这些角色主要体现在四个层面:家庭、社会、学校及工作单位。因此,生涯主要包含职业生涯、家庭生涯、社会生涯和学习生涯等。

### 2. 生涯特性

生涯具有独特性、终身性、发展性和综合性的特点。

### 3. 生涯发展理论

舒伯(Super)于1953年提出"生涯"的概念。他把生涯的发展看成是一个持续渐进的过程。"自我概念"是舒伯理论中的核心概念。所谓"自我概念"是指个人对自己的兴趣、能力、价值观及人格特征等方面的认识和主观评价。生涯发展即自我实现的过程,可以划分为五个阶段:成长阶段、探索阶段、确立阶段、维持阶段和下降阶段。每个阶段都有其独特的职责和角色,以及不同的发展任务。

舒伯(Super)的生涯发展论要点如下:

(1) 生涯是一种连续不断、循序渐进且不可逆转的过程。

(2) 生涯发展是一种有秩序、有固定形态、且可以预测的过程。

(3) 生涯发展是一种动态的过程。

(4) 自我观念在青春期就开始发展,至青春期逐渐明朗,并于成年期转化为职业生涯的概念。

(5) 自青少年期至成人期,随着时间及年龄的见长,现实因素对个人职业的选择显得愈加重要。

(6) 对于父母的认同,会影响个人正确角色的发展和各个角色之间的一致及协调,以及对职业生涯计划及结果的解释。

(7) 职业升迁的方向和速度,与个人的聪明才智,父母的社会地位,本人的地位需求、价值观、兴趣、人际技巧,以及经济社会中供需情况有关。

(8) 个人的兴趣、价值观、需求、对父母的认同、社会资源的利用、个人的学历，以及其所处社会的职业结构、趋势、态度等，这些均会影响个人生涯选择。

(9) 虽然每种职业都有特定要求的能力、兴趣、人格特质，但都颇具弹性，允许不同类型的人从事相同职业，或一个人从事不同类型的工作。

(10) 工作满意度视个人能力、兴趣、价值观及人格特质是否能在工作中适当发挥而异。与个人在工作中实现自我观念的程度有关。

(11) 对大部分人而言工作及职业是个人人格完整的重心。

## 二 职业生涯与个人奋斗

职业生涯是指与工作相关的整个人生经历，包括各个时期工作的经历和相关的活动，我们可以从以下三个方面来理解：

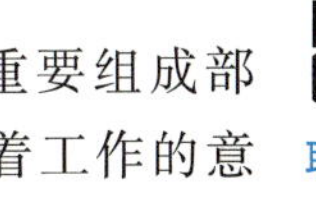

职业生涯与个人奋斗

第一，职业生涯中最重要的主角是职业，职业是人的生活的重要组成部分，它影响着个人的整个事业发展和家庭的幸福程度。同时体现着工作的意义。工作不仅是谋生的手段，也给人带来最大的精神满足。

第二，职业生涯是一个动态的过程，是一个人一生在职业岗位上的各种连续的经历，它不包含事业上的成功和失败的含义，也就是说，无论职位的高低和成功与否，每个工作着的人，都有自己的职业生涯。

第三，职业生涯是人的最重要的生涯，职业生涯对人的生涯影响也是最大的，生活中我们非常注重一个人是做什么工作的，做到什么级别。因此，拥有成功的职业生涯，才会实现完美的人生。

### 小贴士 Tips

目前大学生职业生涯的困惑：

1. 不知道自己能干什么；
2. 不知道自己想干什么；
3. 不知道自己适合干什么；
4. 不知道社会需要什么样的人；
5. 不知道不了解自己所学专业未来发展的状况；
6. 不了解到哪里找工作；
7. 不知道现在该做些什么；
8. 不知是否应该专升本、出国、择业。

### 身边的故事

#### 人生之纸

活动目的：通过本次活动感受时间的宝贵及合理规划时间的重要性。

活动过程：假设你的生命处于 0～100 岁，准备一张长条纸用笔把它划成 10 份(中间部分刚好每两列一份代表生命中的 10 年，分别写上 10、20 等，最左边的空余部分写上“生”字，

最右边的空余部分写上“死”字）下面我问几个问题，请大家按要求去做。

1. 你现在多少岁？（把相应的部分从前面撕掉）

2. 你想活到多少岁？（如果不想活到100岁，请将后面的部撕掉）

3. 你希望多少岁退休？（请把相应的退休以后的部分从后面撕下来，不用撕碎，放到桌子上）

4. 一天24小时你会如何分配？（一般人通常睡觉8小时，一天中占了三分之一，吃饭、休息、聊天、看电视、游戏等又占了三分之一，真正能够工作的时间约8小时，只剩三分之一。）所以，请将剩下来的纸张折成三等份，撕下其中的三分之二，并放到桌上。

5. 比比看。请用左手拿起剩下的三分之一，用右手把退休的那段纸张和刚才撕下来的三分之二的纸张加在一起，并思考一下用左手的三分之一的时间赚钱如何支撑另外三分之二的吃喝玩乐和退休后的生活。

6. 想一想。你要赚多少钱、存多少钱才能养活自己上述的日子，这还不包括给父母、子女、配偶的。

：

1. 你现在有何感想？

2. 你会如何看待你的未来？

▲ 大学生大学期间的职业生涯策略

| 年级 | 阶段 | 阶段目标 | 实施方案 | 备注 |
|---|---|---|---|---|
| 大学一年级 | 探索期 | 职业生涯规划和认知 | 1. 完成中学到大学的阶段过渡，重新确定自己的学习目标<br>2. 通过学习，树立职业生涯意识<br>3. 积极参加各种社团活动，提高自身素质<br>4. 掌握扎实的专业知识，同时加强计算机和英语的学习 | |
| 大学二年级 | 定向期 | 初步确定毕业方向 | 1. 尝试社会实践活动，并有针对性地从事与自己未来职业有关的工作，进而获得相关的经验<br>2. 不断提高自身各个方面的能力，包括社交能力、组织领导能力、团队协作能力等<br>3. 增强英语口语和计算机应用能力，并通过相关的等级考试，获取证书 | |
| 大学三年级 | 准备和冲刺期 | 为择业做好准备 | 1. 加强专业知识的学习，并获得相关的资格证书<br>2. 参加和专业有关的活动，学会写简历，掌握求职的方法和技巧，了解就业信息渠道<br>3. 检验就业目标，开始参加招聘活动<br>4. 通过毕业论文撰写，锻炼自己提出问题、分析问题和解决问题的能力<br>5. 重视实习的机会，为正式走上工作岗位打下良好基础 | |

## 演练场

以小组为单位进行畅想未来，谈谈十年或者二十年后的我？（包括自身的发展情况、工作的地点、环境、收入以及家庭状况等，越详细越好。）

小组讨论结束后，每个同学完成一份书面材料，并保存好。

大学生职业生涯规划设计

## 第二节　大学生职业生涯规划设计

### 一　大学生职业生涯规划的含义及特征

职业生涯规划是指一个人根据自己的实际情况，结合机遇和制约发展的因素，为自己确定职业目标，选择职业道路，确定教育、培养和发展计划等，并为此对实施时间、顺序及行动方向等作出合理的安排。简单说就是对你从工作开始到退休的整个职业历程的规划，职业生涯是你从事职业工作的所有时间。规划职业生涯的目的就是争取最大的收益，在职业探索的征程中少走弯路、错路、避免走回头路，能够通过选择走最佳路径来实现职业理想。

个体职业生涯规划并不是一个单纯的概念，它和个体所处的家庭、组织以及社会存在密切的关系。随着个体价值观、家庭环境、工作环境和社会环境的变化，每个人的职业期望都有或大或小的变化，因此它又是一个动态变化的过程。对于个体来说，职业生涯规划的好坏必将影响整个生命历程。我们常常提到的成功与失败，不过是所设定目标的实现与否，目标是决定成败的关键。个体的人生目标是多样的：生活质量目标、职业发展目标、对外界影响力目标、人际环境等社会目标……整个目标体系中的各因子之间相互交织影响，而职业发展目标在整个目标体系中居于中心位置，这个目标的实现与否，直接引起成就与挫折、愉快与不愉快的不同感受，影响着生命的质量。

职业生涯规划的期限一般划分为短期规划、中期规划和长远规划。短期规划为三年以内的规划，主要是确定近期目标，规划近期完成的任务。中期规划一般为三年至五年的规划，是在近期目标的基础上设计中期目标。长期规划的时间是在五年至十年，主要是设定长远目标。

想一想：你的长远规划是什么？为了完成长远目标你的中期规划是什么？短期的目标又是什么？

职业生涯规划的目的绝不只是协助个人按照自己资历条件找一份工作，达到和实现个人目标，更重要的是帮助个人真正了解自己，为自己订下事业大计，筹划未来，拟订一生的方向，进一步详细估量内、外环境的优势和限制，在“衡外情，量己力”的情形下设计出各自合理且可行的职业生涯发展方向，同时做出个人职业的近期和远景规划、职业定位、阶段目标、路径设计、评估与行动方案等一系列计划与行动。职业生涯规划既包括个人对自己进行的个体生涯规划，也包括企业对员工进行的职业规划管理体系。职业生涯规划不仅可以使个人在职业起步阶段成功就业，在职业发展阶段走出困惑，到达成功彼岸；对于企业来说，良好的职业生涯管理体系还可以充分发挥员工的潜能，给优秀员工一个明确而具体的职业发展引导，从人力资源增殖的角度达成企业价值最大化。我国借助教育测量学、现代

心理学、组织行为学、管理学、职业规划与职业发展理论等相关科学经典理论，结合中国特色的企业管理实践和个人性格特征，形成了比较成熟、完善的职业生涯规划体系。

职业生涯规划具有如下特征：

### 1. 突出个性，切忌机械模仿

一个人的生涯规划受来自个人、家庭和社会环境等多方面的因素影响，特别是每个人的性格类型、文化构成、价值观、生涯目标和成功评价的标准都是不同的，因此，每个人只能根据自身的实际来规划自我，绝不能盲目地模仿。个人生涯规划只是个性化的发展蓝图，从这个意义上讲，个人生涯规划没有一个固定的模式，只能根据个人的实际情况进行选择和制定。

### 2. 从实际出发，制定切实可行的规划

生涯规划的制定不仅要从个人的实际出发，还要充分考虑社会和企业环境的发展需求，就是说不能一厢情愿。如果只从个人愿望出发，不听从别人的意见和忠告，不顾社会和企业的需求，也只能是闭门造车，纸上谈兵，制定的规划是很难实现的。一份有效的生涯规划，应该是以对主观和客观环境进行审时度势为基础，并在广泛听取老师、家长、同学、同事、朋友以及相关专家的意见之后制定出来的，同时，制定出的规划还要经过数次的修改和调整，从而使其真正切实可行、科学严谨，并具有可修改性，与时俱进。

**小贴士 Tips**

设定目标与规划要注意的几个问题

1. 清晰性：目标措施是否清晰明确？实现目标的步骤是否直截了当？

2. 变动性：目标或措施是否有弹性或缓冲性？是否能依据环境的变化而调整？

3. 一致性：主要目标与分目标是否一致？目标与措施是否一致？个人目标与组织发展目标是否一致？

4. 挑战性：目标与措施是否具有挑战性，还是仅保持其原来状况而已？

5. 激励性：目标是否符合自己的性格、兴趣和特长？是否能对自己产生内在激励作用？

6. 合作性：个人的目标与他人的目标是否具有合作性与协调性？

7. 全程性：拟定生涯规划时必须考虑到生涯发展的整个历程，作全程的考虑。

8. 具体性：生涯规划各阶段的路线划分与安排，必须具体可行。

9. 实际性：实现生涯目标的途径很多，在做规划时必须要考虑到自己的特质、社会环境、组织环境以及其他相关的因素，选择确实可行的途径。

10. 可评量性：规划的设计应有明确的时间限制或标准，及时评量、检查，使自己随时掌握执行状况，并为规划提供参考的依据。

## 二 大学生在校学习期间如何进行职业规划

职业生涯设计是根据一定的职业目标而进行的，是为了实现这个目标而做的设想和打算，所以，应当尽快确定自己的职业目标，打算成为哪方面的人才，打算在哪个领域成才等等。对这些问题的不同回答不仅会影响个人职业生涯的设计，也会影响个人成功的机会。无论从事什么职业、从事什么工作，只要通过科学的职业生涯设计，都可能使一个人的目标得以实现，使一个人的事业获得成功，使一个平凡之人发展成为一个出色人才。每位大学生都应确信，职业生涯设计是大学生成才的一种有效方法。

### 1. 大学生职业生涯设计的前提

（1）正确的职业理想，明确的职业目标. 一个人选择什么样的职业，以及为什么选择某种职业，通常都是以其职业理想为出发点的。任何人的职业理想必然要受到社会环境、社会现实的制约。社会发展的需要是职业理想的客观依据，凡是符合社会发展需要和人民利益的职业理想都是高尚的、正确的，并具有现实的可行性。大学生的职业理想更应把个人志向与国家利益和社会需要有机地结合起来。

（2）正确进行自我分析和职业分析。首先，要通过科学认知的方法和手段，对自己的职业兴趣、气质、性格、能力等进行全面认识，清楚自己的优势与特长、劣势与不足。避免设计中的盲目性，达到适宜的设计高度。其次，现代职业具有自身的区域性、行业性、岗位性等特点。要对该职业所在的行业现状和发展前景有比较深入的了解，比如人才供给情况、平均工资状况、行业的非正式团体规范等，还要了解职业所需要的特殊能力。

（3）构建合理的知识结构。知识的积累是成才的基础和必要条件，但单纯的知识数量并不足以表明一个人真正的知识水平，人不仅要具有相当数量的知识，还必须形成合理的知识结构，没有合理的知识结构，就不能发挥其创造的功能。合理的知识结构一般指宝塔形和网络形两种。

（4）培养职业需要的实践能力。综合能力和知识面是用人单位选择人才的依据。一般来说，进入岗位的新人，应重点培养满足社会需要的决策能力、创造能力、社交能力、实际操作能力、组织管理能力和自我发展的终身学习能力、心理调适能力、随机应变能力等。

（5）参加有益的职业训练。职业训练包括职业技能的培训，对自我职业的适应性考核、职业意向的科学测定等。可以通过“三下乡”活动、大学生“青年志愿者”活动、毕业实习、校园创业及从事社会兼职、模拟性职业实践、职业意向测评等进行职业训练。

### 2. 大学生职业生涯规划设计的步骤

（1）自我评估主要包括对个人的需求、能力、兴趣、性格、气质等等的分析，以确定什么样的职业比较适合自己和自己具备哪些能力。

（2）组织与社会环境分析短期的规划比较注重组织环境的分析，长期的规划要更多地注重社会环境的分析。

（3）生涯机会评估生涯机会的评估包括对长期机会和短期机会的评估。通过对社会环境的分析，结合本人的具体情况，评估有哪些长期的发展机会；通过对组织环境的分析，评估组织内有哪些短期的发展机会。

（4）生涯目标确定职业生涯目标的确定包括人生目标、长期目标、中期目标与短期目标

的确定，它们分别与人生规划、长期规划、中期规划和短期规划相对应。首先要根据个人的专业、性格、气质和价值观以及社会的发展趋势确定自己的人生目标和长期目标，然后再把人生目标和长期目标细化，根据个人的经历和所处的组织环境制订相应的中期目标和短期目标。

(5) 制定行动方案把目标转化成具体的方案和措施。这一过程中比较重要的行动方案有职业生涯发展路线的选择、职业的选择，相应的教育和培训计划的制订。

(6) 评估与反馈职业生涯规划的评估与反馈过程是个人对自己的不断认识过程，也是对社会的不断认识过程，是使职业生涯规划更加有效的有力手段。

### 3. 大学生职业生涯设计的具体方法

许多职业咨询机构和心理学专家进行职业咨询和职业规划时常常采用的一种方法就是从问“你是谁”开始，然后顺着问下去，共有5个问题：

(1) 你是谁？(Who are you?)

(2) 你想做什么？(What you want?)

(3) 你能做什么？(What can you do?)

(4) 环境支持或允许你做什么？(What can support you?)

(5) 最终的职业目标是什么？(What you can be in the end?)

回答了这五个问题，找到它们的最高共同点，你就有了自己的职业生涯规划。

对于第一个问题“我是谁?”应该对自己进行一次深刻地反思，有一个比较清醒地认识，优点和缺点，都应该一一列出来。

第二个问题“我想做什么?”是对自己职业发展的一个心理趋向的检查。每个人在不同阶段的兴趣和目标并不完全一致，有时甚至是完全对立的。但随着年龄和经历的增长而逐渐固定，并最终锁定自己的终身理想。

第三个问题“我能做什么?”则是对自己能力与潜力的全面总结，一个人职业的定位最根本的还要归结于他的能力，而他职业发展空间的大小则取决于自己的潜力。对于一个人潜力的了解应该从几个方面着手去认识，如对事的兴趣、做事的韧力、临事的判断力以及知识结构是否全面、是否及时更新等。

第四个问题“环境支持或允许我做什么?”这种环境支持在客观方面包括本地的各种状态比如经济发展、人事政策、企业制度、职业空间等；人为主观方面包括同事关系、领导态度、亲戚关系等，两方面的因素应该综合起来看。有时我们在职业选择时常常忽视主观方面的东西，没有将一切有利于自己发展的因素调动起来，从而影响了自己的职业切入点。而在国外通过同事、熟人的引进找到工作是最正常也是最容易的。当然我们应该知道这和一些不正常的“走后门”等歪门邪道有着本质的区别。这种区别就是这里的环境支持是建立在自己的能力之上的。明晰了前面四个问题，就会从各个问题中找到对实现有关职业目标有利和不利的条件，列出不利条件最少的、自己想做而且又能够做的职业目标。

第五个问题有关“自己最终的职业目标是什么?”此时自然就有了一个清楚明了的框架。最后，将自我职业生涯计划列出来，建立形成个人发展计划书档案，通过系统的学习、培训，实现就业理想目标：选择一个什么样的单位，预测自我在单位内的职务提升步骤，个人如何从低到高逐级而上。例如从技术员做起，在此基础上努力熟悉业务领域、提高能力，最终达到技

职业生涯规划

术工程师的理想生涯目标;预测工作范围的变化情况,不同工作对自己的要求及应对措施;预测可能出现的竞争,如何相处与应对,分析自我提高的可靠途径;如果发展过程中出现偏差,如果工作不适应或被解聘,如何改变职业方向。

4. 职业生涯规划的系统过程

(1) 自我认识——兴趣、价值观、能力、成就。
(2) 机会认识——工作、机构、行业、趋势。
(3) 求职技巧培训。
(4) 执行求职计划。
(5) 应征及选择。
(6) 开始工作的预备。
(7) 现实考验。
(8) 不断学习进修。
(9) 工作表现的回报。
(10) 重新进行事业策划。

## 活动与训练

### MBTI职业性格测试

活动目的:通过测试,了解个人的职业性格,提高自我认识。

活动过程:请就下列问题进行单项选择,选择更能体现自身特点的项目。

1. 我宁愿 ( )
A. 解决一个新的,复杂的问题　　B. 做我以前做过的事

2. 我喜欢 ( )
A. 独自在一个安静的环境中工作　　B. 处于活动现场

3. 我希望有个老板 ( )
A. 在决策时建立标准并遵循标准行事　　B. 考虑下属特殊需要

4. 当我在做一个项目时,我 ( )
A. 喜欢完成和了结这一项目
B. 常常将它悬在那,等待可能出现的变化

5. 做决策时,最重要的考虑因素是 ( )
A. 合理的思考、想法和各种资料　　B. 情感和价值观因素

6. 对于某一事项,我倾向于 ( )
A. 在决定如何做之前,一遍又一遍地仔细考虑
B. 马上着手开始工作,边做边思考

7. 在做一个项目时,我喜欢 ( )
A. 尽可能地按照管理要求去做　　B. 尝试各种可能的选择

8. 在我的工作中,我喜欢 ( )
A. 同一时间内做多项工作,尽可能学习每项工作
B. 选一项有挑战性且可以使我忙碌的工作

9. 我经常 ( )

A. 做计划，明确何时做何事，尽量不改变原定计划
B. 避免做计划，随事项的发展进行工作

10. 在与同事讨论问题时，我常常很容易就 （ ）
A. 看到全貌 B. 抓住细节

11. 当电话或手机铃声响起来时，我通常 （ ）
A. 认为是一次干扰 B. 不觉得麻烦

12. 下面哪个词更合适你？ （ ）
A. 分析的 B. 情感主导的

13. 做作业时，我倾向于 （ ）
A. 稳定而连续地工作 B. 突击性地、时有间断地工作

14. 当听到别人谈论某一话题时，我通常试图 （ ）
A. 把它套在自己的工作上，看看是否适用于自己
B. 评价和分析这一信息

15. 有了新想法时，我一般 （ ）
A. 马上开始行动 B. 喜欢再对这一想法多一些思考

16. 做一个项目时，我喜欢 （ ）
A. 缩小范围，以便给出含义清楚、界限清晰的定义
B. 扩大范围，把相关问题一并考虑在内

17. 阅读时，我通常 （ ）
A. 将思路集中在我所读的内容上面 B. 读出言外之意，并产生其他联想

18. 当要马上做出决策时，我经常 （ ）
A. 觉得不舒服，希望自己能掌握更多的信息
B. 能根据自己已掌握信息做出来

19. 参加会议时，我倾向于 （ ）
A. 一边发言，一边组织自己的思想 B. 对问题考虑之后再发言

20. 在工作中，我一般把大量时间花在下列哪类问题上？ （ ）
A. 想法 B. 人员

21. 在会议中，我最容易被哪些人所惹恼？ （ ）
A. 提出许多含糊粗略的想法
B. 提出许多实际操作细节，因而导致会议时间延长

22. 我是一个 （ ）
A. 早起的人 B. 夜猫子

23. 在准备一个会议时，我是哪种风格的人？ （ ）
A. 我乐意加入，并喜欢做出积极反应
B. 我喜欢充分准备，且通常先将会议内容列出提纲

24. 在会议中，我喜欢别人 （ ）
A. 显示出更丰富的情绪 B. 集中于会议任务

25. 我更喜欢在这样的企业工作 （ ）
A. 我的工作可以激发智慧 B. 我认可它的目标和使命

26. 在周末，我通常 （ ）

A. 计划一下该做什么

B. 一边过日子一边决策，看看会发生什么

27. 我更加 （ ）

A. 喜欢交往　　B. 爱沉思

28. 我喜欢为这样的老板工作 （ ）

A. 充满新想法　　B. 现实的

29. 下面________是对我更有吸引力的词 （ ）

A. 社交的　　B. 理论的

30. 下面________是对我更有吸引力的词 （ ）

A. 独创性　　B. 模仿的

31. 下面________是对我更有吸引力的词 （ ）

A. 有组织的　　B. 能适应的

32. 下面________是对我更有吸引力的词。 （ ）

A. 活跃的　　B. 专心的

**测评结果：**

每题记一分，请按下表算完分数后，分别在下列四组中圈出得分较高的那一项。合成自己的 MBTT 类型：① I 项与 E 项；② S 项与 N 项；③ T 项与 F 项；④ J 项与 P 项。若有分数相同的类型，则可同时参考

**结果分析：**

| I 项得分 | E 项得分 | S 项得分 | N 项得分 |
|---|---|---|---|
| 2A | 2B | 1B | 1A |
| 6A | 6B | 10B | 10A |
| 11A | 11B | 13A | 13B |
| 15B | 15A | 16A | 16B |
| 19B | 19A | 17A | 17B |
| 22A | 22B | 21A | 21B |
| 27B | 27A | 28B | 28A |
| 32B | 32A | 30B | 30A |
| **T 项得分** | **F 项得分** | **J 项得分** | **P 项得分** |
| 3A | 3B | 4A | 4B |
| 5A | 5B | 7A | 7B |
| 12A | 12B | 8B | 8A |
| 14B | 14A | 9A | 9B |
| 20A | 20B | 18B | 18A |
| 24B | 24A | 23B | 23A |
| 25A | 25B | 26A | 26B |
| 29B | 29A | 31A | 31B |

(1) 内倾感觉思维判断型(ISTJ)

性格特征为：严肃、安静、凭借集中心志与全力投入及可被信赖获得成功；行事务实、有

序、真实及可信赖；十分留意且乐于任何事(工作、居家、生活)均有良好的组织；负责任并且按照设定的成效来做出决策，同时不畏阻挠与闲言会坚持到底；重视传统与忠诚。

发展建议为：① 除了关注现实问题外，需关注更深远、定向于未来的问题；② 需考虑人的因素，并向他人表达其应得的赞赏；③ 避免陈规。尝试寻找新的选择；④ 需培养耐心，应付那些需要用不同方式来沟通或忽视规则和程序的人。

适合的职业为：审计师、会计、财务经理、办公室行政管理、后勤和供应管理、中层经理公务(法律、税务)执行人员、银行信贷员、成本估价师、保险精算师、税务经纪人、税务检查员、机械师、电气工程师、计算机程序员、数据库管理员、地质学家、气象学家、法律研究者、律师、外科医生、药剂师、实验室技术人员、牙科医生、医学研究员等。

(2) 内倾感觉情感判断型(ISFJ)

性格特征为：安静、和善、负责任且有良心；做事尽责投入；安定性高，常成为项目或团体之安定力量者；愿投入、吃苦及力求精确；兴趣通常不在于科技方面；对细节事务有耐心；忠诚、考虑周到、知性且会关切他人的感受；致力于创构有序和谐的工作与家庭环境发展建议为：① 工作中需要评估风险，以积极、全面的观点来看待未来；② 需发展出更多的自信和直率；③ 学会宣扬自己的成就；④ 对其他形式的做事方式需保持开放态度。

适合的职业为：行政管理人员、总经理助理、秘书、人事管理者、项目经理、物流经理律师助手、医生、护士、药剂师、医学专家、营养学专家、顾问、零售员、精品店业主、大型商场及酒店管理人员、室内设计师等。

(3) 内倾直觉情感判断型(INFJ)

性格特征为：会在工作中投注最大的努力；默默而用心地关切他人；因坚守原则而受到敬重；想了解什么能激励他人及对他人具有洞察力；光明正大且坚信其价值观。

发展建议为：① 需学会及时给他人建设性的反馈；② 需不断地征求他人的建议和获得他人反馈；③ 需以更放松和开放的态度来面对现状。

适合的职业为：心理咨询工作者人心理治疗师、职业指导顾问、大学教师(人文学科、艺术类)。

(4) 内倾直觉思维判断型(INTJ)

性格特征为：有宏大的愿景，且能在众多外界事件中快速地找出有意义的模范；具良好的策划、执行能力；具怀疑心、挑剔性，同时独立、果决，对专业水准及绩效要求高。发展建议为：① 自己个性化的方式和想法可以征求他人的反馈和建议；② 尽早与参与任务的人沟通、讨论自己的想法和战略计划；③ 当事实资料不支持自己的想法时，应面对现实；④ 明确鼓励和承认他人的贡献。

适合的职业为：科学家、研究人员、设计工程师、系统分析员计算机程序师、研究开发部经理、技术专家、企业管理顾问、投资专家、法律顾问、医学专家、精神分析学家、经济学家、投资银行研究员、证券投资和金融分析员、投资银行家、财务计划员、企业并购专家、各类发明家、建筑师、社论作家、设计师、艺术家等。

(5) 内倾感觉思维知觉型(ISTP)

性格特征为：属于冷静旁观者，安静、预留余地、弹性及会以无偏见的好奇心与未预期的原始幽默来观察与分析；有兴趣于探索原因、效果、技术事件是为何及如何运作且使用逻辑的原理组构事实、重视效能；擅长掌握问题核心及找出解决方式。发展建议为：① 需增强开放性,关心他人,与他人共享信息;② 需发展坚持性,改变沟通模式;③ 加强计划性,付出更多努力以获取想要的成功;④ 需发展出保持目标的方法。

适合的职业:机械、电气、电子工程师、各类技术专家和技师、计算机硬件、系统集成专业人员、证券分析师、金融、财务顾问、经济学研究者、贸易商、商品经销商、产品代理商(有形产品为主)、警察、侦探、体育工作者、我车手、飞行员、雕塑家、画家等。

(6) 内倾感觉情感知觉型(ISFP)

性格特征为:羞怯、敏感、亲切且行事谦虚,喜欢避开争论,不对他人强加已见或价值观;无意于领导,常是忠诚的追随者,办事不急躁,安于现状,非成果导向;喜欢有自己的空间及按照自订的时程办事。

发展建议为:① 需发展以怀疑的态度分析他人提供的信息;② 需学会给他人负面反馈,处理好冲突;③ 需发展更广阔、更朝向未来定向的观念;④ 需对他人更果断、对自己有更多赞赏。

适合的职业为:时装、首饰设计师,装潢、园艺设计师,陶器、乐器、卡通、漫画制作者,素描画家,舞蹈演员,画家,出诊医生,出诊护士,理疗师、牙科医生、个人健康和运动教练、餐饮业、娱乐业业主、旅行社销售人员、体育用品、个人理疗用品销售员等。

(7) 内倾直觉情感知觉型(INFP)

性格特征为:安静观察者;希望外在生活形态与内在价值观相吻合;具好奇心且很快能看出机会所在,常担负开发创意的触媒者;除非价值观受侵犯,否则行事具弹性、适应力及承受力强;对所处境遇不太在意。

发展建议为:① 需要学会怎样工作而不是只注意寻求理想的反应;② 需要发展更坚强的意志,并愿意说"不";③ 需要用自己的准则分清事实和逻辑;④ 需要建立和执行行动计划。

适合的职业为:各类艺术家、插图画家、诗人、小说家、建筑师、设计师、文学编辑、艺术指导、记者、大学老师(人文类)、心理学工作者、心理辅导和咨询人员、社科类研究人员、社会工作者、教育顾问、图书管理者、翻译家等。

(8) 内倾直觉思维知觉型(INTP)

性格特征为:安静、弹性及具适应力;特别喜爱追求理论与科学事理;是问题解决者,习惯以逻辑及分析来解决问题;对创意事务及特定工作感兴趣;追求可发挥个人强烈兴趣的生涯。

发展建议为:① 需要关注现实中的细节,确立完成任务的具体步骤;② 需要简单地陈述事实;③ 为获得他人的合作,需要放弃细小的问题;④ 需要更好地认识他人,更多地表达对他人的赞赏。

适合的职业为:软件设计员、系统分析师、计算机程序员、数据库管理、故障排除专家大学教授、科研机构研究人员、数学家、物理学家、经济学家、考古学家、历史学家、证券分析师、金融投资顾问、律师、法律顾问、财务专家、侦探、各类发明家、作家、设计师、音乐家、艺术家、艺术鉴赏家等。

(9) 外倾感觉思维知觉型(ESTP)

性格特征为:擅长即时解决问题;具适应性、容忍度、务实性;投注心力于很快成效的工作;不喜欢冗长概念的解释及理论;专精于可操作、处理、分解或组合的真实事务。

发展建议为:① 需抑制自己的任务型定向,分析他人的情绪感受;② 需在快速决定之前,事先计划。考虑更多的因素;③ 需完成眼前的任务,④ 需以适当的观点看待工作和娱乐。

适合的职业为:各类贸易商、批发商、中间商、零售商、房地产经纪人、保险经纪人、汽车销售人员、私家侦探、警察、餐饮、娱乐及其他各类服务业的业主、主管、特许经营者、自由职业者、股票经纪人、证券分析师、理财顾问、个人投资者、娱乐节目主持人、体育节目评论、脱口秀、音乐、舞蹈表演者、健身教练、体育工作者等。

(10) 外倾感觉情感知觉型(ESFP)

性格特征为:外向、和善、乐于与他人分享喜乐;喜欢与他人一起行动且促成事件的发生,在学习时亦然;知晓事件未来的发展并会积极参与;有弹性,擅长人际相处,能立即适应他人与环境;享受生命的热爱者。

发展建议为:① 为减少非个体性冲突,做决策时需理智分析决策的意义;② 进行管理工作前应事先制订计划;③ 需平衡花费在任务和社交上的时间;④ 需致力于完成计划,对时间进行管理。

适合的职业为:精品店、商场销售人员,娱乐、餐饮业客户经理,房地产销售人员,汽车销售人员,市场营销人员(消费类产品),广告企业中的设计师、创意人员、客户经理,时装设计和表演人员,摄影师,节目主持人,脱口秀演员,旅游企业中的销售、服务人员、导游,社区工作人员,志愿工作者,公共关系专家,健身和运动教练,医护人员等。

(11) 外倾直觉情感知觉型(ENFP)

性格特征为:充满热忱、活力充沛,聪明的、富有想象力的,视生命充满机会但期待能得到他人肯定与支持;几乎能达成所有有兴趣的事;对难题很快就有对策并能对有困难的人施以援手;为达目的常能找出强制自己为之的理由;即兴执行者。

发展建议为:① 需要根据重要性事先做好安排,先做最重要的,坚持到底;② 需要关注重要的细节;③ 需要学会筛选任务,不要试图去做所有具有吸引力的任务;④ 为达成目标,需使用制订计划和进行时间管理的技巧。

适合的职业为:儿童教育老师、大学老师(人文类)、心理学工作者、心理辅导和咨询人员、职业规划顾问、社会工作者、人力资源专家、培训师、演讲家、记者(访谈类)节目策划和主持人、专栏作家、剧作家、艺术指导、设计师、卡通制作者、电影制片人、电视制片人等。

(12) 外倾直觉思维知觉型(ENTP)

性格特征为:容易看清他人、反应快、聪明、擅长多样事务;会为了有趣而对问题的两面加以争辩;对解决新及有挑战性的问题富有策略,但会轻忽或厌烦经常性的任务与细节。

发展建议为:① 需要注意各个方面的因素和基本的事实;② 需要承认他人贡献的有效性;③ 需要设立现实性的开始与结束的期限,知道何时该结束;④ 需要学会怎样在组织里工作。

适合的职业为:投资顾问(房地产、金融、贸易、商业等)、各类项目的策划人和发起者、投资银行家、风险投资人、企业业主(新兴产业)、市场营销人员各类产品销售经理、广告创意、艺术总监、访谈类节目主持人、制片人、公共关系专家、公司对外发言人、社团负责人、政治家等。

(13) 外倾感觉思维判断型(ESTJ)

性格特征为:务实、具有企业或技术天赋;不喜欢抽象理论;最喜欢学习可立即运用的事理,喜好组织与管理活动且专注以最有效率的方式行事以达成效;属于优秀行政着,具决断力、关注细节且能很快做出决策;会忽略他人感受;喜欢成为领导者或企业主管。

发展建议为:① 决策前需考虑各种因素,包括人为因素;② 需要促使自己看到他人要求变革而获得的利益;③ 学会赞赏他人;④ 需从工作中抽点时间考虑知识和识别自己的情感和价值观。

适合的职业为:大中型外资企业员工、业务经理、中层经理(多分布在财务、营运、物流采购、销售管理、项目管理、工厂管理、人事行政部门)、职业经理人、各类中小型企业主管和业主。

(14) 外倾感觉情感判断型(ESFJ)

性格特征为:属于天生的合作者及活跃的组织成员,诚挚、爱说话、合作性高、受欢迎、光明正大;擅长创造和谐;常做对他人有益的事务;给予其鼓励及称许会有更佳工作成效;对会直接及有形影响人们生活的事物感兴趣;喜欢与他人共事而精确、准时地完成工作。

发展建议为:① 需学会注意差异性和处理冲突;② 需学会分离出自己的需要;③ 需学会更客观地听取他人真正需要什么;④ 做决策时,需考虑决策的理性、全局性的意义。

适合的职业为:办公室行政或管理人员、秘书、总经理助理、项目经理、客户服务部人员、采购和物流管理人员、医生、护士、健康护理指导师、饮食学、营养学专家、小学教师(班主任)、学校管理者、银行、酒店、大型企业客户服务代表、客户经理、公共关系部主任、商场经理、餐饮业业主和管理人员等

(15) 外倾直觉情感判断型(ENFJ)

性格特征为:热忱、对别人所想或要求会表达真正关切且切实用心去处理;能怡然且技巧性地带领团体讨论或演示文稿提案;爱交际、受欢迎及富同情心;对称许及批评很在意;喜欢带领他人发挥潜能。

发展建议为:① 需要认识人们的局限性,捍卫真正的忠诚;② 需要学会建设性地处理冲突;③ 需要学会同时关注任务中的细节问题和完成任务的人;④ 需要认真听取客观的评价,少一些自我批评。

适合的职业为:人力资源培训主管、销售、沟通、团队培训员、职业指导顾问、心理咨询工作者、大学教师(人文学科类)、教育学、心理学研究人员、记者、撰稿节目主持人(新闻、采访类)公共关系专家、社会活动家、文艺工作者、平面设计师、画家、音乐家等。

(16) 外倾直觉思维判断型(ENTJ)

性格特征为:坦诚、具有决策力的活动领导者;擅长内涵与智能的谈话,如对公众演讲;乐于经常吸收新知识且能广开信息管道;容易过度自信;喜欢长远的策划及目标设定。

发展建议为:① 需要考虑人的因素,赞赏他人对组织的贡献;② 行动前先检查现实的、人力的、环境的资源是否可获得;③ 决策前花些时间考虑和反思各个方面的因素;④ 需要学会鉴别和重视自己和他人情感。

适合的职业为:各类企业的高级主管、总经理,企业主,社会团体负责人,政治家,投资银行家,风险投资家,股票经纪人,公司财务经理,财务顾问,经济学家,企业管理顾问,企业战略顾问,项目顾问,专项培训师,律师,法官,知识产权专家,大学教师,科技专家等。

# 第三节 大学生择业心理误区

## 一 大学生常见的择业心理误区

1.“学而优则仕”的自负心理

自负就是自以为了不起。持这种心理的学生，多为一些自身条件较好，工作能力较强的学生。他们大多自我感觉良好，自我估计较高，在求职择业上，好高骛远，期望值过高。主要表现为：择业取向较高，择业挑三拣四，消极等待，自视清高等。究其原因，是他们缺乏客观的自我分析和自我评价。一旦产生这种心理，就很容易脱离实际，使自己的择业目标与现实之间产生较大的反差，从而在择业时缺乏自知之明，而失去良好的就业机会。

2. 缺乏自我的自卑心理

自卑的人总觉得自己不如别人、悲观失望、胆小、畏缩、不思进取、没有信心。一些性格内向、不善言辞、敏感多疑的学生，或一些学业成绩一般甚至曾受过处分的学生，面对择业市场的激烈竞争，对自身能力缺乏了解、缺乏勇气、不敢竞争。他们往往对所选职业拿不定主意，或者在用人单位面前过分谦虚，不敢对能胜任的工作大胆说“行”，总是“试试看”，从而错失择业良机。

3. 缺乏自信的从众心理

人们对外界的认识和见解是受到别人或众人的认识和见解影响的。从众是个人在社会群体压力下，放弃自己的意见，转变原有的态度，采取与大多数人一致的行为。个体在解决某个问题时，一方面可能按自己的意图、愿望而采取行动，另一方面也可能根据群众中大多数人的行为而采取行动策略。古人云：知己知彼，百战不殆。而部分大学生在择业时，对自己就业的行业、岗位没有明确的定位，不了解自己的优劣势，缺乏主见，面对来自四面八方的求职信息，人才交流会、招聘会不知所措，人云亦云，盲目从众，一窝蜂地追求热门单位、热门地区，忽略了个人条件和可能性，给求职带来困难。

4. 缺乏自主的依赖心理

大学生崇尚自我和自我价值的实现，可在择业中又缺乏自主性，存在很强的依赖心理，主要表现在对社会、学校和家庭的依赖。部分大学生的观念仍停留在“统包统分”的就业方式上，不能主动适应市场经济的要求，消极地等待单位选择，等待学校安排，存在等、靠的依赖思想。加上受近年来社会上的不正之风影响，形成了一种奇特的社会景观，相当一部分学生把希望寄托在父母身上，希望通过父母的努力为自己安排一个好的单位，仿佛不是毕业生自身求职，而是父母亲属在求职。这种依赖心态所反映的社会问题令人担忧、焦虑。

5. 盲目攀比的虚荣心理

攀比心理通常是以“自我”和“虚荣”为基础的，追求的是“别人有的我要有，别人没有的我也要有”，以显示我和你有“公平”的待遇，甚至我好过你，以此来获得心理满足。有的大学毕业生择业时，缺乏对自我的客观分析，不是从自己的实际情况出发进行择业，而往往是以周围同学的择业标准来定位自己的就业标准，即使有单位非常适合自身发展，但因为某个方面比不上同学选择的就业单位，就彷徨放弃。盲目攀比的结果只会是错过成功的机会。

1. 说说你的择业心理。
2. 上述心理误区在你和你的同学当中存在吗？有哪些具体表现？

## 二 大学生择业的心理调适

良好的心理品质在人才成长过程中起着非常重要的作用。在当前严峻的就业形势下，大学生面对激烈的择业竞争，在求职择业过程中难免会陷入心理误区，诸如以上所述自负、自卑心理、虚荣心理、从众心理等等不良的心理状态。如何排除这些心理干扰，培养良好的心理素质，是大学生普遍关心的问题

### 1. 自我心理调适，树立正确的择业观

大学生的择业观，即大学生由毕业走向社会时选择职业的观点和态度，实质上是世界观、人生观的现实反映。在择业问题上，价值观不同，择业态度和行为就有所不同。在市场经济条件下，社会价值观趋于多元化、功利化和务实化，加之大学生毕业实行双向选择、自主择业，就出现了部分学生过分注重自己的物质待遇，产生“金钱至上”的错误价值观，或者一味强调个人价值的实现，而不顾国家和社会需求的不良倾向。

职业是人生的重要组成部分，选择职业就是选择自己的未来，决定自己今后的发展方向，因而大学生树立正确的择业观是十分必要的。树立正确的择业观，必须要认识社会、了解国情，充分认识当前的就业形势，正确处理好国家利益和个人利益的关系。大学生要树立远大的理想，树立起报效祖国献身社会的责任感，自觉地服从社会的需要，到基层去实现最大的人生价值。大学生在择业时必须具备超前意识、危机意识、社会意识和竞争意识，把价值观由个人本位转向社会本位，明确“自我实现”是一个为社会和他人做贡献，履行社会责任的过程。只有明白了个人在社会中的地位和作用，才能摆脱“自我价值实现”的困扰，去选择那些能发挥自己才能、显现青年的力量又为社会所急需的职业，真正体现自己的价值。这样才有可能树立正确的择业观。

### 2. 客观全面地评价自己，克服自负和自卑的心理

自我评价是个体对自己的生理、心理和社会特征及行为的某一方面或整体的评价过程。自我评价往往倾向于单维度，要么高估自己，要么低估自己，但是盲目自大和自卑都会导致择业上的失利。正确的自我评价是大学生择业的基础。客观全面地分析自己的实力，作出对自己实事求是的评价非常重要。大学生应该全面恰当地认识和了解自己的理想、价值观、素质、个人的气质、性格、兴趣爱好、能力、知识，甚至身高、外貌等，不能以己之长比他人之短而自大，也不能以己之短比他人之长而自卑，要在实事求是地肯定自己的长处的同时，善待自己的不足，通过努力逐步克服缺点。以社会需求标准来衡量自己，把个人客观性与社会客观性统一起来，注重以个人服从社会。认真分析用人单位的录用条件，看看自己具备了哪些，不能把就业理想建立在不切实际的幻想之中。大学生只有在择业过程中正

确、客观地评价自己，保持健康良好的心态，做到扬长避短，才能最终获得成功。

3. 调整择业期望值，克服攀比的虚荣心理

择业期望值是指大学生对职业在多大程度上能满足个人愿望的评估，适中的期望值是大学生正确择业的一个关键条件。大学生择业期望值居高不下，是近年来大学生择业存在的一个突出问题。据调查发现，大学生对择业地点的选择大都集中在经济发达的中心城市，如上海、北京、深圳；“求职的工资底线”普遍较高，其平均值为 22 446 元。这反映出大学生在择业时，普遍存在就业期望值过高，脱离实际，超过现实就业条件，当理想与现实发生矛盾的时候，又不能及时调整期望值的情况。这必然导致大学生择业的困难。因此，大学生的择业期望值必须选择恰当的定位点，突出重点，扬长避短，选择适合发挥自己才能和施展抱负的职业。不能一味追求物质待遇和地域条件，应根据自己的兴趣、爱好和志愿把握就业机会，主动出击，力争在就业竞争中处于主动地位。

4. 充满自信，提高抗挫折能力，克服从众和依赖心理

自信心强的人能对自己作出积极评价，坚信自己的判断而很少从众，从而获取成功的可能性较大。热血青年就是要勇于实践，在就业过程中不害怕失败。当前“双向选择、自主择业”的就业制度为毕业生提供了难得的契机，大学生们纷纷加入竞争的行列中去，在竞争中寻找自己的位置，在竞争中实现自己的抱负。但是竞争遵循的是优胜劣汰的原则，是成功与失败俱存的共同体。参与竞争就难免遇到挫折，毕业生应当对择业中的挫折有充分的思想准备，敢于面对现实，把挫折看成是锻炼意志、增强能力，提高心理素质的一场考验。要及时减轻思想负担，消除不安情绪；要积极总结经验教训，冷静、理智地分析择业挫折产生的原因，找出不足之处，加以改进，将消极因素转化为积极因素；根据客观实际调整自己的心态和择业目标，使之适应社会的需要，然后为实现这个目标做出努力。绝不能一遇到挫折就灰心丧气、怨天尤人、一蹶不振。在当今的竞争社会里，没有谁能够为你安排好一切，只有靠自己的脚踏实地才能闯出一片属于自己的天地。

大学生择业的心理调适

小贴士 Tips

### 用人单位对大学生的基本要求

一般来讲，用人单位对毕业生的基本要求主要包括以下几个方面：① 较好的思想道德素质；② 扎实的基础知识和专业知识；③ 热爱本职工作，有事业心和责任感；④ 具有一定的组织领导能力、社交能力、语言和文字表达能力；⑤ 具有较强的计算机应用能力和外语能力。总之，社会对人才的要求标准越来越高，因此，大学生应该通过了解社会，促使自己利用在校时间抓紧学习，不断地充实和完善自己，以便去主动地适应社会。

## 第四节　大学生择业求职心理调适

大学生择业
求职心理调适

### 一　大学生求职前的心理准备

求职的过程既是一个竞争的过程，也是一个复杂的心理过程。要使自己在这个过程中充分发挥主观能动作用，保持良好的竞技状态，就必须做好求职前的心理准备。

#### 1. 充满自信，为自己加油

自信是成功的必要条件，然而自信不能停留在想象上，要想成为自信者，就要像自信者一样去行动。我们在生活中自信地讲了话，自信地做了事，我们的自信心就会逐渐地真正树立起来。面对复杂的社会环境，我们每一个自信的表情、自信的手势、自信的话语，都会帮助我们真正培养起自信。有了自信的心理更要有自信的实力，古语讲“勤能补拙”，“笨鸟先飞”，我们付出辛勤的汗水，我们做好充分的准备，认真对待每一次求职，珍惜每一次机会，精心准备，十遍百遍的去演练，练就一身的真才实学，我们的自信心自然就增强了。目前我国高等教育正从精英教育向大众教育转变，市场化就业已是大势所趋，作为大学生，在年龄、观念、精力、信息、技能等方面都具有独特的优势，所以不要被市场上所谓“非多年工作经验，非本科学位不招”等信息击败自己的自信心。只要我们脚踏实地，放眼未来，不去计较短期的报酬、职务等因素，我们就会赢得自己职业生涯的美好开始。充满自信，为自己加油。

#### 2. 学会自我心理调适

及时地自我心理调适能够帮助我们在遇到困难时进行自我调控，从而有效地化解矛盾，排除心理障碍成就健康的心理，成功地就业。进行自我心理调适的一般方法有：

(1)自省法。自我反省冷静思考，正确认识和评价自我。古人讲“知人为聪，知己为明；知人不易，知己更难”面对择业，我们除了要客观分析就业环境外，更应当对自己适当定位，明确自己的兴趣、性格、气质、能力适合什么样的工作，冷静地把主观愿望和客观条件结合起来，使自己再择业过程中处于主动的位子。

(2)激励法。自我激励，挑战自我，不怕失败。很多同学都没有勇气主动去联系用人单位，不敢独立进行求职活动。其实每个人的潜能都是巨大的，特别是年轻人，往往成功之后有的同学还不敢相信自己的实力。所以要想求职成功，就得先挑战自我，勇于尝试，不求成功，但求积累经验，勇敢迈出成功求职的第一步。

(3)排除法。排除不良情绪，保持良好心态。设法将自己非理性的观念转化为理性的观念，可以最大限度地减少非理性观念给我们的情绪带来不良的影响，如有的大学生认为家长有钱有权才能找到好工作，大学生到生产一线工作是掉价的事等等，这些观念作怪导致了消极情绪的产生。如果我们能及时地转变观念，调整认知结构，就能有效地排除不良情绪。

(4)求助法。再择业过程中，有的同学可能会因为各种原因产生不良的心理，这时我们可以到心理门诊进行心理咨询与治疗，请心理医生帮助治疗我们的不良心理，使我们能尽

快调整好心态，以健康的心理去面对我们的人生。

## 身边的故事

某用人单位到学校来招毕业生时，小李去面试，可没有几分钟就被淘汰下来了。据了解，小李是因为得知与其一起来应聘的有武大和华师的"高手"，深信自己无用武之地，一时间信心全无，甚至想打退堂鼓，结果很快就被淘汰下来了。

### 专家案例点评

自信心不足，自愧不如，是自卑的心理表现。心理学家认为，自卑属于性格上的缺陷，表现为对自己的能力和品质作出过低的评价。青年对与别人的关系、别人对自己的关系和别人对自己的评价非常敏感，因而自尊心很容易受到伤害，尤其是对有竞争性的活动，怕受到挫折被嘲笑而往往采取"退避三舍"的态度。而求职并非一般性的竞争活动。如果在有限的机会面前畏缩退让、精神不振，只会让本该属于自己的工作白白丢失。面试通常是用人单位的第一个考试，而这恰恰就是自卑者的难关。如何克服这一难关呢？吉尔福德研究指出：人们可以通过在头脑中设置自己已经取得的胜利画面，而使自己的心智达到最佳状态。因而，自卑者可以在求职前进行积极的自我暗示，持着"你行我也行"的信念，努力克服自卑心态。在与用人单位交谈时，尽量表现出自己擅长的一面，从而体验"我能胜任"的愉悦感。

## 二 沉着应对面试

在择业过程中，用人单位通常是通过面试来决定是否录用应聘者，面试成为大学生打开职业之门的敲门砖。面试不仅能考核一个人的综合能力，还能直接观察了解应聘者的性格、气质等。因此面试是择业的重要环节，必须做好充分的准备，并掌握一定的面试技巧。

对于尚未走出校门的大学生来说，求职面试心情紧张是必然的，一般害怕面试的同学往往心理负担过重，缺乏应试的临场经验，缺乏现场的应变能力，自我控制能力差。针对以上问题，我们应该精心准备每一次面试。

### 1. 信息的准备

既要全面细致的了解用人单位的基本情况，以拉近与用人单位的距离，又要了解本次应聘的竞争对手的情况，以明确自己的优势和劣势。

### 2. 材料的准备

面试的材料主要包括个人简历、学历证书、获奖证书、职业资格证书和学校的推荐表等。面试的各种材料要实事求是，突出个人的优势和特长，注意文笔的流畅。此外还要对面试中可能会有的提问和回答进行模拟练习，做到娴熟、自然。

### 3. 形象的准备

面试时的第一印象非常重要，因此必须要塑造自己的最佳形象，从服饰仪表到举止言谈都要恰到好处，以整洁大方朝气蓬勃为准，避免夸张另类的服饰着装。

4. 面试的心理准备

保持平常的心态，提醒自己不要紧张，把自己平时真实的状态表现出来就是成功的一半，在此基础上再充分发挥自己的特长，集中精力、活跃思维从而进入最佳状态。

面试除了要做好充分的准备，还应掌握一定的技巧。

(1) 注意面试的基本礼仪。做到：遵守时间，耐心等待；检查仪表，进屋敲门；注意站姿、坐姿；面带微笑；注意视线的处理，要集中注意力；最后是礼貌再见。

(2) 语言简练、言辞达意、谈吐文雅是面试取得成功的关键所在。回答问题时注意把握重点，条理清楚；避免抽象，切忌答非所问；冷静对待，宠辱不惊；有个人见解，有个人特色；做到知之为知之，不知为不知。最后还要注意语气、语音、语调的适中。同时要注意听者的反应，学会聆听，从容完成整个的面试过程。

## 身边的故事

小陈一直都找不到单位，原因就在于他极不善于和用人单位进行沟通，总觉得与对方格格不入。比如，有一次招聘单位到学校与其见面，一位同志在交谈中向小陈递了一支香烟，小陈连忙说："不抽，我没有这种坏习惯。"这一举动把招聘单位的领导搞得十分尴尬，而在座的人都啼笑皆非。

### 专家案例点评

小陈的失败就在于他和社会角色之间存在着较大的心理距离。学校是个较为单纯的环境，而社会环境就相对复杂得多。通常习惯了一种单一生活的人很难在短时间内转换自己的角色意识，于是就很容易产生学生行为习惯与社会角色要求之间的矛盾。这主要还是由于学生对外部环境适应不敏感造成的。有些学生平常总习惯于将自己封闭在校园内，两耳不闻窗外事，与社会保持隔离状态。久而久之，就会与社会上的人和事之间存在着一种心理距离。这种心理距离就是你求职时的大障碍。

## 他山之石

### 专家教你如何面试

1. 请自我介绍一下吧

回答提示：一般人回答这个问题过于平常，只说姓名、年龄、爱好、工作经验，这些在简历上都有。其实，企业最希望知道的是求职者能否胜任工作，包括：最强的技能、最深入研究的知识领域、个性中最积极的部分、做过的最成功的事，主要的成就等，这些都可以和学习无关，也可以和学习有关，但要突出积极的个性和做事的能力，说得合情合理企业才会相信。企业很重视一个人的礼貌，求职者要尊重考官，在回答每个问题之后都说一句"谢谢"，企业喜欢有礼貌的求职者。

2. 你对薪资的要求？

回答提示：如果你对薪酬的要求太低，那显然贬低自己的能力；如果你对薪酬的要求太高，那又会显得你分量过重，公司受用不起。一些雇主通常都事先对求聘的职位定下开支预算，因而他们第一次提出的价钱往往是他们所能给予的最高价钱，他们问你只不过想证

实一下这笔钱是否足以引起你对该工作的兴趣。

回答样本一:我对工资没有硬性要求,我相信贵公司在处理我的问题上会友善合理。我注重的是找对工作机会,所以只要条件公平,我就不会计较太多。

回答样本二:我受过系统的软件编程的训练,不需要进行大量的培训,而且我本人也对编程特别感兴趣。因此,我希望公司能根据我的情况和市场标准的水平,给我合理的薪水。

如果你必须自己说出具体数目,请不要说一个宽泛的范围,那样你将只能得到最低限度的数字。最好给出一个具体的数字,这样表明你已经对当今的人才市场做了调查,知道像自己这样学历的雇员有什么样的价值。

3. 你的业余爱好是什么?

回答提示:找一些富于团体合作精神的,这里有一个真实的故事:有人被否决掉,因为他的爱好是深海潜水。主考官说:因为这是一项单人活动,我不敢肯定他能否适应团体工作。

4. 你为什么愿意到我们公司来工作?

回答提示:对于这个问题,你要格外小心,如果你已经对该单位做了研究,你可以回答一些详细的原因,像"公司本身的高技术开发环境很吸引我。""我同公司出生在同样的时代,我希望能够进入一家与我共同成长的公司。""你们公司一直都稳定发展,在近几年来在市场上很有竞争力。""我认为贵公司能够给我提供一个与众不同的发展道路。"这都显示出你已经做了一些调查,也说明你对自己的未来有了较为具体的远景规划。

## 三 正确对待求职中的挫折

大学生在择业的过程中往往会经历多次的面试选择和失败的打击,必须具备一定的心理承受能力,特别是受挫能力。我们知道,每个人的事业都要历经风雨,从挫折和失败中走过来。如果心理准备不足,就会产生过激的情绪,导致情绪低迷能力下降,从而给自己的事业带来不利的影响。因此,大学生在求职过程中,要充分做好心理上的受挫准备,培养自己的受挫能力。

1. 分解目标

远大的目标是一个人心中的梦想和前进的方向,但很多时候我们会感到困难重重,觉得目标离自己太遥远。所以要学会把目标分解开来,化整为零,变成一个个容易实现的小目标,然后将其各个实现。就像"分级火箭"的思想,把火箭分成若干级,当第一级将其他级送出大气层时便自行脱落以减轻重量,这样火箭的其他部分就能轻松地逼近月球了。这充分说明了分解目标的重要性。

2. 给自己适当的缓冲

在紧张的工作之余,给自己适当的缓冲是非常重要的。紧张当中要有节奏,忙碌当中要有休闲。在绘画时,在紧密当中要留个空白,歌唱时,在段落之间要吸气。工作压力日益增大的职场人必须学会自己调节工作的节奏,给自己适当的缓冲。有一句话这样说道:哪个喋喋不休的女人,能表现出风韵?哪个一刻不停的男人,又能表现出风采?有了适当的缓冲就会以更强的实力去迎接新的挑战。

### 3. 不去过分苛求事事完美

有位渔夫从海里捞到一颗晶莹圆润的大珍珠，爱不释手。但是美中不足的是珍珠上面有个小黑点。渔夫想，如能将黑点去掉，珍珠将变成无价之宝。可是渔夫剥掉一层黑点还在，再剥一层黑点仍在，剥到最后，黑点没了，珍珠也不复存在了。其实，有黑点的珍珠不过是白璧微瑕，正是其浑然天成不着痕迹的可贵之处。美在自然、美在朴实、美在真切。而渔夫想得到美的极致，在他消除了所谓的不足时，美也消失在他过于追求完美的过程中了。美的真正价值往往不在于它的完整，而在于那一点点的残缺，如同丧失双臂的维纳斯，给人以无限的遐想。在现实生活中，挫折感往往产生于对人、对事、对自己的过于苛求。生活的目的在于发现美、创造美，而不是盯着不完美苦苦折磨自己。所以应对挫折最重要的是不去过分苛求完美，从而减少挫折感的产生。

### 4. 学会放弃

曾经有人问一位企业家成功的秘诀是什么？企业家毫不犹豫地回答说："第一，坚持；第二，坚持；第三，坚持；第四，放弃。"放弃？一个企业家怎么可以轻言放弃？他说："如果你确实努力再努力了，还是不成功的话，那就不是你努力不够的原因了，恐怕是努力的方向以及你的才能是否匹配的问题了。这时候，明智的选择就是放弃。及时调整，寻找新的方向，千万不要一棵树上吊死。"据说乾隆皇帝曾经在殿试时给举子们出了一个上联"烟锁池塘柳"要求对下联。一个举子想了一下就直接说对不上来，另外的举子还在苦思冥想时乾隆就直接点了那个回答说对不上的举子为状元了。因为这个上联的五个字以："金木水火土"五行为偏旁，几乎可以说是绝对，第一个说放弃的考生肯定是思维敏捷，看出了其中的难度。正所谓退一步海阔天空，战略性的撤退是智者所为。

正确对待求职中的挫折

此外，我们在遇到挫折时还可以采用一些具体的方法来调控我们的情绪，如自我安慰法，情绪转移法，适度宣泄法等等。帮助我们最终战胜挫折，从失败崛起，等待我们的是美好的明天。

## 演练场

模拟面试：以小组为单位，由同学们自行设计各种情况下的面试场景，由同学分别扮演面试官和应聘者进行模拟面试，并订好打分标准给出成绩。之后每组选出一份典型的拿到班级进行公开点评，也可以请来老师和相关专家来现场指导。

# 第五节 大学生的生活方式与消费心理

## 一 生活方式与健康

生活方式是指人满足生存和发展需要而进行的全部活动，是一个人长期形成的生活习惯、生活制度和生活意识。人的一举一动都是行为，如果能科学地控制和调整自己的行为，建立良好的生活方式，对健康和学业事业的成功都是至关重要的。所以作为大学生应该自觉选择和培养健康的生活方式，促进我们的学习和事业的健康发展。

健康的生活方式是建立在正确的人生观和科学的学习观的基础之上的，我们有了正确的人生观，才会有对人生目的、人生态度和人生价值的正确认识，才会有正确的人生前进方向；有了科学的学习观，我们才会有积极的学习动机和正确的学习意识，这样，我们的健康生活方式才是牢固的。

健康的生活方式还要求有科学的饮食习惯和生活模式。大学生一天的生活都应该是有规律的，从起床、吃饭、学习、工作、运动、休闲一直到睡眠都要有科学的时间安排。个别同学不吃早餐或暴饮暴食，还有的同学经常熬夜放纵自己，这些都是不良的生活习惯，对我们的身心健康是有害的。

**想一想：**

1. 你的生活方式是文明健康的吗？
2. 你有哪些好的生活习惯和不良的生活习惯？

### 热身小测试

### 你的生活方式健康吗？

下面是一份健康生活方式的测量量表，一共是15道题，均为单选。

1. 如果需要早起，你会 （　　）

A. 上好闹钟　　B. 让别人叫　　C. 自己起来

2. 早上睡醒以后，你会 （　　）

A. 迅速起床　　B. 慢慢起来并做操锻炼　　C. 不起来，多躺一会儿

3. 你的早餐通常是 （　　）

A. 稀饭馒头　　B. 牛奶面包　　C. 不吃

4. 每天到教室上课，你总是 （　　）

A. 准时　　B. 或早或晚，都在十分钟之内　　C. 非常灵活

5. 吃午饭时，你一般 （　　）

A. 急匆匆

B. 慢吞吞

C. 不急不慢，饭后休息一会

6. 尽管学习工作很忙很累，也会和同学有说有笑，你　（　）
A. 每天如此　B. 有时如此　C. 很少做到
7. 对校园生活中出现的矛盾，你会　（　）
A. 争论不休　B. 反应冷漠　C. 明确表态
8. 在课余时间，你一般　（　）
A. 参加社交活动　B. 参加文体活动　C. 参加义务劳动
9. 对待来客，你　（　）
A. 热情　B. 认为浪费时间　C. 非常讨厌
10. 晚上你对睡觉时间安排是　（　）
A. 定时定点　B. 随意　C. 所有的事情做完才睡
11. 如果你自己能控制假期，你会　（　）
A. 集中一次过完　B. 冬季一半夏季一半　C. 留着，有事时用
12. 对于运动，你一般　（　）
A. 喜欢看别人运动　B. 做自己喜欢的运动　C. 不喜欢
13. 最近两周，你　（　）
A. 到外面玩过　B. 参加过劳动或运动　C. 散步500米以上
14. 你是怎样度过暑假的　（　）
A. 就是休息　B. 做点体力劳动　C. 参加体育活动
15. 你认为自尊心的表现方式是　（　）
A. 不惜代价达到目的　B. 深信努力会有结果　C. 要别人对你的正确评价

参照下表统计分数：

| | A | B | C | 计分 |
|---|---|---|---|---|
| 1 | 3 | 2 | 0 | |
| 2 | 1 | 3 | 0 | |
| 3 | 2 | 3 | 0 | |
| 4 | 0 | 3 | 2 | |
| 5 | 0 | 1 | 3 | |
| 6 | 3 | 2 | 0 | |
| 7 | 0 | 0 | 3 | |
| 8 | 1 | 2 | 3 | |
| 9 | 3 | 0 | 0 | |
| 10 | 3 | 0 | 0 | |
| 11 | 2 | 3 | 0 | |
| 12 | 0 | 3 | 0 | |
| 13 | 3 | 3 | 3 | |
| 14 | 0 | 2 | 3 | |
| 15 | 0 | 3 | 0 | |
| 总分 | | | | |

结果解释：

总分37～45之间，说明你的生活方式良好，你是一个善于学习、生活和工作的人，请继续保持；

总分在25～36之间，说明你的生活方式比较好，请继续努力提高；

总分在13～24之间，那就表明你的生活方式健康程度中等，应该改善自己的生活方式；

总分在12分以下，说明你的生活方式不健康，应该下决心彻底改变有害的生活习惯。

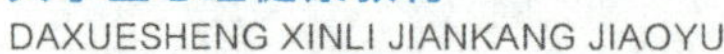

## 专家建议

不良生活方式对健康有危害，在世界公认的不良生活方式中，吸烟、酗酒、膳食结构不合理、缺少运动排在前四位。

吸烟在大学生中成为时尚，据统计，大学生吸烟率在22%左右。可能你认为吸烟好玩，或认为吸烟是男子汉的风度，但你千万不要低估了吸烟的危害，吸烟是世界上危害人类健康最主要的公害之一。也许你认为吸烟并未使你的身体感到有什么不适，可是要知道烟草中的有毒物质正在慢慢吞噬着你的机体。已知烟草中的化学物质有3 800多种，其中有害成分几十种，每支烟含尼古丁1～1 d 4 mg。尼古丁是香烟的成瘾因素，它先使人有轻快感，后使人大脑抑制。尼古丁可使气管黏膜受损，使心率加快、血压上升，是引起心肺疾患的主要毒物。焦油含有毒性和致癌物已得到证实。

酗酒被列为不良生活方式的第二位。社会为嗜酒的人付出了相当大的代价。据统计，每年车祸的事故原因50%以上都和酒精有关；几乎30%以上的自杀者属于嗜酒者；精神病病人中40%的男人嗜酒；10%的家庭纠纷直接或间接与嗜酒有关。过量饮酒对健康的危害极大，《红楼梦》作者曹雪芹是死于酒后中风。我们不反对少量饮酒，饮酒一定要能控制。饮酒和一个人的性格有关，也能表现人的修养和自制能力，借酒消愁、以酒发泄是意志薄弱的表现。我们大学生做任何事情，不仅要考虑对自己身心健康有无害处，更要考虑对社会的影响和自身的责任。饮酒也是一样，要饮得有节制，饮得有风度。

## 二　大学生的健康膳食与休闲健身

### 1. 大学生的合理膳食

合理的膳食，是健康的第一大基石，对于正处在青春期，尤其是求学中的大学生来讲意义更为重大。有了健康的身体，才能更好地进行学习和工作，健康的成长成才。

合理的膳食是指食物种类齐全多样化，数量比例适合，不至于造成某些营养摄入不足或过多。营养学家为我们总结出了十个字："一、二、三、四、五，红、白、黄、绿、黑。"

一是指每天喝一杯牛奶；二是指每天摄入200～300 g的碳水化合物，相当于300～400 g的主食；三是指每天三份高蛋白，包括瘦肉、鸡蛋、豆腐、鱼、虾、鸡鸭肉或者黄豆等。动物蛋白中鱼类蛋白最好，植物蛋白中黄豆最好；四即四句话"有粗有细，不甜不咸，三四五顿，七八分饱"；五即每天500克新鲜蔬菜和水果，这是防癌的最好方法之一；红即每天1～2个西红柿；白即燕麦粉、燕麦片；黄即红黄蔬菜，如胡萝卜、南瓜、红薯、红辣椒等富含维生素A；绿即绿茶，防止动脉硬化；黑即黑白木耳。

**小贴士 Tips**

合理膳食要注意以下问题：

(1) 要有足够的实物量，既不能不吃东西；

(2) 要注意补充优质蛋白质，注意食物的质量；

(3) 注意供给含钙、磷、碘的食物；

(4) 要注意膳食中的维生素的供给。

切忌不吃早餐或者早餐质量差以及偏食、挑食的不良习惯，要保证吃饱吃好，营养充足才能身体健康，才能更好地投入到学习和工作当中去。

### 2. 大学生的休闲活动

休闲活动就是人们在闲暇时间里所进行的一切活动，它是个人利用基本生存活动、工作或学业以外的时间，从事自己有兴趣的活动，以调节身心的生活方式与内容，如文学、音乐、舞蹈、电影、电视、摄影、聊天等等。

休闲活动完全是个性化的，其本质是自由。通过休闲活动，可以帮助大学生消除紧张，缓解压力；拓展人际，促进交流；强身健体，维护生命；增进自我认同，加速自我发展；启发想象力和创造力。健康的休闲活动对大学生的身心健康是有益的。

大学生休闲活动的类型：

(1) 知识型活动。即各种讲座、技能培训和各类的考前辅导等，是大学生利用业余时间进行充电的好方式。

(2) 体育型活动。这是最受男同学欢迎的一种类型，篮球、足球、羽毛球、游泳、滑冰等。既锻炼身体又扩展我们的人际交往，也培养了我们的合作精神。

(3) 社会实践活动。包括爱心义务劳动、参与社会调查、勤工俭学等各种社会实践。勤工俭学既能增加收入，又是我们积累社会工作经验的好方式。

(4) 嗜好型活动。主要包括打牌、听音乐、旅游、网上休闲等，具有娱乐性强，参与度高的特点，特别是听音乐，上网方便进行，在同学们当中比较普遍。

**他山之石**

#### 专家建议

作为大学生应树立正确的休闲观，休闲活动应符合有益、经济和安全的原则，休闲方式应切合实际，休闲活动的强度应适度。总之，我们倡导健康、有益、快乐的休闲活动。

**议一议：**

1. 你的日常休闲活动有哪些？
2. 你的休闲活动是健康适度的吗？

小贴士 Tips

大学生勤工俭学的方式主要基于体力、知识和能力三种方式。体力主要包括推销产品、放送宣传品和试用品、做服务生等；知识实践主要是家教和文员工作；能力实践主要包括翻译、设计网页、歌手、模特、业余主持等。

## 三 大学生消费观与健康的消费方式

消费观是指人们对消费水平、消费方式、消费结构和消费行为等问题的总的态度和总的看法。作为一种观念，消费观是社会经济现实在人们头脑中的反映，但它一旦形成又会反作用于社会经济，并对其产生深刻而重大的影响。在大学生这个群体中，我们倡导科学消费。所谓科学消费，简单讲就是合乎科学的消费观念、消费方式、消费结构和消费行为。树立科学的消费观念是科学消费的前提。科学的消费观念是根据经济文化发展水平，从实际出发，自觉地运用科学知识进行合理消费，以促进消费者的身心健康和全面发展的一种消费态度和消费观念。科学的消费观把实现人的身心健康和全面发展作为评价一切消费活动是否合理的最高标准，并把这一标准贯彻到衣、食、住、行等与人的生活有关的各种消费形式中去，使各种消费形式从不同的方面都为人的身心健康和全面发展服务。

大学生的消费主要分为基本生活消费、学习消费、休闲娱乐消费、时尚信息消费和人际交往消费等。科学健康的消费方式对于大学生来说是非常必要的。今天的大学生可以说是生活在没有围墙的校园里，全方位的接触社会，作为浮躁、好奇和创新的消费群体，应该怎么样养成健康的消费心理和良好的消费习惯呢？

### 1. 树立正确的消费观

（1）穷则志坚，自强、克俭。大学生应该认识到社会财富的不平等是客观存在的现实，必须正视，贫穷不是大学生的过错，只要有远大的志向，必定会迎来人生的成功。

（2）富则不显，自制、节约。大学生在社会群体中是高智者，在消费群体中也该是高智者，不嫌贫、不显富，适合大学生身份的消费，抵制炫耀性的消费。

（3）正确地对待金钱，保持消费的心理健康。对于金钱，大学生必须保持理性的认识和清醒的头脑，金钱不是万能的，人生最重要的是追求理想、实现梦想。拜金主义只能将我们推向极端，甚至走向绝路。

想一想：

1. 我的消费观是怎么样的？
2. 我的日常消费中有嫌贫的想法和显富的做法吗？
3. 你是怎样看待金钱的？它是万能的吗？

### 2. 形成健康的消费原则

（1）量入为出的原则。生活消费在不同条件和不同环境下，虽然有其不同的表现形式，但其内涵却都是一样的，那就是量力而为，即不要随大流，盲目攀比高消费，而要有抵御一些物品诱惑的能力。在每月、每学期的开销之前，要对自己的全部“收入”有个比较准确的估算，并对日后的消费有个合理的安排，哪方面消费合理是可以适当增加的，那些消费又是应该减少的，做到心中有数。减少随意性的计划外消费，并及时总结，及时调整。

(2) 经济适用的原则。大学生作为消费群体，主要的收入都是来源于父母的辛苦工作，所以在选择物品，要讲究实用，优先考虑使用频率高的物品，可买可不买的就不买，把消费投向主要用于吃饭和学习，而娱乐和交际的支出尽量减少，所以要多向有利于身心健康的方面投资，不乱花一分一文的父母血汗钱。

(3) 角色定位原则。大学生的主要任务是学习，而不是时装队员、不是美食家，更不是旅行家。因此大学生对自己的消费一定要围绕学生这个主要角色而进行，学习消费是主导，生活消费是保障，娱乐消费是补充，是为了更好地学习和生活。确立健康的消费心态，不赶时髦、不借债高消费，也不追求高档名牌，要提醒自己是大学生，要正确地认识自己，体谅家庭情况，了解社会环境。总之，倡导健康的消费方式，成就大学生活的多彩年华。

## 心理故事

### 同事的“葬礼”

一天，美国艾默生公司总部办公楼大厅里的公告牌上，贴出了这样一则通告：昨日，能阻碍你在本集团发展的一位同事不幸离世，请各位下午5点到体育馆参加葬礼。看到这儿，大家都不免为一个生命的终结心生惋惜，可这个人是谁呢？他怎么要阻碍我在公司的发展呢？到了葬礼现场，人们一一走向逝者的灵柩。当棺木里的情形展现在眼前时，每个人都目瞪口呆，里面躺着的其实是一面大镜子，人们看到的恰恰是自己。镜子的旁边还放了一块牌子，上面写着：亲爱的同事，世界上唯一能限制你发展的人就是你自己！

## 活动综合评价

| 内容 | | 评价 | | |
|---|---|---|---|---|
| 学习目标 | 评价项目 | 自我评价 | 小组评价 | 教师评价 |
| 心理健康知识 | 1. 掌握择业的心理调适的方法<br>2. 就业的心理调适和能力培养<br>3. 了解健康的休闲活动和正确的消费心理 | | | |
| 职业生涯规划的理论和能力 | 1. 建立职业生涯规划的意识<br>2. 学会从实际出发，对自己的未来进行规划 | | | |
| 心理认知 | 1. 从择业和就业的心理误区走出<br>2. 懂得健康的休闲和消费 | | | |
| 教师建议 | | 个人努力方向 | | |
| 评价总汇 | | | | |

# 第十二章 让生命充满阳光

## ——珍爱生命　快乐成长

能将自己的生命寄托在他人的记忆中，生命仿佛就加长了一些。

——孟德斯鸠

愿你们每天都愉快地过着生活，不要等到日子过去了才找出它们的可爱之点，也不要把所有特别合意的希望都放在未来。

——居里夫人

“人最宝贵的是生命，生命对每个人只有一次。”《钢铁是怎样炼成的》一书中主人公保尔·柯察金的话曾引发过成千上万人对生命意义的严肃思考与认真探索。人的生命是短暂的，是不可重复的，人的生命也是无价的，是可以创造并实现价值的。心理学家弗洛姆曾经说过：尊重生命，尊重他人也尊重自己的生命，是生命进程中的伴随物，也是心理健康的一个条件。大学生要深刻理解生命的价值，倍加珍爱生命，这是我们人生道路上的必修课，在生命的漫漫旅途中，“每当回忆往事的时候，能够不为虚度年华而悔恨，也不因碌碌无为而羞愧”。

## 活动任务书

<table>
<tr><th>活动名称</th><th colspan="2">反思不珍爱生命的现象</th><th>姓名</th><th></th><th>完成时间</th><th></th></tr>
<tr><td>目标</td><td colspan="6">1. 通过反思发现自己与周围同学不珍爱生命的不良现象<br>2. 找到解决自己与同学不珍爱生命现象的具体措施</td></tr>
<tr><td>任务</td><td colspan="6">1. 反思与查找自己不珍爱生命具体表现，如不良嗜好、虚度年华、不注意身心保健、没有理想与不用功学习等<br>2. 观察研究周围同学存在的不珍爱生命主要表现<br>3. 研究消除不珍爱生命现象的办法，并在课堂上交流与讨论</td></tr>
<tr><td>实施过程</td><td colspan="6">1. 根据自己的实际情况制定一个确实可行的反思活动计划<br>2. 依据自己的活动计划逐步实施，并做好反思记录与总结<br>3. 分组交流反思研究成果后，再选出代表在全班交流</td></tr>
<tr><td>注意事项</td><td colspan="6">在交流中要认真倾听同学的反思成果，进一步完善自己的解决措施</td></tr>
<tr><td rowspan="3">组员及<br>分工情况</td><td>队号</td><td colspan="2"></td><td>队长</td><td colspan="2"></td></tr>
<tr><td>队员</td><td colspan="5"></td></tr>
<tr><td>任务分工</td><td colspan="5"></td></tr>
</table>

## 思政园地

### “种得桃李满天下，心唯大我育青禾”

卢永根，男，汉族，1930 年 12 月出生于香港，作物遗传学家，中国科学院院士，华南农业大学教授、博士生导师、前校长。卢永根同志对党和国家忠诚不渝，从教 60 多年来，始终将爱国奋斗精神贯穿教学科研和立德树人全过程，用一生至诚至真的执着行动和无私奉献的崇高精神，忠实履行了人民教师和教育工作者为党育人、为国育才的初心使命，为我国教育事业作出了重要贡献，曾荣获“全国模范教师”“全国教育系统劳动模范”“2017 年度感动中国人物”和全国“最美奋斗者”等荣誉称号。2019 年 8 月 12 日，卢永根同志因病医治无效逝世，享年 89 岁。习近平总书记通过中央办公厅转达了对卢永根同志逝世的哀悼，并向其家属表示慰问。2019 年 11 月 15 日，中央宣传部追授卢永根同志“时代楷模”称号，2020 年 12 月 3 日，中共中央授予卢永根同志“全国优秀共产党员”称号。卢永根同志爱党爱教、为国家事业矢志奋斗，入党 70 年来，不忘初心、牢记使命，把入党日子作为自己另一个生日，罹患重病住院期间，仍坚持与师生共同参加支部学习，是一名永葆初心的优秀共产党员，从教愈甲子，将毕生献给所钟爱的教育和科研事业。卢永根同志至信至诚为教育事业倾献毕生心力，充分展现了一名新时代人民教师和教育工作者的崇高品格和价值追求。

# 第一节 生命的意义与珍爱

## 一 生命的价值

人的生命意义是什么？人们一直在自问与探索。在地球上，人是唯一能追问自身存在之意义的动物。这是人的伟大之处，是人的生命神圣性的表现。

人的生命意义到底是什么？有人说意义在于名、利、物质，还有人认为在于追求、在于延续、在于选择、在于过程等。也许，意义永远是不确定的。探索生命的意义，其价值不在意义本身，而在探索，意义就寓于探索的过程之中。

奥地利精神医学家维克多·弗兰克博士在《活出意义来》一书中，非常精辟地阐述了生命的意义："无论处境多么悲惨，每个人都有责任为自己的生命找出一个意义来。这个意义不是一般的生命的意义，而是存在某一时刻的特定的生命的意义。""一个人不能去寻找抽象的生命的意义，每个人都有他自己的特殊的天职或使命，而此使命是需要具体地去实现的。他的生命无法重复，也不可取代。所以每一个人都是独特的，用独特的机遇去完成其独特的天赋使命。一个人一旦了解他的地位无可替代，自然容易尽最大心力为自己的存在负起最大的责任。他只要知道自己有责任为某件尚待完成的工作或某个殷盼他早归的人而善自珍重，必定无法抛弃生命。"

大学生可以从三方面去理解与发现自己生命的意义：第一，努力学习，去准备成就一定功业；第二，认真去体验奋斗、创造与奉献的快乐与价值；第三，去分享和经历人生的快乐与苦难。

我们每个人的生命都有无限的意义，具有至高无上的价值，是神圣不可侵犯的，我们都要珍爱与尊重它。所以，有的学校专门开设了生命教育课程内容。

生命教育是以生命为核心，以多样的教育手段，倡导认识生命、珍惜生命、爱护生命、尊重生命、享受生命、超越生命的一种提升生命质量、获得生命价值的教育活动。

生命教育课程内容比较广泛，有的学者认为：身体健康教育、心理健康教育、预防艾滋病教育、环境教育、毒品预防教育、安全教育、法制教育等，都属于生命教育内容。众所周知，人的生命不仅是自然的，也是社会的、文化的。人的本能的发展和成熟只是人的自然生命的发展，这种原始的本能，如果不装备以文化、智慧、道德和人格等精神方面的滋养，自然生命体的人就不会发展为社会生命体的人。况且，我们的学生在人际交往、求学择业、社会竞争中，还会不断遇到许多不可预测的问题，这些问题很多时候不是某个人能承受得了的，所以说，学生的发展需要生命教育。换句话说，没有生命教育这种外在的积极支持，学生的生命成长将是盲目的。一个脱离或拒绝生命教育的学生，也就丢失了许许多多生命成长的宝贵资源，其生命成长必然是不健全的。

人只有一次生命，作为生命而存在的个体，无不渴望和追求自身生命时间的延长、生命空间的扩展、生命体验的获得和生命价值的实现，因此，生命需要一种"关怀生命"的教育。帮助我们追求个体生命的时间，战胜不必要的"死"，而获得有意义的"生"。帮助我们拓展个体生命的空间，成就自身的同时，也成就着社会的进化、世界的美好。帮助我们获得积极的生命体验，经历过生命的磨难、奋争，在付出过自身的努力和主动争取后，感受生命的涌动，认识生命的伟大，创造并感悟生命的尊严与快乐。帮助我们提升个体的生命意义，把超越地理的、物质的、功利的境界向道德的、宗教的、理想的境界攀升，实现人生的自我价值。

生命的价值

## 二 大学生珍爱生命的主要途径

生命，它是世界上最珍贵的东西，没有任何东西能与之相比，它对每一个人来说都是平等的，每个人都只有一次机会，一旦失去，就不会再有第二次。生命是一个奇迹，成长正是这个奇迹中最不可思议的一部分。所以，我们必须抓住机会，来好好珍惜和爱护它。对大学生来说，珍惜和爱护生命，就是珍惜大学时代，认真过好每一天，努力学习，提高综合素养，热爱生活，积累实力，奉献社会，将来无愧无悔。

### 1. 确立人生的目标和梦想

设计自己的未来，确定自己的奋斗目标与梦想是自己生命发展的动力。每一个成功的人都有伟大的梦想。大成功是由小成功所累积的，每一个成功的人都是在达成无数的小目标之后，才实现自己伟大的梦想，只有不断实现梦想的人，生命才能更加辉煌。大学生每天给自己一个希望，就是给自己一个目标，给自己一点信心，我们将活得生机勃勃，激昂澎湃，繁忙快乐，哪里还有时间去叹息去悲哀，将生命浪费在一些无聊的小事上。生命是有限的，但希望是无限的，只要我们不忘每天给自己一个希望，我们就能够拥有一个丰富多彩的生命旅程。

在确立人生目标时，可以为自己按照目标完成的时间长短、可行性、现实性、具体性来确立三个目标，即短期目标、中期目标和长期目标。同时，一定要战胜害怕失败的恐惧心理。

### 2. 努力提升自己的核心竞争力

在社会竞争激烈的今天，社会首先需要的是“专才”，不精通一个专业的学生，很难找到理想的工作，分享人生的幸福，体现自己生命的价值。大学生当前最重要的任务就是努力学习好自己的专业或自己喜欢的技术。社会更加需要的是“通才”，即在阅读自己专业书籍的基础上，广泛涉猎社会、人文、历史、法律、哲学等方面的书籍，在阅读中提升自己的内在素质，不断提升自己的核心竞争力。大学生学习专业的深度与读书多少，常常决定自己的未来发展与成就的高度。

### 3. 树立良好的生活态度

珍爱生命要求我们要有良好的生活态度。人生的道路崎岖不平，坎坎坷坷，难免有挫折和失误，也少不了烦恼和苦闷。请不要为一点生理缺陷而消沉，因为拥有生命就意味着我们可能拥有一切。不要因为暂时的挫折而萎靡不振，因为有生命，你还将拥有无限的机会。请走出去，多与别人交流，让自己阳光起来。要拓宽自己的兴趣，兴趣是保护良好的心理状态的重要条件。人的兴趣越广泛，适应能力就越强，心理压力就越小。要学会宽以待

人，人与人之间总免不了有这样或那样的矛盾，只要不是大的原则问题，应该与人为善，宽大为怀。要学会忆乐忘忧，不能让那些悲哀、凄凉、恐惧、忧虑、彷徨的心境困扰着我们，对那些幸福、美好、快乐的往事要常常回忆，以便在心中泛起层层涟漪，激发人们去开拓未来。

4. 养成健康的生活方式

大学生关爱生命先从日常生活做起，一定要科学饮食，多吃蔬菜、水果，多喝水，注意多运动，让我们的身体越来越健康。千万不要吸烟、酗酒，远离毒品，因为生命远比过一把瘾更重要。不要长时间上网或面对强辐射的物体，因为它会影响我们的视力，对我们的身体造成伤害。要养成与坚持健身的习惯，如跑步、打球等，至少要坚持一项以上健身的体育活动。随着年龄的增长与生活压力加大，这点对自己非常重要，这是珍爱生命的具体表现与生命强大而健康的重要条件。要避免意外伤害，遵守交通规则，我们不要闯红灯，不要再攀爬道路的隔离带，也不要在行车道上行走，因为生命比方便更重要。远离危险区域，因为这里随时都会发生意外。

5. 学习科学地管理时间

美国著名作家富兰克林说："你热爱生命吗？那么请珍惜时间，因为时间是组成生命的材料。"生命是如此珍贵，我们又必须对自己负责，我们为什么不赶快去珍惜组成生命的材料——时间呢？作为一名大学生，我们总渴望能以优异的成绩来报答父母、师长和社会，总渴望自己能德智体美劳全面发展，而要实现我们的目标就必须珍惜分分秒秒，刻苦学习，完善自己。时间就是生命，无端空耗时间，无异于浪费自己的生命。在时间管理上，每天要把重要而紧急的事优先做完，而后再做不重要而不紧急的事，这点是自己提高生命效率、走向成功的重要习惯。要时时刻刻勤奋努力，才能创造出有价值有生命力的人生。

如果能把以上5点作为大学时代的生活准则，就是具体地践行了珍爱自己的生命理念，毕业走上社会必将成就一番事业，将来不因在大学虚度年华浪费人生而羞愧，也不因成天沉迷网游、吸烟与喝酒成瘾而自残自毁生命，让人遗憾与痛心。

**身边的故事**

## 大学生不珍爱生命的案例

这是一个真实的故事。某大学二年级学生小L痴迷网络游戏，一周前逃课在网吧熬了四个通宵打《魔兽争霸》网游，回到宿舍后猝死。当他爸爸妈妈去看尸体的时候，只看到他的脸，也没穿衣服，他装在冰柜里，也没戴眼镜，父母悲痛欲绝。大声呼喊控诉："网游毒品，害死了我的儿子！"。

小L刚刚过完20岁生日，戴眼镜，体态略胖。他有些内向，很少和班级同学往来，只与寝室的两个室友关系密切。大二下学期后，由于很少参加班里的集体活动，有些同学对他的了解很少，仅知道他喜欢抽20多块钱一包的香烟，歌唱得不错。

而与小L关系密切的小G同学却还知道，小L是《魔兽争霸》里的"顶级高手"。小G说，在魔兽世界里，他会经常率领其他"菜鸟"们征战沙场，过关斩将。小L在初三开始接触网游，高中时渐渐成瘾。高中的同学也记得，每到中午休息，小L都会冲到网吧，鏖战2个小时，然后匆匆地奔回教室上课。

也就是从那个时候开始，小L的学习成绩一天天下降。虽然小L的父亲对儿子没有过高要求，只求平安成人，但还是希望儿子能上大学。而2008年的高考，小L惨败，只考了

350分，进入了一所很好的职院就读。但让父亲想不到的是，大学自由的生活，让小L如鱼得水，更加迷恋于网游世界。

同学回忆，大一上半学期还能见到小L的身影出现在教室里，大一下半学期就很少看到。同学说，期末考试小L至少挂了5科。不玩游戏的日子里，小L也会跟朋友小G畅想自己未来的人生之路，如考研、考公务员等。

而现实就是现实，成绩越来越差，理想也越来越遥远，小L陷入了痛苦之中，他渐渐地感到无聊，即使“魔兽”也不能填补精神上的空虚，这使得他追求寻找更加刺激的网络游戏来满足自己。他甚至用火星文给自己起了“吊儿郎当”网名，在QQ签名中，征集新的网游，每周花几天时间在网吧熬夜奋战。

长期的熬夜让小L感到不适，经常说自己老了，体力远不如高中时，但同学也没有在意。

玩了三天网络游戏，小L感觉头疼，他自己以为是感冒了，简单吃了几粒感冒药。死前的一天，头痛感没有消失，小L准备休息一下。但晚上10时，同学打来电话，约他一起去熬夜战通宵。小L犹豫了一下说：“好吧，你来找我。”每人花了6元钱，从4日晚上10时30分鏖战到5日清晨6时30分。分手之前，小L和同学一起吃了早餐。晚上8时小L在宿舍猝死，同学们十分震惊。

不知珍爱生命的小L就这样离去了，他的生命价值还没有得到体现，人生大部分幸福还没有分享，就突然告别了这个美好的世界，只是给可怜的父母造成永久的不尽的悲怆与伤痛！

1. 结合小L的案例与实际，谈谈为什么有些大学生用网游来消耗生命？
2. 小L的悲剧给我们大学生什么启迪？

**专家案例点评**

这名大学生不能正确地认识自己的生命价值，更不知道珍爱与发展自己的生命，不好好在校学习，成天沉迷网络游戏，失去自我控制，耽误了学业，毁坏了身心健康，不幸猝死。

像这样网迷的大学生目前有相当数量，他们给家长带来痛苦与灾难，给学校和社会造成危害。网络是大学生学习、娱乐、交友、获取信息、自我发展最好的工具。如不从珍爱与发展自己生命的角度利用网络，无节制地玩网络游戏，很快就会成瘾，给人身心造成巨大的伤害，这是一种电子海洛因，毁掉人的身心健康，希望我们大学生科学地健康地使用网络，珍爱生命，避免小L这样的悲剧重演。

## 三 大学生要自主地做好生命教育

金色的大学时代，是人生最重要而美好的时代。有的同学在遇到问题时会有逃避心理，甚至会出现极端行为，比如自杀。百度是这样做的，当你在搜索栏中搜索“自杀”两个字时，会出现这么一句话，“这个世界虽然不完美，但总有人守护你。”下方会随之出现各个地区的心理咨询热线。事实也是如此，生命有长度，也有宽度，或许我们并不能掌握生命的长度，但我们可以掌握生命的宽度。为了未来的幸福与成功，大学生要自主地从三方面着手

做好生命教育：

1. 唤醒生命意识

唤醒生命意识就是体验、感悟到自我生命存在的价值与珍贵，感受生命的美好，珍爱自己或他人的生命，进而在各种心智活动与实践活动中体验生命过程的自主性、能动性、选择性与创造性。学会在向外探求的同时，还要不断向内心追问自我，认识自我，反省并提高自我觉醒状态的水平与自觉意识能力。

2. 开发生命潜能

认识并体验个体生命的力量，这种力量产生于人的智慧。这种智慧不仅可洞察一切自然的奥秘，而且可以改变历史的进程，进而意识到每个人的生命中蕴藏有无限的潜能，这些潜能只有通过不断地刻苦学习、训练能力，陶冶情感，才能使其潜能逐步得到充分的开发。现在大学学习的主要课程都是开发自己潜能的最佳方式与途径，一定要珍惜大学学习的宝贵时光，努力学好大学主要课程，为走向社会成功创造条件。我们要学会自主地去开发自我的潜能，只有靠自我开发，才能获得自我的可持续发展与终生学习。

3. 提高生命质量

生命的质即品质，它包括了智能品质、人格品质、道德品质、心理品质等。生命的量即生命的活力、力量。要懂得人生的意义与生命的价值决定于个体的质量，而生命的质量只有通过不断地自主学习、探究学习和体验学习，自主塑造个性品质，增强生命的力量，才能使生命的质量得到提高。

要学会自觉地无私奉献，懂得唯有将自己生命最美好的情感、最出色的智慧奉献给同学、他人与社会，把它作为一种快乐，其生命才能得到升华，人生才能有更大的价值与幸福。

小贴士 Tips

有一位自杀未遂而变成残疾人坚强地活下来的大学生，后悔时才真正意识到，轻易放弃生命是何等的愚蠢。他以自己的经历，真诚而后悔地告诉因为挫折与痛苦而想自杀的人一句话：当面临人生逆境时，无论如何也不要放弃生命！也许一切都可以放弃，但对生命的信念与珍爱不能放弃，这是每一个人的"生命底线"，是每个人起码应该遵循的最基本准则。

想一想：

1. 我们大学生的生命价值是什么？
2. 我们大学生在校生活学习中是如何珍爱生命的？

演练场

一张 A4 纸看人生——如果用一张 A4 纸标记时间，对生命会有哪些认识？

人生不过短短的 900 个月，请你用一张 A4 纸画一个 30×30 的表格，如果每过一个月，就涂掉一个格子。

如果你今年 20 岁，那么已经走完的人生如下图：

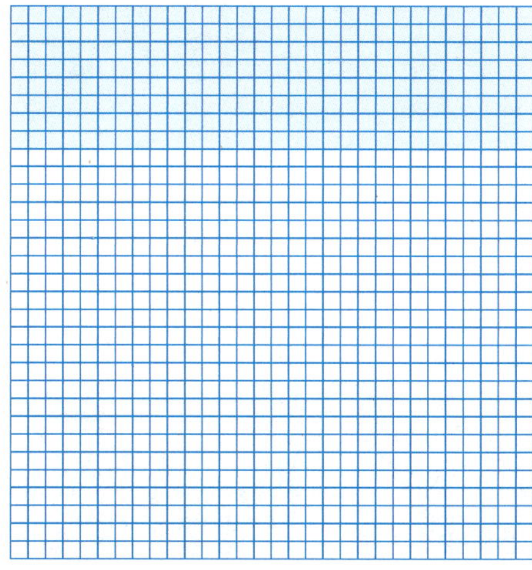

如果你读完大学，你的人生就是这样的：

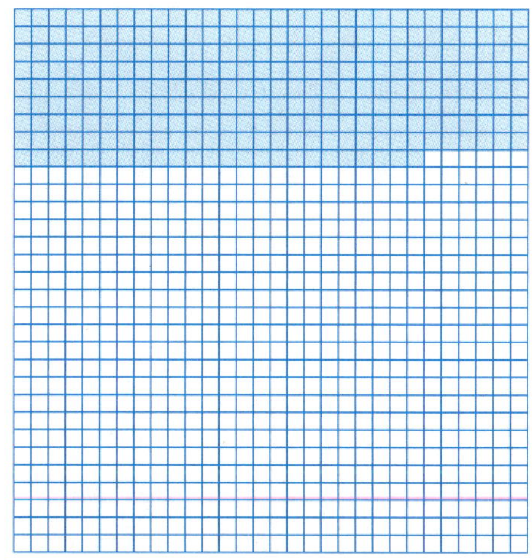

假设我们的父母平均五十岁，他们的人生是这样的：

假如你们天天见面，你能陪伴他们的时间是这样的：

假如你们一个月见两次面，你能陪伴他们的时间就是这样的：

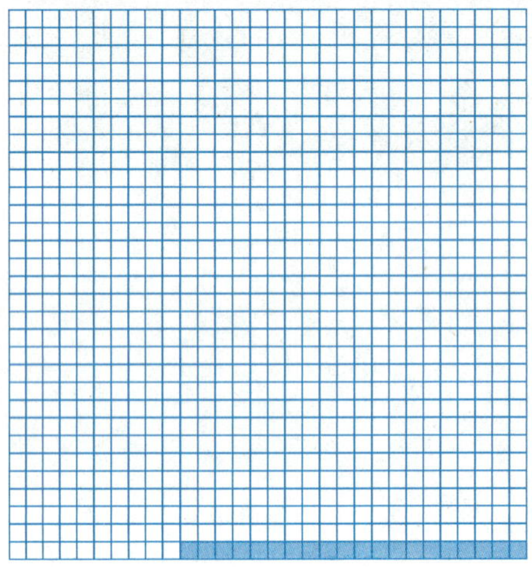

假如你们一年见一次面，就会是这样的：

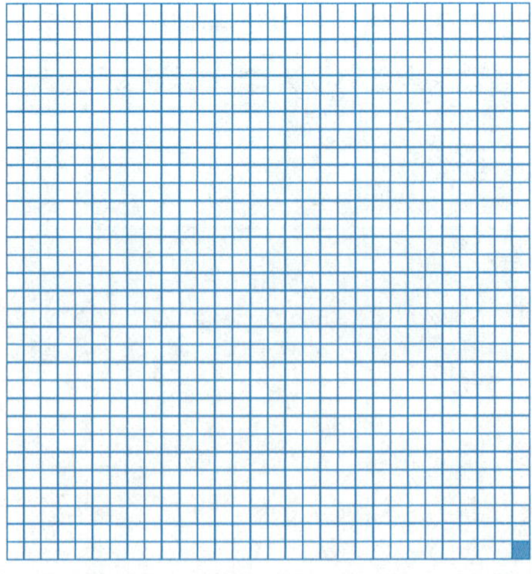

## 热身小测试

### 大学生珍爱生命问卷调查

请同学们对以下单项选择题，进行真实的回答：

1. 你对大学的生活是否感到快乐 （ ）

A. 不快乐 B. 快乐 C. 很快乐

2. 你感到学习有动力，生活有目标 （ ）

A. 总感到没有 B. 有时有 C. 有

3. 对于自己的看法 （ ）

A. 总讨厌自己 B. 有的方面不满意 C. 对自己很喜欢

4. 你是否掌握了自我心理调适的一些基本方法？ （ ）

A. 没掌握 B. 掌握一点 C. 掌握不少

5. 你身体非常胖 （ ）

A. 非常 B. 一般 C. 不胖

6. 下列说法中正确的是 （ ）

A. 抽烟对身体没什么危害 B. 危害不大 C. 吸烟容易上瘾危害很大

7. 你每天起居饮食有规律 （ ）

A. 没规律 B. 有点规律 C. 非常有规律

8. 你有自己喜欢的体育项目 （ ）

A. 没有 B. 有一项 C. 有两项以上

9. 你认为自己身体健康 （ ）

A. 不健康 B. 健康 C. 非常健康

10. 你经常感冒 （ ）

A. 每次流感都避免不了 B. 很少感冒 C. 从不感冒

11. 你对基本的交通规则熟悉 （ ）

A. 不熟悉 B. 熟悉 C. 十分熟悉

12. 你在过马路时，走斑马线 （ ）

A. 不走 B. 有时走 C. 总是走

13. 在日常生活中，你注意安全 （ ）

A. 不注意 B. 注意 C. 十分注意

14. 你知道用电与煤气安全常识 （ ）

A. 不知道 B. 知道一些 C. 都知道

15. 在家或学校，你发现过周围环境有不安全的隐患 （ ）

A. 从来没发现过 B. 很少发现 C. 经常发现

16. 你喜欢听或看安全知识 （ ）

A. 不喜欢 B. 喜欢 C. 很喜欢

17. 你喜欢听法制课 （ ）

A. 不喜欢 B. 喜欢 C. 很喜欢

18. 你知道日常的法律常识 （ ）

A. 不知道 B. 知道一些 C. 知道很多

19. 你在做事时，是否时刻想到法律规定 （ ）

A. 从来不想 B. 有时想到 C. 时刻想到

20. 你认为法律是神圣的 （ ）

A. 不认为神圣 B. 不能犯法 C. 神圣的

21. 你了解预防艾滋病知识 （ ）

A. 不知道 B. 知道一点 C. 知道很多

22. 你了解毒品预防知识 （ ）

A. 不了解 B. 了解 C. 非常了解

23. 你认为吸毒后果严重 （ ）

A. 不严重 B. 严重 C. 非常严重

24. 你认为环保教育有必要 （ ）

A. 无所谓 B. 必要 C. 非常必要

25. 你在日常生活中注意卫生 （ ）

A. 不注意 B. 有时注意 C. 非常注意

26. 你对死亡的看法 （ ）

A. 恐惧死亡

B. 忌讳谈死

C. 死亡是生命的归宿，是生命的重要部分

27. 你对人的生命及生命价值进行过思考 （ ）

A. 从不思考 B. 偶尔思考 C. 经常思考

**评分标准：**

选择A得2分，选择B得1分，选择C得0分。请自己累计一下，看自己得多少分。

0分至14分：恭喜你，你的测试结果很让人满意。你是一位比较珍惜生命、尊重生命、热爱生命的大学生，在日常生活中，你比较注意安全、健康，有法律意识。目前，你身心状态很好，是快乐、幸福而非常珍爱生命的学生。

15分至34分：你的测试结果还可以，有时你对生命是珍惜、尊重，热爱的，在日常生活中，你时常有安全、健康与法律意识。但对生命的珍爱程度还不高，存在一些问题，还需要改进，不断完善自己。

35分至54分：是黄色警告，你的测试结果令人失望。你不太珍爱自己的生命，在日常生活中，你不注意安全与健康，缺乏法规意识。目前，你对自己生命珍爱程度不高，需要自我调适与改进。

# 第二节　大学生心理危机与自我干预

## 一　心理危机的概念

心理危机，是指对心理或生理的超强刺激以及对个体承受能力超负荷的某种心理状态，通常是指个体面临重大生活事件（如亲人死亡、婚姻破裂或天灾人祸等）时，既不能回避，又无法用解决问题的常规方法来应对时所出现的一种心理失衡状态。譬如，毫无心理准备遭遇了地震或海啸，或者恐怖事件突然降临，使人无法用通常的方法来面对从而陷入恐慌或害怕的心理状态。构成心理危机的基本要素有两个：

第一，重大的心理应激。引起急性情绪反应，如焦虑、恐惧、抑郁；认知改变，如注意力集中困难、记忆力减退；躯体不适，如失眠、头晕、头痛；行为改变，如敌对、反击、无助、自怜。

第二，当事人用平常解决问题的方法不能应对，对应激无法适应。如一名大学生今年研究生考试失利了，本以为凭借自己平时的成绩，考上研究生应该是没问题的，可是最后没被录取。于是，她茶饭不思，整天把自己关在小房间里发呆，感到十分焦虑、抑郁与绝望。这名学生产生了心理危机，她的一系列情绪反应在心理危机状态中都较为常见。

心理危机是一种正常人都可能产生的生活经历，并不是一种心理疾病。人的一生，在每一个阶段都会出现危机，每个人都会遇到不同的危机。所以，大学生要掌握心理危机的表现形式，学会心理危机自我干预技术，这也是人生应该学习的课程。

## 二　大学生心理危机表现形式及发展阶段

### 1. 大学生心理危机的表现形式

（1）成长危机。一方面，大学生已经进入青年中期，正处于生理发育的基本成熟和部分心理发展相对滞后的特殊时期，人生观和世界观逐渐形成，心理状态不稳定，容易受到外界的影响而产生心理危机；另一方面，大学生性生理已经基本成熟，性意识增强，渴望异性的友谊和爱情。但由于大学生性心理还没有完全成熟，生活经验缺乏，常会产生一些不正当的行为，给身心带来严重影响。

（2）学业危机。在竞争愈发激烈的今天，大学生学业负担逐渐加重，他们除了要完成必修的课业之外，还要参加各种等级考试和资格考试，还要准备考研。由于有的学生独立学习能力不足，频繁的应考形成巨大的学业压力，有的学生考试作弊被抓、重修、违纪处分，最后造成学生出现学业心理危机。学业压力引起大学生心理危机后，不少大学生会表现出学习焦虑过度、学习动力缺乏等学习问题，有的甚至经常逃课、成天上网、不思上进，并出现厌学与退学现象。

（3）人际交往危机。和谐的人际关系既是大学生保持心理健康不可缺少的条件，也是大学生获得心理健康的重要途径，大学生的交往危机主要是指在校大学生在与他人相处和

交往中表现出的不适、自闭、逃避、自恋、自负以及难以调和与他人关系的不良心理状态和行为表现。从中学到大学，大学生面临着一种全新的人际关系，在中学时代，他们或许能够凭借出色的成绩赢得同学和老师的青睐，但在大学，成绩好不一定就能获得好的人际关系，这需要一定的技巧，同时也需要懂得在出现矛盾时怎么来解决。另一方面，大学的同学来自五湖四海，每个人的家庭背景、生活方式、价值观、性格、兴趣爱好可能会千差万别，这些差异会不可避免地带来摩擦和冲突，如果得不到及时的解决，就会产生人际关系上的危机，给大学生的心理健康带来严重影响。当前大学生谈恋爱的现象越来越普遍，但相当一部分大学生恋爱心理不成熟，不能理智地处理复杂的情感与学业的关系，有的大学生理性不足而冲动有余，一旦失恋就会陷入情感危机，出现心理或行为异常。

(4) 就业危机。近几年来，由于社会竞争的加剧，高校扩招，就业市场的不景气，大学生找到较理想的工作越来越困难。一些同学表现出严重的危机感，同时一些同学为了缓解就业带来的压力，不断给自己施压，长期处于紧张状态，一旦努力失败就会给自己带来严重的心理挫折感。由于大学毕业生供给突然增多，而社会的工作岗位需求变化似乎并没有与之相应，部分大学生看不到自己的前途在哪里，特别是对那些学习成绩不好、能力又不出众的学生而言，就业就像一座大山压在他们的身上。他们努力增强自己日后的就业实力，给自己设计一些不合实际的目标，花费大量的财力和时间来学习热门实用的课程，这样就处于长期的紧张状态和高负荷压力下，一旦失败就会体验到严重的挫折感和失败感。

(5) 生活危机。生活的压力主要在于学生不善于独立生活和为人处世，还有的因生活贫困造成心理压力。目前，我国高校在校生中约有 20%是贫困生，其中又有 5%～7%是特困生。他们中有些人虚荣心太强，经不起贫困带来的精神压力，总觉得穷是没面子的事，不敢面对贫困，与同学相处敏感而自卑，采取逃避、自闭的做法，有的甚至发展成自闭症、抑郁症而不得不退学。

(6) 情感危机。心理危机是人生过程不可避免的正常现象。在危机中，有危，也有机。如果应对不好，危机就会危害人的身心健康，带来不良的后果；如正确地应对，危机就能增长人的智慧，提高人的逆商，丰富人生的经验，培养人坚毅的性格，给人创造新的机遇。所以，我们大学生要学会心理危机自我干预，这是我们战胜危机的法宝。

### 2. 大学生心理危机的发展阶段

(1) 心理危机的冲击期间。这个时期发生在危机事件发生后不久或当时，发生危机的大学生开始感到震惊、恐慌、不知所措，感觉很痛苦。

(2) 心理危机的防御期。这个时期主要表现为想恢复心理平衡，调控焦虑和情绪紊乱，恢复受到损害的认识功能。此时会出现否认、合理化等心理。

(3) 心理危机的解决期。这时开始积极地面对与接受现实，寻求各种资源与力量，设法解决当前的问题。焦虑开始减轻，自信增加，社会活动功能恢复。

(4) 成长期经历了危机的大学生变得更成熟，获得应对危机的技巧。但也有的大学生消极应对而出现种种心理不健康的心理与行为。

## 三 大学生心理危机的自我干预

### 1. 大学生心理危机自我干预的意义

心理危机干预,是指针对处于心理危机状态的大学生及时给予适当的心理援助,帮助其处理迫在眉睫的问题,使之尽快摆脱困难,恢复心理平衡,从而安全地渡过危机。心理危机干预可分为他人干预与自我干预。

自我干预是指大学生在面临日常心理危机时,通过自觉运用心理调适的有关知识、方法与技术,及时改善不良情绪,缓解心理压力,促进和恢复心理平衡的过程。自我干预的实质是自我的心理调适,是一种积极的心理自助过程,在面临危机时,大学生能够清醒地认识自身存在的问题,通过自我调适,促使自我心理恢复平衡的过程。自我干预是在心理危机中更进一步地认识自我、完善自我的过程,从而促进自我发展与成长。

大学生面对心理压力时,首先是通过自我调适来进行干预,并且心理危机干预体系的其他环节必须借助个体的自我调适才能起作用,他人的干预只能起到辅导作用。自我干预是大学生心理危机干预体系的基础层面,其他的危机干预手段都必须通过个体的自我干预系统起作用。由此可见,学会自我心理干预对于大学生调节心理压力、应对心理危机具有特殊的价值。

当前,大学生的心理危机事件的发生呈上升趋势。据统计,大学中每年因疾病休学、退学的学生中有一半左右是因为遭遇重大的心理危机和精神疾病,且这一比例在不断上升中。各高校都非常重视加强学生的心理健康教育,有的还建立起大学生心理危机干预体系,注重加强对学生的心理危机干预,特别重视大学生心理危机自我干预辅导工作。

小贴士 Tips

**大学生危机干预三种基本模式**

(1) 平衡模式。危机者心理或情绪出现失衡状态,干预的目的是帮助恢复平衡。平衡模式最适合早期干预。

(2) 认知模式。该模式是通过改变个体思维方式,尤其是通过意识到其认知中的非理性和自我否定部分,重新获得理性和自我肯定,从而使危机者获得对危机的控制。认知模式最适合于危机稳定下来的危机者。

(3) 心理社会转变模式。认为心理危机是由心理、社会或环境因素引起的,因此心理干预就是引导人们从心理、社会或环境三个范畴来寻找解决问题、超越困境的策略与方法。此模式也适合已达到较稳定状态的危机者。

### 2. 心理危机自我干预的常用技术

心理危机自我干预的主要目标是降低急性、剧烈的心理危机和创伤的风险,稳定和减少危机或创伤情境的直接严重后果,促进自己从危机和创伤事件中恢复或康复,自我帮助的及时性、迅速性是其突出特点,有效的行动是心理危机自我干预成败的关键。

(1)危机干预主要应用技术

① 支持技术。这类技术的应用旨在尽可能地解决危机,使自己的情绪状态恢复到危机

前的水平。由于危机开始阶段自己焦虑水平很高，应尽可能使之减轻，可以应用暗示、保证、宣泄、环境改变、镇静药物等方法。心理危机者要自己千方百计地建立自信，要充满希望，使自己形成乐观的态度和心情；鼓励自己积极参与有关的社会活动；多与家人、亲友、同学沟通，减少孤独和隔离，获取应对危机的智慧与力量。这种支持是指自己给予情感的支持，而不是支持自己错误的观点或行为。

② 干预技术。让自己按以下步骤进行思考和行动，常能取得较好效果：第一，明确自己存在的问题和困难；第二，提出各种可供选择的方案；第三，研究清楚各种方案的利弊和可行性；第四，选择最可取的方案；第五，确定方案实施的具体步骤；第六，执行方案；第七，检查方案的执行结果。

(2)危机自我干预的步骤

当发现自己面临心理危机时，除了及时求助专业心理工作者外，还最主要的是应用心理学专家总结的"五步干预法"进行心理危机自我干预：

① 确定问题。危机自我干预的第一步是十分科学地确定自己的问题，确定自己危机的表现与形式，评估自己的心理危机严重程度，查找自己心理危机的原因等。

② 应对方式。根据自己的心理危机程度与情况，自己提出应对的方式，探索可以利用的替代解决方法，促使自己积极地搜索可以获得的环境支持、找到最佳的应对方法。

③ 求助支持。寻求亲人和心理专业工作者支持与帮助，与他人共同研究和确认应对心理危机的方式。千方百计地争取学校与社会的支持帮助，获得更多的人关心，这是战胜心理危机非常重要的辅助条件。

④ 制订计划。根据心理危机程度与应对方式，做出现实的短期计划，每一步都做什么，哪一天寻求谁来帮助自己、什么时间看解决自己心理危机有关的影视及图书资料等，计划要具体而可行。

⑤ 自己承诺。就是得到自己会明确按照计划行事的保证，得到自己的承诺采取确定的、积极的行动步骤，这些行动步骤必须是自己从现实的角度是可以完成的。自己对自己诚实、直接和适当的承诺是很必要的。

### 3. 增强大学生心理危机自我干预能力的途径

我们对大学生心理危机他人干预研究得很多，而自我干预研究甚少，重视危机的他救力量，而忽视危机的自救力量，我们应该更加重视与关注危机的自我干预的作用。

大学生心理危机的形成和化解应该始终以大学生自身为主体，其自身因素在危机缓解过程中具有举足轻重的地位。危机自我干预是心理危机干预的最理想、最有成效的手段，将心理危机化解于无形，才能最有效地帮助学生成长，最大限度地保护学生，避免其因心理危机所带来的伤害。那么，应该通过什么途径促进大学生的自我干预能力提升？

(1) 通过心理健康教育课程提高大学生自我干预能力。心理健康课程无疑是快速、全面提升学生心理素质、提高其自我干预能力的重要途径。通过心理健康教育课程，向学生传授心理危机预防知识，教会学生学会情绪自我调节的方式，增强自我干预和帮助他人的能力，避免出现心理危机。同时，在心理健康教育课程中，加强生命教育、减压方法教育和挫折教育，引导学生领悟生命的意义、形成积极的人生观，并使学生正确认识压力，勇敢地面对人生挫折。

(2) 通过生活实践提升大学生自我干预能力。鼓励学生参与社会活动，通过实践活动提高大学生自我了解和认识的能力，帮助其与人更好地沟通，学习积极解决冲突和压力的方法，在生活中学会应急情况的处理和求助技巧。

## 心理危机自我干预成功

小Z是一名职院大二学生，一年前，在校庆活动中他结识了外系的一位漂亮的女生，他们一见如故。她的美丽、热忱、坦率、语出不凡，给他留下了深刻而无法忘记的印象，小Z经常在睡梦中见到她。后来，他又逐渐了解到她的更多的优秀品质，渐渐被她迷住了。半年后，小Z终于鼓起勇气向女孩发出了求爱的信号，两人一起看电影、去公园与商店、到阅览室学习，他们形影不离，开始热恋。小Z感到十分幸福，对未来生活充满希望与信心。就在这时，女孩家长知道他们的事后，表示坚持反对，说小Z家是农村的，太贫困，将来工作不好解决，在城市也买不起住房等。女孩在父母的影响下，也开始改变初衷，也认为，赤贫的农村孩子，无法满足她未来物质生活的需要。最后，她与小Z果断分手。小Z失去了爱，感到震惊与极度的痛苦，无法改变对女孩的好感，内心仍是那样执着。他无法进行努力的学习，一天六神无主，睡不着觉，吃不下去饭，感到自己精神要崩溃了。他想过自杀，想自己不能得到她，也不想让别人得到她，好多可怕的想法常常浮现在脑海。他知道自己出现了心理危机，应该及时进行心理危机干预，特别需要自我干预。

小Z根据《大学生心理健康教育》学习内容判断，知道自己出现了失恋心理危机，处在很危险的境地，需要心理危机干预，特别是需要心理危机自我干预，帮助自己渡过难关。他依据危机自我干预的步骤，开始进行自我干预：

1. 确定问题。确定了自己的问题是大学生失恋心理危机，自己评估心理危机很严重，自己心理危机的原因都已十分清楚。

2. 应对方式。根据自己的心理危机程度与情况，自己提出应对的方式：认知法、升华法、转移法与代替法等。

3. 求助支持。寻求爸爸妈妈与学校心理教师的支持和帮助，共同研究与确认应对心理危机的方式，争取更多的人帮助与支持。

4. 制订计划。根据自己心理危机程度与应对方式，制订现实可行的计划，基本内容有：求得学校心理教师的支持，请其审定自己的心理干预计划；每天必须坚持听课与增加体育锻炼，倍加勤奋学习，争取拿到一等学金，达到升华与转移的目的；开始在网上或学校图书馆阅读有关如何对待失恋方面的资料，让自己正确地认识与解决失恋的问题；争取再找到一位真正的志同道合的女朋友。

5. 自己承诺。自己承诺采取确定的、积极的行动步骤，失恋后决不伤害自己与他人，不能出现任何不良的后果，实现自己干预危机的计划，走出危机，迈向新的生活。

他每天都严格按照自己的计划进行自我干预，早晚反复背诵几遍普希金著名的心理调适诗：

“假如生活欺骗了你，  
不要悲伤，不要心急！  
忧郁的日子里需要镇静，  
相信吧，快乐的日子将会来临。

心儿永远向往着未来，
现在却常是忧郁。
一切都是瞬息，
一切都将会过去，
而那过去了的，
就会成为亲切的怀恋。”

反复背诵这首诗，小Z感到心情变好一些。特别在网上阅读了古希腊伟大的哲学家苏格拉底与失恋者经典的心理调适对话后，他对失恋开始有了正确认知。

苏(苏格拉底)：孩子，为什么悲伤？

失(失恋者)：我失恋了。

苏：哦，这很正常。如果失恋了没有悲伤，恋爱大概也就没有什么味道。可是，年轻人，我怎么发现你对失恋的投入甚至比对恋爱的投入还要倾心呢？

失：到手的葡萄给丢了，这份遗憾，这份失落，您非个中人，怎知其中的酸楚。

苏：丢就丢了，何不继续向前走去，鲜美的葡萄还有很多。

失：我要等到海枯石烂，直到她回心转意向我走来。

苏：但这一天也许永远不会到来。

失：那我就用自杀来表示我的诚心。

苏：如果这样，你不但失去了你的恋人，同时还失去了你自己，你会蒙受双倍的损失。

失：踩上她一脚如何？我得不到的别人也别想得到。

苏：可这只能使你离她更远，而你本来是想与她更接近的。

失：您说我该怎么办？

苏：真的很爱？那你当然希望你所爱的人幸福？

失：那是当然。

苏：如果她认为离开你是一种幸福呢？

失：不会的！她曾经跟我说过，只有跟我在一起的时候她才感到幸福！

苏：那是曾经，是过去，可她现在并不这么认为。

失：这就是说她一直在骗我？

苏：不，她一直对你很忠诚。当她爱你的时候，她和你在一起，现在她不爱你，她就离去了，世界上再没有比这更大的忠诚。如果她不再爱你，却还装得对你很有情意，甚至跟你结婚、生子，那才是真正的欺骗呢。

失：可我为她所投入的感情不是白白浪费了吗？谁来补偿我？

苏：不，你的感情从来没有浪费。因为在你付出感情的同时，她也对你付出了感情，在你给她快乐的时候，她也给了你快乐。

失：可是，她现在不爱我了，我却还苦苦的爱着她，这多不公平啊！

苏：的确不公平，我是说你对所爱的那个人不公平。本来，爱她是你的权利，但爱不爱你则是她的权利，而你却想在自己行使权利的时候剥夺别人行使权利的自由。这是何等的不公平！

失：可是您看得明白，现在痛苦的是我而不是她，是我在为她痛苦！

苏：为她而痛苦？她的日子可能过得很好，不如说是你为自己而痛苦吧。明明是为自己,却还打着为别人的旗号。

失:依您的说法,这一切倒成了我的错?

苏:是的,从一开始你就犯了错。如果你能给她带来幸福,她是不会从你的生活中离开的,要知道,没有人会逃避幸福。

失:可她连机会都不给我,你说可恶不可恶?

苏:当然可恶。好在你现在已经摆脱了这个可恶的人,你应该感到高兴,孩子。

失:高兴?怎么可能呢,不管怎么说,我是被人给抛弃了。

苏:被抛弃的并不是就是不好的。

失:此话怎讲?

苏:有一次,我在商店看中一套高贵的西服,爱不释手,营业员问我要不要。你猜我怎么说,我说质地太差了,不要!其实,我口袋了没有钱。年轻人,也许你就是被遗弃的西服。

失:您真会安慰人,可惜您还是不能把我从失恋的痛苦中引出。

苏:时间会抚平你心灵的创伤。

失:但愿我也有这一天,可我的第一步该从哪里做起呢?

苏:去感谢那个抛弃你的人,为她祝福。

失:为什么?

苏:因为她给了你忠诚,给了你寻找幸福的新的机会。

说完,苏格拉底去了。留下的路便由这位失恋者自己去走了。

小Z又读完了心理教师借给他的《50种心理调适与治疗方法——成为自己的心理医生》一书,从此,他走出了心理危机,开始勤奋学习,期末考试成绩名列前茅,获得奖学金,又与一位女孩子交上了朋友,开始新的生活,心理危机自我干预取得成功。

## 专家案例点评

人生每一个阶段都有不同程度的与类型的心理危机。心理危机是磨砺每一个人的智商、情商与逆商的工具,是人心理发展不断成熟的催化剂,是形成坚毅性格、丰富人生阅历与让人真正成熟的最佳机会。

小Z从失恋到失恋危机自我干预成功的过程,提高了抗挫折能力,磨砺了意志,增加了经历,学会了恋爱。失恋让小Z懂得了爱情的真谛,也许是因为了解失去的痛苦,更让他知道如何去珍惜以后所拥有的爱情。

心理危机就像一场暴风骤雨,只要不被暴风骤雨所吓倒与毁坏,能坚持抗争到底,就会迎来暴风雨后的彩虹。

# 第三节 大学生如何应对心理危机

## 一 重建认知，换个角度想问题

心理危机的产生不但与应激事件有关，而且还取决于个体解决应激的有效资源及个体对困难情境的评估。危机者的情绪不是由某一危机事件的本身所引起，而是由经历了这一事件的危机者对这一事件的解释和评价所引起的。所以，正在经受心理危机的大学生，首先要改变自己不当的认知，要进行认识重建。不良的认知，经常包含错误的逻辑，用模糊的语言把某些具体的东西模糊化、扩大化。由于心理危机者自己进行不完全归纳，形成以偏概全的概括。在这个过程中，一些不良的认知往往会影响心理危机者的情绪和行为，造成情绪和行为的不良反应。

在心理危机中，有三种不当的认知，对危机者的情绪和行为困境的出现有着重要的作用：

### 1. 自动思维

它是大脑中自动产生的思维、观念和想法。它们是自然而然自动出现的，无须努力就会产生。如果从自动思维的角度去思考，我们就会发现，在乐观者头脑中呈现的自动思维更多是趋向积极的，悲观者则恰好相反。很多悲观的人都希望自己变得乐观，却一直找不到好方法。其实能够让悲观者直接变成乐观者的方法就是改变自动思维，养成多看到阳光一面，少寻找黑暗面的习惯，长期坚持这样自动思维，总是悲观的人，慢慢就会变得快乐与幸福起来。当然，自动思维的改变，并非那么容易，因为这还涉及人的中间信念和核心信念。而自动思维、中间信念、核心信念综合构成了一个人的认知模式，即看待世界和周围世界的模式。我们要想真正活得幸福、开心，就必须改进整个人的认知模式。

### 2. 图式

所谓图式，是人脑中已有的知识经验的网络。它影响心理危机者对注意对象的选择、记忆和对他人的知觉与自我知觉。

### 3. 认知歪曲

认知歪曲是一种思维的错误，它造成了人类处理信息过程的困难，最终导致了心理障碍与心理危机。常见的认知歪曲有两极化思维、专断的推论、灾难化、以偏概全、贴错标签与夸大等。

心理危机者认知重建就是认知在这三个水平上的改变。

人的认知决定人的情绪和行为是否正确。认知改变了，不当的情绪与行为也就会改变，也就有利于迎战心理危机。

心理危机是一种感受，是外部情景刺激尤其是个体内部认知方式共同作用的结果，改善情景刺激，如疾病久治不愈、考试屡屡受挫、人际关系恶化等外部因素固然重要，但对于个体而言，解决如此棘手的问题需要个体长期艰苦的努力，需要个体有一个有利于问题解决与身心健康的认识。个体通过改善对问题的认知，可以缓解由于问题难于解决而导致的心理困惑或危机。

认知重建还需要我们转换角度看待危机事件。一件事从不同角度去看，就会看到不同的风景，就有不同的感受，只要我们多用积极的心态去看待，做一些换位思考，就算有无法逾越的鸿沟，也不能阻挡我们前进的步伐。遇事从多角度、多侧面分析，学会换位思考，学会转弯，不固执。我们不能改变天气，但我们能改变心情；我们不能样样顺利，但我们可以事事尽心。换个角度看问题，我们就会有一个快乐积极的心情，就有利于我们心理危机的解决。

## 二 了解过程，掌握心理危机自我干预方法

心理危机者要了解心理危机的发展阶段，知道自己的危机处在什么阶段，这有利于心理危机的应对。心理危机的发展过程，有的专家把它分为四个阶段：第一个阶段是冲击期；第二个阶段是防御期；第三个阶段是解决期；第四个阶段是成长期。

另外，要懂得一些心理危机干预理论，掌握心理危机自我干预方法，这点是非常必要的。每位大学生都应该在日常生活中学习一些心理健康的知识，掌握一些实用的心理调适方法，这样可以帮助自己更好地去适应社会，应对各种心理危机。

## 三 增强信心，保持乐观开朗的心态

自信，就是一个人对自己能够达到某种目标的乐观充分的估计。拥有充分自信的人往往不屈不挠、奋发向上，最后，战胜心理危机，容易获得成功。

在心理危机的时候，自己要多想自己的优点和成就，把它们列出来，写在纸上。至少写出三个优点和三项成就。对着这张纸条，多看看、想想。在应对心理危机时，进行战绩回忆，回忆自己过去成功的案例与取得的成就，这叫作“自信的蔓延效应”。这一效应对提升自己的自信效果很好，有助于顺利渡过当前的危机。

要不断地对自己进行正面心理强化，避免对自己进行负面强化。在危机面前，不畏惧，不放弃。要坚持对自己说“我一定能战胜危机”“我有能力与办法渡过危机”等。你重复对自己默念这些词语，是一种很重要的自我正面心理暗示，有利于不断提升自己的自信心，化解危机。

自信心强的人比自信心弱的人更容易成功，也更容易走出困境。有自信的人会将“危机”看作“挑战与机遇”，而缺乏自信的人则会将“危机”看作“威胁”。

要想拥有一个积极的心态，在日常生活中就要学会积极地思考，多从正面看问题。人的视觉和思维都是有盲点的，看见消极的一面就看不见积极的一面，我们要像转动调台的旋钮一样，多把它调到积极的位置上，多听多看积极的东西。坚信“我能、我行”，乐观地接受挑战和应对危机。

医路有你

## 四 接触朋友，寻求社会支持系统的帮助

马文求职视频

朋友是我们生活中重要的组成部分，是我们战胜危机的有力助手。当我们发生心理危机的时候，一定要多和朋友接触，多和他们聊天、倾诉，听一听他们对这种事情的看法。这样做，可以有效地缓解自己的压力，减轻郁闷、痛苦，从而更好地应对危机。另外朋友们会帮你出出主意，俗话说得好，“三个臭皮匠，赛过诸葛亮”，虽然朋友无法替你渡过难关，但是他们可以帮助你找到应对危机的好办法。多和朋友交流还可以改善你的人际关系，增进友谊，当人生遭遇灾难时，可以互相扶持，共渡难关。

在危机干预中，把朋友的这种帮助叫同辈干预模式。同伴之间的相互教育、相互支持和帮助是一种十分有效的教育形式，同伴之间通过易于理解和接受的方式进行交流，可以唤起共鸣，达到心理危机干预的效果。

当自己遭遇到各种严重的心理危机时，要主动寻求助学校、家庭与社会的帮助度过危机。有效地利用学校、家庭与社会的力量，达到心理危机干预成功的目标。

## 五 学会减压，进行有效的放松训练

我们在玩皮球时发现，如果皮球没有一点压力的话，它就弹不起来，瘪瘪的，一点动力也没有。如果压力太大，它就会爆掉。人同样是如此，如果没有一点压力，他活得就像行尸走肉。如果压力过大了，它就会慢慢摧毁人的身心健康。人在心理危机时，会产生巨大的压力，这时的压力犹如泰山压顶，有时使人不堪重负，甚至把人压垮。这时需要减压，把压力变成动力，把挑战变成机遇，让压力保持适度，这样才能有利于应对危机。

在遇到危机时，给自己减压，每个人要根据自己不同情况与特点选择不同的减压方法。如开朗运动型的学生，男生可选择散打、拳击、单人网球或是羽毛球；女生可以游泳、潜水、做瑜伽，此外还可以跳一跳大众化的蹦迪、街舞。自我折磨型的学生，运动方式可选择跑步、俯卧撑、蛙跳等。交际陪同型的学生，找同学或网友聊天，写博客也是很好的选择。一次爆发型的学生，可上山或是找个宽敞无人的地方练嗓子，大声喊一喊。自我宣泄是释放心理垃圾的过程。它能非常迅速而有效地释放或调节有害身心健康的不良情绪。美国心理学家彭尼贝有一个实验：让心理危机的苦恼者，每天用 15 分钟写出自己心中的痛苦，坚持 5 天，取得了惊人的效果：受试者普遍心情变好，免疫力增强。这些研究表明，在应对危机时，把自己的感悟写出来既是一种宣泄，又是一种总结。把这些感悟写成书信、日记、诗歌、小说与文章等，这有利于达到心理平衡，化解心理危机。

### 身边的故事

有一位大学生，因宿舍关系冲突痛不欲生，没有心思学习，回到宿舍后一个人躲在角落，不与任何人交谈。心理健康教育教师为之做了心理咨询后，让学生回忆、思考、记录与舍友相处时让自己开心或感动的事，每回忆起一件就用纸条写下，然后装在一个罐子里。每次与舍友发生不愉快的事情就打开罐子翻开那一条。用了一个学期，开心的事装满了两个罐子，这位学生心理也恢复了常态，能正常地生活与学习。

**专家案例点评**

在遇到心理危机时，坚持写日记是医治心灵危机的灵丹妙药，是一个自我心理治疗之本。写日记，便可让这些心理问题有处诉说，让这些不良的情绪有处宣泄，避免抑郁堆积在内心危害身心健康，导致心理危机加重。将自己所担心、烦恼的问题写在日记本上，可以将自己的心理问题明朗化，避免将问题的不利影响扩大，也有利于自己找出有效解决心理危机的对策。

## 六　寻找机会，在危机中得到收获

当危机发生时，我们能在应对危机中寻找到机会，不是一味地将精力集中在危险和困难上，而是注意寻找与发现机会，应对危机方式不一样，其结果应该是不同的。

在人生之路上，机会总是藏在危机之中，需要我们去发现。世界并不是缺少机会，而是缺少发现机会的眼睛。

危机是生活给大学生的礼物，通过危机我们认识到：人的成熟、进步、成功需要危机，危机是它们的基石。各种危机锻炼了大学生的身心，增长了大学生的智慧，提高了大学生解决麻烦和问题的能力，使大学生变得更加坚强与强大。

**想一想：**

1. 过去你遇到学业、恋爱、生活与突发事件心理危机时，你是如何解决的？
2. 通过本章的学习，以后再遇到心理危机，你准备如何更有效地应对？

## 演练场

### 心理剧：应对心理危机的优秀范例——贝多芬

**心理剧内容简介：**

路德维希·凡·贝多芬是德国作曲家、钢琴家、指挥家，维也纳古典乐派代表人物之一。他一共创作了9首编号交响曲、35首钢琴奏鸣曲、10部小提琴奏鸣曲、16首弦乐四重奏、1部歌剧、2部弥撒、1部清唱剧与3部康塔塔，另外还有大量室内乐、艺术歌曲与舞曲。这些作品对音乐发展有着深远影响，因此贝多芬是德国伟大的音乐家，在他26岁那年，他的生活事业最辉煌的时刻，他的耳朵得了疾病，起初他还能隐隐约约听见声音，到了35岁，贝多芬完全失聪了。开始他非常绝望，想过自杀，后来却又不甘心，于是他努力去应对危机，接着拼搏创作，最终硕果累累，成为世界艺术史上最伟大的作曲家，被后人尊称为“乐圣”。

**人物：**贝多芬、旁白者

**道具：**根据教室条件安排

**场地：**教室内

**旁白：**贝多芬出生在一个贫穷的家庭。他的童年是孤独的，钢琴五线谱取代了他欢乐美好的少年生活。他表现出了非凡的音乐天赋，海顿、莫扎特等一代音乐巨匠都赞美过他。在维也纳初期的生活是贝多芬最辉煌的时刻，在他26岁那年，耳疾开始折磨他，起初他还能

隐隐约约听见声音,到了35岁,贝多芬完全失聪了。

贝多芬:“音乐是我的生命,听不见声音也就无法从事我酷爱的音乐事业,不能从事音乐,我活着还有什么意义?”

独白:贝多芬在巨大的危机面前,开始也痛苦万分,陷入了极大的烦恼与绝望之中,认为活着还有什么价值。想自杀,并立下了一份遗嘱,在遗嘱中写道:

贝多芬:“每当我旁边的人听到远处的笛声而我听不见时,或他们听见牧童歌唱而我一无所闻时,真是何等的屈辱!这种体验几乎使我完全陷于绝望”。

独白:在贝多芬第一次耳聋的症状出现时,他痛苦不堪。3年后,他写信给阿芒达牧师表达了自己内心的忧虑与烦恼。

贝多芬:“你的贝多芬遭到了非常的不幸,和大自然的造物主发生了争吵。我常常诅咒造物主,他常常毫无缘由地将他创造的东西遗弃,以致最美丽的花蕾因此常常被糟蹋,凋谢了。你只要想一想,我最高贵的部分,我的听觉,大大衰退了,这是多么可怕的事!”

独白:贝多芬很快从危机中醒悟过来,决心战胜心理危机,他在给朋友的信中写道:

贝多芬:“我决心扫除一切障碍……我相信命运不会抛弃我,我恐怕需要充分估量自己的力量……我将扼住命运的喉咙。”

独白:是什么导致他从自杀的边缘走回来呢?贝多芬自己明确地回答说

贝多芬:“是艺术,仅仅是艺术把我从死亡线上唤回。啊,在我尚未把我感到需要谱写的每一乐章完成之前,我觉得不能离开这个世界。”

“我作为一个普通的人,要活着,哪怕仅仅为我的艺术和未完成的职责而活着。”

独白:于是他接着创作,《英雄交响曲》《月光交响曲》《田园交响曲》……一部部惊世之作从贝多芬的笔下流淌出来。贝多芬凭着这种顽强的意志,战胜了危机,最终硕果累累,成为音乐史上继往开来的伟人与世界艺术史上最伟大的作曲家。

贝多芬的坚持、锲而不舍,永不言败的精神告诉我们,击败各种危机的成功来自坚持与信心,这必将成为我们大学生的应对危机的座右铭!请大家想一想,贝多芬为什么自己能战胜心理危机,最后取得伟大成就?他给我们大学生什么启迪?

## 热身小测试

### 大学生心理危机问卷调查

请同学们真实地回答下面问题:

1. 你现在感到孤独吗? （　　）

A. 没有感到孤独　　B. 感到孤独　　C. 感到非常孤独

2. 你对周围的人有敌意吗? （　　）

A. 没有　　B. 有时有　　C. 一直

3. 你感到沮丧吗? （　　）

A. 没有沮丧的感觉　　B. 有时有沮丧的感觉　　C. 总有严重的沮丧感觉

4. 近来感觉心情特别不好吗? （　　）

A. 没有　　B. 有点　　C. 严重

5. 你开始更多地喝酒或吸烟吗? （　　）

A. 不喝酒或吸烟　　B. 很少喝酒或吸烟　　C. 大量地喝酒或吸烟

6. 你是否有过轻生的念头？（　　）
A. 从来没有过　B. 偶尔有过　C. 时常有
7. 近来感觉听课无法集中注意力、不能专心学习与回避他人吗？（　　）
A. 没有　B. 有点　C. 严重
8. 你有可信赖的朋友吗？（　　）
A. 很多　B. 不多　C. 没有
9. 近来感觉到焦虑、恐惧、抑郁、愤怒、绝望、烦躁吗？（　　）
A. 没有　B. 有点　C. 严重
10. 饮食、睡眠出现反常吗？（　　）
A. 没有　B. 有点　C. 严重
11. 近来喜怒无常、自我评价能力丧失与自制力减弱吗？（　　）
A. 没有　B. 有点　C. 严重
12. 你认为现在自己的心理状况如何？（　　）
A. 很健康　B. 比较健康　C. 不健康
13. 近来感觉食欲不振、胃部不适、敏感、紧张。（　　）
A. 没有　B. 有点　C. 严重
14. 开始谈论自己的死或与死有关的问题。（　　）
A. 没有　B. 有过　C. 增多
15. 近来你的生活规律(饮食、休息)发生明显变化吗？（　　）
A. 没有变化　B. 有点变化　C. 发生明显变化
16. 你不想继续读大学吗？（　　）
A. 没想　B. 想过　C. 总想
17. 学习负担过重吗？（　　）
A. 不重　B. 有时重　C. 非常重
18. 与老师关系紧张吗？（　　）
A. 关系很好　B. 有时紧张　C. 非常紧张
19. 平常遇到各种困难时，认为天底下没有过不去的河吗？（　　）
A. 总认为　B. 有时认为　C. 从不这样认为
20. 出现记忆力减退、思维反应迟钝、认知不合理等现象（　　）
A. 没有　B. 有点　C. 严重
21. 你自卑心理严重吗？（　　）
A. 没有　B. 有些　C. 严重
22. 考试前后你总会心情紧张吗？（　　）
A. 总是　B. 有时　C. 从不
23. 对未来的就业有压力吗？（　　）
A. 有点　B. 有些　C. 很大
24. 常与人打架吗？（　　）
A. 从来没有　B. 打过　C. 经常
25. 平常遇到各种困难时，是常常陷入烦恼而不能摆脱境地？（　　）

A. 不是　　B. 有时　　C. 是的

26. 平常遇到各种困难或不愉快时，易迁怒于别人而经常发脾气吗？（　）

A. 从来不这样　　B. 有时这样　　C. 总是这样

27. 平常遇到各种困难或不愉快时，通常向好的方面想，很快就想开了吗？（　）

A. 总是　　B. 有时是　　C. 总不是

28. 常遇到各种困难或不愉快时，很容易引起情绪波动吗？（　）

A. 从不　　B. 有时　　C. 很容易引起

29. 突然丢弃或损坏个人平时十分喜爱的物品。（　）

A. 没有　　B. 有过　　C. 增多

30. 学习兴趣明显下降。（　）

A. 没有　　B. 有点　　C. 严重

**评分标准：**

选择 A 得 0 分，选择 B 得 1 分，选择 C 得 2 分。把自己的得分累计出来，看一看自己得多少分，分析一下自己是否存在心理危机及其程度如何。

0 分至 15 分：恭喜你，你的测试结果处于正常范围。看来你没有心理危机，你具有良好的避免与应对心理危机的性格。

16 分至 37 分：说明你可能有点心理危机开始对你产生困扰，所幸的是，只是偶尔有点表现。这时最好的办法，就是和有过心理危机的朋友多聊聊，看一看心理危机干预方面的书，多参加体育运动和社会活动，学会心理保健与调适。

38 分至 60 分：是黄色警告，你已发生了不同程度的心理危机。这时你最需要做的，是调整好自己的心态和学习生活节奏，多参加运动与交往，遇烦恼的事想开些。有问题，与同学、老师和家人要及时沟通，避免危机升级。如果心理危机确实困扰着你，最好的办法，就是进行心理危机自我干预或寻求心理专业工作者的帮助，并进行一次全面的心理检查，确认自己的心理危机类型与程度。在学会心理自我调适，确保心理健康，提高应对危机的能力。

## 心理故事

《城南花已开》是一首由音乐人“三亩地”创作的纯音乐，音乐给人干净、纯粹的感觉。给人力量的，除了歌曲，还有歌曲背后令人感动的故事。

故事的主人公是一个得了骨癌的少年，他喜欢繁花，喜欢春天，喜欢音乐，喜欢下雨天。他给自己起了一个网名，叫“城南花已开”。城南很喜欢三亩地，于是私信三亩地说，他得了骨癌晚期还有半年的时间，希望三亩地能用他的网名写首曲子。可能是害怕三亩地不相信自己的事，他还给三亩地发了很多医院的照片。后来，三亩地被城南的故事打动，创作了《城南花已开》。

在这首歌的评论中，点赞数最多的是城南的几条评论：

“抱歉各位，今天化疗很痛苦，中间受不了痛苦就晕了。醒了就一职在看评论和私信，谢谢你们，前几天做的检查结果也下来了，我做好了最坏的打算。但是我不会放弃！加油自己！”

“我会间接性更新动态，我不会放弃，谢谢你们！”

"君安在，谢谢十二亩地，谢谢所有关心我的人！"早上因为治疗现在才看见，我会坚持的！"

这些评论，一字一句透露着陌生人之间的关心，也体现了生命的价值和意义——城南花已开，君心似暖阳。

## 活动综合评价

| 内容 | | 评价 | | |
|---|---|---|---|---|
| 学习目标 | 评价项目 | 自我评价 | 小组评价 | 教师评价 |
| 生命教育知识 | 1. 了解生命的意义 | | | |
| | 2. 掌握珍爱生命的具体办法 | | | |
| 自我保健和自我保护 | 1. 开始注重自我身心保健 | | | |
| | 2. 计划戒除伤害自己身心的不良嗜好 | | | |
| | 3. 形成安全健康第一的意识 | | | |
| 情感态度 | 1. 珍爱生命与尊重生命 | | | |
| | 2. 关心自己与他人健康 | | | |
| | 3. 热爱生活与学习 | | | |
| 教师建议 | | 个人努力方向 | | |
| 评价总汇 | | | | |

# 参考文献

[1] 朱小根. 大学生心理健康教育. 北京:清华大学出版社,2010.
[2] 常春娣,张燕云. 大学生心理健康教育. 重庆:西南大学出版社,2008.
[3] 蒋平生,黄卫国. 大学生心理健康教育. 北京:北京理工大学出版社,2011.
[4] 申继亮. 大学生心理健康教育读本. 北京:高等教育出版社,2007.
[5] 叶湘虹. 大学生心理健康指导. 长沙:湖南人民出版社,2007.
[6] 彭林珍,舒毓昆. 高职高专大学生心理健康教程. 北京:科学出版社,2007.
[7] 冉超凤,黄天贵. 高职大学生心理健康与成长. 北京:科学出版社,2005.
[8] 陈珩. 大学生心理健康教育·心理课堂. 北京:化学工业出版社,2007.
[9] 张国臣. 改变自己——大学生心理调适. 北京:科学出版社,2010.
[10] 励骅. 大学生心理学. 合肥:合肥工业大学出版社,2011.
[11] 马桂兰,郑宝锦. 大学生心理健康. 青岛:中国海洋大学出版社,2008.
[12] 匡霞,陈静. 心理健康与辅导. 北京:北京师范大学出版社,2009.
[13] 李素梅. 心理健康与大学生活. 武汉:华中科技大学出版社,2011.
[14] 季丹丹,陈晓东. 现代大学生心理健康教育. 北京:清华大学出版社,2009.
[15] 陈红英,潘丽红. 大学生心理健康教育. 武汉:武汉大学出版社,2008.
[16] 邓明珍,王瑞忠. 大学生心理素质教育. 北京:化学工业出版社,2010.
[17] 高兰,向纯. 大学生心理健康教育新编. 北京:国防工业出版社,2011.
[18] 韩延明. 大学生心理健康教育. 上海:华东师范大学出版社,2007.
[19] 刘鲁蓉. 大学生心理卫生. 北京:科学出版社,2006.
[20] 方平. 自助与成长——大学生心理健康教育. 北京:教育科学出版社,2010.
[21] 周家华,王金凤. 大学生心理健康教育. 北京:清华大学出版社,2004.
[22] 叶红梅,张国萍. 大学生心理健康教育. 北京:中国传媒大学出版社,2007.
[23] 赵洪成,桑小洲. 快乐成才高职生心理健康教育. 北京:北京理工大学出版社,2011.
[24] 周蓓,周红玲. 大学生心理健康案例教程. 北京:人民邮电出版社,2009.
[25] 敬义伦. 大学生心理知识与心理健康教育. 长春:吉林人民出版社,2009.
[26] 陈选华,王军. 放飞理想——大学生心理健康课程. 合肥:中国科学技术大学出版社,2008.
[27] 刘静. 高职学生心理健康. 北京:石油工业出版社,2008.
[28] 金宏章,张劲松. 大学生心理健康教育——理解·规范·提高. 北京:科学出版社,2010.
[29] 徐斌,王永利. 关于大学生心理危机自我干预的思考. 常州大学学报:社会科学版,2010.
[30] 段鑫星,程婧. 大学生心理危机干预. 北京:科学出版社,2006.

[31] 齐舒.大学生心理健康教育教程.南京:江苏教育出版社,2012.
[32] 教师司."时代楷模"先进事迹——卢永根.中华人民共和国教育部.2021.
[33] 夏翠翠,宗敏,涂翠平.大学生心理健康教育.北京:人民邮电出版社,2020.
[34] 方晓义,夏翠翠,宗敏,涂翠平.大学生心理健康教育.北京:人民邮电出版社,2022.
[35] 吕智远,杨广柱.高校心理健康教育中大学生人格发展的影响因素分析[J].山西农经,2017,(22).
[36] 袁石磷.偏执型人格障碍学生的案例分析[J].科教中汇,2019,(10).